CYMRU EVAN JONES

CYMRU EVAN JONES

Detholiad o bapurau Evan Jones (1850-1928),
Ty'n-y-pant, Llanwrtyd

golygydd
Herbert Hughes

Gomer

Cyhoedcwyd yn 2009 gan
Wasg Gcmer, Llandysul, Ceredigion SA44 4JL.
ISBN 978 1 84851 151 4
Herbert Hughes, 2009©
Mae Herbert Hughes wedi datgan ei hawl dan Ddeddf Hawlfreintiau,
Dyluniadau a Phatentau 1988 i gael ei gydnabod fel awdur y llyfr hwn.

Dyma'r cyhoeddwyr ddiolch i Sain Ffagan: Amgueddfa Werin Cymru am bob cymorth.

Dymuna'r cyhoeddwyr gydnabod cymorth Cyngor Llyfrau Cymru.
Argraffwyd a rhwymwyd yng Nghymru gan
Wasg Gomer, Llandysul Ceredigion.

I ffermwyr mynyddig Cymru
am eu ffyddlondeb i'r diwylliant Cymraeg

Cynnwys

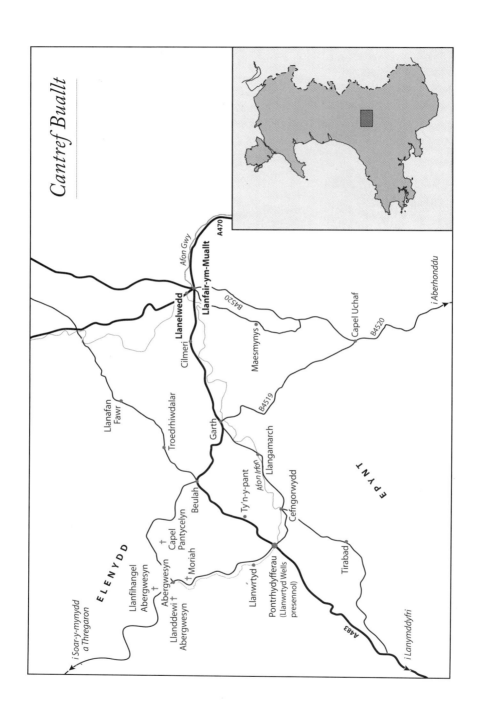

Cantref Buallt

Rhagair

Dros ddeuddeg mlynedd yn ôl gofynnwyd imi gan Arwyn Lloyd Hughes, Archifydd Amgueddfa Werin Cymru ar y pryd, a fyddwn yn barod i ymchwilio i waddol rhyfeddol ffermwr o'r enw Evan Jones, 'Ieuan Buallt', (1850–1928) o Dy'n-y-pant, Llanwrtyd, sir Frycheiniog, gwaith sydd ar gadw yno, ond ni fedrwn dderbyn y gwahoddiad ar y pryd. Ddegawd yn ddiweddarach cefais fy hun, ar foment wan rhaid cyfaddef, yn Sain Ffagan eto yn gofyn am gael gweld ychydig o waith Evan Jones. Ffrwyth yr ymweliad – a thair blynedd o lafur – yw'r gyfrol hon. Cefais fy swyno gan ei gynnwys a'm hargyhoeddi ei fod yn deilwng o weld golau dydd. Y 'gwaddol' oedd agos i fil o lyfrynnau ysgol a phapurau eraill, amrywiol iawn. Detholiad yn unig a gyflwynir yma.

CANTREF BUALLT

Dros y blynyddoedd, y mae llu o Gymry wedi ymweld â Llanelwedd yn sir Faesyfed ond ychydig a wyddant am y wlad oddi amgylch. Mae'r Sioe Frenhinol wedi ei lleoli ar gwr dwyreiniol Cantref Buallt, talp o'r wlad ac iddi hanes unigryw. Ar sawl cyfnod bu'n lled annibynnol ac ni ddaeth yn rhan o sir Frycheiniog nes y Ddeddf Uno yn 1536, ac fe hawlia F. G. Payne yn ei glasur *Crwydro Sir Faesyfed* mai ynghlwm â chantrefi'r sir honno y dylasai Cantref Buallt fod 'yn hanesyddol a daearyddol'. O edrych ar amrywiol fapiau, fe welir fod yr ardal yn ymddangos fel rhyw atodiad i sir Frycheiniog, yn sefyll rywfodd ar wahân. Yn sicr mae i'r cylch ei gymeriad ei hun.

Maes diddordeb Evan Jones oedd hwn ac er ei fod yn rhoi mwy o sylw i'r pentrefi tua'r gorllewin nid yw'n anwybyddu ardaloedd godre'r Epynt fel Maesmynys a'r unig dref sef, Llanfair-ym-Muallt. Canolir ei sylw ar Langamarch, Cefngorwydd, Tirabad, Llanwrtyd, Abergwesyn, Llanafan Fawr, Beulah, Garth a Llanlleonfel, ac ar ardaloedd uchaf Cwm Tywi a'r mynyddoedd sydd yn ymestyn i gyfeiriad Tregaron ac eangderau Elenydd. Ardaloedd cymharol uchel yw'r mwyafrif o'r rhain ac y mae llawer o'r tirwedd un ai'n wlyb ac yn gorsiog neu'n uchel a chreigiog. Yn wir, digon anffafriol yw sylwadau sawl ymwelydd dros y blynyddoedd. Ar y llaw, arall cawn eraill yn canmol y bryniau amgylchynol yn frwd, ac yn moli'r afonydd a'r nentydd. Cofiaf yn dda imi deithio'n fyfyriwr ar feic modur trwy Lanfair i gyfeiriad Tirabad a theimlo fod y tir yn llwm a brwynog, ac nid oedd y pentref olaf yn ennyn edmygedd o gwbl ynof. Sylw Alun Llywelyn-Williams yn *Crwydro Brycheiniog* yw:

> Rhwng Llangamarch a Llanwrtyd, gwlad uchel, brudd ydyw, aml ei chorsydd a'i mawndiroedd, ac ansawdd y ddaear, fel y sylwodd Kilsby, 'yn dlawd a didoreth'. Ac eto, y mae'n od o swynol, er tloted ydyw mewn ystyr faterol, rhaid bod y rhan hon o Gymru wedi cyfrannu cymaint ag unman i gynhysgaeth ddeallol a diwylliannol y genedl yn ystod y tair canrif diwethaf.

Mae disgrifiad yr un awdur o gefndir y wlad fynyddig sy'n cylchynu Abergwesyn yn werth ei ddyfynnu:

> Yn Abergwesyn yr ydym ar odre'r anialwch mawr. Y mae ffin eithaf Sir Frycheiniog ryw wyth milltir i'r gogledd o'r fan hon, ond rhyngom a'r ffin 'does yr un enaid dynol yn byw bellach. Y mae'r ffermydd prin a fu gynt yn gartrefi i deuluoedd diwyd yr ucheldiroedd yn wag, bob un ohonynt. 'Does dim unigeddau tebyg i'r rhain yn unman arall yng Nghymru, a phrin y ceir darn gwlad mwy anial a gwyllt hyd yn oed ym mhellafoedd Sgotland. Llwyfandir uchel, gweundir mewn gwirionedd, yw Mynydd Elenid fel y gelwid yr holl ucheldir hwn ers llawer dydd . . .

Yng nghofnodion Evan Jones fe gyfarfyddwn â'r bobl hynny a arferai fyw yn y gwacter mawr.

Llawer blwyddyn yn ddiweddarach cefais innau fy swyno gan y ffordd o Lanwrtyd i Abergwesyn ac oddi yno i Dregaron, a'r ffordd 'i fyny ac i lawr' honno o Bontnewydd-ar-Wy trwy Lanafan Fawr a Throedrhiwdalar i'r Garth, ffordd heb ei thebyg drwy Gymru benbaladr am ei hesgyniadau a'i disgyniadau. Ac y mae peth tystiolaeth fod y ffordd olaf hon yn ffordd a ddefnyddid yn gyson i dramwyo rhwng Lerpwl a'r gogledd-ddwyrain i Abertawe a'r de-orllewin. Mae'r olygfa o'r wlad o Gefn-brith neu o gopa Epynt yn hynod ddeniadol.

Ardal ddieithr ydyw i lawer o bobl Cymru erbyn hyn. Nid felly y bu bob amser; heidiai glowyr a gweithwyr dur ac alcan i'r cylch am eu gwyliau, i gymryd o ddŵr y ffynhonnau ac i fwynhau cymanfaoedd canu, eisteddfodau a sawl difyrrwch arall. Byddai pregethwyr enwocaf y genedl yn mynychu'r capeli. Ond daeth y cyfnod gloyw hwnnw i ben, ac o ddyddiau'r Rhyfel awr bu diboblogi parhaus a dinistriol. Bellach fe anfarwolir Llanwrtyd gan gystadlaethau nofio mewn llaid, a threfnu rasys rhwng dynion a cheffylau, ac wrth gwrs daeth llawer o fewnfudwyr i anheddu yn y cylch. Yr hyn sy'n gwneud cyfraniad Evan Jones yn amhrisiadwy yw ei fod yn portreadu'r gymdeithas fel un fywiog, gron, iach, yn arddangos digon o ffaeleddau ond yn coleddu rhinweddau gorau cymdeithas Gymraeg wâr. Tlawd eu byd oedd llawer o'r trigolion ond er hynny roeddynt yn ymfodloni ar eu bywydau ac yn barod i estyn cymorth i'r anghenus yn eu plith, fel y dengys nifer o gyfeiriadau yn y dogfennau.

Digon o ryfeddod yw rhestri'r anhedd-dai a geir gan Evan Jones, ond ysywaeth, gorchuddiwyd y bryniau a'r ffermdai yn helaeth â phinwydd unffurf a chronfeydd dŵr eang erbyn hyn.

Y ffordd orau o gyfarwyddo â'r darn nodedig yma o'n gwlad yw trwy ymweld â hi'n hamddenol gyda llyfr teithio Alun Llywelyn-Williams yn eich llaw. Ni'ch siomir.

EVAN JONES
Lloffwr a chofnodwr toreithiog oedd y ffermwr hwn, ond er ei fod yn olrhain achau ei deulu yn ei bapurau anaml y bydd yn cyfeirio at ei dylwyth agosaf ei hun. Er i mi gribinio tipyn ymhlith colofnau papurau lleol methais ddod o hyd i lawer o wybodaeth amdano, a chan iddo farw yn 1928 nid oedd undyn ar ôl a'i cofiai. Bu Dr Glyn E. Jones, Prifysgol Caerdydd, yn lloffa'n ddiwyd am ei rawd gogyfer â'i ddarlith[1] yn Eisteddfod Genedlaethol Bro Dinefwr, 1996, ond nid yw ei gasgliadau yntau'n gyflawn. Nid yw Evan Jones yn datgelu llawer amdano'i hun na'i berthnasau agosaf na'i amgylchiadau yn ei waith a digon prin yw'r hyn a ddywedir amdano yn *Y Bywgraffiadur Cymreig hyd 1940*, ac mewn mannau eraill.

Enw ei briod oedd Ann Morgan o Ben-lan, Llanafan Fawr, a dywed y Parchedig E. Aman Jones, a fu'n weinidog ar eglwys Evan Jones yn Llanwrtyd ac a'i hadnabyddai'n dda, mewn ysgrif goffa yn *Y Tyst*, 1 Mawrth, 1928, fod ei marwolaeth hi, rhyw bum mis o flaen ei gŵr, wedi torri ei galon. 'Ni chlywaf ei chwerthin staccato mwy, ac ni phrofaf ei ddifrifwch dwys, na'i stori ddifyr, na'i lygaid byw pan yn galw y gorffennol i gof.' Bu iddynt bedwar o feibion: Gomer, Emrys, Afan, ac Irfonwy a fu farw'n blentyn bach yn 1897. Derbyniodd lythyrau o gydymdeimlad tyner gan O. M. Edwards ac eraill.

Mae'r ysgrif hon yn *Y Tyst* yn taflu goleuni diddorol ar Evan Jones. Dywed, er enghraifft, amdano:

> Hoffai blannu coed, a thrin pren â'i gyllell . . . Meddai ar y grefft o
> blethu gwiail, a gwelais lawer had lestr o'i waith. Yn wir, gwyddai
> rywbeth am bob hen grefft, a blinai lawer wrth eu gweld yn diflannu

---

1 Dr Glyn E. Jones, 'Evan Jones (1850–1928), Ty'n-y-pant – Hynafiaethydd', Gwasg Prifysgol Cymru, 1996. Mae'n ddarlith gynhwysfawr a defnyddiais rannau ohoni fel sail i nifer o sylwadau yn y Rhagair hwn. Gweler hefyd ei gyfrol bwysig, *Iaith Lafar Brycheiniog – Astudiaeth o'i Ffonoleg a'i Morffoleg*, Gwasg Prifysgol Cymru, 2000, lle mae'n taflu goleuni ar dafodiaith Llanwrtyd, ac yn anuniongyrchol, ar Gymraeg Evan Jones.

o'r wlad . . . Etifeddodd oddi wrth ei fam ddawn gerddorol, a medrai ddarllen nodau miwsig yn gampus, a chyfansoddodd donau . . . Cynhaliodd ddosbarth i ddysgu Sol-ffa. O dueddau Abergwesyn yr hanai ei dad, a'i waed ef yn ei wythienni a gyfrifai am y blewyn melyn, y pryd golau a'r dymer frwd . . . Dyn byr oedd yn gwisgo dillad llwydlas, wedi eu gwau gan wehydd gwlad wrth gwrs . . . Bu ar y mynydd yn chwilio'r hen gaerau am olion . . . Yr oedd yn nabod yr adar, a gosodai fwyd iddynt mewn nythau celfyddydol o gylch ei gartref . . . Chwilotwr oedd fel y tystia'r casgliad helaeth a welir yn ei dŷ ac o'i gylch . . . Cymraeg glân a gloyw oedd ar ei dafod, er bod y dilyw Saesneg wedi gorlifo dros Gantref Buallt, ac yn bygwth hyd yn oed Abergwesyn ei hun . . . Ni chasglodd lên gwerin yn y ffurf o storïau, a chlywais ef gyda'i bendantrwydd arferol yn eu galw'n gelwydd. Nid oedd yn bleidiol i chwaraeon. Dengys y pethau hyn y Piwritan syml yn ei gymeriad. Llwyddodd fel amaethwr, ac nid aeth ei hynafiaethau yn achlysur anhrefn i'w amgylchiadau. Yr oedd ei foes a'i fuchedd yn lân . . . Gosodai ychydig arian o'r neilltu, trwy'r blynyddoedd, er mwyn medru treulio ei wyliau yn yr Eisteddfod Genedlaethol. Cerddai yn gyson i'r oedfa bob bore Sul.

Nid annisgwyl yw nodi fod Evan Jones yn dra hyddysg yn ei Feibl ac mae'n dyfynnu'n rheolaidd o sawl man ynddo i daflu golau ar rai hen arferion oedd gan yr Israeliaid gynt ac a oedd yn bod hefyd ymhlith yr hen Gymry.

Mewn cyfweliad gyda Vincent Phillips o Amgueddfa Sain Ffagan yn 1971 fe dystia Emrys, mab Evan Jones, fod ei dad yn arfer dod i'r tŷ o'r meysydd am dri o'r gloch 'er mwyn cael mynd at y llyfrau'. Ni chofiai fod ei dad wedi 'rhoi coflaid o wair i'r da erioed', sy'n awgrymu mai ei wraig, Ann, a wnâi lawer o waith y fferm. Ei ddiddordeb pennaf ef oedd 'gwneud cloddiau a pherthi'. Ychwanega ei fod 'yn cario darnau o bapur yn ei boced. Yn aml iawn ar ganol swydd fe safai ac fe drawai rywbeth lawr ar bapur.'

Dylid ychwanegu fod gan Evan Jones gof rhagorol oherwydd mae'n cofnodi yn ei nodiadau nifer o ddywediadau a hanesion a glywsai'n ddyn ifanc, ond nid yw'n eu rhoi ar glawr nes iddo gyrraedd ei drigain oed. Nid syndod, felly, yw sylwi fod yna gryn dipyn o ddyblygu yn y papurau gwreiddiol. Y mae ei Gymraeg yn naturiol raenus er nad yw'n cynhesu at yr orgraff newydd a ddaeth i fod wedi gwaith safonol John Morris-Jones, ond mae ei afael ar eirfa a phriod-ddulliau ei fro yn gadarn. Gan fod nifer o dermau a geiriau, o fyd amaeth yn arbennig, wedi mynd yn angof ac efallai'n ddieithr i ardaloedd eraill, nodais eglurhad i amryw mewn geirfa gryno.[2]

2 Gweler hefyd astudiaeth fanwl o eirfa Evan Jones gan Ann Jones yn 'Gwaith Evan Jones', Papurau Gwaith Ieithyddol Caerdydd, Rhif 4.

Yn y cyswllt hwn y dylid dweud gair am berthynas Evan Jones â'r Ysgol Haf nodedig a gynhelid yn Llanwrtyd o 1919 hyd 1933 – ac eithrio pedair ohonynt. Denai hon academyddion a Chymry deallus, yn hen ac ifanc, i ymroddi am bythefnos bob Awst i fwynhau addysg o'r radd flaenaf trwy gyfrwng y Gymraeg. Dan adain Undeb Cenedlaethol y Cymdeithasau Cymreig y daeth yr Ysgol Wyliau Gymraeg i fod – Undeb, yn ôl Marion Löffler, 'a fu o'r pwys mwyaf yn sicrhau lle'r Gymraeg ym myd addysg heb sôn am hybu gweithgareddau diwylliannol o bob math'.[3] Perchid Evan Jones gan y trefnwyr ac mae'n amlwg mai ef oedd yn gyfrifol am drefnu teithiau priodol i'r cynadleddwyr i fannau o arwyddocâd hanesyddol neu o brydferthwch trawiadol yng Nghantref Buallt. Un o'r rhain oedd ymweliad â'i gartref yn Nhy'n-y-pant lle roedd wedi crynhoi llawer o drysorau archaeolegol dros y blynyddoedd. Cyfrannodd amryw o ddarlithoedd i'r Ysgol hefyd, mae'n debyg.

Roedd rhychwant amserlen yr ysgol yn eang: o eisteddfodau i astud-iaethau Beiblaidd, o ganu gwerin i lên Cymru a hanes ein cenedl. Athrawon prifysgol oedd nifer dda o'r darlithwyr ond fe geid hefyd unigolion megis y nofelydd Lewis Davies o Gymer Afan, a Mattie Rees o Lanelli. Amcan y gynhadledd oedd diwyllio cenedl-garwyr a'u hysbrydoli i weithgarwch pellach wedi dychwelyd i'w broydd. Mewn llun sydd wedi goroesi, gwelir mai pobl ifanc yw llawer o'r mynychwyr, ac mae'n ddiamau fod ffynhonnau Llanwrtyd a Llangamarch yn atyniad pellach.

Tystia'r detholiad a geir yn y gyfrol hon i ehangder diddordebau Evan Jones a syndod yw sylweddoli na fu iddo, yn ôl pob tebyg, dderbyn rhyw lawer o addysg ffurfiol. Hunan-ddysgedig ydoedd i raddau helaeth ac fe'i gyrrid gan syched am ddeall a dehongli hanes a bywyd ei fro ei hun.

Mewn llythyr at olygyddion ei unig gyfrol, *Doethineb Llafar*, ceir y geiriau hyn:

Teimlwn hoffter mawr at lên gwerin a chofiwn hen ddywediadau diarhebol yn rhwydd a naturiol yn lled ieuanc. Darfu i mi drysori cryn lawer ar fy nghof yn gynnar yn fy mywyd. Mewn cyfnod diweddarach daeth awydd ynof i ysgrifennu yr hen ddiarhebion, fel y byddent ar gael a chadw gennyf . . .[4]

Yn ymarferol mae ei 'gofio' a'i 'gofnodi' yn ymestyn yn llawer ehangach na diarhebion.

---

3 'Iaith Nas Arferir, Iaith Farw Yw': Ymgyrchu Dros yr Iaith Gymraeg Rhwng y Ddau Ryfel Byd, Cyfres Papurau Ymchwil Canolfan Uwchefrydiau Cymreig a Cheltaidd: 3, Marion Löffler, Aberystwyth 1995.
4 *Doethineb Llafar, yn bennaf fel y'i clybuwyd yng Nghantref Buallt, o gasgliad Evan Jones,* Swansea, Thomas a Parry, 1925. Trafodion yr Ysgol Wyliau Gymraeg: I.

Dylid nodi, gyda llaw, fod Evan Jones wedi cadw dyddiadur (ac mae'n defnyddio *Blwyddiadur* yr Annibynwyr i'r pwrpas) am tua deugain mlynedd yn cofnodi'n fyr sylwadau am ffermio a'r tywydd, am y capel a'r pregethwyr, am werthiant gwlân a defaid ac anifeiliaid eraill – a'u prisiau; am y llyfrau a bwrcasodd ac ymhle, a llawer o fanylion eraill. Ar ddiwedd 1880, er enghraifft, mae wedi prynu 88 o lyfrau, gwerth £4.3.9. Ar 16 Awst, 1918, ceir nodyn fel hyn: 'Y wibdaith heddiw i Dy'n-y-pant. Ymwelodd 80 â'r lle y prydnawn.' Yna ar yr 20fed ceir: 'Picnic ar y Sugar Loaf'. Dau achlysur yn ymwneud a'r Ysgol Haf. Ceir yn y dyddiaduron hyn gryn dipyn o wybodaeth am ei fynd a dod beunyddiol.

Bu'n ddarllenwr brwd ar hyd ei oes, ac mae'n cyfeirio at lawer o lyfrau yn ei ysgrifau. Maent yn amrywio o waith Gerallt Gymro i *Tro i'r Eidal*, o'r *Cambrian Journal* i *Ancient Stone Implements*, o'r *Cenhadwr Americanaidd* i'r *Traethodydd*. Trosglwyddwyd dros 300 o'i lyfrau i'r Llyfrgell Genedlaethol ar ôl ei farw a thrueni iddynt gael eu gwasgaru yn y fan honno. Hefyd yn ei ddyddiaduron, ac weithiau yn ei bapurau, fe restrir ganddo lyfrau neu lawysgrifau a brynasai neu a'u dymunai. Cawn unigolion yn danfon llyfrau ato, a rhai prin yn eu plith, ac am gyfnod bu'n cadw cyfrif manwl o'r hyn a wariasai ar lyfrau yn ystod pob mis o'r flwyddyn. Mae'n siŵr fod llawer o'r ysgogiad i'w waith wedi dod wrth ddarllen y llyfrau amrywiol oedd yn ei feddiant. Credaf fod hyn yn arbennig o wir am ei ymchwil archaeolegol dyfal; ymgynghorai â rhifynnau o'r *Archaeologia Cambrensis* yn gyson. Ond roedd ei ddiddordeb mewn barddoniaeth hefyd yn amlwg a dyfynna o gerddi hen a diweddar, a chasglodd 85 o faledi a chaneuon printiedig. Pwysai ar ei lyfrau wrth ysgrifennu ar rai materion ond gan amlaf mae'n cydnabod y rhain trwy gyfeirio at ei ffynhonnell neu trwy gyfeirio at yr 'ysgolheigion', ac mae'n gyson yn ychwanegu sylwadau lleol a phersonol sy'n rhoi lliw newydd i'r pwnc dan sylw. Braf gweld nad yw'n swil o anghytuno â'r farn ysgolheigaidd pan fo galw am hynny. Roedd yn ŵr annibynnol iawn ei feddwl a'i farn.

Aelod gyda'r Annibynwyr yn Llanwrtyd ydoedd, er ei fod yn dra chyfarwydd â Moriah, Abergwesyn, hefyd. Fel y gellid disgwyl, mae ganddo gryn dipyn i'w ddweud am grefydd yr ardal ac am ei hanes a'i chymeriadau. Mae'n arbennig o huawdl am ddylanwad y diwygiadau a effeithiodd yn drwm ar y cylch ac ac mae rhai o'i ddisgrifiadau – doniol yn aml – yn gofiadwy. Codir y llen ar gyfnod, ar ddechrau'r bedwaredd ganrif ar bymtheg, pryd yr oedd mynychu oedfa a chwrdd gweddi – yn aml mewn tai annedd – yn rhan annatod o fywyd y mwyafrif yn y gymdeithas ac fe lwydda Evan Jones i ddal asbri ac anffurfioldeb y cyfan.

Er bod ganddo'i argyhoeddiadau crefyddol ei hun, nid yw'r rhain yn ei wthio i farnu eraill; yn wir, ysgrifenna mewn cydymdeimlad â'r digrefydd ac mae'n raslon tuag at Eglwyswyr, Bedyddwyr a Methodistiaid, ac mae ei fywgraffiadau o weinidogion, offeiriaid, pregethwyr a lleygwyr yn llawn cydymdeimlad. Oherwydd ei ddiddordeb mewn hanesion eglwysi unigol a'u haelodau rhoddodd inni – a hynny'n ddifyr dros ben – gipolwg ar gymdeithaseg y cymunedau. 'Caredig ond craff' fyddai fy nisgrifiad ohono fel un a geisiai drosglwyddo i ni flas y gorffennol.

Yn y gymdeithas a ddarlunnir gan Evan Jones mae gan weinidogion safle pwysig ac mae'n edmygydd ohonynt. Cyfeiria'n arbennig at ddynion fel James Rhys Jones, 'Kilsby' (1813–89) – gŵr oedd wedi ffoli ar yr ardal ac un o gymeriadau mwyaf lliwgar ei gyfnod. Roedd yn ddarlithydd ac yn bregethwr poblogaidd ac ef oedd golygydd *Gweithiau Williams Pantycelyn*. Yna dyna Rhys Gwesyn Jones (1826–1901), a hanai o Abergwesyn ac a ddaeth yn enwog fel gweinidog yn America ac awdur toreth o lyfrau. Ceir nifer o gyfeiriadau yn ei waith at 'Mr Williams' sef David Williams (1779–1874), gweinidog Annibynnol Llanwrtyd a Throedrhiwdalar ac un o bregethwyr amlycaf Cymru yn ei ddydd. Sefydlodd nifer o eglwysi yng Nghantref Buallt a chyfrifid ef fel 'esgob' gan gynulleidfaoedd y cylch, yn fawr ei barch a'i ddylanwad. Brodor o Lanwrtyd⁵ ydoedd a bu'n weinidog yno am chwe deg a thair o flynyddoedd, ond bu'n pregethu hyd ei farwolaeth yn 1874 yn naw deg a phump oed.

Cawsai Evan Jones ei gyfareddu gan arferion cefn gwlad a chan y gwahanol grefftau, rhai ohonynt ar fin diflannu. Mae'n dyfynnu dro ar ôl tro eiriau ac atgofion hen bobl, ac felly'n ein dwyn yn ôl i chwarter olaf y ddeunawfed ganrif. Sylwa ar arferion y cartref a bywyd ffermwyr a bugeiliaid y mynyddoedd. Egyr y cyfan ffenestr i ni ar fywydau beunyddiol pobl gyffredin a gwna hynny â 'dawn dweud' nodedig oherwydd yn aml fe dry gofnod neu hanesyn yn stori fer dan ei law. Erys rhai o'i ddisgrifiadau o gymeriadau neu o'r aradr neu'r car llusg ar y cof gan eu swyned.

Y mae rhychwant ei ddiddordebau a manylder ei gofnodi yn ddigon o ryfeddod, ond mae'n ddiddorol nodi fod yna eraill o'r cylch wedi dangos yr un elfen ag Evan Jones. Un o'r rhai pennaf yw David Lewis Wooding (1828–1891), siopwr yn Beulah, hanesydd lleol nodedig ac awdurdod ar awduraeth emynau Cymraeg, ond, yn reit debyg i Evan Jones, ni chyhoeddodd ddim o'i waith. Roedd y ddau yn adnabod ei gilydd yn dda.⁶

Roedd gan Evan Jones hefyd ddiddordeb eang mewn cerddoriaeth. Casglai weithiau clasurol a dysgai'r Sol-ffa a mawrygai gerddorion ei fro, pobl

---

5 Noder mai Llanwrtyd yw'r hen enw ar y pentref ger yr hen eglwys, (ac enw'r plwyf, a lle bu William Williams, Pantycelyn yn giwrad o 1740 hyd 1743), nid y Llanwrtyd presennol sydd yn gymharol ifanc, tua 150 mlwydd oed, ac a sefydlwyd gyda dyfodiad y rheilffordd. Yr hen enw ar y fan lle saif y Llanwrtyd presennol oedd Pontrhydyfferau. Dylid nodi hefyd mai Pantycelyn yw enw capel y Bedyddwyr yn Abergwesyn.

6 *Y Bywgraffiadur Cymreig 1951–1970*, golygyddion, E. D. Jones, Brynley F. Roberts, Llundain [Anrhydeddus Gymdeithas y Cymmrodorion], 1997.

megis: David Christmas Williams (1871–1930), cyfansoddwr ac arweinydd o fri, awdur y dôn 'Clawdd Madog' a'r anthem 'Dyn a Aned o Wraig'; John Price (1857–1930), athro cerdd, côr-feistr ac arweinydd o Beulah; a John Thomas (1839–1921), cyfansoddwr ac arweinydd enwog. Nid yw'r detholiad yma o waith Evan Jones yn dilyn y trywydd hwn yn ei fywyd.

Wedi pori yn ei waith cyhyd, teimlaf mai diddordeb pennaf Evan Jones oedd archaeoleg yn ei holl amrywiaeth: o gylchoedd cyntefig i gladdfeydd hynafol; o ffyrdd Rhufeinig i ddarnau arian; o hen dai adfeiliedig i feddau a chistfeini. Mae'n amlwg ei fod wedi treulio wythnosau lawer yn crwydro bryniau Cantref Buallt yn chwilio am olion hynafol, gan gofnodi a mesur yn fanwl yr hyn a welsai. Mae manylder ei sylwadau'n drawiadol a'r cyfan mewn Cymraeg coeth. Un enghraifft o blith ugeiniau yw ei baragraff clo ar ddiwedd erthygl fanwl ar 'Ffyrdd Rhufeinig Gwlad Buallt'. Dyma a ddywed:

> Wrth geisio casglu ychydig hanes y ffyrdd hyn yn ein gwlad, ni ymgynghorais ag un awdur o gwbl, ond fy awdurdod ydyw – olion ohonynt, a hen ddywediadau a gawn yn y gwahanol ardaloedd amdanynt. Arferai'r hen bobl ddywedyd fod y ffyrdd hyn yn 'croesi'r wlad o fôr i fôr'; dywedent hefyd eu bod yn cael eu '*pitchio* bob cam', yr oedd hyn yn hollol anghywir – o leiaf, methais i wedi eu cerdded yn fanwl, â chael ond darnau bychain iawn, a hynny mewn ffosydd yn ddieithriad. Ar y lleodd y maent wedi eu cerigo, y maent yn gwahaniaethu yn eu lled o wyth, deg a deuddeg troedfedd. Amrywiant hefyd yn nhrwch yr haen, yn ôl ansawdd y tir. Ar ddaear laith waundirog, lle anghyfleus i gael cyflawnder o rafel afon, torrid cwteri y ddau tu, i'r bwriad i arwain y dŵr, fel y caledai'r tir, a'u lled rhwng y cwteri hyn yn ddieithriad oedd pymtheg troedfedd.

Dychmyger gymaint y llafur a olygai i Evan Jones ddilyn y ddwy ffordd Rufeinig a red trwy'r cantref. Yn anffodus, braidd gyffwrdd diddordeb Evan Jones mewn archaeoleg a wneir yn y gyfrol hon.

Gyda'r blynyddoedd daeth yn enwog am ei ddiddordeb mewn hynafiaethau a deuai ffermwyr ac eraill ag eitemau i'w sylw yn Nhy'n-y-pant, a byddai gwŷr o wahanol fannau yng Nghymru yn danfon eitemau ato o dro i dro. Byddai yntau hefyd yn prysuro i weld a phwrcasu arteffactau y clywsai sôn amdanynt. Yr oedd ei gasgliadau'n ddigon nodedig i ennyn diddordeb W. E. Hoyle, cyfarwyddwr cyntaf yr Amgueddfa Genedlaethol, ac y mae nifer o'i gasgliadau ar gadw gan yr amgueddfa hyd heddiw. Dywed golygyddion *Doethineb Llafar*:

> O'i febyd ymserchodd Mr Jones yn rhyfedd yn hanes, hynafiaethau, a thraddodiadau ei fro. Cysegrodd oriau hamdden ei fywyd i chwilio allan ac i gadw, ar gof ac ar glawr, ei hynodion. Trwy ddarllen yn

helaeth ac yn fanwl am hynafiaethau gwledydd eraill disgyblodd ei feddwl i ystyried yn feirniadol ac i ddosbarthu'n gywir olion yr hen amseroedd yng Nghantref Buallt. Er chwilio Cymru benbaladr anodd fyddai cael neb sy'n cynrychioli'n deilyngach nag ef hen ddiwylliant traddodiadol y fro Gymreig.

CYNNWYS Y PAPURAU[7]

Cwestiwn amlwg sy'n codi ei ben yw pa bryd y bu i Evan Jones ysgrifennu ei ddogfennau amrywiol? Un o'i wendidau yw ei fod yn ddibris ynglŷn â dyddiadau. Mae'n wir y gellir dyfalu rhai dyddiadau oddi wrth ddarlithiau a draddododd ac oddi wrth yr erthyglau (o leiaf 30 ohonynt) a ddanfonodd i *Cymru* (y 'Cymru Coch'). Hefyd mae ei lawysgrifen yn amrywio'n arw, ac ar un cyfnod yn ddiweddar yn ei fywyd caiff anhawster i ddal ysgrifbin yn ei law a gweithreda ei feibion fel *amanuensis* effeithiol iddo. Maentumiaf fod y mwyafrif o'r deunydd wedi ei ysgrifennu rhwng 1890 a 1928, ond ei fod wedi bod yn casglu defnyddiau ymhell cyn hynny.

Cwestiwn arall y mae'n deg ei ofyn yw: pam casglu ac ysgrifennu cymaint o ddeunydd a chyhoeddi cyn lleied? A oedd gyrru deunydd i eisteddfodau a darlithio o bryd i'w gilydd yn ddigon i'w fodloni? Ai er ei ddiddanwch ei hun y bu'r holl weithgarwch? Ai dilyn esiampl rhywun fel ei gydnabod D. L. Wooding a wnaeth? Does dim amheuaeth nad yw camp Evan Jones yn cymharu â'i gydoeswr Myrddin Fardd o sir Gaernarfon ond fe gyhoeddodd y gogleddwr yn lled helaeth. Ai ysfa i gadw a diogelu hanesion a thraddodiadau ei ran ef o Gymru i'r dyfodol a yrrai Evan Jones, a bod y diogelu yn Nhy'n-y-pant yn ddigon? Mae'n anodd deall.

Detholiad o waith ei oes yw'r gyfrol hon a sail y dewis oedd yr eitemau y teimlwn a fyddai o ddiddordeb cyffredinol i'r darllenydd. Mae orgraff a ffurfiau enwau priod Evan Jones yn anghyson; ceisiais safoni mymryn ar yr orgarff a'r ffurfiau hynny heb golli blas y gwreiddiol.

Yr oedd Evan Jones, gyda llaw, yn hoff iawn o restru ac o gatalogio. Er enghraifft, mae'n cynnig rhestr o bob mynydd a elwir yn 'Esgair' yn ei ddalgylch (mae dros ugain ohonynt). Cawn restri o hen felinau a hen felinau pan, ac o bobl yng Nghantref Buallt oedd wedi cyrraedd eu deg a phedwar ugain oed rhwng 1783 a 1897 (roedd 83 ohonynt); rhestri o hen dai adfeiliedig ac o eglwysi; rhestri o eisteddfodau cadeiriol Cymru o 1819 tan 1900 yn cynnwys lleoliad, testunau a buddugwyr, ac yn y blaen. Hepgorwyd y rhestrau hyn o'r detholiad hwn.

---

7   Rhifau'r catalog yw: MS 1793/1–654; MS 2038/1–137; MS 2384/1–186; MS 3463/1–2. Catalogwyd y deunydd crai yn ofalus gan Amgueddfa Werin Cymru, Sain Ffagan ond bu rhaid i mi ei ddidoli ymhellach a dwyn at ei gilydd bynciau cyfatebol.

Gan fod Evan Jones yn ddarllenwr eang, does dim amheuaeth na fyddai'n ymwybodol o ddigwyddiadau chwyldroadol yn Ewrop yn ystod y bedwaredd ganrif ar bymtheg ac wedi hynny, ond nid yw'n cyfeirio atynt – ar wahân i gyffwrdd unwaith neu ddwy â dyfodiad y trên i Gantref Buallt ac adrodd hanes ymadawiad ei fab, Gomer, i'r rhyfel. Mae ganddo nifer o bapurau byr sy'n rhestru digwyddiadau ac yn rhoi hanes coroni brenin neu ryw ddathliad arbennig arall ond nid yn y pethau hyn y mae ei ddiddordeb pennaf. Wrth drafod hanes ac arferion Cantref Buallt, a garai mor gywir ac a adnabyddai mor dda, y mae hapusaf.

Pedwar gŵr enwog o Gantref Buallt yw John Penri, y merthyr; Thomas Huet, cyfieithydd Llyfr y Datguddiad i'r Gymraeg; James Howell, gwleidydd ac ieithydd fyddai bob amser yn dyrchafu'r Gymraeg, a'r Parchedig Thomas Price, 'Carnhuanawc'. Byddai'r pedwar wedi ymfalchïo yng ngwaith gwerinol Evan Jones.

Herbert Hughes
Llanddew 2009

Fy Hynafiaid

Tua hanner y ddeunawfed ganrif, yr oedd gŵr a gwraig yn byw ym Mhyllbo, neu Pwllybwa, fferm ym mhlwyf Llanddewi, Abergwesyn; eu henwau oedd John a Mary Jones, neu Shon a Pali, fel yr arferid eu galw yn gyffredin. Yn ôl yr hanes a gefais o eneuau hen bobl, yr oedd y ddau yn barchus a chyfrifol iawn gan eu cymdogion, ac yn byw mewn amgylchiadau da a chysurus. Pan fyddai rhyw gymydog yn brin o arian ar ryw adeg, rhedai at Jac o Byllbo am fenthyg rhyw swm, a byddent yno i'w cael. Yr oedd Shon yn enedigol o'r plwyf, a Phali hithau yn enedigol o'r Cloddiau Cerrig, ger Pontrhydfendigaid. Yr oedd hi yn un o dair chwaer. Un ohonynt oedd Gwen, gwraig William Davies, o'r Hafdref, yng Nghwm Tywi, yr hwn oedd wedi llwyddo i gasglu cryn lawer o dda y byd hwn.

Nid oedd gan Shon a Pali Pyllbo ond un plentyn, sef merch, enw'r hon oedd Gwen (yr un enw â'i modryb yr Hafdref); ac mae'n debyg ei bod o bryd golau – yn bengoch. Priododd ag un o'r enw John Price, yr hwn oedd yn enedigol o ryw ran o sir Aberteifi. Cymerodd y briodas le yn eglwys Llanddewi, Abergwesyn, yn y flwyddyn 1772, y ddau yn torri 'X' ddydd eu priodas. Yr oedd ef yn hen lanc 34 pan yn anturio i'r ystad briodasol, tra nad oedd hi ond deunaw mlwydd oed. Yr oedd John yn un o dri brawd, ac fel y dywed hanes, darfu i'r tri briodi a mabwysiadu gwahanol enwau, un yn Evans, yr ail yn Rees, a John yn Price; ond er iddo ef briodi wrth yr enw Price, o hynny allan cymerodd ef enw'r wraig – yn Jones.

Treuliodd y ddau eu hoes yn Nant-yr-hwch, Cwm Tywi, yn cydfyw yn gysurus, yn ddiwyd a llwyddiannus gyda phethau'r byd a'r bywyd hwn. Bu iddynt bymtheg o blant. Cafodd y wraig efeilliaid un tro, a thri tro arall, y rhai a fuont feirw'n fabanod. Magasant ddeg o blant i'w cyflawn faintioli – saith o feibion, a thair o ferched. Yr oedd y plant oll wedi etifeddu pryd a gwedd y fam – a blewyn coch, yr hyn a fu yn foddion iddynt gael eu galw yn 'Gochiaid', neu 'Gochiaid Tywi'. Mae'r lliw coch yn amlwg yn y teuluoedd hyd heddiw.

Wedi i'r ddau gydfyw ynghyd am wyth mlynedd ar hugain, cawsant eu gwahanu gan angau trwy farwolaeth y tad, yr hyn a gymerodd le Tachwedd 2, 1800, yn 62 mlwydd oed. Bu'r wraig fyw yn agos i 19 o flynyddoedd ar ei ôl ef; bu hithe farw Mai 12, 1819, yn 65 mlwydd oed. Gorffwys cyrff y ddau ym mynwent eglwys plwyf Llanddewi Abergwesyn.

Bellach ceisiaf roddi ychydig o hanes plant Nant-yr-hwch, yn ôl trefn ac amser eu genedigaeth; ynghyd â gair byr am wahanol nodweddion eu bywydau.

1. REES

Rhoddwyd iddo ef enw ei dadcu o ochr ei dad, yn ôl hen arferiad y Cymry o enwi y mab hynaf. Yr oedd ef wedi etifeddu pryd a gwedd ei fam – yn olau'i flewyn. Priododd â Marged, merch i weddw o'r enw Mrs Elizabeth Price, Pen-y-bont Isaf, Llanwrtyd. Y weddw hon roddodd ddaear i adeiladu capel cyntaf y Methodistiaid yn Llanwrtyd yn 1808. Wedi marwolaeth yr hen wraig yn y 1830au, aeth Pen-y-bont, Ty'n-y-rhos, Llwynygweision a Ty'n-y-llwyn, yn eiddo i Pegi a Rees Jones. Treuliodd y ddau eu hoes yn Cwmirfon, Llanwrtyd, a bu iddynt ddau fab.

2. JOHN OEDD AIL FAB NANTYRHWCH

Yn ôl yr hen arferiad o enwi plant, rhoddwyd ef ar enw y tadcu o ochr ei *fam*. Yr oedd gan y fam hawl yn ôl yr arferiad hwn, i osod yr *ail fab* ar enw ei thad hi. Bu John farw'n ieuanc o'r darfodedigaeth. Yr oedd yn ddyn ifanc hynod lednais, a thyner ei ysbryd. Dywedai rhai hen bobl mai 'Jaco' oedd y bachgen ffeinaf o blant Nantyrhwch. Fel y mae plant gwanaidd eu hiechyd yn bur gyffredin, efe oedd ffefryn ei fam.

3. MORGAN. ADWAENID EF YN EI AMSER FEL MORGAN JONES, NANT-TYRNOR, TIRABAD

Yr oedd yn ŵr hynod garedig fel cymydog, a pherchid ef yn fawr gan bawb. Coffeid yn aml am ei gymwynasau gan hen ardalwyr plwyf Tirabad, ac eraill, y rhai oeddynt ar dir y byw hyd yn ddiweddar. Llawer tro y clywais adrodd yr hanes a ganlyn – Pan godwyd y capel presennol ar Gefngorwydd yn y flwyddyn 1831, cafwyd derwen fawr yn rhodd at yr adeilad gan y Col. Gwynne o Glan Brân, yr hon oedd i fod yn drawst o dan y 'gallery'. Torrwyd hi yn y 'Park', ac yn anffodus, darfu i'r pren syrthio i le garw ac anhawdd ei gael oddi yno. Bu amryw ffermwyr yn ceisio ei symud at y pwll llif, ond trodd pob ymdrech yn fethiant. Clywodd Morgan am yr helynt; ac un bore'n blygeiniol iawn, efe a aeth â dau geffyl a tharw at y pren, gosododd y tarw yn y bôn, a'r ddau geffyl o'i flaen, a dygwyd y 'dderwen fawr' at y pwll llif cyn brecwast, medd yr hanes.

Er nad oedd yn aelod crefyddol am y rhan gyntaf o'i fywyd, yr oedd yn gymeriad nodedig o dda, ac o rodiad cywir a gwastad. Yn niwedd ei oes, gwnaeth broffes gyhoeddus o grefydd, ac ymaelododd gyda'r Annibynwyr yn y Gelynos, Llanwrtyd, o dan weinidogaeth y Parch. D. Williams, ac er pellter y ffordd, bu ef a'i wraig yn hynod ffyddlon i'r moddion hyd ddiwedd eu hoes. Byddai'r hen ŵr yn arfer arwain bywyd crefyddol a defosiynol amlwg a manwl iawn wedi cymryd arno enw crefydd. Un noson wedi i'r teulu fynd i orffwys, yn sydyn cododd ar ei eistedd yn y gwely, a dywedodd, 'Y mae'n rhaid i mi fynd lawr eto.' 'Beth sy'n mater, Morgan bach?' gofynnai'r hen wraig. 'Rwy wedi anghofio dweud fy mhader,' oedd yr ateb. 'Gwed e ar dy gefn fan yma, fe wrandawiff yr Arglwydd arna ti 'run fath,' meddai Pegi. 'Na, na, fe af i lawr i ga'l mynd ar fy nglinie,' meddai'n benderfynol, ac ar ei linie ag ef yn ymyl y gwely. Wedi mynd yn ôl i'r gwely, pwysai mater ei enaid yn ddrwm ar ei feddwl, a theimlai'n wan. 'A gaiff hen ŵr fel myfi faddeuant, wedi bod cyhyd heb fynd at grefydd?' gofynnai i'r hen wraig. 'Cei, cei, Morgan Bach,' medd yr hen wraig yn ffyddiog, gan ychwanegu, 'y mae'r geiniog yn addawedig i'r hwn a weithio *awr* yn y winllan.'

4. MARGARET, NEU PEGI NANTLLWYD FEL YR ADNABYDDID YN GYFFREDIN YN EI HAMSER

Yr hen arferiad yn gyffredin wrth roddi enwau ar blant, oedd, enwi'r ferch hynaf ar enw y famgu o ochr y *fam*, ond am ryw reswm nad yw'n hysbys i mi, enwyd y plentyn yma ar enw'r famgu o du y *tad*, yr hyn oedd yn eithriadol!

Ar y Sabbath y bedyddiwyd y baban yn eglwys Llanddewi Abergwesyn, yn ôl arferiad yr oes honno, yr oedd llawer o'r tylwyth agosaf wedi mynd i'r bedydd y Sul hwnnw, ac yn eu plith Pali Pyllbo, mamgu'r baban. A dywed yr hanes iddi hi, pan y clywodd enwi'r baban, i ffromi mor fawr, fel yr aeth allan o'r eglwys cyn diwedd y gwasanaeth!

Wedi i'r plentyn dyfu i fyny i oedran merch, cymerwyd y fath hoffter ynddi gan ei modryb, Mrs Gwen Davies, Yr Hafdref, Cwm Tywi, fel y bu raid iddi ei chael fel merch iddi ei hun. Yr oedd Mrs Davies yn chwaer i'w mamgu o Byllbo, yn enedigol o'r Cloddiau Cerrig, ger Pontrhydfendigaid; a'i gŵr Mr William Davies, yn frodor o ardal Rhandir-mwyn, sir Gaerfyrddin. Nid oedd iddynt blant. Pan ofynnid i'r wraig, 'Faint o blant sy gennych chi, Mrs Davies?' 'Un yn llai na Mari fy chwaer,' fyddai'r ateb ysmala. Daeth Pegi i barch a ffafr mawr gyda'i hewythr a'i modryb yn fuan, a chyda hwynt y bu hi tra y bu'r hen bobl byw.

Wedi marwolaeth Mr W. Davies, darfu i'r hen wraig gynghori 'Jac' i gymeryd Pegi yn wraig. 'Prioda di Pegi, Jac bach,' meddai, 'fe wnaeth yn fawr iawn ohono i, ac fe wnaiff Pegi yn fawr ohonot tithe hefyd.' At hyn, addawodd i adael yr holl eiddo oedd ganddi iddynt ar ôl ei dydd hi. Darfu i'r ddau briodi, a bu Mrs Davies byw gyda hwynt hyd ei marwolaeth; a bu gystal â'i gair. Gwnaeth yn ei hewyllys fod yr holl eiddo iddynt hwy – yn anifeiliaid, a diadell o filoedd o ddefaid ar y mynydd gerllaw, ac hefyd rhai miloedd o bunnau o 'arian sychion'. Treuliodd Jac a Pegi, fel y gelwid hwynt yn ôl yr hen ddull Cymreig yr oes o'r blaen, y rhan fwyaf o'u hoes yn Nantllwyd, yn ddiwyd a llwyddiannus gyda phethau y byd hwn, a thrwy drefn a chynildeb, ychwanegasant lawer o gyfoeth at yr hyn a gawsant ar ôl eu modryb.

Yn ymyl Nantllwyd y mae capel bychan Soar,[8] perthynol i enwad y Methodistiaid, a chyda'r teulu caredig hwn yn Nantllwyd y byddai'r pregethwyr yn aros dros y Sabbath. Yr oedd y drws yn agored a bwrdd llawn, a chroeso i bawb a ddeuai. Hyfrydwch yr hen wraig syml a gwledig trwy ei hoes oedd gwahodd a gweini ar weision yr Arglwydd a ddeuai i aros o dan ei chronglwyd. Gallasai llawer o enwogion pennaf yr enwad yr oes honno ddwyn tystiolaeth uchel i letygarwch, caredigrwydd a serchawgrwydd y teulu hwn.

5. MARY, YR AIL FERCH

Enwyd y ferch hon ar enw'i mamgu o ochr ei mam, yr hyn oedd groes i arferiad yr oesoedd o'r blaen o enwi plant. Pan glywodd hen wraig Pyllbo ei bod wedi ei rhoi ar ei henw hi, yn awr maddeuodd am na buasai y ferch hynaf ar ei henw, yn ôl yr hen arferiad. Un diwrnod aeth i Nantyrhwch i weld y baban, ac wedi cael sicrwydd am ei henw, rhoddodd gan punt yn anrheg iddi.

Ar ôl priodi bu Mary a'i gŵr yn byw yn Nhregaron. Yr oedd wedi ei chynysgaeddu â chyneddfau cryfion, a chof cryf a gafaelgar anghyffredin, yn hyddysg yn yr ysgrythyrau.

6. GWEN, Y DRYDEDD FERCH

Cafodd hi enw'i mam, yn ogystal ag enw'i modryb, chwaer ei mamgu, Mrs Davies, Hafdref. Priododd â Thomas Jones, Blaen Twrch, ger Llanddewibrefi, yn berchen ar ei fferm ei hun, ac mewn amgylchiadau bydol da pan briododd, ond aeth yn hoff o 'gŵn hela', ac yn rhy hoff o'r ddiod feddwol, ac aeth yn ôl yn y byd. Wedi ei farwolaeth ef, darfu i'w brawd, Thomas Jones, Nantystalwen, ei chymeryd hi a'i thri phlentyn bychan o dan ei law ef i Moelprysgau, lle y treuliodd weddill ei hoes. Yr oedd 'Gweno Moelprysgau' yn wraig bwyllog, gall a charedig, ac yn cael ei pharchu'n fawr gan bawb. Aeth ei mab Tomos i Lunden, lle gwnaeth ffortiwn iddo'i hun fel teiliwr a siopwr. Mae ei fab Llewelyn Jones, Ysw., eto'n fyw yn y brifddinas.

7. DAFYDD. EFE OEDD Y PEDWERYDD MAB, A'R SEITHFED O'R PLANT

Dechreuodd ei fyd yn Trawsnant, lle ar fynyddoedd Tywi. Yr oedd yn byw yn y flwyddyn 1814, pryd y bu y gaeaf caled hwnnw y sonid cymaint amdano gan hen bobl. Gwnaeth bedwar mis o eira lluwch a rhew y gaeaf hwnnw, sef o

---

8   Soar-y-mynydd. Adeiladwyd y capel yn ugeiniau'r bedwaredd ganrif ar bymtheg gan Ebenezer Richard, gweinidog yn Nhregaron, a'i ymddiriedolwyr. Ebenezer Richard oedd tad Henry Richard (1812–88), 'Apostol Heddwch'.

ddydd Nadolig hyd ddiwedd Ebrill. Hwn oedd y gaeaf caletaf yn y ganrif o'r blaen. Cafwyd colledion trymion ar ddefaid dros yr holl wlad. Gwerthodd Dafydd Trawsnant ddigon o grwyn defaid a merlynod mynydd Galanmai y flwyddyn honno, i dalu hanner y rhent canlynol! Ni bu fawr lwyddiant tymhorol arno yn y lle hwn wedi y fath golled. Treuliodd flynyddoedd lawer o'i fywyd fel bugail ar fynydd Epynt, ac adnabyddid ef ymhell ac agos wrth yr enw 'Dafydd y Ffynnon'. Yr oedd ei enw yn boblogaidd a pharchus am gylch eang o'r wlad. Yr oedd yn fugail gonest, yn gymeriad parchus, yn llawn natur dda, ac yn gwmnïwr difyr iawn. Lle bynnag y byddai ef yn ei hwyliau da – ac yr oedd felly ymhob cwmni llawen, nesâi dynion ato er gwrando ar ei ysmaldod, ac nid oedd trai ar ei ystorïau a'i hanesion difyr. Yr oedd yn ddigon o grwth a thelyn lle bynnag byddai.

Bu'n briod dair gwaith. Ar hen Feibl teuluaidd y teulu, ceir amser genedigaeth deunaw o blant.

8. EVAN, NEU FEL YR ADNABYDDID EF WRTH EI ENW BOB DYDD – IFI BYLLBO

Treuliodd Ifi a Bet ddeugain mlynedd yn ddedwydd iawn – fel ag y mae pethau'r byd hwn yn gwneud teulu'n hapus. Yma y ganwyd ei fam ef, ac yma y bu byw ei dadcu a'i famgu y rhan fwyaf o'u hoes. Saif Pyllbo ar ochr y ffordd fel yr elych o Lanwrtyd i Abergwesyn. Yr oedd yr hen amaethdy yng nghesail y mynydd, a'r Graig wrth ei gefn fel lleuad newydd yn cau yn fwaog amdano, ac yn ei gysgodi rhag gwynt a chawodydd y gorllewin. Hen dŷ to brwyn ydoedd, isel ei fargodion, hir ei gromau, a bychain ei ffenestri. Yn ystod dyddiau byrion y gaeaf, yr oedd mor dywyll, fel yr oedd yn angenrhaid cael golau cannwyll i fwyta cinio!

Fel hen anhedd-dai yr oesoedd o'r blaen yn gyffredin, yr oedd Pyllbo â'i ben uchaf yn erbyn y tir, a thwll mawr yn ei gornel, yr hwn fel rheol oedd yn agored heb wydr na dellt arno trwy gydol y flwyddyn gron. Trwy y twll yma, yn unig, y deuai golau ac awyr i'r llofft. Gan fod y ddaear cyfuwch â godre y 'twll' hwn, i'r Cae Bach o war y tŷ y deuai bechgyn ifanc yn y nos i siarad â'r genethod ar y llofft, ac i'w codi o'u gwelyau. Mynych y clywais adrodd am dro pur drwsgl a fu un noson yn y twll hwn. Yr oedd dau fab ifanc wedi dod i geisio am gwmni Gwen a Betsi'r merched, a chan nad oedd un ohonynt yn barod i dderbyn eu cwmni y noson honno, teimlai un o'r bechgyn awydd am fynd i mewn drwy'r twll i'r llofft at y merched. 'Cydia yn fy nwylo a gollwng fi lawr i'r llofft yn ddistaw fach,' meddai un ohonynt wrth ei gyfaill. 'A deimli'r llofft dan dy draed?' gofynnai'r llall. 'Na theimla eto – gollwng fi 'chydig yn is,' oedd yr ateb. Ar hyn gollyngodd Fredrick ei afael yn ei ddwylo, a hynny o ddireidi teg, fel y syrthiodd bendramwnwgl i waered i'r stairau islaw a arweiniai i'r llofft. Mae y diweddar Barch. Rhys Gwesyn Jones, gŵr genedigol o blwyf Abergwesyn, yn gwneud defnydd o'r hanes uchod yn ei lyfr bychan poblogaidd, 'Caru, Priodi, a Byw'.

Wrth ben isaf yr anhedd-dy, ynglyn ag ef, yr oedd beudy, yn hwn y byddai wyth neu naw o wartheg yn cael eu rhwymo yn ystod y gaeaf, ac yno y clywid hwynt o'r gegin yeri [?], ac yn tabyrddu eu hairwyon coed. Rhwng y gegin yr oedd ystafell fechan glyd, yn yr hon y cysgai Ifi a Bet. Pan fyddai amser un o'r buchod yn agosau i fwrw llo, codai Ifi i lawr yn y nos, goleuai gannwyll, rhoddai ei glocs ar ei draed, ac âi yn ei grys i'r beudy i edrych hynt y fuwch. Yr oedd yn hen ŵr hynod ofalus a threfnus, a Bet hithe yn gynnil a darbodus, a thrwy ddiwydrwydd a ffawd, llwyddasant yn gyson yn y byd. Yn ystod yr hanner can mlynedd y bu'r ddau yn cydfyw yn y byd, darfu iddynt ladd hanner cant o dda wedi eu pesgi, cant o foch tewion, a rhai cannoedd o ddefaid, a'r cwbl at iws bwrdd y teulu. Yr oedd eu bord bob amser fel bwrdd Ifor Hael gynt.

Bu Ifi am tua deugain mlynedd yn 'guardian' plwyf Llanddewi Abergwesyn, ac yr oedd ynddo y fath gymwysder i'r swydd honno, fel na feiddiai neb o'r plwyfolion gynnig neb arall yn ei le. Bu yn casglu arian at y Beibl Gymdeithas am flynyddoedd lawer, ac yn danysgrifiwr ati o'r cychwyniad. Rhoddodd lawer o Destamentau Cymreig yn anrhegion i blant tlodion y plwyf, a hynny ar ei draul bersonol ei hun. Wedi i eglwys Moriah, Abergwesyn, gael ei chorffori tua'r flwyddyn 1842, cafodd ei wneud yn flaenor, yr hon swydd a lanwodd gyda chymeradwyaeth.

Nid oedd ei ddoniau yn ei alluogi ef i fod yn ddefnyddiol, ond bu ef a'i deulu yn ffyddlon a haelionus i'r achos da yn yr eglwys, a hynny ar hyd y blynyddoedd. Byddai cyfarfodydd gweddi a phregethu yn cael eu cynnal yn y tŷ yn aml. Ym Mhyllbo y traddododd yr anfarwol Rhys Price, Cwmllynfell, ei bregeth gyntaf, a hynny ar noson yn yr wythnos.

Yr oedd y Parch. John Griffiths, gweinidog y Gelynos, Llanwrtyd a Moriah, Abergwesyn, ag yntau yn gyfeillion mynwesol iawn; a byddai Pyllbo yn 'halfway house' gan Mr Griffiths i alw ar ei ffordd tua Moriah. Cyd-deithiasant lawer i, ac o foddion gras, gyda'i gilydd.

Yr oedd gan Ifi ben eithriadol o fawr, ac yn aml, methai â chael het yn ei ffitio mewn un siop yn y wlad! Yna byddai raid gyrru i ffwrdd am het o fesur arbennig, a Mr Griffiths, a neb arall, a gâi y fraint o fesur y pen, a rhoi archeb am yr het, yr hyn oedd waith wrth fodd ei galon. Pan yn mynd i mewn i'r capel, nid oedd yn arferiad ganddo dynnu ei het nes y byddai ar ddrws y sêt fawr, yna gosodai hi ar arffed y ffenestr gerllaw.

Yn ei ddyddiau olaf, gwisgai gap nos am ei ben yn y capel, yn enwedig yn nhymor gaeaf ac ar dywydd oer. Pan yn tynnu'r het oddi ar ei ben, ysigai y cap nos, a thynnai ef o'i le, ac yn aml, byddai drwy'r cyfarfod a'r cap ar ochr ei ben.

Yr oedd y diweddar Kilsby Jones yn coleddu syniadau parchus iawn amdano, a phan ar ei deithiau heibio tua gwahanol rannau o Geredigion, galwai i gael ymgom a lluniaeth gyda Bet ac Ifi ym Mhyllbo, a châi groeso a serchogrwydd bob amser. Un tro fel yr oedd Kilsby yn pregethu ym Moriah, ac Ifi yn eistedd yn y sêt fawr ger grisiau y pwlpud fel arfer, â'r cap nos ar ochr ei ben, sylwodd y pregethwr craff fod yr olygfa yn tynnu sylw rhai o'r gynulleidfa, a phan yn esgyn y grisiau i'r areithfa, cydiodd yn gynnil yn nhop y cap a gosododd ef gyda'r het ar y ffenestr. Wedi i Kilsby dynnu ei destun, cymerodd yr hen ŵr y cap oddi ar y ffenestr, gosododd ef yn ôl ar ei ben yn hollol hunanfeddiannol; yna trodd y pregethwr ei olwg ato, gan ddal ei lygaid craff arno am gryn amser, heb yngan gair!

Ifi fyddai'n trefnu'r cyrddau gweddi ym Moriah am lawer o flynyddoedd, a gwnai hynny'n ddoeth a phwyllog iawn.

9. WILLIAM NANTYRHWCH

Hen ŵr hynod wledig, syml, a diniwed iawn oedd 'Billy Nantyrhwch', fel yr adwaenid ef. Efe arhosodd ar ôl yn ei hen gartref, ac a gafodd 'waelod y nyth'. Yn Nantyrhwch ar Dywi y treuliodd ef a'i wraig, Mari, eu holl fywyd priodasol, yn hynod gysurus eu hamgylchiadau bydol, yn barchus gan eu cymdogion, a charedig i bawb. Bu iddynt ddau fab – John a William.

Yr oedd Mrs Jones, Nantyrhwch, yn wraig hynaws a charedig, o ysbryd crefyddol, yn hyddysg yn yr ysgrythyrau sanctaidd, ac yn aelod ffyddlon gyda'r Methodistiaid yn Soar. Hi oedd pen cynnor y teulu, a meddyliai'r hen ŵr y byd o Mari ar hyd eu hoes faith. Ym mlynyddoedd olaf ei fywyd, teimlodd Billy awydd am wneud proffes gyhoeddus o grefydd, ac aeth gyda Mari i'r gyfeillach grefyddol i Soar. Holai'r gweinidog ychydig gwestiynau i Billy Jones, ond pur araf oedd yr atebion yn dod oddi wrth yr hen ŵr gwylaidd ac anwybodus. Gwasgai'r gweinidog eto'n daerach am ychydig o'i brofiad; ar hyn atebodd, 'Gofynnwch i Fari, mae hi'n darllen llawer, ac yn aelod yn Soar, fe gewch chi wybod genti hi!'

O hyn allan bu'n ffyddlon iawn i'r cyfarfodydd crefyddol yn Soar, ac yn haelionus i'r achos yn y lle.

10. THOMAS; EFE OEDD YR IFANCAF O BLANT NANTYRHWCH

Adwaenid ef yn gyffredin wrth yr enw Twmi Nantystalwen, lle yng Nghwm Tywi, yn cyffinio â Nantyrhwch. Yr oedd Twmi yn dal y lle yma am rai blyn-yddoedd, ac wedi iddo briodi, efe a roddodd rybudd i un, Tomos, i ymadael â'r lle, er iddo ef gael mynd â gwraig i mewn. Cyn pen y tymor i ymadael â'r lle, bu farw'r Tomos. Pan ddaeth amser Mari i adael, nid oedd fawr arwydd ei bod yn bwriadu symud. Aeth Twmi ati un diwrnod gan ofyn am gael y lle'n rhydd. 'I Domos y rhoesoch chi'r notis i gwito, onite?' gofynnai Mari.

'Ie siŵr,' atebai'r meistr. 'Wel, mae Tomos wedi cwito, druan,' oedd ateb Mari; a bu raid i'r meistr roddi rhybudd i Mari eilwaith, ac aros blwyddyn arall cyn cael y lle'n rhydd. Gŵr hynaws a charedig iawn oedd Twmi Nant-ystalwen, yn caru gwneuthur cymwynas i bawb, yn neillduol i'r tlawd a'r anghenus; nid oedd pall ar ei barodrwydd un amser. Nid yn aml y byddai yn dychwelyd ar geffyl o Dregaron heb gydaid o flawd, neu rywbeth arall o dano i rai o dlodion y Cwm. Dywedai Mrs Jones wrtho ryw dro, 'Yn wir, os na adewch chi'r arferiad o gario pace gyda chi fel hyn bob amser, fe'ch galwant chi "Twmi'r Cyde"!'

Yr oedd Mrs Jones yn wraig serchog a hynod am ei chroeso a'i charedigrwydd i bobl ddieithr, a'i chartref yn llety fforddolion ar hyd y blynyddoedd.

Pan fu T. Jones farw, priododd ei weddw â'r Parch. J. P. Williams, gwein-idog y Bedyddwyr, Pantycelyn, Brycheiniog, ond yn fwy adnabyddus fel y Parch. J. P. Williams, Blaen-y-waun, sir Benfro.

Mab i'r rhagddywededig T. Jones, oedd John Jones, ei olynydd yn Nant-ystalwen, yr hwn trwy ei bwyll, ei ddiwydrwydd a'i ddoethineb, a lwyddodd ym mhethau'r byd, nes y daeth ei gyfoeth yn ddau cymaint, fel Job gynt. Daeth rhai ffermydd yn eiddo iddo ef, ac yr oedd ei ddiadelloedd defaid ar fynyddoedd Tywi ac Irfon, yn rhifo deng mil!

Caru, Priodi, Geni a Chladdu

HEN DDEFODAU PRIODAS: Y CARU

Ni chredai'r hen bobl fod lwc mewn caru hir, yr hen ddywediad o'r eiddynt oedd, 'Hir garu, byr oesi.' Ni chredent ychwaith mewn mynd ymhell i mofyn gwraig, ac arferent roddi tri chyngor i'w meibion:

Pan y ceid cynnig gwerth yr anifail, am ei werthu.

Peidio mynd i dŷ cymydog yn rhy aml.

Peidio mynd ymhell i ymofyn gwraig.

LLYTHYR GWAWDD[9] – *BIDDING LETTER* (1)

Abergwessin Shop
Ionawr 24ain, 1891

Hynaws Gyfeillion,

Yn gymaint a fy mod yn bwriadu myned i'r ystad briodasol, yr hyn sydd i gymeryd lle Chwefror 13eg, yn Pantycelyn, yr wyf yn taer ddymuno am eich presenoldeb gyda mi y diwrnod hwnnw. Yr wyf yn galw i mewn unrhyw roddion dyledus i mi, ynghyd â rhoddion dyledus i fy nhad a mam, a John fy mrawd, a'm chwiorydd. Hefyd, derbyniaf unrhyw roddion gyda diolchgarwch, gan addaw eu talu yn ôl pryd bynnag y bydd galwad am hynny.

Hefyd, mae y ferch ieuanc, yr hon sydd yn nhŷ ei thad, yn Crug, yn taer ddymuno am gael cwmni ei chyfeillion a'i chymdogion y diwrnod hwnnw, ac yn galw i mewn bob rhoddion dyledus iddi hi, ynghyd â rhoddion dyledus i'w thad a'i mam, ac yn derbyn unrhyw roddion gyda diolchgarwch, gan addaw eu talu yn ôl pryd bynnag y bydd galw am hynny.

Thomas Davies
Margaret Richards

LLYTHYR GWAWDD – *BIDDING LETTER* (2)

Ty'n y Bryn, Mawrth 14, 1826

Gan ein bod yn bwriadu cymeryd arnom yr Ystad Briodasol, ar ddydd Llun y Pasg, y 27ain o Mawrth, y mis hwn, fe'n cefnogir gan ein cyfeillion

---

9   Argraffwyd y llythyr hwn fel taflen i'w dosbarthu.

i wneuthur Neithior ar yr achos yr un Dydd, yn Nhŷ Tad y Ferch ieuanc, a elwir Ty'n-y-bryn, ymhlwyf Llangamarch, lle y deisyfir yn ostyngedig eich cymdeithas barchus y Dydd hwnnw, a pha Rodd bynnag a weloch fod yn dda ein cynysgaeddu â hi y Diwrnod uchod, a dderbynnir yn ddiolchgar, ac a addelir yn llawen pa bryd bynnag ei gelwir ar yr unrhyw achos.

Gan eich gostyngedig wasanaethwyr,

Thomas Davies

Catherine Evans

Y mae tad y mab ieuanc yn gwahodd pob pwythion ag sydd ddyledus iddo ef, gael eu dychwelyd i'r mab ieuanc ar y dydd uchod, ac yn ddiolchgar i bawb a ddelo. Hefyd, y mae tad a mam y ferch ieuanc yn dymuno fod pob pwythion dyledus iddynt hwy, i gael eu dychwelyd i'r ferch ieuanc ar y Dydd crybwylliedig, ac yn ddiolchgar am bob rhad roddion.

D.S. Bydd y mab ieuanc yn codi allan y bore hwnnw o dŷ ei dad yn Ty'n-y-bryn, a'r ferch ieuanc o gartref ei rhieni.

(Weithiau, byddai y ddau barti i gyfarfod mewn rhyw le penodedig, a rhoddid rhybudd fel hyn: 'The Young Man's Company will meet that morning at Cefngorwydd; and the Young Woman's Company at Nant-melin, aforesaid.')

Y NEITHIOR

Yr oedd y neithior yn cael ei chynnal y prynhawn cyn y briodas bob amser, a hynny yn nhŷ y mab a'r ferch, neu fel y gelwid hwynt yn gyffredin, 'y darpar ŵr' a'r 'darpar wraig'; ond os byddai y ddau yn byw yn agos yn yr un ardal, byddai y neithior yn nhŷ y ferch yn unig. Gwragedd yn fwyaf neilltuol oedd yn mynd i'r neithior, oddigerth fod yr hen ŵr yn mynd gydag ambell i wraig, er i'r plant gael mynd i'r briodas drannoeth. Wedi cyrraedd y tŷ, yr oedd rhyw berson wedi ei apwyntio i gydio ym mhennau y ceffylau, a'u dodi yn yr ystabl, weithiau y gwahoddwr fuasai hwn. Gwahoddid y gwragedd ymlaen yn gynnes a serchog iawn, gan ddangos ystolau iddynt eistedd. Os digwyddai rhywun nad oedd wedi ei henwi i gael gwahoddiad ddod, ni wahoddid hi mlaen, a gofynnid iddi mewn tipyn o ysmaldod, 'Ble mae'ch stôl chi?' Ond wedi eistedd, rhoddid i bob un bishyn o gag, a dobynaid o ddiod boeth. Wedi cymeryd y gag a'r ddiod yn gysurus, a thwymo, a chael tipyn o liw 'fresh', yn awr cyflwynid y rhoddion. Yr oedd yr anrhegion hyn yn amrywiol iawn bob amser: arian, caws, blawd ceirch, sucan, gwenith a haidd. Ger bwrdd bychan, eisteddai dyn, gyda llyfr, ar yr hwn yr oedd wedi ei ysgrifennu, bennawd, yn cynnwys enwau'r dynion ieuanc oedd yn priodi, y lle, a dyddiad y briodas. Ar hwn rhoddid i lawr yn fanwl a gofalus enwau yr holl wragedd, a'u rhoddion, am y rhai y diolchid yn gynnes gan un o'r teulu.

Diwrnod diddorol a hir ddisgwyliedig oedd dydd y neithior yn arfer bod. Tua chanol dydd, gellid gweled y gwragedd agosaf yn dod ar eu traed, a'u beichiau trymion ganddynt; a'r gwragedd pellenig hwythau ar gefnau eu ceffylau, a'u gwaleti gwynion oddi tanynt yn llawn trugareddau at gynnal y bywyd hwn. I ba le y mae'r hen ysgrepan wedi mynd, oedd gynt un o'r arferedig yn ein gwlad?

Cyn ymadael y prynhawn diddan hwn, yr oedd pryd da o de i bob un o'r gwragedd cyn ymadael, a chydag ef frechdanau, bara brau, a rowndel.

'Rhoddion papur': mewn neithorau, a phriodasau gwawdd, byddid yn cadw cyfrif o'r 'rhoddion' a dderbynnid. Arian fyddai'r rhai hyn fel rheol, oddi wrth rai yn bwriadu priodi hwyr neu hwyrach, yna disgwylid am iddynt gael eu talu'n ôl fel 'pwythion' y pryd hwnnw. Derbynnid llawer o roddion oddi wrth uwchradd na ddisgwylid iddynt gael eu talu'n ôl.

Cyfrifon neithior John Jones, Pwllbo[10] May 26, 1842:

David Jones, Ty-yn-gro		2 / 0
Mary Williams, Dolebach		1 / 6
Anne Jones, Lluest fach		4 / 0
Morgan Jones, Nantyrnor		2 / 6
Mary Jones, "	wife	2 / 6
Mary Jones "	daughter	2 / 6
Gwen Jones "	daughter	2 / 6
Mary Williams, The Mill		5 / 0
Eleanor Winston, Esger-moel isa		3 / 0
Cathrine Williams, Pontrhydfere		5 / 0
Sara Williams, "	debt	3 / 0
Sara "	gift	2 / 0
Mary Price, Cwmbach		2 / 0
Mary Jenkins, Blaengwenol		4 / 0
Mary Jones, Yr Henfaes		3 / 0
Enoch Jones, Clyn	debt	2 / 0
"	gift	2 / 0
Morgan Jones, Dalar		5 / 0
Hannah Jones, Dalar		3 / 0
Margt. Jones, Brynglas		3 / 0
Mrs Jones, Vanog		5 / 0
Anne Jones, Nantyclwyde		3 / 6
Anne Jones, Bwlchydderwen	worth	2 / 6
Margt. Rowlands, Pen-twyn		2 / 6

---

10   Tad Evan Jones?

Margt. Davies, Crug	2 / 6
Jn. Davies, Bont	2 / 0
Anne Price, Cefn Llanddewi	2 / 6
Margt. Williams, Bont	2 / 6
Anne Elias, Y Bont	2 / 6
Anne Williams, Trybeddwilym	2 / 6
Joana Jones, Sych-nant	1 / 6
Jemima Price, Llwyndderw	2 / 0
Anne Morgan, Bronfelen	2 / 6
Mary Lloyd, Cwmbach	3 / 0
Mary Evans, Lluestlleddwiail	2 / 6
Capn. Roberts	2 / 6
Lucy Darknell, Llwyndderw	2 / 0
Mrs Roberts	2 / 6
Elizabeth Jenkins, Llwyndderw	2 / 0
Anne Morgans, Penwern	2 / 0
Margt. Jones, Blancwmhenog	6 / 6
Elizabeth Jenkins, Nantgwyn	5 / 0
Elizabeth Richards, Caergof	3 / 0
Mary Jones, Penybryn	2 / 6
Mary Davies, Drysgol	2 / 0
Bridget Jones, Abergwesyn	2 / 6
Margt. Davies, Bwlchygorllwyn	2 / 6
James Pugh, Wheelwright	2 / 6
Jane Charles, Stafellfach	2 / 0
Dd. Jones, Nantcraf yr henaf	5 / 0
Elizabette Protheroe, Cottegervon	5 / 0

Total May 26   £13. 14. 6
May 27th 1842[11]

PENILLION PEN-Y-DRWS

Tu fewn: Beth sydd yna'n cadw styre,
             Ac yn drysu oddeutu'r dryse?
             A ddaeth y Rwsiaid mewn rhyw drais
             I'n tynnu maes o'n teiau?

Tu allan: 'Does yma gellwch gredu,
             Un Rwsiad cas, na Thwrci;
             Ond pawb mewn hedd heb frad na braw,
             Yn gymen wiw hen Gymry.

11   Ceir 66 o enwau ychwanegol yn dilyn.

T.f.: Os y'ch yn Gymry dichlin,
Arafwch, sefwch ronyn,
Rhaid i chi'n gyntaf draethu'n ffast,
I ni gael tasto'ch testun.

T.a.: Does yma ddim un heno,
Yn gampwr ar areithio;
Ond geiriau byrion eglur iawn,
Ein testun a wnawn dystio.

T.f.: Dyw'r wraig sydd yn byw yma,
Ddim yn arfer â lletya;
Os chwilio am lety'r ydych chwi,
Ewch rhagoch i'r tŷ nesa.

T.a.: Nid 'lodgings' rym ni 'mofyn,
Ond cennad am ryw dipyn,
I chwilio o fewn y gronglwyd hon
Am lances lon i lencyn.

T.f.: Mae gwraig y tŷ yn haeru
Nad ydyw yn ei gallu,
I'ch gollwng i ddod ddim yn nes,
Rhag briwio'r pres a'r cheini.

T.a.: Os byddwch chi nawr cysled,
A rhoi i'n ddrws agored,
Os gwnawn ni ddrwg neu gynnig cam,
Ni dalwn am y golled.

T.f.: Pwy yw y ferch yr y'ch chwi
Yn mo'yn mor daer amdani?
Hysbysiad gwnewch o'i gwedd a'i gwawr,
A gwnewch yn awr ei henwi.

T.a.: Mae gwyn, a choch, a chwrlid,
I'w weld yn ei hwynebryd;
A'i gwallt yn felyn 'sandy' sy,
A Mary ei henw hefyd.

T.f.: Aeth Mari oddi cartre,
Er tri y prydnawn gynne;
Ac os oes gennych chwi fawr serch,
Ewch gwrdd â'r ferch i rywle.

T.a.:   Mae Mary wedi addo,
               Bod yma'n disgwyl heno;
               Mi fentra myn hi yn ddiffael,
               I'w geiriau i gael eu gwirio.

T.f.:   O peidiwch â gwneud sylw,
               O chwedlau teg un fenyw;
               'R hen Samson gynt er maint ei ras,
               Ei hudo gas yn chwerw.

T.a.:   'D yw'r eneth hon mi w'ranta,
               Ddim tebyg i Daleilah;
               Aiff gyda'r llanc yn llon trwy'r lli;
               'N debycach i Rebecah.

T.f.:   A oes gyda chwi ryw wryw,
               Yn weddus i gael menyw;
               Disgrifiad rhowch o'i wedd a'i wawr,
               A dewch yn awr â'i enw.

T.a.:   Isaac Price o Crysur,
               Yw enw'r carwr cywir,
               I gadw gwraig, mae'n gymwys iawn,
               Yn ddyn sy'n llawn o synnwyr.

Cyfansoddwyd y penillion uchod gan Rees Davies, Cwmpenllydan, pan oedd yn ieuanc, ac yn fab Glandulas, Tirabad, a hynny erbyn priodas wawdd yn y plwyf hwnnw, a chawsant eu hadrodd y nos cyn y briodas, ger drws tŷ y ferch gan ddau barti, un o ochr y ferch, a'r llall o du y mab y tu allan i'r drws, yn ôl hen arferiad yr oes honno. Yr oedd hyn tua 1855. Wedi i barti y mab gael cennad i fynd i'r tŷ, yr oedd y darpar-wraig wedi ei chuddio, a bu raid treulio llawer o amser cyn i 'wŷr y *seek out*' ddyfod o hyd iddi, a hynny er llawer o ddifyrrwch i'r cwmni o'r ddau tu.

GWŶR Y 'SEEK OUT', NEU WŶR O WISGI OED[12]
Erbyn bore'r briodas, yr oedd y mab wedi gofalu am nifer o ddynion ieuainc, wedi eu gwneud i fyny o'i ffrindiau a'i berthnasau, i fynd gydag ef tua chartref y ferch i'w chyrchu tua'r eglwys. Yr oedd y rhain yn gyffredin yn rhifo tuag ugain, mwy neu lai. Wedi iddynt gyrraedd at ddrws y tŷ lle yr oedd hi'n byw, cyfarfyddid hwynt gan rai o aelodau teulu'r tŷ, a chyda hwynt amryw ffrindiau i'r ferch, y rhai oeddynt wedi eu gwahodd erbyn y

_____
12   Gwŷr ifanc, heini?

bore hwnnw, ac yn awr cymerai ymgom ddifyr iawn le rhwng y ddau barti. Gofynnai cwmni'r ferch i'r rhai o'r tu allan beth oedd eu neges at y tŷ mor fore, a'r fath nifer?

Y cwmni o'r tu allan hwythau a atebent yn ffraeth a doniol, a byddai y cwbl yn y fan yma yn cael ei gario mlaen mewn penillion, a elwid gynt, 'Penillion Pen-y-Drws'. Wedi i'r 'Gwŷr o wisgi oed' gyrraedd at ddrws tŷ'r ferch, deuai cwmni, neu blaid y ferch i'r drws i'w cyfarfod, a'r arferiad cyffredin oedd i un o barti'r ferch i annerch y cwmni oddi allan yn gyntaf, a hynny trwy ofyn eu neges; yna atebid gan y gwŷr oddi allan mewn pennill llawn mor ffraeth a pharod. Parheid i adrodd fel yma bob yn ail bennill gan y ddwy blaid, a hynny weithiau am gryn amser.

Os byddai tuedd gref o'r ddau du am ddifyrrwch o'r fath, byddid wedi casglu nerth o'r ddwy ochr, a hynny'n barod trwy wahodd personau ag ystôr dda o benillion ganddynt ar eu cof; ac ni fyddid ar ôl ychwaith heb geisio gan rai cymwys i gyfansoddi rhai newydd a phwrpasol erbyn y dydd. I fod yn drawiadol a threfnus, ceisid cael enwau y ddau ddyn ieuanc fyddai i briodi i mewn yn y penillion ac yn aml, ryw gyfeiriad hapus at rinweddau'r ferch a'r mab, neu amgylchiadau y naill neu'r llall, neu eu teuluoedd.

Wedi i'r ddwy blaid dreulio talm o amser diddan a diddorol yn y modd hwn, ac i'w doniau o'r ddau du gael eu diysbyddu'n llwyr, gorffennid y difyrrwch, a hynny mewn teimladau da, trwy i un o'r tu fewn i adrodd pennill, yr hwn fyddai yn rhoddi gwahoddiad i wŷr y 'seek out' fynd i'r tŷ.

Wedi i'r ymgom blaenorol fynd heibio, derbynnid y gwŷr o wisgi oed i mewn i'r tŷ'n llawen a chroesawgar.

MWY O BENILLION

Mewn –   Mae'r ferch ych chi'n ei mofyn,
                   Yn awr yn cyweirio menyn,
                   Os aroswch dipyn bach,
                   Cewch fwged iach o enwyn.

Allan –   Fe gewch chwi yfed enwyn
                   A bwyta'r menyn melyn;
                   Does dim a'n boddia ni yn iawn
                   Ond merch yn llawn o gnewllyn.

Adroddid y pennill olaf os byddai'r ferch yn digwydd bod yn feichiog.

Y CWATO

Y ferch hithau, mewn tipyn o wyleidd-dra, a fyddai erbyn hyn wedi rhedeg i ymguddio, neu i gwato, fel y dywedid. Y dynion ieuainc hwythau, yn methu â'i gweld ymhlith y teulu, a aent yn hyf i bob man ar hyd y tŷ i chwilio amdani, ac nid oedd rhoi fyny i fod nes ei chael allan o'i chuddfan. Gan nad oedd yn arferiad i'r ferch i fynd allan o'r tŷ, edrychid i bob twll a chornel, hyd yn oed dan y gwelyau, a chodid pob pilyn fyddai arnynt, agorid cloriau y coffrau derw trwchus; ac wedi chwilio'n ddyfal am gryn amser, a methu ei chael, er mawr ddifyrrwch i'r teulu, disgynna llygad rhyw fab arni y tu hwnt i'r hen ŵr yn y cornel, wedi ymwisgo mewn dillad gwryw, a phib yn ei genau! Wedi i bawb fwynhau boreubryd, yn awr paratoir i gychwyn tua'r eglwys.

Y RHODDWR

Yr arferiad oedd i'r ferch i gael ei 'rhoi' gan ei thad; ond ar na byddai ef byw, y mab hynaf fyddai'r 'rhoddwr'. Os 'priodas fach' neu 'briodas draed' a fyddai, cymerai y tad y ferch yn ei fraich tua'r eglwys; ond os 'priodas wawdd', neu 'briodas geffylau' fyddai, byddai y ferch bob amser wrth ei ysgil ar gefn ceffyl.

PRIODAS AR GEFFYLAU

B'le mae'r bechgyn yn carlamu?
I Benlan i 'mofyn Mari;
Ânt â hi i gwrdd â'i chariad,
Ar ei cheffyl at y 'ffeiriad.

Beth yw'r ceffyl wrtho'i hunan,
Sydd yn rhedeg fel y trydan?
Y mae Mari wedi dianc
At gyfeillion ei chariadlanc.

Beth yw'r hala, beth yw'r gweiddi?
Hala i geisio dala Mari;
Haid o ffoliaid ar geffylau,
A'r tân yn dilyn eu pedolau.

Heibio i'r Eglwys fel y fellten,
Dacw Mari a'r gaseg felen,
Ond hi ddaw yn ôl mewn eiliad,
Wedi ei dal gan gwmni ei chariad.

Y DIANC

Bellach dacw'r cwmni oll â'u cyfeiriad tuag eglwys y plwyf. Yr oedd y briodas yn cymeryd lle bob amser ym mhlwyf y ferch, oddigerth ei bod hi wedi mynd i gysgu i rywle ym mhlwyf y mab, yr hyn oedd yn cael ei ystyried yn gyfreithlon yn yr hen amser gynt.

Wrth fynd tua'r eglwys, yr oedd yn hen arferiad cyffredin i'r rhoddwr i geisio 'dianc' â'r ferch i ffwrdd, a mawr oedd y difyrrwch diniwed a gaed yr holl ffordd wrth weld cwmni y darpar ŵr yn rhedeg, neu yn gyrru o'u blaen, er ceisio eu cadw ar hyd yr iawn lwybr tua'r llan, canys weithiau, byddai pob llidiard yr holl daith, ar y ddau du i'r ffordd, wedi eu hagor yn barod gan ryw rai direidus, er rhoi gwell cyfle i ddianc, ac odid fawr na fyddai llawer o'r ardalwyr ar fin y ffordd wedi dod er mwynhau'r difyrrwch.

Treulid llawer o amser gyda'r arferiad gwag yma, meddir, yn yr amser gynt. Digon yw dweud er i'r darllenydd gael rhyw syniad am yr arferiad, fod priodas yn mynd o Lwynpiod i eglwys Llanafan Fechan, tua chan mlynedd i nawr, ac er nad oedd ond tua milltir o ffordd o'r amaethdy hwn i'r llan, bu cwmni'r briodas tua *dwy awr*, medd yr hanes, cyn y caed y ferch tu fewn i ddrws yr eglwys!

CHWERTHIN WRTH BRIODI
Wrth fynd drwy'r gwasanaeth priodasol 'o flaen y ffeiriad', digwyddai weithiau i'r mab neu'r ferch i ail adrodd rhan o'r gwasanaeth yn ddibwys ac ysgafn, a chwerthin, yr hyn a ystyrid gan yr hen bobl yn ynfydrwydd; a phan y digwyddai i un ymddwyn felly wrth fynd i'r cwlwm priodasol, dywedid na fuasai lwc i ddilyn y briodas honno.

TORRI ENW DDYDD Y BRIODAS
Ar ddiwedd y gwasanaeth yn yr eglwys, os na fuasai'r 'pâr ieuanc' yn alluog i dorri eu henwau ar lyfr cofnodol yr eglwys, gwnaed hynny gan yr offeiriad, a gelwid ar y gŵr ieuanc yn gyntaf i gydio yn yr ysgrifbin i 'dorri croes', a'r wraig ieuanc yr un modd. Yn hanner olaf y ddeunawfed ganrif, nid oedd ond tua thair-ar-ddeg allan o gant o ferched, yn alluog i dorri eu henwau eu hunain fore'r briodas; ond yr oedd tua deugain, neu ychwaneg o'r meibion.

SEINIO'R BRIODAS
Wedi i'r 'tylwyth ieuainc' 'dorri croes', neu eu henwau, gelwid yn awr ar ddau arall i ddod ymlaen i arwyddo'r briodas, sef un o du'r gŵr, a'r llall o ochr y wraig. Yr oedd y ddau hyn yn bersonau cyfrifol a pharchus, ac edrychid ar y gwaith o gael eu galw mlaen i arwyddo priodas yn rodd o anrhydedd wedi ei osod arnynt, gan nad oedd ond ychydig mewn cydmariaeth yn alluog i dorri eu henwau mewn llawysgrif dda a rhwydd yn y dyddiau gynt.

DISGYN YN ÔL
Byddai'r gwahoddwr bob amser wedi gwneud yn hysbys i ba le y byddai'r tylwyth ieuainc yn 'disgyn yn ôl' ar ôl priodi. Yr oedd hyn fynychaf i dŷ'r ferch; ond os byddid wedi cael lle i'r pâr ifanc i fyned iddo i fyw, yno yr âi cwmni'r briodas o'r eglwys.

CÂN Y GWAHODDWR

Arwydd y Gwahoddwr yw hyn
Sawl fyddo â'i fola'n wag, gaiff ei fola'n dynn.
Os na ddowch chi'r bore, dowch y prynhawn
A thri hanner, coron bydd hynny'n dda iawn.
Stolau cadeiriau os leicwch chi eistedd,
A phibau a thybac os leicwch chi smoco,
Cewch rost a berw, cag a chwrw,
Porcyn a thwrci, ceiliog ac iâr,
Sparib aderyn, a bloneg hen frân,
Palfais llwdwn, a thafod ych,
Paste fale, a photen bys.

Wrth ymadael dywedai y Gwahoddwr:

Cofiwch yr awr, a chofiwch y dydd,
Ac yna e fydd y gwahoddwr yn rhydd.

Roedd y cnotyn a wisgai'r Gwahoddwr ar ei frest o dri lliw, sef coch, glas a gwyn.

Wedi i'r pâr ieuanc ddod allan o'r eglwys, bu yn hen arferiad gynt gan rai a ddymunent yn dda iddynt, i daflu hen esgidiau dros eu pennau; ond yn bresennol, *rice* a deflir ar eu hyd ar eu dyfodiad allan o'r llan, ac ar y ffordd adref.

'Canu cloch y bara sych', ymadrodd sydd agos wedi ei ollwng dros gof erbyn hyn, ond a glywid o enau rhai hen bobl yr oes a aeth heibio pan glywent am alw gostegion priodas dau pur isel eu hamgylchiadau yn y byd. Ystyr yr hen air yma oedd, y byddai eu tlodi ar ôl priodi yn debyg o fod y fath fel nad allent gael ond ychydig o fenyn i daenu ar eu bara.

Oddigerth fod y pleidiau yn priodi trwy drwydded, rhaid oedd i'r briodas gymeryd lle yn eglwys y plwyf lle yr oedd y ferch ieuanc wedi ei geni; ond os y buasai rhyw amgylchiad penodol yn galw'n wahanol, gallesid priodi mewn unrhyw eglwys ond i'r ferch aros a chysgu [?] noswaith yn y plwyf hwnnw cyn y briodas.

Wedi i'r tylwyth ieuanc gyrraedd y tŷ, ymwasgai pawb am y cyntaf atynt er eu llwyddo yn eu sefyllfa newydd; ac wedi i bawb i gydeistedd wrth fwrdd wedi hulio â phob danteithion, ac i bawb gyfranogi a chael eu digoni, yna eistedd y tylwyth ieuanc ger bwrdd bychan er derbyn 'rhoddion', a 'phwythion', a dderbynnir gan ewyllyswyr da; a bydd yr ysgrifennydd yntau yn 'rhoddi lawr' bob swm a dderbynnir yn ystod y dydd; a'r tylwyth ifanc hwythau yn cyd-ddiolch am bob rhodd. Parheid i dderbyn felly, yn gyffredin, hyd hwyr y dydd.

AM Y CYNTAF YN ÔL I'R TŶ

Hen arferiad ffôl arall ynglyn â phriodi yn yr amser gynt, ydoedd – gyrru am y cyntaf â'r newydd yn ôl i'r tŷ, canys yr oedd 'cwart o gwrw poeth i'r cyntaf'; a mawr y difyrrwch a geid yn disgwyl am y ras ryfedd hon. Yr oedd y cwrw hwn, o ddireidi, wedi ei boethi'n barod, ac mor boeth fel na fedrai neb ei yfed, a'r enillwr yntau'n ei awydd i'w yfed oll cyn y cyrhaeddai yr ail, ar ysgaldio ei enau, yr hyn a barai fawr ddifyrrwch i'r edrychwyr. Yr oedd y gyrru hwn mor bwysig, fel mai'r gofyniad cyntaf gan lawer teulu y noson honno oedd, 'Pwy oedd y cyntaf yn ôl?' Os priodas droed a fyddai, yr oedd yr un arferiad yn cael ei gadw i fyny trwy *redeg* yr holl ffordd.

MYND I'R DAFARN I YFED

Wedi dod allan o'r eglwys, yr oedd yn hen arferiad gynt i fynd i'r dafarn gerllaw i yfed 'iechyd da i'r tylwyth ieuainc'. Yma y treulid rhyw amser yn llawen drwy 'yfed' yn ffri, a phawb yn dymuno iechyd da a llwyddiant i'r pâr ieuanc. Arwydd da yw fod i haul dywynnu ar y fodrwy ddydd y briodas.

MYND YN ÔL YR UN FFORDD

Edrychai yr hen bobl lawer ar fyned yn ôl o'r eglwys ar hyd yr un ffordd ag yr aeth y cwmni ymlaen. Os digwyddai priodas fyned yn ôl ar hyd ffordd neu lwybr gwahanol, yr oedd hynny'n arwydd bendant y byddai i ryw anlwc, neu ryw aflwyddiant i ddilyn y briodas.

RHWYSTR AR Y FFORDD

Cred arall oedd, os y deuai rhyw rwystr ar y ffordd ddydd y briodas – wrth fynd i'r, neu ddod o'r eglwys, nad oedd pob llwyddiant tymorol i ddilyn y briodas am yr oes.

RHODDION PRIODAS

Wedi i bob rhoddwr nesau at y bwrdd, a thaflu ei rodd o flaen yr ysgrifennydd, ymneullt uai'r bobl ieuanc at ei gilydd – rhai yma a thraw i wahanol ystafelloedd i'r tŷ, a threulient y prynhawn mewn llawenydd a hapusrwydd yng nghwmni ei gilydd. Yr oedd digon o gwrw wedi ei baratoi erbyn y dydd, ac nid ychydig a yfid ar y dydd hwn. Mawr fyddai y diddordeb a deimlai yr ieuenctid mewn cystadlu i geisio dwyn cariadon ei gilydd; rhaid oedd cael rhyw gennad cymwys a ffyddlon i geisio cael un ferch oddi wrth fab at y llall, a mawr y difyrrwch a geid ar ôl llwyddo, y blaenaf gyda'r ferch yn ystod y dydd, a gâi ei chwmni adref y noson honno.

TAFLU'R HOSAN

Tebyg i hyn y mae hanes yr hen arferiad a elwid gynt, 'taflu'r hosan'. Nos y briodas, pan ddeuai amser y briodasferch i fynd i'r gwely, dilynid hi gan nifer fawr o ferched ieuanc yr ardal, er ei chynorthwyo i ddiosg ei dillad cyn mynd i orffwyso; wedi gorffen hyn o orchwyl, y peth mawr a phwysig nesaf oedd, i'r wraig ieuanc dynnu ei hosanau oddi am ei thraed – yr â i wneud hyn â'i dwylo ei hun, yna troi ei chefn ar y cwmni, a thaflu'r hosan ddiweddaf i fyny dros ei hysgwydd, ac ar ba un bynnag y disgynnai, honno a âi gyntaf i'r ystâd briodasol.

MYND Â'R YSTAFELL

Yn fuan ar ôl y briodas, byddai y tylwyth ifanc yn cael eu gwahodd yn garedig gan amryw gyfeillion a thylwyth y ddau ieuanc i dreulio prynhawn yma ac acw yn yr ardal, er 'bwrw'u hyswildod', fel y dywedid.

Wedi cael lle i'r tylwyth ieuanc i fyned i 'fyw ar eu pennau eu hunain', yr oedd yn rhaid cael dodrefn tŷ i'r ddau, a byddai hyn yn cael ei baratoi gan rieni y mab a'r ferch, yr hyn a elwid 'ystafell'.

Ystafell y wraig ieuanc oeddynt – cwpwrdd cornel, llestri'r dreser, llestri hyswiaeth, dillad gwelyau, cadeiriau.

Ystafell y gŵr ieuanc oeddynt – y ford fawr, y selff a'r dreser, pren gwely, y cloc, [?]leinpres]. Offer hwsmonaeth.

Y diwrnod y byddus yn mynd â'r 'ystafell', yr oedd rhai gwragedd yn cael eu gwahodd i fynd gyda hi, ac i wneud bwyd i'r dieithriaid etc. yn y lle newydd.

COELION AM DDYDD Y BRIODAS

Os bydd yn deg bore'r briodas ac yn arw'r prynhawn, bydd y wraig yn debyg o fod yn ben ar ei gŵr; ond os bydd yn wlaw y bore, ac yn deg y prynhawn, y gŵr fydd â'r awdurdod uchaf.

Os bydd dydd y briodas yn wlyb a garw drwy'r dydd, bydd y briodas yn un helbulus; ond os bydd yn deg a heulog, bydd yn debyg o fod yn un hapus a llwyddiannus.

Os cyll y wraig ifanc ei modrwy yn fuan wedi'r briodas, byddai ryw anffawd i ddilyn; tebyg y bydd y gŵr neu y wraig farw'n fuan.

MERCH YN GYNTAF

Os mai merch a gaiff gwraig yn gyntaf, y mae hynny'n goel dda y bydd lwc dda yn dilyn, a'r hen ddywediad yw, 'Lwc ar blanta, merch yn gynta'.

CERDDED Y FILLTIR

Os bydd y plentyn yn iach a chryf, ac yn dod ymlaen yn ddymunol, daw pan tua [?] mis oed i 'mofyn ei draed', yr hyn sydd bob amser yn llonder mawr i'r fam wrth ei fagu; ac fel ymarferiad i'r plentyn, gesid ef i 'gerdded y ffilltir', ac fel hyn y bydd hi'n gwneud – gesid y plentyn ar ei draed dra ar ei phengliniau, gan ei gynnal i fyny gerfydd ei ddwy fraich, a'i dynnu ymlaen yn araf, ac os llwydda i symud ei draed o gam i gam hyd ei harffed, dyna ef wedi cerdded y 'filltir'.

EWINEDD GENI PLENTYN

Yr oedd yn arferiad bendant gan famau yr oes o'r blaen i beidio torri ewinedd geni y plentyn ond â'i ddannedd, am mai yr hen gred ofergoelus oedd os torrid ewinedd plentyn cyn ei fod yn flwydd oed â rhyw erfyn, y byddai'n sicr o ddod yn lleidr.

ÔL Y DDEFIN AC ÔL Y MORTHWYL

Pan fydd plentyn yn cymeryd ei fagu'n dda, ac yn dew iawn, gwelir rhigolau bychain o amgylch ei arddyrnau, y rhai a elwid gan yr hen famau yn, 'ôl y ddefin'. Pan welir pantiau bychain ar gymalau bôn bysedd dwylo plentyn, yr enw a roddid arnynt gan famau ydoedd, 'ôl y morthwyl'; arwyddion ydynt fod y plentyn yn dew, ac yn dod ymlaen yn dda.

HEN GOELION A DIARHEBION

Os rhoddir plentyn i edrych yn y drych cyn ei fod yn flwydd oed, bydd yn debyg o fod yn un balch.

Cynifer o ddannedd fyddo gan y plentyn hynaf cyn ei fod yn flwydd, a fydd o blant gan y fam ar ei ôl.

Os bydd plentyn yn un drwg am ddriflo, bydd yn debyg o fod yn ganwr.

Os chwardda baban yn ei gwsg, gweled angel y bydd.

Os tyrr ei ddannedd allan yn ieuanc iawn, bydd hynny'n arwydd y daw un ar ei ôl yn fuan.

Nid yw'n dda rhoi baban yn ei grud cyn ei daenellu.

Os bydd y plentyn yn un croes a blin, un o'r pethau mwyaf effeithiol fyddai ei fedyddio.

Byr garu bair hir ganu.

Tlws yn y crud, hyll yn y byd. *Neu,* Hyll yn y crud, tlws yn y byd.

Fe ddaw'r ferch i fagu'r fam.

Ni cherir yn llwyr oni ddelo'r ŵyr.

Po waethaf y plentyn, mwyaf gofal y fam.

Fel y fam y bydd y ferch, meddwl am hyn cyn rhoi dy serch.

Oni cheidw Duw rhag nam, fe dripia'r ferch lle tripia'r fam.

Ni thorrir esgyrn gan ddwrn y fam.

Pan fyddo'r plentyn yn cysgu, mae e'n prifio orau.

Cyw i'r coed, cyw wrth droed.

CWRW'R PRIODFAB

Oesoedd yn ôl, pan oedd llawer o chwaraeon llygredig mewn bri ac arferiad, a hynny ar y Suliau, yr oedd yn hen arferiad mewn llawer rhan o Gymru i gael cwrw i'r chwaraewyr, a elwid yn Gwrw Eglwys, gan mai yn y fynwent, neu ger yr eglwys, y byddai y chwaraeon yn cael eu cynnal, a hynny ar y Sul ar ôl y gwasanaeth.

Tra y byddai y gwasanaeth priodasol yn cymeryd lle yn yr eglwys, byddai cwmni o ieuenctid yn dod â rhaff, a honno wedi ei haddurno â blodau o wahanol liwiau, yr hon a ddelid o flaen y briodas pan ar ei dyfodiad allan o'r eglwys: diben hyn oedd cael rhyw rodd gan y priodfab at gael cwrw erbyn y chwarae y Sul canlynol; yntau a roddai yn ôl ei amgylchiadau, o swllt i fyny hyd bunt, neu ychwaneg.

Y DIWRNOD GORAU I BRIODI

Dydd Gwener oedd diwrnod priodi yn yr hen amser, gan y credid mai dyma'r dydd mwyaf lwcus o'r wythnos.

> Prioded pawb ddydd Gwener,
> Os am gael lwc a phleser;
> Does neb o'r oes yn groes a gred
> Nad yw yn blaned dyner.[13]

Diwrnodau gore i briodi

> Dydd Llun – am fawr olud;
> Dydd Mawrth – am dda iechyd;
> Dydd Mercher – yw'r goreu i gyd;
> Dydd Iau – am bob croesau;
> Dydd Gwener – colliadau;
> Dydd Sadwrn – dim ffawd yn y byd.

Y BRIODAS OLAF MEWN TŶ ANNEDD

Pen-y-lan oedd dyddyn bychan ar ystlys ddwyreiniol y Garn Dywod; ond sydd bellach wedi ei roddi at y Gilfach, fferm ym mhlwyf Llanwrtyd. Mae'r hen dyddyndy wedi mynd yn gydwastad â'r llawr ers ugeiniau o flynyddoedd, ond erys olion ohono hyd heddiw.

Tua chan mlynedd yn ôl, 1806, yr oedd yn cyfaneddu yn y lle a enwyd, ddau o'r enwau Dafydd a Mari, yn cydfyw â'i gilydd, ond nid yn briod, yn ôl yr hanes. Yr oedd ar enw Dafydd ddwy fuwch a cheffyl bychan; felly lled isel oeddynt o ran amgylchiadau, ond gwaeth eu buchedd, fel y tybid gan eu cymdogion yn gyffredin.

---

13   John Jenkins (1825–94), 'Cerngoch', *Cerddi Cerngoch*, gol. Dan Jenkins. Lampeter: Cwmni y Wasg Eglwysig Gymraeg, 1904.

Ychydig wedi urddiad y Parch. D. Williams yn weinidog yn Llanwrtyd, yn 1803, cynigiodd y ddau yma eu hunain yn aelodau yn y Gelynos, Llanwrtyd; ond trwy fod drwgdybiaeth mor gyffredin yn ffynnu yn yr ardal yn eu cylch o fyw, darfu i'r eglwys eu gwrthod.

Yn fuan wedi iddynt gynnig eu hunain yn aelodau yn yr eglwys, talodd y gweinidog ieuanc ymweliad un diwrnod â Phen-y-lan, er cael cyfleustra i siarad ymhellach â hwynt am eu cyflyrau; a phan yn agosáu at y tŷ, cyfarfyddodd â Dafydd ar gae gerllaw, a throdd ar unwaith i ymddiddan ag ef ar y mater oedd ganddo mewn golwg, gan ei gynghori i briodi; yna y caent eu derbyn yn aelodau o'r eglwys, ond ni addawodd Dafydd yn bendant ar y pryd.

Yna aeth Mr Williams yn ei flaen i'r tŷ at Mari, gan siarad â hithau eto i'r un perwyl, a chafodd Fari yn lled fuan yn addaw ymuno mewn priodas â Dafydd. Yna galwyd ar Dafydd i mewn, ac wedi peth ymddiddan pellach ar y mater, addawodd y ddau i fynd at yr allor; ond y rhwystr mawr ar y ffordd eto oedd, nid oedd gan un ohonynt ddillad i roddi amdano i fynd i'r eglwys, na modd i'w cael ar y pryd, ac o dan yr amgylchiadau oedd mor gyfyng, addawodd Mr Williams ddyfod ag offeiriad y plwyf i'r tŷ; penodwyd yn ddiymdroi ar y diwrnod, ac ar yr adeg penodedig, wele Mr Williams a'r Parch. John Evans, Ciwrad Llanwrtyd a Llanddewi Abergwesyn, yn cydnesáu at Pen-y-lan, ac yn hen gegin y bwthyn diaddurn, ar ochr y Garn Dywod, unwyd y ddau mewn glân briodas; yna cafodd y gweinidog ieuanc addewid ganddynt yn y fan i ddyfod i'r gyfeillach nesaf i'r Gelynos, derbyniwyd hwynt eu dau yn fuan yn aelodau o'r eglwys Annibynnol yn y lle, a bu y ddau, yn ôl yr hanes a adroddwyd wrthyf, yn hynod ffyddlon hyd ddydd eu marwolaeth.

Hon, mae'n debyg, oedd y briodas olaf a gymerodd le mewn tŷ annedd yn yr holl fro.

PRIODAS OEDRANNUS

Cymerodd y briodas hon le yn Eglwys Llanfihangel Abergwesyn, Mehefin 1819, pryd yr unwyd mewn priodas hyd angau, un William Morgan, gwidwar, Gallt-yr-hebog, o'r plwyf a enwyd, ac efe yn 95 mlwydd oed! A Gwenllian Owen, gwidw, o'r Tŷ Isaf, yn yr un plwyf; hithau'n 72 mlwydd oed! Gweinyddwyd ar yr achlysur gan offeiriad y lle; a daeth llawer o'r ardalwyr – yn gyfeillion ac ewyllyswyr da y tylwyth ieuainc, i'r lle ar y diwrnod, er bod yn dystion o'r briodas. Yn eu plith hefyd, yr oedd y bonheddwr Mr Ed Thomas, o Wellfield, sir Faesyfed, wedi dod yr holl ffordd erbyn y diwrnod, er cael ysgwyd llaw â'r pâr ieuanc, a dymuno 'lwc dda' iddynt. Yr oedd llawer o'i ystad ef, Mr Thomas, yn gorwedd yn y plwyf, ac yr oedd y ddau hen gymeriad yn dra adnabyddus i'r bonheddwr.

Treuliwyd prynhawn tra llawen a hapus yng Ngallt-yr-hebog y dydd hwnnw, a chyflwynwyd llawer o anrhegion i'r 'tylwyth ieuainc' ar ddiwrnod eu priodas, er nad oedd yn 'briodas wawdd' tebyg i briodasau cyffredin yr oes honno.

Gelwid y wraig yn gyffredin cyn ei phriodi â William Morgan, yn Wen Rhys Owen, sef wrth enw ei gŵr cyntaf, a hynny yn ôl hen ddull Cymreig yr oes honno. A thrwy iddi fod am flynyddoedd meithion felly ar yr enw hwnnw, a chael ei hadnabod felly gan bawb, llithrai tafod aml un, a hynny'n ddigon naturiol braidd, i'w galw eto wrth yr unrhyw enw, a phan ddigwyddai hynny, nid oedd dim a gynhyrfai ei natur cynddrwg, am na elwid hi Gwen William Morgan, a chwarae teg i Mrs Morgan hefyd!

Fel y mae yn hawdd credu wrth gwrs oedran, ni pharhaodd y briodas yn hir heb i angau eu gwahanu, a chawn gofnodiad o gladdedigaeth W. Morgan ym mynwent Eglwys Llanfihangel, 1820, yn 96 mlwydd oed; ond bu Mrs Morgan i oroesi ei hail ŵr eto o amryw flynyddoedd.

Y DDAU BRIODODD DDWYWAITH

Ar 'Register' Eglwys Llangamarch, ceir enwau Morgan Thomas, o blwyf Llanwrtyd, a Margaret Price, o blwyf Llangamarch, yn priodi o flaen y Parch. David Harris, offeiriad y lle, ar y 26ain o Fedi, y flwyddyn 1827.

Yr hyn sydd yn gwneud y briodas hon yn hynod yw, i'r offeiriad, Mr Harris, i yrru cenadwri yn fore iawn ar ôl y pâr ieuanc, a hynny drannoeth i'r briodas, am iddynt ddod eilwaith o'i flaen ef i'r Eglwys, ac aed drwy y gwasanaeth priodasol eto y bore hwn! Ni chafwyd unrhyw reswm gan yr offeiriad paham yr anfonodd amdanynt fel hyn yr ail waith. Gan fod y dyddiad uchod yn disgyn ar ddydd Mercher, rhy anhawdd yw gwybod pa un o'r dyddiau a entrwyd ganddo ar y 'Register'.

Bu Morgan a Marged, canys dyna fel y gelwid hwynt, yn byw y rhan olaf o'u hoes yn Ty'n-y-pant, ger Beulah, lle y buont feirw eu dau; Morgan a fu farw Mai 28ain, 1878, yn 73 oed; Margaret, Mai 23ain, 1879, yn 74 mlwydd oed; felly gwelir fod y ddau yr un oed yn priodi, sef yn 22 oed. Gorffwys llwch y ddeuddyn hyn ym mynwent capel Beulah. Yr oeddynt yn hen bobl barchus a chyfrifol yng olwg eu cymdogion.

GORCHUDD GENI

Mae rhai babanod yn cael eu geni i'r byd â math o orchudd tenau dros eu gwynebau; a'r plentyn a enir felly, yn ôl hen gred hygoelus, a fydd yn un hynod lwcus yn y byd! Y mae yn ddywediad, hefyd, na fydd iddo foddi! Y mae y fath hygoeledd wedi bod ynglyn â'r 'gorchudd geni', fel pan gymerai genedigaeth o'r fath le, achosid llawenydd mawr yn y teulu, a chymerid gofal neillduol ohono, gyrrid ef i ffwrdd i'w brysyrfo, a chedwid ef yn ofalus rhwng

dail y Beibl, gan y credid fod rhyw ffawd a bendith i'r teulu tra y cedwid ef
o dan eu cronglwyd. Clywais am un dyn a gadwodd ddarn o bilen eni yn ei
feddiant am ran fawr o'i oes, a darfu iddo gael ei achub rhag boddi, ond ei
ddiwedd a fu ymgrogi!

Cadwai llawer o gapteniaid llongau orchudd geni yn eu llongau gynt, am
ei bod yn gred na suddai'r llong fyddai ag ef. Y mae hanes am rai yn rhoi £5
am bilen eni! Yn adeg y rhyfel ddiweddaf [1914–18], rhoddai rhai capteniaid
£30 am un!

CASGLU ARIAN RHAW

Hen ddull o dderbyn tâl am dorri bedd yn nechrau'r bedwaredd ganrif ar
bymtheg ydoedd fel a ganlyn: wedi i'r offeiriad orffen y gwasanaeth claddu ar
lan y bedd, âi'r torrwr beddau o amgylch y dorf, gan ddal ei raw, a rhoddi cyfle
i bawb i daflu rhyw rodd fechan arni yn ôl eu hewyllys a'u hamgylchiadau.
Y diweddaf a fu yn 'casglu arian rhaw' yng Nghantref Buallt, hyd y gellais
gael hanes, oedd Jack y clochydd, yn Llanwrtyd. Yn gyffredin, am dorri
beddau pobl dlodion a didylwyth y bu casglu tâl am dorri beddau yn y dull
a nodwyd.

CLADDU MEWN GWLANEN

Yn y flwyddyn 1666, pasiwyd deddf yn Senedd Lloegr, i'r perwyl nad oedd
neb i gael ei gladdu ond mewn gwlanen. Amcan yr 'Act' hon oedd cefnogi y
fasnach wlân yn ein gwlad.

Y cyntaf sydd yn cael ei gofnodi yn cael ei gladdu mewn gwlanen ym
mynwent eglwys Maesmynys, ger Llanfair-ym-Muallt, yw James Prees, ar y
9fed o Ragfyr, 1684. Y diweddaf a gofrestrir wedi ei gladdu mewn gwlanen
yw John Powell, Yeoman, 15th June, 1708.

Yn y flwyddyn 1677, dilewyd y ddeddf uchod gan ddeddf arall fwy manwl,
sef nad oedd un corff i gael ei gladdu mewn crys, amwisg nac unrhyw ddefnydd
wedi ei gymysgu â llin, cywarch, sidan, gwallt nac unrhyw ddefnydd; nac i
arch gael ei chuddio, neu ei harwynebu gan unrhyw ddefnydd, ond o wlân
yn unig. Ond os byddai person farw o'r pla, yr oedd rhyddid ei gladdu mewn
unrhyw ddefnydd. Yr oedd y ddeddf hon yn dod i rym Awst 1af, 1678.

Yr oedd y gyfraith yma yn gorchymyn yn bendant fod i bob offeiriad i
ddarllen yr 'Act' newydd ymhob eglwys, a hynny am dri Sabbath yn olynol
ar ôl Gŵyl Bartholomew, Awst 24ain, er i'r wlad gael gwybodaeth ohoni.

Yn ôl y ddeddf newydd yma, yr oedd yn rhaid gwneud llw, a hynny o
fewn wyth niwrnod ar ôl y gladdedigaeth, o flaen Ynad Heddwch, neu ryw
brif swyddog arall cyfrifol i'w dderbyn, fod y person wedi ei gladdu mewn
gwlanen. Yr oedd trosedd o'r gyfraith hon yn gosod unrhyw un a'i torrai yn
agored i bum punt o ddirwy. Talai llawer o gyfoethogion y ddirwy.

Diamau mai at y dull hwn o gladdu mewn gwlanen y cyfeiria'r Hen Ficer
yn y llinellau yma o'i eiddo:

> Meddwl fal yr awn oddiyma,
> I'r tŷ priddlyd am y cynta';
> Mewn cwd canfas heb un beni,
> Pe bai ini rent arglwyddi.

Y cyntaf a gladdwyd mewn amwisg wlanen ym mynwent eglwys Llanafan
Fawr oedd un o'r enw Rees Thomas David Prydderch, ar y 18fed o Fedi yn
y flwyddyn a nodwyd, 1678. Bu y ddeddf hon mewn grym hyd y flwyddyn
1814, pryd y cafodd ei dileu. Yr oedd y math yma o wlanen wedi ei gwneud
yn arbennig at gladdu y meirw, yn dew a thrwm, ac oll yn waith cartref.
Rhwymid yr amwisg mewn dau fan am y corff, sef am y gwddf a'r traed.
Dyma fel y dywed y bardd eto:

> Na da'n y byd, na mawr olud,
> Ond Krys a ro a dau glwm arno.
> > > Twm ap Ieuan ap Rhys

Ymddengys oddi wrth y cwpled llinellau a ganlyn, fod y ddwy droed
gyda'i gilydd yn yr amwisg:

> A phan ddelo'r ysgrin goed,
> A'i ddwy droed i'r un hosan.
> > > William Dafydd

PLÂTS FIWTER AR GORFF

Gynt, yr oedd llawer o'r hen lestri heirdd i'w gweled ar silffydd amaethdai'n
gwlad; ond erbyn heddiw y maent wedi myned yn bethau prinion, ac
anhawdd eu gweled. Gosodid hwynt ar y silff bob amser a'u cefnau allan, a
chefn y plât yn unig a lanheid. Yr oeddynt o wahanol faint, rhai yn ddisglau
lled fawrion, eraill llai, a rhai yn fychain. Nid oeddynt yn eiddo i bobl
dlodion, a chyffredin, ac ni welid hwynt ond gan deuluoedd o amgylchiadau
uchel a chysurus yn y byd.

Oescedd yn ôl, buant o wasanaeth cyffredin yn ein gwlad, a hynny oedd
pan fyddai aelod o'r teulu farw, rhoddid un o'r dysglau, neu un llai, yn ôl
oedran y marw, ar frest y corff, er ei gadw rhag chwyddo. Eto, ar y ddwy
ochr i'r corff, blâts bychain, ac arnynt ganhwyllau yn oleuedig, a hynny cyn
rhoddi y corff yn yr arch. Wedi ei roddi yn yr arch, llosgid canhwyllau eto
ar glawr yr arch tra y byddai y corff heb ei gladdu. Y mae rhai o'r hen feirdd
yn eu gweithiau yn cyfeirio at y ddefod yma. Tudur Aled, yn ei 'Farwnad i
Tudur Llwyd o Iâl', wrth ddisgrifio hiraeth y wlad amdano, a ddywed, 'Rhai'n

llefain, rhai'n cywain cŵyr.' Dyma ystyr yr hen ddywediad hwnnw, 'Corff dan ei oleu'. Y mae rhai i'w gweled eto o'r llestri hynafol yma; ond eu diben wedi darfod, a methais â chwrdd â neb o'r hen bobl fwyaf oedrannus sydd yn fyw a chanddyn gof na hanes amdanynt yn cael eu defnyddio erioed.

Yr oedd yn hen arferiad hefyd i roddi plât piwter bychan ar wyneb corff er cau y llygaid. Ffordd arall er cadw corff rhag chwyddo, ydoedd rhoddi 'tywarchen las', a'r glas i lawr, ar frest y marw. Y mae digon eto'n fyw wedi gweled hyn yn cael ei wneuthur. Y mae cof am ddisgl biwter yn cael ei rhoddi ar frest corff un yng Nghwm Tywi tua thri ugain mlynedd yn ôl, a rhoddid canwyllbren a channwyll yn oleu ynddo ar y ddisgl bob nos tra y bu y corff o dan ei grwys.

Wrth y dosbarth cyntaf y sonia amdanynt yma, yr ydym i ddeall y teulu a pherthnasau agosaf y marw; a'r ail ddosbarth, caredigion, y rhai a gydymdeimlent â'r teulu yn eu galar, ac a ddeuent yn garedig i weini i'r teulu ar yr achlysur. Y mae yn hawdd gweled y byddai teuluoedd gynt yn goleuo y canhwyllau gorau ar achlysur o'r fath yma, sef canhwyllau cŵyr yr rhai oedd yn anrhydeddusach na chanhwyllau gwêr o waith cartref, ac yn enwedig na'r gannwyll frwyn oedd gynt mewn arferiad.

CLADDU MEWN DILLAD CYFFREDIN

Bu adeg yn hanes ein gwlad, pan oedd y marw yn cael ei gladdu mewn dillad cyffredin, hynny yw, heb un math o amwisg, fel yr arferir claddu yn ein dyddiau ni.

Yn y flwyddyn 1666, cawn i ddeddf gael ei phasio yn y Senedd, fod y marw i gael ei gladdu mewn gwlanen; o'r adeg yma allan, gwnaed i ffwrdd yn hollol â'r arferiad o gladdu mewn dillad gyrff cyffredin.

Yn yr adeg y cleddid yn y dull a nodwyd, yr oedd yn arferiad mewn rhai rhannau o'n gwlad i osod 'tywarchen las' o dan ben y corff yn y bedd, yr hon a wasanaethai fel gobennydd i'r marw.

Ceir cyfeiriad at y 'dowarchen' hon yng ngwaith Twm ap Ieuan ap Rhys, un o feirdd yr unfed ganrif ar bymtheg:

> Diwedd dyn glân y sydd egwan,
> Yfo dihayreb mewn gwroldeb,
> Ar hon mewn bedd o saith troedfedd,
> A than y ben las dowrachen.

Mewn rhai mannau gelwid hi 'y dowarchen farw'.

DECHRAU CLADDU YN Y MYNWENTYDD

Dechreuwyd claddu mewn mynwentydd ynghanol yr wythfed ganrif, 758. Yr arferiad hynaf oedd claddu yng wyneb, neu yr ochr ddwyreiniol, i'r eglwys.

Hyn sydd yn cyfrif fod y cerrig beddau hynaf i'w gweld ger yr ochr nesaf i'r haul i bob eglwys, bron yn ddieithriad.

TRETH COFRESTRIAD GENI A MARW

Yng nghylch y flwyddyn 1708, pasiwyd cyfraith yn Senedd Lloegr fod treth o ddau swllt am 'registro' pob plentyn, a phedwar swllt am gladdu pob marw. Yr oedd swm cyffelyb hefyd am briodi. Mae cyfeiriad at y dreth yma mewn hen gân ym *Mlodeugerdd Cymru* a cheir 'Dyrifawr Dreth' gan Richard Llwyd o'r Plas Meini yn Ffestiniog:

> Fe ranwyd treth eleni,
> Erioed am gladdu'r meirw,
> A threth am eni'r byw,
> A threth am ddŵr yr afon,
> A threth am oleu'r dydd,
> A threth am fynd i'r cwlwm,
> A threth am ddod yn rhydd.
>
> A chwedi geni'r plentyn
> Yn fethiant ac yn wan,
> Mae deuswllt wedi selio
> I'w talu yn y man.
> A phedwar swllt am gladdu,
> Aeth hynny'n arian mawr,
> Y gwŷr a'r gwragedd mwynion,
> A rowch chwi'r chwarae lawr.

Yn y flwyddyn 1783, mae'n debyg i'r dreth ormesol yma gael ei chyfnewid a'i hysgafnhau i dair ceiniog am 'registro' bedydd, priodas a chladdedigaeth. Ar hen 'Register' yn perthyn i Eglwys Llangamarch, dan y flwyddyn a nodwyd, ceir y cyfnodiad diddorol a ganlyn:

> That by an Act of Parliament, commenced the first day of October 1783, there is a duty of three pence on the Registry of Burials, Marriages, Births and Christenings.

Derbynr.id arian y dreth hon gan offeiriaid ein gwlad wrth weinyddu y bedyddiadau, priodasau a chladdedigaethau. Ar ddiwedd blwyddyn, yr oedd casglwr y dreth yn dod heibio ac yn derbyn yr hyn fyddai yn ddyledus oddiwrth yr offeiriad. Pan fedyddid baban i deulu wir dlawd ac analluog i dalu'r dreth, fel y cawn fod llawer yn y blynyddoedd hynny, talai'r offeiriad y tair ceiniog drostynt, a chadwai y cyfrifon mewn llyfr o eiddo ei hun i hynny. Bu y dreth hon yn cael ei chasglu felly hyd ddiwedd y ddeunawfed ganrif. Y mae 'Duty Paid' i'w weled ar amryw o hen 'Registers' ein heglwysi heddiw.

Amaethu

LLWYN Y BUGAIL BACH

Ganrifoedd yn ôl, hen arferiad gan amaethwyr ein gwlad ydoedd cadw crwt, yn nhymor yr haf, i edrych ar ôl y gwartheg blithion, i'w cadw rhag mynd i'r gwair a'r ŷd, ac i'w dwyn i'r buarth i'w godro fore a nos.

Gan nad oedd y ddaear wedi ei rhannu yn feysydd yn yr adeg honno, na pherthi wedi eu plannu fel yn ein dyddiau ni, yr oedd llawer o'n gwlad yn llwm a digysgod. Ar diroedd noeth, a lleoedd agored, arferai llawer o amaethwyr blannu tair neu bedair o ddrain gwynion yn ymyl ei gilydd, a dyfai yn llwyn tew, ac o dan hwn y byddai y bugail bach yn cysgodi ar y glaw, ac yn gweri ar y gwres. Dewiswyd y ddraenen wen am fod ei dail yn fân a'i brigau yn aml a thew, ac hefyd am fod y defni yn dilyn ei changau i waered ac nid yn diferu drwyddi fel llawer o goed cyffredin eraill. Carreg oedd yr ystôl i eistedd arni, ac y mae amryw o'r llwyn yma i'w gweld yn aros hyd heddiw, a cheir y 'stôl garreg' wrth ei bôn wedi suddo i'r ddaear, a bron wedi ei gorchuddio gan dyfiant amser.

> Bugail bach wyf fi, a bugail oedd nhad,
> A'r bugail gore yn y wlad;
> Bugail fydd baban sydd heddi'n ei grud,
> Peth rhyfedd ein bod yn fugeiliaid i gyd.

Pan werthid buwch, ac i ryw anghydwelediad ddigwydd codi rhwng y prynwr a'r gwerthwr, yr oedd y bugail yn cael ei alw ymlaen ar y mater, a'i air yn awdurdod yn ôl cyfraith gwlad.

Canai y bugail bach ar y glaw gan feddwl fod tywydd gwell i ddilyn; a llefai ar y tes, gan wybod fod tywydd garw'n ôl. Hen ddywediad sydd eto'i glywed yw, 'Fel y gwas bach yn canu ar y glaw.'

Dydd Ffair Capel Coch, Mehefin 28ain y byddai y gwas bach yn ymadael oddi wrth ei gyflog, yr hon oedd ffair plant, ac a gynhelid yn Maes-cynffwrch.

Byddai'r bugail bach yn deall amser godro trwy sylwi ar yr haul, a chysgod gwrthrychau, megis cysgod coed, neu yr haul yn ymadael â rhyw le neu frig llwyn neillduol yn y prynhawn, a thrwy sylw manwl, ac ymarferiad yn hyn, deuai i wybod adeg godro agos i'r funud.

Bugail Bach gwag ei gail
'N mynych edrych ar yr haul.

GARDD HELYG

Darn o dir wedi ei gau i fewn oedd yr 'Ardd Helyg', ac fel mae'r enw'n awgrymu, coed helyg, gan amlaf, dyfai ynddi. Yng nghyfnod y llestri coed gynt, arferai'r cylchwr ddod i amaethdai yn flynyddol yn nechrau haf, i gylcho neu atgyweirio llestri blith, a'u cael mewn cyflwr da erbyn tymor haf a gwneuthur blith.

Yn yr amser gynt meddiannai llawer o ffermwyr ardd hefyd ar eu tir, yn llawn coed ieuanc teg a llathraidd at wasanaeth y cylchwr.

Yr helygen lwyd – y fer helygen a'r gollen wen oedd coed mwyaf dewisol y cylchwr at ei waith. Ond yr oedd yn yr ardd goed at wasanaeth yr amaethwr ei hun at wneuthur cewyll, gwdenni, tyrch a llawer o ddibenion eraill. Pan dyfai unrhyw bren yn rhy braff i fod o un gwasanaeth torrid ef yn isel er mwyn iddo ail impio, a gosodid pridd yn ofalus o amgylch ei foncyff, i rwystro tyfiant i dagu gwiail ieuainc *(osiers)*.

FFIN WELLT

Ar rosydd a gweunydd lle lleddid gwair yr oedd y 'ffin wellt' i'w gweld yn ddieithriad. Wrth ladd gwair, cymerid gofal i adael troedfedd neu ychwaneg o wair heb ei dorri rhwng dwy ystod, a elwid 'gwrychyn' neu 'tyfyn', mewn rhai parthau o'r wlad. Wrth ei adael felly flwyddyn ar ôl blwyddyn heb ei dorri, codai yn wrychyn cryf, uchel ac amlwg, a dyna'r 'ffin wellt' a wasanaethai gynt fel terfyn rhwng llawer fferm a fferm. Cedwid ffin o'r fath a nodwyd ar Waun yr Henbant, Llanwrtyd, i rannu rhwng y fferm honno a Phentwyn, hyd y flwyddyn 1904. Clywais fod ffiniau cyffelyb i'w gweld rai blynyddoedd yn ddiweddarach rhwng Nant-y-brain a Brongilent, ac hefyd yn rhannu rhwng Nant-y-brain a Nant-y-craf – tyddynnod ym mhlwyf Llanddewi Abergwesyn.

GERDDI TATW

Pan dyfid cloron gyntaf yn y wlad, mae'n debyg mai yr hen ddull o'u plannu oedd, yn rymau, a hynny mewn gerddi yn unig. Wedi gwrteithio'r tir, teflid yr had ar daen ar y wyneb, yna agorid rhych, gan daflu y pridd ar dde ac aswy, er cuddio yr had, ac felly y ffurfid y tir yn rymau crythog o dair i bedair llath o led. Yn y cyfnod y cynhyrchid cloron yn y modd a nodwyd, nid oedd fawr triniaeth yn cael ei wneud arnynt o adeg y plannu i adeg y tynnu. Bu rhai o hen ardalwyr mynyddoedd Irfon a Thywi yn plannu 'tatws' yn yr hen ddull, hyd ym mlynyddoedd cyntaf y bedwaredd ganrif ar bymtheg.

Yr unig le y mae 'gerddi tatws' i'w gweld yn amlwg yn awr yw ger hen fagwyrydd na fu teuluoedd yn cyfaneddu ynddynt er yr adeg y bu cloron yn cael eu tyfu yn yr hen ddull.

Gwelir y grynnau hynafol yma yn gyffredinol iawn yng Nghantref Buallt. Ceir hwynt ar bennau bryniau, ar ffriddoedd llethrog, ac ar gefn esgeiriau uchel. Mae y rhai uchaf a welir ar Esgair Irfon, Pen-twyn, Abergwesyn yn bedwar cant ar ddeg o droedfeddi uwchlaw arwynebedd y môr. Mae y grynnau hyn, gan mwyaf, ynghylch tair llath o led, ac, fel rheol, rhedant ar groes ar dir llethrog, ac nid i fyny ac i lawr, a hynny yn ddiau am fod yn esmwythach i'r ychain i aredig felly. Difyr dros ben yw sylwi ar y grynnau yma'n amgylchu talcen twyn, neu fryncyn, ac yn cilio heibio i sger o graig a ddengys ei thrwyn trwy'r gweryd.

Nid oedd yn amcan o gwbl i dynnu'r gŵys yn gywir i'r talar yn y cyfnod hwnnw, ond yr hyn oedd mewn golwg ganddynt, oedd dilyn y tir mor bell ag y ceid ef yn arddadwy *(arable land)*.

'Tair oes derwen yw oes grwn', medd yr hen air, a bernir fod llawer o'r grynnau yma yn hynafol iawn, ac yn ein harwain yn ôl i gyfnod pell, pan oedd godreon y wlad yn gorsiog, a rhannau helaeth ohoni yn goedwigoedd, a'r trigolion yn gorfod cilio i'r mynyddoedd i 'godi bara'.

Yn yr oesoedd a aethant heibio, y car bach oedd un o brif offer yr amaethwr at ddwyn ymlaen wahanol orchwyliaethau y fferm. Fel pob offer amaethyddol yr amser gynt, hynod syml o ran ei wneuthuriad oedd y bach. Gwnaed ef o ddwy 'olwyn', y rhai a wasanaethent fel *shaft* i'r ceffyl, ond â'u pen ôl yn llusgedig ar hyd y llawr. Paham y rhoddwyd erioed i'r 'olwynion' yr enw yma, tra nad ydynt ond llusgedig, sydd gwestiwn rhy anodd ei ateb ar hyn o bryd. Y rhan olaf o'r car a elwid 'tincar', yr hwn a wnaed o ddwy 'garfforch', un ym mhob olwyn. O ben y naill garfforch i'r llall rhedai pren croes a elwid 'pencar'. Yng ngwaelod y tincar, rhedai pren arall o olwyn i olwyn a enwid 'talbren', a chodai rhestr o 'ffynnau' o'r talbren i'r pencar. Yn waelod i'r car yr oedd nifer o 'gleddyfau' ar draws o'r naill olwyn i'r llall, a dyna'r oll, fel rheol, oedd yn anhepgorol at wneuthuriad y car bach. Dylaswn grybwyll hefyd mai 'bodiau' y car *(the soles of the dray)* y gelwid pen ôl yr olwynion a lusgai ar hyd y llawr. Wedi hir lusgo, a llawer o wasanaeth, fel y mae'n hawdd credu, byddai'r gwadn yn treulio fel y byddai'n angenrheidiol i osod darnau newyddion tanynt, y rhai hyn eto a elwid 'goseiliau' *(pieces of wood under a dray)*.

Wrth gyflogi gwas yng nghyfnod y car bach, hen gwestiwn a arferai ffermwr ofyn i ddyn ieuanc oedd – 'A fedri di osod gosail o dan fawd car?'

Os byddai'r atebiad yn gadarnhaol, yr oedd y gŵr ieuanc yn haeddiannol o fwy o gyflog. Ym mhen blaen pob olwyn yr oedd tyllau a 'phinolion' coed, neu 'carbolion', trwyddynt. Diben y rhai hyn oedd i osod y 'tyniadau' *(tugs)* wrthynt. O'r naill olwyn i'r llall ar draws cefn y ceffyl yr oedd 'carwden', yr hon a wasanaethai fel *backchain*. Yn rhai rhannau o'r wlad gelwid hi 'cefndres'; gwnaed hi o wden, a byddag ym mhob pen iddi i fynd am yr olwynion. Yr oedd y garwden *(hanging wythe)* ynglŷn â'r olwynion yn wastad, a phan osodid y ceffyl ynddo coded yr olwynion i fyny a thynnid y car ymlaen fel y deuai'r garwden ar draws cefn y ceffyl.

Ceir rhai o'r hen feirdd Cymreig yn sôn am y garwden yn eu gweithiau – 'Carwden lle ceir adwaith', William Lleyn. 'Yn yr adwy galetaf y tyrr y garwden' sydd hen air. Yr oedd yn perthyn i'r car raff arbennig a elwid 'rhaff car'. Yr oedd hon wedi ei gwneud o rawn, yn chwech cainc, ac yn chwech llath o hyd, neu 'dri gwrhyd' yn ôl hen fesur y Cyfreithiau Cymreig. Yr oedd yn perthyn i'r rhaff hon glwm arbennig a sicr yn ei hamser a elwid 'cwlwm car'.

Mae y car bach wedi bod o wasanaeth mawr i'n gwlad fel cyfrwng at gludo a symud nwyddau a hynny am gyfnod maith yn hanes ein gwlad, a cheir aml i gyfeiriad ato yn ein llenyddiaeth gyfnodol: 'Teithi caseg yn tynnu car yng ngallt ac yng ngwaered, a dwyn pwn traws a bod yn eboliawg' – Y Cyfreithiau.

Yn yr amser gynt, pan oedd yn arferiad blynyddol gan deuluoedd ein gwlad i symud o'r hendre i'r mynydd â'u hanifeiliaid am dymor yr haf, ar geir y cludid celfi hyswiaeth, a phethau eraill angenrheidiol at wasanaeth yr hafod, yr hyn a elwid 'cargychwyn'. Yn yr hydref dygent eu hanifeiliaid tuag adref, eu dodrefn a chynnyrch yr haf ar geir eto yn ôl i'r hendre – a dyna y 'carychwel'.

Yn yr ail-ganrif-ar-bymtheg cawn fod Aberdihonwy, fferm eang ar lan afon Gwy, islaw Llanfair-ym-Muallt yn eiddo i'r Fynachlog Fawr,[14] a dygid y degwm, yn gynnyrch y tir, ar geir yr holl ffordd dros Ros-y-saith-maen, Esgair Garthen a thros y mynyddoedd i Gwmaeron, i'r Fynachlog.

Y mae gennym hanes am rai cyrph yn cael eu cymeryd ar geir bach tua'r gladdfa.

Yn y flwyddyn 1817 bu farw Rees Davies o'r Fronrudd, Llangamarch, a chymerwyd ei gorph ar hyd nos ar gar i fynwent eglwys Llanafan Fawr.

Tua chanol y ddeunawfed ganrif, cafodd eglwys Llanddewi Abergwesyn ei thoi o'r newydd â llechi, y rhai a godwyd yn y Chwarel Ddu ger Cern-y-gilfach, Cwm Camarch, ac a ddygwyd ar geir bach at y gwaith. Pan oedd un car yn llwythog ar Ros-y-maen-llwyd, digwyddodd iddo'n ddamweiniol fyned dros ysgyfarnog ar y gwal a chafodd ei lladd yn y fan.

---

14 Ystrad-flur.

Yr oedd, hefyd, fathau eraill o geir yn yr amser gynt, ond yn y rhannau mwyaf bryniog a llethrog o'r wlad yr oedd y rhain yn fwyaf cyffredin, sef y 'car dom' at gywain tail; a'r 'car llusg'; a'r 'whilcar' at gywain mawn oddi ar y mynyddau. Yr oedd i'r math olaf ddwy olwyn o dan ei ran olaf, a'i ben blaen yn llusgo.

Bu y car bach mewn arferiad pur gyffredin ym mlaenau gwlad, a chan dyddynwyr bychain hyd tua chanol y ganrif o'r blaen a chan rai ar fynyddoedd a lleoedd llethrog flynyddoedd yn ddiweddarach. Yr oedd y rhannau isaf a mwyaf amaethyddol o'r wlad wedi pwrcasu certi a wagenni er diwedd y ddeunawfed ganrif, a dechrau y ganrif ganlynol yn lled gyffredinol, ond cawn mai tua'r flwyddyn 1830, mor bell ag y gellais gasglu, y daeth y cerbyd olwynog cyntaf i blwyf Abergwesyn gan amaethwr o'r enw Lewis Evans ar ei ddyfodiad i Nant-yr-hwch.

Cawn hefyd nad oedd ond ceir bach yn unig yn eiddo i holl ffermwyr plwyf Tirabad hyd y flwyddyn 1842. Yn y fwyddyn honno, darfu i amaethwr o'r enw Rees Price, o Nant-tynnor i bwrcasu gambo newydd, ac yr oedd gan yr hen ardalwyr gof da am y gambo newydd cyntaf ddaeth erioed i'r plwyf hwn.

YR YSTARN – *PACKSADDLE*

Yn yr oesoedd gynt, cyn bod ffyrdd na cherbydau na chyfleusterau at ddwyn llwythi a phwysau trymion, yr hen ddull oedd eu cludlwytho, a dwyn sachau a phynnau ar ystarnau ar gefnau ceffylau. Yn yr adeg honno, yr oedd ystarn ym meddiant pob perchen ceffyl, mul neu asyn, fel y mae'r cyfrwy yn ein dyddiau ni. Math o gyfrwy mawr ydoedd yn arbennig at osod pynnau arno, ac yng nghyfnod yr ystarn yr oedd llawer yn ennill bywoliaeth wrth wneuthur ystarnau. Pan fyddai angen am ystarn newydd, yr arferiad oedd gyrru am yr ystarnwr i'r tŷ i'w wneuthur, a byddai'r ffermwr wedi gofalu am ddefnyddiau'n barod at y gwaith erbyn yr adeg apwyntiedig – yn goed, croen llo, gwellt a gwlân – dyna'r nwyddau anhepgorol angenrheidiol at yr ystarn newydd. Yr oedd llawer o amaethwyr yr oesoedd o'r blaen yn bur fedrus yn y gelfyddyd o wneuthur ystarn hefyd. Bu'r ystarn mewn arferiad cyffredin iawn ym mharthau gorllewinol Hwnrwd Fuallt hyd ganol y ganrif o'r blaen.

Pan fyddai amaethwr wedi paratoi cynnos i fynd i'r felin, deuai amryw gymdogion ynghyd, a'u ceffylau â'u hystarnau arnynt, ac wedi gosod pwn o ŷd ar gefn pob un, cychwynnent yn un fintai a'u cyfeiriad tua'r felin. Wedi shelio, a chael y gynnos yn barod, ymgasglent at ei gilydd eilwaith, a'r un modd y dygent y blawd a'r sucan o'r felin tuag adref.

Wedi i'r amaethwr werthu ei wlân yr arferiad gynt oedd iddo ef a'i gymdogion wneud cyfnewid â'i gilydd i fynd ag ef i ffwrdd i'r prynwr.

Yr hen ddull ydoedd ei gludlwytho yn sachau ar ystarnau ar gefnau ceffylau. Bu gwlân yn cael ei gymryd i ffwrdd oddi ar fynyddoedd Irfon a Thywi i Raeadr Gwy, Tregaron a Llanbedr, hyd tua'r flwyddyn 1850.

Yn ôl hen gyfreithiau Hywel Dda, un o dri 'teithi caseg' oedd 'dwyn pwn traws'.

Yr oedd ein hynafiaid wedi cymryd un o'u hen ddywediadau oddi wrth yr ystarn. 'Mal ystarn ar gefn hwch', oedd hen air am rywbeth eithriadol o letchwith.

Y CAWELL

Mae'r cawell wedi bod mewn arferiad mawr a chyffredin yng ngwahanol wledydd y ddaear ar hyd yr oesoedd, ac mae'n llestr mor adnabyddus i'r oes hon fel nad oes angen am roddi un math o ddisgrifiad ohono yma.

Mae'r gair cawell i'w gael yn aml ar dudalennau'r Ysgrythurau. Yr oedd yn rhan bwysig o'r arfogaeth filwrol gynt, pan ddefnyddid bwâu a saethau mewn rhyfeloedd. Gweler Eseia 47:2. Yr oedd yn cael i arfer hefyd gan helwyr ac ynddo cedwid y saethau, Gen. 27:3. Math o gawell main oedd hwn. Yr oedd y cawell yn rhan o ddodrefn y babell, Ecs. 29:9. Mewn cawell o lafrwyn y gosodwyd Moses ar lan y Nile, Ecs. 2:3.

Gwneir defnydd mynych o'r cawell yn gyffelybiaethol yn yr Ysgrythurau, megis (1) yn arwyddo tri diwrnod o fywyd, Gen. 40:16-19; (2) yn ymborth ynddo, Deut. 28:5; (3) ei gynnwys, sef y saethau, y rhai a feddai y rhyfelwyr gynt i ddifa eu gelynion, Job 39:23; (4) diogelwch, Psalm 127:5; Gal. 3:13. Cyffelybir plant i saethau a'r tŷ fel cawell, Psalm 127:5. Pan gyffelybir Crist i saeth y mae amddiffyniad Duw amdano yn sefyll fel cawell, lle mae yn ei guddio ac yn ei ddiogelu, Eseia 69:2. Barnedigaethau Duw eto a gyffelybir i saethau, ei arfaeth a'i ragluniaeth ydynt gawell, Gal. 3:13. Y tri chawell a welodd pobydd Pharaoh oeddynt yn arwyddo tri diwrnod o fwyd.

Yn ôl hanesiaeth, cawn fod y cawell mewn arferiad mawr yn y wlad hon yn yr amser gynt, a hynny at wahanol orchwylion, yr hyn a alwai am amryw fathau ohonynt. Gan fod yr hen lestri yma wedi mynd allan o arferiad yn ein gwlad, a hynny cyn cof gan y to sydd yn awr yn fyw, efallai nad anniddorol a fyddai ychydig hanes ei wasanaeth yn yr oesoedd a aethant heibio.

Arferid amryw o fathau o gewyll at ddibenion teuluoedd – y cawell magu, neu y crud; cawell pysgota; cawell saethau; math o wain oedd y cawell hwn at gludo saethau a dygid ef weithiau ar yr ysgwydd, ac weithiau ar yr ystlys aswy. Yr oedd hefyd gewyll at gludlwytho nwyddau ar gefnau anifeiliaid, neu i achlesu'r tir. Yr oedd y math olaf a nodwyd at anghenion amaethyddol, ac yn cael eu gwneuthur o wiail bedw, cyll a helyg, ac hefyd o ddellt, a hynny i'r ffurf a'r gwneuthuriad oedd gofyn amdano. Yn gyntaf, gwnaed yr eis neu yr esgeiriau; yna, yr oeddynt yn cael eu plethu neu eu hadail yn fanwl a chywrain â'r gwiail. Byddai'r gwiail yn cael eu twymo, trwy eu tynnu'n araf trwy rysod poeth, er eu gwneud yn ystwyth a hyblyg i'w nyddu a'u plethu. Gwnaed llawer o gewyll bychain o ddellt hefyd. Yr oedd ein hynafiaid yn hynod fedrus mewn gwaith dellt. Y ffordd orau i godi dellt oddi ar bren oedd dechrau ar y pen meinaf neu uchaf. Hen air o'r eiddynt oedd, 'Hollti pren y ffordd y toma'r frân.'

Gynt yr oedd cyflawnder o goed yn ein gwlad oblegid caeai'n hynafiaid ddarnau bychain o dir i'r amcan o dyfu coed cylchau a gwiail at wahanol angenrheidiau. Gelwid y lleoedd hyn – gerddi gwiail. Yr oedd gan yr hen bobl ddau dymor neilltuol i wneuthur gwaith coed a gwiail, pan fyddai'r ddafad yn mynd i'r hwrdd, a phan fyddai'n dod ag oen.

Darfu i'r cawell wasanaethu ein gwlad am oesoedd lawer, a hynny cyn bod cerbydau a chyfleusterau cludo fel sydd gennym ni yn bresennol. Mewn cewyll y dygid calch o odynau y Mynydd Du yn sir Gaerfyrddin at adeiladu. Pan godwyd eglwys Llanddulas, Tirabad yn y flwyddyn 1716, dywed hanes traddodiadol mai mewn cawelli ar gefnau ceffylau y dygwyd y calch at y gwaith, a hynny o odynau Carreg-yr-ogof. Yr un modd y dygid calch at wrteithio'r tir. At y gwaith hwn yr arferiad oedd i gymdogion gynorthwyo'i gilydd ac nid golygfa anghyffredin yn adeg calcho oedd gweld dwsin neu ychwaneg o geffylau o dan eu cawelli llawnion yn 'dod i'r calch'. Calchai plwyfolion Llanwrtyd a'r cylchoedd oddi ar y Mynydd Du ac yr oedd gan yr hen bobl hanes am galch yn cael ei lwyth-gludo mor bell â phlwyf Llanafan Fawr a hynny mor ddiweddar â'r flwyddyn 1808 . . . Daliodd yr hen bobl afael yn yr hen ddull o galcho mewn cewyll mor ddiweddar â'r flwyddyn 1840.

Yr oedd mathau o gawelli a'r glicied yn ei gwaelodion yn ddigon cyfleus fel y gallai dyn sefyll o flaen brest y ceffyl a thynnu y glicied yn rhydd yng ngwaelodion y ddau gawell ar yr un adeg – un â phob llaw.

Gwnaed llawer o waith y fferm trwy wasanaeth y cewyll hefyd. Cludid tail allan i leoedd llethrog a garw ynddynt. Yr oedd y cawelli tail â dorau yn eu gwaelodion a chlicedau i'w hagor a gollwng y tail allan. Ar y cae, pan yn gwacáu'r cewyll, yr oedd yn ofynnol bod yn ofalus i dynnu'r ddwy glicied yr un adeg rhag i'r cawell llawn dynnu'r cawell gwag ato dros gefn y ceffyl.

Hyd dyfodiad y trên i'n gwlad yn y flwyddyn 1867 enillai lawer fywoliaeth iddynt eu hunain a'u teulu wrth 'gario tua'r gweithfeydd'. Prynent wyau, menyn, ffowls, cwningod a gwahanol nwyddau eraill gan ffermwyr ac aent yn gyson i'w gwerthu yn rhai o drefydd Morgannwg. Mae cof gan amryw sydd eto ar dir y byw am hen wraig a adnabyddid wrth yr enw Pali Ty'n-cwarel, ger Llangamarch a chanddi asyn a dau gawell, yn mynd yn gyson yn nhymor haf â wyau i Ferthyr. Cerddai yr holl ffordd ymlaen gan yrru'r asyn yn llwythog rhagddi a deuai ar ei gefn adref. Yr oedd hyn yn *fifties* y ganrif o'r blaen.

Mynych y clywais gan hen bobl yr oes o'r blaen am hen gymeriad o'r enw Jac Pant-tawel, ger y Fron-wen, Llanafan, yr hwn arferai fynd â llawer o wyau tua Kington yn ei amser. Casglai yr wyau ar hyd amaethdai'r cylch, a siopau y pentrefwyr o amgylch, mewn cewyll ar gefn ceffyl bychan. Galwodd Jac un tro yn Beulah, ac yn ôl yr hanes, yfodd mor helaeth yn y Red Lion, fel nad allai gydgerdded â'r ceffyl adref, a rhywun, gan dybio ei fod yn gwneud twrn da â'r hen frawd a'i cododd ar gefn y ceffyl, ac aeth Jac adref a'i ddwy droed – un ym mhob cawell!

Yr oedd y ceffyl o dan ei gewyll yn medru cludo ei faich ar hyd llwybrau culion a chroesi tir garw a diarffordd, a hynny cyn bod ffyrdd ein gwlad fel y maent yn ein dyddiau ni. Ond pan ddaeth y ffyrdd i gael eu cadw mewn ansawdd gwell, gwnaed i ffwrdd â'r hen ddull o lwythgludo mewn cewyll.

Ni raid wrth gawell mwy.
A chel i gludo'r ŵy
I'r farchnad draw;
Yn lle y llwybrau mân,
Cul, geirwon, brwnt ei gra'n,
Ffyrdd llydain, teg a glân
Sydd ar bob llaw.

CASGLU'R CYNHAEAF

Pan fyddai cnwd mawr o wair ar y ddaear, casglent ef yn llwyr iawn y flwyddyn honno, am yr ofnent aeaf hir a chaled i ganlyn haf toreithiog. 'Cynhaeaf llawn, crynhoi'n llwyr', oedd hen air. Ond pan fyddai'r cnydau yn ysgafn, nid oeddynt yn casglu mor llwyr, am y disgwylient aeaf tyner ac agored, a gwanwyn cynnar i ddilyn.

Arferiad arall gan yr hen bobl gynt oedd pan fyddai ganddynt gyflawnder o ogor (*fodder*), tynnid polyn, neu fuddel, o'r beudy, a gwerthid un o'r da; ond os byddai'r gogr yn fach, gosodid y polyn yn ôl, a chedwid y beudy'n llawn. Yr oedd yr hen bobl, trwy sylwadaeth fanwl, wedi dod i'r wybodaeth, pan fyddai cnydau trymion o wair ac ŷd, fod y gaeaf dilynol yn galed a llaith; ond i ddilyn haf sych, a chnydau ysgeifn, gaeaf tyner ac agored, a gwanwyn cynnar.

SIALCO GWENITH

Nid yn aml y byddai ffermwyr yn yr oes o'r blaen yn hau gwenith heb yn gyntaf i sialco'r had. Arllwysid swm o'r had ar lawr yr ysgubor – digon i hau y diwrnod hwnnw. Yna cymysgid ef yn dda ag ychydig sug sur a chalch brwd. Gwnaed hynny'n ddyddiol cyn mynd allan i'r maes. Yr amcan wrth wneud hynny oedd, er atal y 'benddu' ar y gwenith, a chredai'r hen bobl yn bendant yn rhinwedd y sug a'r calch.

PIGO GWNDWN

Pan dorrai ffermwr yr oesoedd o'r blaen ddarn o dir glas, yr oedd yn hen arferiad gan bawb i'w 'bigo' drosto cyn ei hau, yn enwedig y tir mwyaf gwydn a chaled i'w lyfnhau. Penodid diwrnod at y gorchwyl, a rhaid oedd cael nifer gofynnol at bigo'r cae drosto yr un diwrnod. Y drefn oedd iddynt oll – pa nifer bynnag fyddent, i fod oll yn gyfochrog â'i gilydd, a phob un i gymryd tair neu bedair cwys, gan daro ceibad ar gribyn pob un, ac felly dros y cae. Yr oedd pigo gwndwn yn waith dyfal a chaled iawn. Dywedir mai yr hen ddull o bigo'r gwndwn oedd yn wysg eu cefn rhag damsang y gwaith. Yr amcan mewn golwg oedd cael mwy o ddyfnder daear i'r had. Yng nghyfnod yr aradr bren a'r oged bren y gwnaed hyn. Tua hanner y *fifties* daeth yr aradr harn, ac ogedi harn i arferiad cyffredin yn ein gwlad, ac ni bu angen am bigo gwndwn mwyach.

PIGO GWENITH

Wedi hau gwenith hydref – o dan y gŵys, fel y dywedir, yr oedd yn gwstwm gwastadol gan ffermwyr yn yr amser gynt i 'bigo' y grynau yn fanwl dros y cae er gwastadhau y tir, trwy friwio cnapau a thyweirch, a llanw ôl carnau y ceffylau; yr oedd pigo'r gwenith yn cael ei gyfrif yn waith trefnus. Y rheol oedd sefyll ar drum y grwn a phigo'r ddwy asgell oddi ar *cob,* rhag damsang y grwn.

TYNNU BETYN

Yr hen ddull cyntaf o dynnu betyn oedd â cheibiau, neu â batogau fel y gelwir hwy yn y Gogledd. Yr oedd y gaib fetyn yn mesur tua [?] modfedd o hyd a [?] o led – mwy neu lai, a'i llafn yn denau ac ysgafn ac yn offeryn miniog iawn. Misoedd Ebrill a Mai oedd yr adeg orau i dynnu betyn. Pan fwriedid betingo cae, neu ddarn o dir, yr hen arferiad ydoedd i amryw gymdogion wneud cyfnewid ac ymgasglu at ei gilydd. Nid rhy anodd fyddai gweld chwech neu wyth ar yr un cae yn ddiwyd wrth y gorchwyl.

Tynnai pob betingwr ddwy neu dair tywarchen o led, a hynny yn eu blaen ar draws y cae. Yr oedd pob tywarchen tua throedfedd a hanner o hyd a throedfedd o led. Medrai y betingwr medrus droi y dywarchen yn dorch ar ei chefn wrth ei thynnu. Yr oedd hynny yn orchwyl da er i'r dywarchen sychu'n well.

Yr oedd tynnu betyn yn waith dyfal a chaled iawn. 'Mae'n well gen i dynnu betyn na gwneud y gwaith hyn' sydd hen air am ryw orchwyl caled. Yr oedd yn arfer cyffredin gan amaethwyr i roddi ymborth da i'r betingwyr pan wrth y gwaith hwn. Byddai yn fath o gystadleuaeth rhwng gwragedd ffermwyr i roddi bwyd am y gorau i fetingwyr tra y parha'r gwaith, fel yr oedd tynnu darn mawr o dir yn mynd yn gostus i'r ffermwr fynychaf.

Yr oedd gan rai ffermwyr ddull arall o fetingo, trwy wneud asgell lydan, denau ac awchus i'r aradr, yr hon a dynnid gan ychain yn yr hen amser. Pan ddechreuwyd ar y dull hwn, yr oedd gan rai gryn lawer i ddweud yn ei erbyn; ni fynnai y cyfryw i ymadael â'r hen ddull, a bu dadlau lled frwd pa un ai y ceibiau neu yr aradr oedd y rhataf a'r gorau i'r ffermwr, a dyma farn onest Daffi Maes-y-bwlch, Blaen Llandeilo ar y mater:

I handlo'r gaib fetyn, rhaid coges mewn cegin,
I sgwalddyn gael enllyn, a gwlythyn gael gwledd;
Ni raid i'r ddau eidion ond yfed dŵr afon,
A phori blew geirwon, a gorwedd.

Bu'r dull a nodwyd uchod o ddigroeni'r tir yn cael ei arfer yn rhai parthau o Hwnrwd Fuallt hyd yn y ganrif o'r blaen; yna daeth y 'breast-plough' i arferiad cyffredinol.

TYA'R GWARTHEG
Byddai pobl yr oes o'r blaen yn hynod ofalus am gael prynhawn sych i roddi'r da yn y tŷ y noswaith gyntaf am y dalient yn bendant eu bod yn cadw'n well a mwy graenus y gaeaf ond eu cylymu â'u crwyn yn sych y noson gyntaf.

CADW ANIFEILIAID
'Rhaid i'r ffermwr wneud y rhent dair gwaith drosodd o'i fferm cyn y gall dalu ei ffordd yn gysurus' – dyma hen ddywediad.

CLODDIO
Wrth gloddio, neu wella hen glawdd, yr oedd yn arferiad gan yr hen bobl i dorri ei 'sawdl' yn ddwfn a chlir. 'Mae tywarchen lawr cystal â thywarchen fyny', medd yr hen air.

Y CRUGYN US
Os y crugyn us, byddai hynny'n arwydd sicr fod y llafur yn 'rhoi' yn dlawd, camdriniaeth wedi bod wrth ffermio a chynaeafiaeth wael. Ond os y twrryn grawn fyddai'r mwyaf, byddai hynny'n arwydd triniaeth dda ar y tir, y gynaeafiaeth yn dda, a'r llafur yn rhoi yn helaeth.

Mynych y clywid yr hen bobl yn gofyn y naill i'r llall ar ddiwrnod nithio'r ŷd, a hynny mewn tipyn o ysbryd cellweirus, 'Pa un o'r ddau dwrryn sydd fwyaf gennyt ti heddi?'

GWNEUTHUR MYDYLAU GWAIR
Os lletchwith ac ang-nghryno fydd mydylau gwair a wneir gan fab ifanc, un felly hefyd fydd ei wraig – afluniaidd ac afrosgo fydd yn debyg o fod.

RHWYMO YSGUBAU ŶD

Os bydd y ferch ifanc yn rhwymo ei hysgubau'n dda a thynn, mae ei serch yn gynnes at y mab ieuanc sydd yn ei charu; ond os llac fydd ei gwaith yn rhwymo – oer fydd ei serch.

AREDIG

Yr oedd gan yr hen bobl lawer o hen eiriau a dywediadau doeth iawn yn perthyn i'r gorchwyl o aredig, y rhai oeddynt yn dangos sylw a chraffter mawr, megis:

> Aredig ar y rhew,
> A llyfnu ar y glaw,
> Hel y ffermwr a'i din ar y clawdd.

> A arddo ar eira, a llyfnu ar wlaw,
> A fed yn hir heb lond ei law.

> Aredig yn rhacs, llyfnu'n bowdwr.

ARADR

Offeryn amaethyddol, ac un o'r rhai mwyaf defnyddiol a feddwn yw yr aradr. Ei gwasanaeth yw aredig y tir i'r diben iddo dderbyn had a dwyn ffrwyth.

Y mae'r aradr yn offeryn mor hynafol, fel nad oes gwybodaeth sicr pwy a'i dyfeisiodd, nac ym mha wlad y defnyddiwyd hi gyntaf.

Cawn fod amryw fathau o erydr yn perthyn i wahanol wledydd y ddaear. Yr oedd aradr Syria gynt yn un hynod o syml o ran ei ffurf a'i gwneuthuriad, mor ysgafn, fel yr oedd yn ofynnol i aradwyr i bwyso arni er ei dal yn y gŵys, ac weithiau cerddai un wrth ei hochr gan ddal ei law arni, fel ag i beri iddi rigoli'r ddaear. Yr oedd yn cael ei thynnu gan ych, neu asyn, ac weithiau gan ddau ddyn. Delir yr aradr heddiw ym Mhalesteina ag un llaw, ac onid yw hyn yn gynorthwy i ni ddeall yr ymadrodd hwnnw yn Efengyl Luc, 'Nid oes neb a'r sydd yn rhoi ei law ar yr aradr, ac yn edrych ar y pethau sydd o'i ôl, yn gymwys i deyrnas Dduw.' Luc 9:62.

Bychan ac ysgafn iawn yw'r aradr hon hefyd, ac yn yr hwyr, pan fydd yr aradrwr yn dychwelyd oddi ar y maes bydd ef ar gefn y ceffyl a dynn yr aradr, a'i gymar, sef y wraig, yn codi yr aradr ar ei hysgwydd i'w dwyn adref.

Y mae aradr ac aredig yn eiriau cyfystyr, ac yn aml, y mae y ddau air yn cael eu defnyddio yn ffigyrol am weithredoedd drwg, megis yn Job 10:8 a Hosea 10:11 ac am ddyfais, creulondeb neu broffes o grefydd yn Barnwyr, 14:18.

Methais â tharo ar y wybodaeth o ba wlad, nac ym mha gyfnod yn hanes ein gwlad ni y daeth yr aradr gyntaf i Gymru; ond sicr yw iddi ddod i arferiad yma mewn cyfnod bore iawn, canys cawn olion aredig, neu arddu, yn amlwg ar gopaon bryniau a glennydd, ac yn aml, ar gefnau esgeiriau, a lleoedd uchel ein gwlad, a hynny, medd haneswyr, pan oedd y godreon a'r rhannau isel yn orchuddiedig gan goed, ac yn cael eu trigiannu gan anifeiliaid gwylltion.

Dywed un awdur, a ysgrifennai dri chant a hanner o flynyddau cyn Crist, fod yn ein gwlad ni aredig a llafurio y ddaear yn y cyfnod pell hwnnw. Torrent y tywys oddi ar y gwellt, curent y grawn allan ohonynt, a phwnient ef mewn morterau. Wedi ei bwnio'n foddhaol, tylinent y toes yng ngheudod y cerrig, gwnaent ef yn deisenni, y rhai a grasent ar farwor, neu ar gerrig teneuon.

I gadarnhau yr hanes yma, digon yw dweud fod ysgrifennydd hyn o 'Bapur' wedi darganfod amryw o'r cerrig hynafol hyn yng Nghantref Buallt o dro i dro; ac er eu diogelu, wedi llwyddo i bwrcasu rhai ohonynt. Mae y cerrig hyn yn ein harwain yn ôl i olwg cyfnod pell iawn yn hanes ein gwlad, pan oedd y trigolion yn isel mewn gwareiddiad, yn byw yn syml, ac yn bwyta'n gwrs iawn.

Ond i ddod yn ôl at yr aradr, yr ydym yn cael mai erydr digon geirwon ac anghelfydd oedd yn eiddo i'n hynafiaid yn yr oesoedd gynt, ac yr oedd yn ofynnol bod yn neilltuol o ofalus wrth eu dala i beri iddynt dreiddio y ddaear. Syml a hynod diaddurn oeddynt o ran eu gwneuthuriad, ac mor ysgafn fel y medrai yr aradwr yn hawdd godi ei aradr ar ei ysgwydd, er ei symud o'r naill faes i faes arall. Ni pherthynai iddi ddim haearn ond y cwlltwr, a darn bychan ar flaen y swch.

Yr oedd yn arferiad yn yr oesoedd gynt i bob amaethwr i wneuthur ei aradr ei hun. 'Ni ddyly neb gymeryd amaethiad arno, oni wybydd wneuthur ei aradr a'i hwylio' oedd un o gyfreithiau Hywel Dda.

Yr oedd gan rhai hen bobl oedrannus, oedd yn fyw pan oeddwn i'n ieuanc, gof am hen erydr coed anghelfydd o wneuthuriad cartref, ac am hen dyddynwyr a arferent wneuthur eu herydr â'u dwylo eu hunain. Adroddir am un William Ty'n-y-Cornel, hen gymeriad Cymreigaidd, a thra adnabyddus ar fynyddoedd Tywi yn nechre y ddeunawfed ganrif, yn mynd i Goed Gallt-yr-hwch, yn ymyl ei dŷ, yn torri'r coed, yn eu cymhwyso, ac yn saernïo aradr newydd oll cyn dod allan o'r coed. Yna yn ei chymryd ar ei ysgwydd adref, ac wedi ei gosod i lawr ar y buarth, 'Dyma hi,' meddai, 'fe holltiff y blewyn.'

Jac Tŷ-coch Bach yn Llanafan Fawr, oedd nodedig yn ei ddydd am aradr bren. Un tro aeth i Gnofft-y-bar i wneud aradr newydd. Aeth â'i lif, a'i gynion i'r coed, ac yn ôl yr hanes, yr oedd Edward y gwas yn aredig â'r aradr newydd cyn nos y diwrnod hwnnw.

Yr oedd yn arferiad yn yr oesoedd gynt i bob ffermwr fod yn feddiannol ar ddwy aradr, oherwydd gwan a bregus iawn oedd yr hen erydr o waith cartref, a phan yn aredig tir gwydn, neu daro yn erbyn cerrig, digwyddai rhyw ddamwain iddynt yn aml. Hen ddywediad digon gwirioneddol o eiddo hen bobl oedd, 'Gŵr ag aradr, gŵr heb un. Gŵr â dwy, gŵr ag un.'

Yr oedd gan yr hen bobl enwau hollol Gymreigaidd ar wahanol rannau o'r hen aradr Gymreig gynt, a thrwy fod y cyfryw ar fyned yn angof bellach, ac i mi fethu â tharo ar un ohonynt mewn unrhyw eiriadur sydd gennyf wrth law, efallai mai nid anniddorol a fydd rhoddi rhai ohonynt i mewn yma.

Yr ochr dde i'r gadair a elwid 'y droetel', a'r ochr chwith 'y llawhiddel'; yr hyn a enwn ni yn yr oes hon yn side-bord, elwid 'asgell y frân', yr hon yn ddiamau a gafodd yr enw oddi wrth ei ffurf a'i thebygrwydd i aden brân. Yr oedd hon o fewn cof gan rai hen bobl oedd yn fyw rai blynyddoedd yn ôl, wedi ei gwneud o astell dderw. Y cwlltwr – 'cwll', yn arwydd rhaniad, am ei fod yn gwahanu neu holldi'r tir yn gwysi. Y rhan olaf o'r swch a elwid 'gwadn'. Bu un o'r erydr hynafol hyn yn cael ei defnyddio gan Jac Pen-y-cae, Llanfihangel Abergwesyn, mor ddiweddar â'r flwyddyn 1842.

Y rhan flaen o'r aradr a elwid yr 'arnodd'. Ar ben blaen yr arnodd yr oedd lle at gyfnewid lled y gŵys, a elwid 'cosp'; ac at ei thorri'n ddyfnach neu deneuach, os am droi'n ddwfn neu'n fas, y 'topnal'.

Yn perthyn i'r aradr bren yr oedd math o bâl fechan a elwid 'carthbren'. Cedwid hon yn wastad yng nghadair yr aradr, a'i gwasanaeth oedd ei glanhau oddi fewn ac oddi allan er ei chadw'n hwylus yn ei gwaith. Fel y mae'r enw yn awgrymu, prin oedd defnydd yr offeryn bychan yma yn yr hen amser.

Cymreigaidd hollol oedd dresi aredig yn y cyfnod hwn, oll yn waith cartref, heb ddim haearn yn perthyn iddynt. Ym mhen y ceffyl rhoddid cebystr brwyn neu rawn. Y 'collar' o waith llaw, ac a elwid 'mynci gwellt' neu 'glustog frwyn'. Yr harness yn waith coed a'r enw arno oedd 'mynci nen'[?]. Yr hen enwau Cymreig cynhenid ar y 'backband' a'r 'bellyband' oeddynt 'cenraff' a 'thorgaing'. Yn gwasanaethu yn lle 'gears' yr oedd rhaffau ysgeifn a elwid 'tidau'. Yn lle byddag haearn am dalcen y cambren bach gwnaed 'llygad' ymhen y did i'w rhoddi am y cambren. I gysylltu y cambren bach wrth y cambren mawr, torch o wialen fedwen a wnâi wasanaeth yn lle 's-hook' (a gysylltai'r cambrenni bach wrth y cambren ymryson). Y 'gwryd' oedd y gadwyn neu'r tsiaen, a arweiniai yn ôl o'r iau i'r aradr.

Oesoedd pell yn ôl bu y gwryd yn cael ei wneuthur o bedair o wdenni wedi eu plethu mewn modd cywrain a chryf. Diau mai oddi wrth y math yma o wryd y deilliodd yr hen air hwnnw, 'Mae pedair gwialen yn y gwryd.' Defnyddir yr ymadrodd diarhebol hwn pan welir plentyn yn ymdebygu i ochr y tad a'r fam. Y 'pedair gwialen' yn yr adrodd ffigyrol uchod ydynt, y ddau dad-cu, a'r ddwy fam-gu. Dylaswn ddweud hefyd mai yr enw a roddid ar y cambren mawr oedd 'cambren ymryson'. Diau iddo dderbyn yr enw priodol hwn am fod y ddau gambren bach fel pe mewn ymrysonfa barhaus – pob un am gael ei ben ef ei hun ym mlaenaf.

Bu'r math yma o dresi mewn arferiad lled gyffredin, yn enwedig gan dyddynwyr bychain ym mlaenau gwlad hyd yn agos i ganol y ddeunawfed ganrif.

AREDIG AG YCHAIN

Gynt, tynnid yr aradr i aredig ein meysydd gan ychain, y rhai a gedwid hyd yn bedair a phump mlwydd oed at y gwaith. Yr oedd yn meddiant yr hen Jac Pen-twyn, Abergwesyn, hyd ei farwolaeth yn 1841, bedwar o fustych gwâr ac ufudd yn barod i ddwyn yr iau unrhyw adeg. Rhoddid iddynt eu henwau yn ôl eu gwahanol liwiau: Brown a Burnet, Black a Scarlet.

Cedwid y bustych y gaeaf mewn beudy neillduol, er eu porthi'n dda erbyn tymor a gwaith y gwanwyn. Yr oedd eu beudy hwynt wedi ei bafio yn wahanol i feudy'r gwartheg er eu cadw'n lân at waith. Y mae yn perthyn i amryw ffermydd yng Nghantref Buallt feudái a elwir hyd heddiw yn 'Beudy'r Ychain'. Yr oedd ym meddiant y Parch. Rees William, Henfron, Llanwrtyd, ddwy spleiden a'u henwau oedd Buck a Benbow. Pan gafodd ficeriaeth Merthyr Cynog yn 1842, gwnaeth *sale*, a phrynodd Rees Jones, Cwm Irfon, y ddwy, a bu yn eu gweithio'r gwanwyn am rai blynyddoedd ac yn eu gyrru ar y mynydd yn yr haf.

Yr oedd yn arfer gan rai o'r hen bobl i fyned â dwy ysgub o geirch gyda hwy allan i'r maes yn y bore, a phan ddeuai amser gollwng, rhoddid yr ysgubau i'r ychain ar y talar, a phan y deuid allan i'r maes prydnawn, byddent wedi bwyta'r ysgubau ac yn gorwedd yn hamddenol i gnoi ei gil.

Yr oedd llawer yn yr oesoedd o'r blaen yn disbaddu aneirydd er eu cadw at waith. Yr enw a gefais ar anner ddisbaddedig oedd spleiden. Dywedir fod yr anifeiliaid hyn yn rhai hynod dda a gwasanaethgar ym mhob gwaith, a chedwid hwynt hyd yn bump a chwech oed yn aml.

Yn y flwyddyn 1778, pan ddarfu i'r bonheddwr David Jones o'r Ddu Fanog, Cwm Tywi, i godi amaethdy newydd ar y lle hwnnw, dywed traddodiad sydd eto'n fyw ymhlith ardalwyr y cwm, mai dwy spleiden goch a dynnodd yr holl goed a'r deri mawrion o'r Allt a'r tu arall i'r afon at yr adeilad. Yn ôl gwaith yr hen feirdd, yr ydym yn casglu y byddai amryw gyplau o ychain yn cael eu rhoi wrth un llwyth, neu un pwysau, os byddai yn drwm.

Yna chwipyn i'w chipio,
Ychain cryn ddeugain a ddaw.

Yr ych a osodid yn y gŵys a elwid 'y rhychwr' a'r ych ar y tir 'y gwelltwr'. Meddai hen air, 'Fedra i ddim gwneud na rhychwr na gwelltwr ohono.'

Ar dyddynnod bychain yr oedd y fyswynog hefyd yn cael ei dala a'i gosod o dan yr iau. Dywedir fod myswynog wedi cael tamaid da yn ei safn yn nhymor gweithio yn y gwanwyn, wedi ei gollwng allan i'r borfa, yn dod yn anifail hynod werthadwy yn y farchnad. Y tarw yntau a gyfrifid yn anifail gwasanaethgar at ddwyn gorchwylion amaethyddol yn y blaen yn yr oesoedd a aethant heibio. Yn 1830, adeg codi capel ar Gefn Llanddewi bu i'r hen Evans o Lwyn-y-fynwent ddwyn llawer o'r cerrig corneli oddi ar Gilfach, Llanwrtyd, gyda tharw yn y shaft a dau geffyl o'i flaen.

Ni fu i mi erioed gael hanes am neb yn gosod asyn gydag ych o dan yr iau. Diamau fod hyn, nid yn unig yn codi oddi ar arferiad gwlad yn unig, ond trwy orchymyn ysgrythurol, 'Nac ardd ag ych ac ag asyn ynghyd,' oedd orchymyn Moses i genedl Israel gynt. Deut. 22:10.

Wrth ddilyn y gorchwyl o aredig ag ychain yr oedd yn rhaid i'r aradwr i'w cadw i gerdded yn wastad a chyson yn yr aradr. Hogyn neu ferch fechan, yn fwyaf cyffredin, a fyddai yn ymwneud â'r gorchwyl hwn, ac weithiau gwelid y wraig yn dilyn y wedd.

At y gwaith o hela [?] yr ychain yr oedd yn arferiad bob amser i'r gyrrwr (geilwad, criwr neu alwedydd sydd enw arall ar y gyrrwr) i gario swmbwl yn ei law er cadw bywyd yr ychain. Ierthi sydd hen enw ar swmbwl. Y mae ym mhlwyf Llanfihangel Brynpabuan, ar Allt-y-clych, riw serth yn mynd i fyny i ochr ddeheuol y mynydd, a elwir 'Rhiw ierthi', lle yn ddiau a gafodd yr enw oddi wrth yr arferiad o symbylau ychain yn yr amser gynt. 'Wrth y drain a'r ierthi draw', Ieuan Deulwyn.

Y modd y gwneid y swmbwl ydoedd – gyrru hoel i flaen pren o dair i bedair troedfedd o hyd, yn ei blaen. A'i llymu yn ofalus. Nid oedd y swmbwl ond tua chwarter modfedd allan o'r pren ac nid oedd ond cyffyrddiad ysgafn â'r eidion – megis pic cleren, er ei gyffro a'i fywiocáu yn ei waith.

Arferiad tra diddorol arall wrth ddilyn yr ychain yn eu gwaith oedd canu iddynt, a hynny, mae'n debyg, am fod canu yn gydnaws â'u tymer hynaws, yn peri iddynt anghofio yr ystad ddarostyngedig oeddynt ynddi o dan yr iau, ac yn eu cadw yn fwy hapus ac esmwyth yn eu gwaith. Y mae'n debyg, yn ôl tystiolaeth pobl, mai seiniau tyner, esmwyth a goslefol a gâi yr argraff orau ar natur yr ychain, ac a foddlonai eu hamgyffrediadau.

Y mae rhai o'r hen ddyrïau hynafol a diddorol hyn ar gael a chadw eto. Gelwir hwynt 'Caneuon yr Ychain'. Caneuon byrion oedd y rhai hyn gan mwyaf a llawer ohonynt yn benillion triban. Yr oeddynt hefyd a digon o amrywiaeth ynddynt – rhai yn llawn clodydd i urddasolrwydd yr ychain a nerth yr iau; eraill yn amserol i'r gwanwyn a'i waith; ac ni anghofid hen ddynion difyr a chaneuon serch.

Syml iawn a hollol amddifad o ran un math o gelfyddyd oedd yr alawon a genid arnynt, ond yn naturiol ac yn hawdd eu canu o fore hyd hwyr y dydd.

Wedi mynych ymholi, yr wyf o'r diwedd wedi llwyddo i gael un o'r alawon hynafol hyn, a hynny o enau un o hen ardalwyr mynyddoedd Abergwesyn:

Cân yr Aradwr[15]

Y da duon a'r cyrne hirion,
Y da gore o dan y Goron;
'Rol dibennu troi talare,
Cewch fynd i'r mynydd yr haf i chware.

Dere, dere, da was gore,
Ti gei wair a dŵr ffynnone;
Ond it wneud dy ore'i dynnu,
Cei fynd i waun las i bori.

Mae gen i bedwar eidion,
Gwyn fyd na ba'i nhw'n gochion,
I dorri cyfer a dir glas,
I gadw'r gwas yn fodlon.

Yr hwn nad allo wenu,
Na godde i neb i ganu,
Fe ddalia i swllt ag unrhyw un,
Mai dyna ddyn ga'i grogi.

Yr eidion du a dyn ei did,
Ond odid i ddyn dedwydd,
I dorri ei gwys ar dir ag ar,
A braenar ar y bronydd.

Gwell yw gwedd gydag oged
I gael llafur ar ei ganfed,
Na chwech arad' ac ogedi
Lle na byddo sôn am weddi.

Byddai llawer o ffermwr yn cyflogi crwt dros dymor y gwanwyn i yrru ychain. Ef, ac nid yr aradwr, oedd i'w ieuo fore a chanol dydd; ac yr oedd i gydgerdded â hwynt, a galw arnynt yn eu gwaith trwy gydol y dydd. Disgwylid i'r geilwad hefyd ganu iddynt er eu cadw'n fodlon ac esmwyth tan yr iau, fel ag i foddloni'r aradwr. Pan fyddai'r ffermwr yn cyflogi geilwad am y tymor, gofyniad a glywid yn fynych fyddai, 'A fedri di ganu?' Os byddai'r ateb yn ffafriol, ac yn rhoddi bodlonrwydd fod ganddo ddigon o benillion cyfaddas i'r gorchwyl ar ei gof, cyfrifid ef yn teilyngu mwy o gyflog am ei waith.

---

15   Gweler adran blât y gyfrol hon am yr alaw.

SIARAD Â'R YCHEN

Yr oedd i'r gorchwyl hwn, fel pob gwaith arall, ei boen fel ei bleser, ac fe ddywedir mai gwaith digon diflas oedd gyrru ychain i aradrwr gwael, oherwydd ar y gŵr bach a gariai'r swmbwl y rhoddid y bai am bob tolc yn y gwŷs bob amser; ac os na yrrai yn gywir a gofalus allan i'r talar, byddai raid iddo dderbyn aml i dalp o bridd o gyfeiriad cyrn yr aradr! Parai ambell i fustach o dymer gyndyn ac anhywaith, gryn flinder i'r gyrrwr ar brydiau; ond wedi ei dorri i mewn yn iawn, deuai yn anifail gwâr iawn, a hynod wasanaethgar.

Adroddir am ddyn ieuanc yng ngwasanaeth Shôn Llwyd, Aberanell Fawr, a gawsai gymaint poen gydag un ych fel y cynigiai dalu amdano o'i boced ei hun, ond i rywun ei ladd. O'r diwedd, gyrrwyd am Jac Ffos-yr-efail, hen ŵr tawel, amyneddgar, o natur dyner, a chynefin â thrin bustych ar hyd ei oes, a gwyddai'n dda am dymer hynaws yr ych. Wedi i Jac dreulio cryn amser i siarad ag ef, ei ganmol yn dyner, a chanu llawer hen bennill iddo, daeth yr eidion o dan ei ddwylo yn anifail hydrin, i gymeryd yr iau yn ufudd, ac i weithio'n foddiog a hywaith.

Meddai yr ych gydymdeimlad helaeth â'r hwn a'i dilynai, ac a'i triniai'n dyner a pharchus, a deallai eu perchnogion yn dda a fyddent yn cael triniaeth iawn.

Yr oedd Shôn o'r Caerau un tro â dau fustach ym marchnad Llanfair-ym-Muallt a daeth cymydog ato, a chanmolai'r ychain yn fawr gan roddi rhan o'r clod i'r hwn a fu'n eu [?]'r gwanwyn.

'Odi, mae e'n fachgen da,' meddai Shôn, 'ond rwy'n mynd i newid e' Calan Gaeaf.'

'Ei newid e'!' meddai'r cymydog mewn syndod. 'Pam y newidiwch chi fachgen mor dda?'

'Wel, nid oes dim un o'r da yn ffrind iddo,' oedd yr ateb.

Golygfa ddymunol oedd gweld yr anifeiliaid ufudd a gwasanaethgar yn hwyr y dydd, pan ddelai adeg 'gollwng', yn gostwng eu gwariau i fyned yn rhydd wedi diwrnod o waith caled. Y mae y bardd enwog Gray yn ei gân 'Myfyrdod ar Einioes ac Angau' yn rhoddi i ni ddisgrifiad byw o'r ychain a'r aradrwr yn dychwelyd oddi ar y maes yn y llinellau hyn:

Dacw ddolef y ddyhuddgloch
　Yn oer ganu cnul y dydd,
Dacw'r ychain gwâr lluddedig
　Yn dod adre' i fyn'd yn rhydd,
A'r llesg aradrwr yn ymlusgo
　Ar eu hôl a glun i glun.
(Cyf. Davies, Castell Howel)

IAU YR YCHEN

Syml iawn, o'u cymharu â thresi yr oes hon, oedd gweddau ychain yn yr oesoedd gynt. Y bwysicaf o'r oll oedd yr iau, rhan o'r hon oedd pren tua phedair troedfedd o hyd a osodid ar draws gwarrau yr ychain a elwid 'gwarrog'. Yn y warrog yr oedd dwy ddolen. Yr oedd dolen iau, a elwid hefyd 'gwasgbren', yn cael ei gwneuthur o las-dderwen neu las-onnen. Tynnid y coed hyn trwy dân araf, ac wedi eu twymo'n dda, yna cymerai y coed ieuainc, tirf ac iraidd eu plygu'n egwan ac ystwyth at ffurf gwddf yr eidion. Rhoddid pennau'r dolenni i fyny trwy dyllau yn y warrog. Ger pennau'r gwasgbrenni yr oedd dau neu dri o dyllau bychain a thrwy roddi pinolion coed drwyddynt, sicrheid y gwasgbrenni yn y warrog. Trwy gyfnewid y pinolion yn y 'warllaes' gallesid yn hawdd godi neu ostwng y gwasgbrenni i gyfateb gwahanol faintioli o ychain.

Yng nghanol yr iau yr oedd twll trwy ba un y gyrrid rhaff gref, yr hon a redai yn ôl rhwng y bustych i'r aradr, a'r enw a roddid ar hon oedd 'gwryd'.

Nid oedd cebystrau na ffrwyni ym mhennau'r ychain un amser, ond rhoddid ceffyl yn gyffredin o'u blaen i'w harwain yn ogystal â'u cynorthwyo yn y gwaith.

Weithiau yr oedd pennau'r warlles yn plygu ychydig i lawr neu wedi ei naddu i'r ffurf honno. Rhwng pennau y wasgbren yr oedd ychydig [. . . ?] wedi ei naddu hefyd, er esmwythâd i war yr anifail.

Yr oedd y gwryd yn yr hen oesoedd gynt yn cael ei wneuthur o redyn neu wiail wedi eu nyddu a'u plethu. Yn llyfr y Barnwyr, 16:7, ceir sôn am raff wedi ei phlethu o frigau coed ir. 'A Samson a ddywedodd wrthi, "Pe rhwyment fi â saith o redyn irion y rhai ni sychais i."'

Yr oedd yr ychain hefyd yn cael eu harfer i dynnu cerbydau olwynog er cywain gwair ac ŷd, a llawer gwaith arall ar y fferm. Yr oedd y menni at gywain cynhaeaf wedi eu gwneuthur, nid â shaft fel cert i geffylau, ond â fforchwain iddynt, h.y. y fforch yn dod ymlaen o'r fen, a rhwng y ddau ych, a'i phen blaen i'r warrog yn yr iau; tebyg fel mae pawlen 'machine' gwair yn bresennol. Rhoddid ceffyl ar y blaen bob amser pan yn gwneud gwaith felly. ('Fforch wan' y gelwid hi yn sir Gaerfyrddin.)

Dylaswn ddweud hefyd mai yr adeg orau at dorri coed dolenni oedd hydref a gwanwyn y flwyddyn, am eu bod yn y tymhorau a nodwyd yn fwy tirf a hyblyg. Wele hen bennill sydd wedi goroesi yr iau, ac wedi disgyn i lawr atom, a hynny ar hyd brig y cof hyd yr oes hon:

> Pan fo'r ddafad yn mynd i hwrdd
> Mae cymryd ffwrdd yr onnen;
> A phan fo'r ddafad yn dod ag o'n
> Mae mynd at fôn y dderwen.

ARADR O FATH NEWYDD[16]

Ym mlynyddoedd cyntaf y ganrif o'r blaen darfu i Thomas Lewis, Y Glyn, ger Rhaeadr Gwy, ddod allan â math newydd a gwell astell bridd, a elwid 'shelboard', yr hon a ddaeth i arferiad buan drwy gylch eang o'r wlad, a bu y math yma o erydr yn ddechreuad cyfnod newydd yn hanes erydr coed, fel y dywedir.

Gwerthwyd aradr bren mewn cyflwr da mewn arwerthiad yn y Pentre-bach, Llanafan Fawr, yn y flwyddyn 1908, darlun o'r hon sydd yn eiddo'r ysgrifennydd. A mwy na thebyg mai hon yw yr unig un sydd yn aros ac yn cael ei diogelu o'r hen offeryn defnyddiol a hynafol hwn.

Mae Huw Morus o Bontymeibion, wrth ddisgrifio hen aradr fregus Dafydd Morus o Dref Geiriog, yn rhoddi y darlun canlynol ohoni:

> Arnodd o wernen,
> A chebystr banadlwen,
> A gwadn o gollen a gollodd ei brig.

GALW'R DA

Yr oedd gynt seiniau yn perthyn yn arbennig i'r gorchwyl o hela'r ychain. Ond y maent bellach wedi mynd o arferiad a geiriau Saesneg wedi dod yn eu lle. 'Howyn' oedd y gair a ddefnyddid i alw'r eidion yn nes . . . Yr oedd hefyd ddau air, neu sein-nodau, at eu cadw'n dawel, ac i gerdded yn whaniau [?] fach yn eu gwaith. Yr oedd i'r geiriau hyn nodau. Gwnaed defnydd aml o'r sain-nodau hefyd, fel math o fyrdwn ar derfyn y dyrïau. Byddai'r gwas yn galw gwartheg i'w godro trwy ganu cân, 'Hwli holo, Dewch i odro. Hwli holo, Dewch, dewch i odro,' a byddai'r gwartheg gwâr yn codi eu pennau o'r borfa canys adnabyddent y nodau fel galwad arnynt fyned i'r buarth, a dacw hwynt yn cychwyn yn araf tra y mae'r gwas yn dal i ganu.

ENWAU CEFFYLAU

Gynt, siaradai rhai hen bobl Gymraeg â'r da wrth eu gyrru i weithio, a'r un iaith a siaredir eto â'r gwartheg blithion oddigerth rhannau Seisnigaidd o'r wlad, ac enwau Cymraeg a roddir heddiw ar y gwartheg, megys, Nepwen, Mwynwen, Cochen, Cornglas, Pincen, Tairteth ac enwau eraill. Ond am y ceffylau gwaith, rhaid yw siarad Saesneg â hwynt, a'r enwau a roddir arnynt sydd yn yr iaith honno hefyd: Duke, Norman, Dummer, Staford, Docksy,

---

16 Ceir traethawd arall cyffelyb i'r uchod ym mhapurau Evan Jones ond nid oes ynddo ddim amgen, ar wahân i'r pwt hwn am aradr o fath newydd a'r diffiniadau canlynol:

caebystr aradr – *the stilt of a plough*
corn gwydd aradr – *the plough tail*
chwalydr, astyllen bridd – *the mould board*
gwadn aradr – *the chip of a plough.*

Bunting ac ati. Yr unig reswm am hyn, feddyliwn, yw mai hen frodorion y wlad yw y da, a daeth y ceffylau gwaith o drefydd a phorthladdoedd Lloegr, a daethant â iaith eu hunain gyda nhw.

RHOD-RAWN

Ychydig o waith rhawn sydd yn cael ei wneud yn ein dyddiau ni o'i gymharu â'r hyn a wnaed yn yr oesoedd a aethant heibio. Hyd yn chwarter cyntaf y ganrif o'r blaen gwnaed carthenni rhawn, i'w gosod ar odynau crasu, ac arnynt y taenid yr ydrawn i'w sychu cyn mynd ag ef i'r felin.

Yr oedd rhaffau rhawn mewn arferiad cyffredinol lawer o oesoedd yn ôl. Yn ôl Cyfreithiau Hywel Dda ei hyd oedd deuddeg cyfelin a chwech llath.

Yr oedd y rhaff-car *(sledge-rope)* i fod yn wyth llath o hyd ac yn chwech cainc.

Mae cebystrau rhawn *(halters)* i'w gweld yn aml yn awr gan fugeiliaid Abergwesyn a Chwm Tywi, ac y maent yn hynod fedrus yn y gelfyddyd o'u gwneuthur.

GRUDDYN [?] *FLAME-BEARER*

Yr hen ddull o oleuo ar yr afonydd i ddal eogiaid oedd paratoi pren, o gwmpas pum troedfedd o hyd, a hollti neu lifio oddeutu troedfedd a hanner o'i fôn, yna gosod gwellt yn ddyblygion ynddo, a gosod torch am flaen y fforch i gadw'r gwellt i mewn. Pren cerdin, fel rheol, a ddewisid am nad oedd mor llosgadwy â rhai coed eraill; a gwellt gwenith os gallesid ei gael oedd y ffagl orau. Cyn bod *matches* wedi dyfod i arferiad, dygid tewynion o dân mawn mewn hen *jug* i danio'r ffagl.

NOTARN

'Notarn' sydd ddarn o haearn cyffelyb i bocer, o gwmpas deunaw modfedd o hyd, ac ar ei ben lythyren 'I' neu 'T' welais arnynt yn fwyaf cyffredin. Yr oedd mewn arferiad mawr i osod 'nod llosg' ar ŵyn yn yr amser gynt. Ar ddydd cnaif, cyneuid tân mewn lle cyfleus ar y ffald, gosodid dau neu dri notarn ynddo, ac wedi eu cael i ias foddhaol defnyddid hwy bob yn ail. Byddai person penodedig yn cymeryd gofal y tân a'r heyrn trwy gydol y dydd, a pherson arall, cynefin â'r gwaith yn harnodi'r ŵyn. Y lle y byddid yn 'llosgi' arnynt oedd ar y trwyn, neu o dan y llygad, a byddai'r 'harnod', neu 'llosgad' yn amlwg arnynt hyd yn hen ddefaid. Math arall ar haearn-nodi oedd yn groes i'r trwyn, yr hyn a elwid 'penwast'.

TALGRATSH

Math o rastl *(cratch)* a osodid ar ben ôl cart pan yn mynd i siwrneion pell. Yn y cratsh hwn y rhoddid yr anghenion i'r daith, megis gwair i'r ceffylau a

bwyd i'r gyrrwr. Cyn dyfodiad y trên i'r parth hwn o'r wlad yr oedd llawer
o galcho oddi ar y Mynydd Du a chywain glo o Aberhonddu, ac roedd talg-
ratsh yn eiddo i bob ffermwr.

BACH MWSWM – *MOSS HOOK*
Yr hen amser roedd llawer o dai gwlad wedi eu toi â llechi tewion a didrin-
iaeth iawn o'u cymharu â llechi yr oes hon, ac yr oeddynt mor arw fel yr oedd
yn angenrheidiol i ddodi mwswm yn ofalus yng nghysylltiadau'r llechi oll. Y
prif amcan trwy hyn oedd sicrhau cerrig y to rhag y storm a'r adeilad yn fwy
cysurus. Gwnaed y gwaith o fwysyny fel rheol yn yr hydref er i'r to fod yn
ddiddos a diogel erbyn gerwinder y gaeaf. Yr oedd ym meddiant y mwsynwr
fach bychan at y gorchwyl o dynnu mwswm, ac ynddo tua llathen [?]. Math
arall oedd fachau llai, tebyg i grafanc ceiliog i'w ddefnyddio mewn llaw.

Gwelir ar rai hen lyfrau cyfrifon *vestries* gofnodion am swm o arian wedi
ei dalu i fasiwniaid am fwsynu toion eglwysi'n gwlad.

HARNAIS CEFFYLAU
Y ffrwyn: yn y rhannau yma o'r wlad, ffrwyn ddall yw yr enw a roddir ar
y ffrwyn a ddefnyddir ym mhen ceffyl wrth weithio, ond yn rhannau o sir
Gaerfyrddin ffrwyn dywyll y gelwir hi. Ffrwyn gyfrwy eto yw'r enw ar yr
hon a ddefnyddir i farchogaeth, a ffrwyn olau yn sir Gaerfyrddin.

GWEIDDI 'HARVEST HOME'
Ar ddiwedd y cynhaeaf ŷd, pan fyddai y llwyth diweddaf yn cael ei gywain
tua'r ysgubor, yr oedd yn arferiad gan lawer yn yr amser gynt i waeddu
'Harvest Home', a hynny lawer gwaith, nes byddai yr holl fro yn diasbedain.
Mae hyn o arferiad ffôl a thrystfawr wedi ei adael ar ôl trwy'r wlad er ys
llawer blwyddyn.

DYRNU
Y dull cyntaf o ddyrnu y mae hanes amdano oedd ag anifeiliaid. Dygid hwy
i'r llawr dyrnu gan beri iddynt gerdded ar hyd yr ysgubau, y rhai oeddynt
chwaledig fel y sathrent y grawn allan o'r tywysenni, Deut. 25:4. Dull arall
oedd llusgo men tros yr ŷd, yr hwn felly a ryddhau y grawn o'r tywysennau.
Eseia 28:27.

Byddid hefyd yn dyrnu y grawn ysgafnaf trwy ei guro allan â ffyn a
gwiail. 'Canys nid ag og y dyrnir ffacbys, ac ni throir olwyn men ar gwmin;
eithr dyrnir ffacbys â ffon, a chwmin â gwialen.' Eseia 27:27. Mae yn debyg
mai dyma y dull tebycaf oedd gan ddwyreinwyr gynt o ddyrnu i'r hen ddull
o ddyrnu â ffust sydd yn parhau mewn arferiad mewn llawer o ranbarthau
o'n gwlad hyd heddiw. Yr oedd y ffust yn cael ei gwneud o ddau bren a

elwid troedffust a gelffust. I gysylltu y ddau bren â'i gilydd yr oedd yn rhaid cael gwialen – collen neu fedwen, fel rheol, ac a elwid gwialenffust; wedi ei nhyddu a'i gosod ymlaen a elwid 'rhwymyn'.

Y mae rhai hen ddywediadau yn perthyn i'r ffust a'r gorchwyl o ddyrnu yn aros o hyd ar gof aml i hen wladwr megis: 'Ni phery'r wialenffust ddim cyd â'r llawr dyrnu.' 'Torri wna'r ffust wrth ddyrnu'r ffust.' 'Rhaid dyrnu cyn nithio.'

Yn yr amser gynt llafuriai ffermwyr ein gwlad lawer mwy ar y ddaear nag a lafurir yn ein hoes ni, ac yn yr amser hwnnw yr oedd dyrnu yn un o brif orchwylion y fferm trwy gydol y gaeaf. Byddai'r dyrnwr pan yn edrych am waith yn cario ffust neu ddwy gydag ef bob amser. Byddai'r dyrnwr yn aml yn cymeryd dwy neu dair o ysguboriau i ddyrnu, ac enillai fywoliaeth ddigon cysurus iddo ef a'i deulu wrth y gorchwyl hwnnw. Cytunai rhai dyrnwyr â'r ffermwyr i 'ddyrnu wrth yr ugeinfed', hynny yw, cael yr ugeinfed pecad am eu gwaith, neu ddyrnu 'dau ran', a chytunai eraill i 'ddyrnu wrth y dydd'.

Lawer ystori bur ddifyr a adroddai yr hen bobl am gyfnod y 'dyrnu â'r ffust fach'. Mewn rhai lleoedd, ymborth lled wael a roddid ar y bwrdd o flaen y dyrnwr tlawd, er mai gorchwyl dyfal a chaled oedd curo'r grawn allan o'r ŷd. Adroddir am un hen ddyrnwr yn rhyw fan a'i ymborth i ginio yn feunyddiol oedd sucan a maidd. Wedi iddo fynd yn ôl i'r ysgubor un diwrnod, clywyd ef yn dywedyd wrth ei hun yn barhaus, 'Sucan a maidd a bara haidd i ginio; sucan a maidd a bara haidd i ginio.'

Ac fel y dywed yr hanes, araf ac ysgafn y disgynasai'r ffust ar yr ŷd. Pan glywodd gwraig y tŷ am yr hyn a ddywedai cafodd y dyrnwr amgenach bwyd o hynny allan. Yna clyw-wyd ef yn canu wrth ei waith,

'Tatws a chig a bara rhug, ac dy frig di'r horswn.' Nawr disgynnai'r ffust yn amlach a thrymach ar y llawr dyrnu.

NITHIO ŶD

Cyn i'r peiriannau nithio ddod i arferiad yn ein gwlad, digon helbulus ydoedd ar lawer o'r ffermwyr yn aml i lanhau yr us a'r grawn.

Y dull mwyaf cyffredin gan lawer oedd nithio â 'gwynt awyr'. Agorid drysau gwyneb a chefn yr ysgubor fel ag i dynnu gwynt i mewn a gollyngid y grawn yn araf drwy wagor ar ganol llawr yr ysgubor. Oddi wrth y dull hwn o nithio y daeth yr hen air hwnnw, 'Os na ddaw gwynt drwy yr un drws, fe ddaw drwy ddrws arall.'

Dull arall o nithio oedd â gwynt carthen. Cydiai dau berson yng nghonglau y garthen, neu flanced, gan ei hysgwyd yn y fath fodd fel ag i gynhyrchu gwynt. Gwelais hyn yn cael ei wneud tua hanner can mlynedd yn ôl, 1864.

Yr oedd gan y nifer luosocaf o ffermwyr offeryn gwyntyllu a elwid gwyntyll. Yr oedd hon â phedwar o edyn iddi, yn sefyll ar ddwy ysgafell, ac yn cael ei throi gan berson. Bu y 'ffan' mewn bri mawr, ac yn hynod ddefnyddiol hyd nes i'r *machine* nithio presennol ddod mor gyffredin tua dechrau y *sixties*.

CRASU ŶD GARTREF

Yn ein dyddiau ni, y mae ym mhob melin fâl odyn at grasu ŷd; ond yn yr amser gynt mor wahanol yr oedd pethau yn ein gwlad. Hyd o fewn can mlynedd yn ôl, sef yn chwarter cyntaf y bedwaredd ganrif ar bymtheg, yr oedd pob ffermwr ag odyn fechan ger ei dŷ i grasu ei ŷd gartref. Hyn sydd yn cyfrif am fod rhywle yn ymyl pob amaethdy ymron, le yn dwyn yr enw 'Cae'r Odyn', 'Cae'r Cylyn' neu enw arall cyffelyb. O sylwi'n fanwl gwelir olion amlwg o'r hen odynau bychain hynafol hyn eto'n aros.

Wrth Ddôlycregyn, hen fagwyr yng Nghwm Camarch, y mae yr olion mwyaf eglur o hen gylyn yn aros heddiw. Yr oedd lle'r tân wedi ei furio'n ofalus â cherrig, ac yn arwain ymlaen tua chwech troedfedd. Yn y fan hon yr oedd llechen fawr wastad, a elwid 'carreg odyn', gyda muriau tua dwy neu dair troedfedd o'i hamgylch. Uwchben yr hon yr oedd cledrau wedi eu gosod ar draws, ac arnynt gosodid haen drefnus o wellt wedi ei dynnu'n unffurf yn fanwl, ac ar hyd y gwellt gosodid yr ydrawn i grasu. Uwchben yr oedd to brwyn neu wellt, digon uchel i'r craswr i fyned dano i droi a thrin yr ŷd i grasu. Yr oedd yn gred gan lawer o'n teidiau nad oedd bara yn iach i'w fwyta, os na fyddai wedi ei grasu ar ei wellt ei hun! Hynny yw, gwenith ar wellt gwenith, haidd ar wellt haidd, a cheirch ar ei wellt ei hun.

Yr oedd gan lawer o amaethwyr lled gyfrifol garthen rawn, a elwid hefyd 'carthen odyn', yr hon oedd o wneuthuriad pur gelfydd, a osodid yn daenedig ar y cledrau yn lle gwellt, ac yr oedd hon yn welliant nid bychan ar y gwellt mewn mwy nag un ystyr.

Yr oedd crasu ŷd gartref yn waith araf iawn; byddid rai dyddiau a nosweithiau o'r bron wrth y gorchwyl, yn enwedig os byddai cynnos fawr yn cael ei pharatoi i fynd i'r felin. Yr oedd hefyd yn waith peryglus dros ben, gan fod yr odyn yn agored i gymeryd tân unrhyw adeg yn enwedig pan yn crasu ar wellt. Rhaid oedd wrth ŵr gofalus a chynefin â'r gwaith i droi a symud y grawn ar y gwelllt rhag iddo wrth gael ei drin a'i drafod fyned i golli drwy'r gwellt. Rhag ofn i'r elfen ddinistriol ddigwydd cymryd gafael yn yr odyn, yr oedd gan y craswr bob amser lestri mawrion yn llawn dŵr ger y cylyn wrth law. 'Cynt y llusg yr odyn na'r ysgubor' sydd hen air a ddisgynnodd i lawr atom oddi wrth yr hen arferiad hwn yn ddiau. Hyd y gellid gweled, ceisiai'r hen bobl gael coed bedw i grasu ŷd am fod tân bedw yn lanach a llai o fwg ganddo nag un math arall o dân coed.

Wedi i'r ŷd chwysu'n dda a chael ei droi a'i drafod, a chrasu'n foddhaol, tynnid ef at ei gilydd yn grugyn i gornel yr odyn, yna tynnid ef i'r cwd. Ysgydwid y gwellt yn gynnil a manwl i gael y gweddill ohono, a'r ychydig a gollai trwy y gwellt a ddisgynnai i'r garreg odyn islaw, yr hon a gedwid yn lân i'r amcan hwnnw bob amser.

Yr oedd gan lawer o hen amaethdai ein gwlad gyfleusdra cyffelyb i grasu ŷd yn yr oesoedd o'r blaen. Yr oedd yr odyn yn ymyl y simne ac yn gyd-wastad â'r llofft a'r cylyn yn islaw iddo a'i enau yn agored i'r aelwyd. Mae y cylyn yn aros eto mewn rhai ffermdai hynafol yng Nghantref Buallt, megis Cefn-brith yn Llangamarch, a Chwm Chwefri yn Llanafan Fawr, ond y mae'r odynau wedi eu tynnu yn un â'r llofft yn y naill a'r llall o'r lleoedd hyn. Yr oedd odyn grasu yn hen dŷ Aber-nant, Llanwrtyd wedi ei gwneud o briddfeini teneuon a thyllau ynddynt i arwain y gwres at yr ŷd. Mae un o'r priddfeini hyn ym meddiant yr ysgrifennydd.

Cefais hanes odyn hefyd yn hen dŷ Llwyn Einion, Llangamarch, a bernir yn ddiamheuol fod yr odyn hon ynddo er yr adeg y cyfaneddai'r hanesydd Theophilus Evans yn y lle hwn.

MYND Â CHYNNOS I'R FELIN

Wrth 'gynnos' yr ydym i ddeall swm o ŷd – ceirch, haidd neu wenith – wedi ei baratoi i fyned i'r felin. Yn sir Gaerfyrddin neu Geredigion, pinwent yw'r gair a arferir am y gynnos.

Tair cynnos yn gyffredin a aed i'r felin yn ystod y flwyddyn: yn yr hydref i gael 'bwyd gaeaf'; gelwid hyn 'cynnos hydref'. Cynnos ganol gaeaf a elwid 'cynnos Gŵyl Fair'. Cynnos arall ar ôl darfod hau a elwid 'cynnos Glamai' i wneud blawd haf. Os byddai ffermwr yn mynd ag ŷd i'r felin yn amlach na theirgwaith, ni chyfrifid ef yn un o'r rhai mwyaf trefnus yn y byd.

Wedi cael y gynnos yn barod yr hen ddull oedd gwahodd amryw gymdogion i roddi cymorth i fyned â'r ŷd i'r felin, ac ar y diwrnod penodedig deuai amryw gymdogion ynghyd â cheffylau ac ystarnau, ac eraill â char llusg. Wedi gosod y pynnau llawnion ar yr ystarnau a'r ceir, a'u sicrhau â rhaffau yn ddiogel, cychwynent oll yn fintai tua'r felin. Y mae hanes am ddeuddeg neu bymtheg pyncras, h.y. pynnau o ŷd wedi ei grasu, yn dod yn y modd a nodwyd o'r un lle, o Gwm Tywi, dros y mynyddoedd i Felin Abergwesyn yn *forties* y ganrif o'r blaen. Gyda'r gynnos rhaid oedd gofalu am gydau i ddal y blawd a'r sucan i fynd adref.

> Rhaid cael sach i fynd i'r felin,
> A gogr blawd i ddal yr eisin.

Wedi dadlwytho, rhaid oedd ymgynghori â'r melinydd er cael gwybodaeth i fynd adref pa ddiwrnod i 'shilio'. Os byddai'r ffermwr yn byw ymhell oddi wrth y felin byddai y mab yn dod ymlaen y noson o'r blaen i gysgu i rywle yn barod erbyn bore drannoeth, oblegid yr hen arferiad oedd dechrau ar y gwaith o silio yn fore iawn. Deuai'r ferch ag ymborth gyda hi, yn fara a chig, a chaws ac ymenyn, a chaed sucan brithdwym gan wraig y melinydd gydag ef.

Wedi diwrnod prysur ymhlith y pynnau, a chyda'r gwagrau, ac yn y lwrd, wedi cwblhau'r gwaith yr oedd yn hen gwstwm i roddi ffiolaid, neu ryw fesur arall cyffelyb, o flawd ceirch, a ffiolaid o sucan, yn rhodd i'r melinydd am ei help gyda'r gynnos. Yr oedd yn arferiad hefyd i gadw swm fechan o rynion, wrth silio, wrth fynd adref, oblegid yr oedd yn hen arferiad gan bron bob teulu i gael pryd o bap rhynion *fresh* fel pryd amheuthun ar ôl bod â chynnos yn y felin. I wneuthur y rhynion yn lân a phur, gollyngid yr ychydig hyn yr ail waith trwy y felin.

Yr oedd yn arferiad hefyd gan rai gwragedd i gadw ychydig rynion yn y tŷ erbyn adeg y byddai genedigaeth yn cymryd lle yn y teulu, canys ystyrid bwyd rhynion yn dra llesol i'r fam yn adeg y cyfryw amgylchiad.

Gofelid ar ddiwrnod silio'n wastad am gadw rhyw swm o eisin i fynd adref gyda'r gynnos, yn barod i roddi y cig moch heibio. Yn yr amser gynt, byddai gwragedd trefnus yn tynnu y cig oll o ben y tŷ rhag iddo doddi a melynu yn ystod yr haf, a rhoddent ef mewn coffrau yn gymysg ag eisin. Yr oedd nid yn unig cadw'n dda felly ond yr oedd yr eisin yn rhoi blas diguro ar y bacwn.

'Dydd Mercher Lludw, rhoi'r holl gig i gadw.'

'Eisin sil' y gelwid yr eisin a ddeuai oddi ar y pilcorn wrth silio.

'Eisin cog', neu coeg, a dynnid o'r blawd.

'Pilcorn' – *peeled corn*, ŷd wedi ei silio.

'Rhynion' sydd air Cymraeg am pilcorn.

'Dilys', blawd dilys, blawd dife, neu flawd cynhaeaf.

DOD Â CHYNNOS O'R FELIN

Yr un modd eto y dygid y gynnos adref – yn bynnau yn cael eu cludlwytho ar gefnau ceffylau, ac ymgasglai amryw gymdogion er cynorthwyo ei gilydd at y gwaith. Yn gynnar yn y prynhawn gwelid mintai o ddynion a cheffylau yn tynnu tua'r felin, ac wedi cael ysgwrs rydd a hwylus gyda'r melinydd, hwylid i gael y pynnau ar yr ystarnau. Gosodid pob un gyda'r gofal mwyaf i gydbwyso, a rheffid pob pwn yn ddeheuig a diogel ar gefn pob ceffyl; yna cychwynnid am gartref.

I dderbyn y gynnos adref, gofalai'r wraig am goffrau cymwys i dderbyn y blawd a'r sucan; a byddai raid i hogyn glân calonnog ddiosg ei esgidiau a'i hosanau oddi am ei draed, a thorchi ei lodrau i fyny dros ei bengliniau, ac wedi golchi ei draed yn lân, mynnai y wraig eu sychu â'i dwylo ei hun;

yna cymerai ef ar ei chefn ei hunan rhag i'w draed gyffwrdd â'r llawr, ac mi gosodai yn un o'r hen goffrau deri hynafol oedd wedi goroesi amryw genedlaethau o'r teulu.

Yn awr deuai y bechgyn mwyaf gwrol â'r sacheidiau llawn ar eu cefnau, bwn ar ôl pwn, gan eu gwacáu yn araf ac esmwyth dros ymylon y coffor. A byddai'r dynion ieuainc yn hoff o ddangos eu nerth wrth drafod y pynnau pwysig. Byddai'r hogyn ynte yn dra diwyd yn 'caledu' y sucan â'i draed blawdeg yn y coffor yn barhaus. Bydd yr holl waith yn mynd ymlaen o dan olygiaeth fanwl yr hen wraig. Byddai'r blawd ceirch a'r sucan yn cael eu caledu yn y coffrau gynt, fel y cadwai yn ei flas am flynyddoedd, pe buasai gofyn am hynny. Nid 'o'i ben' y byddai hen wragedd trefnus yr oesoedd o'r blaen yn cymryd y blawd o'r coffor, ond dechreuent ei gymryd o'r cornel, a gofalent ei fod yn cael ei gadw'n 'dalgrwn' yn y coffor.

PWYSO GWLÂN

Un o'r gorchwylion mwyaf pwysig yn hyd y flwyddyn, yn neillduol yn hanes 'gwŷr y mynyddoedd', oedd pwyso gwlân yr amser gynt, lle y byddai stoc fawr o ddefaid a llawer o wlân.

Wedi i'r ffermwr a'r gwlanwr gytuno ar y pris, penodid ar y diwrnod i bwyso. Ar y dydd penodedig deuai amryw gymdogion yng nghyd, canys yr oedd yn hen arferiad gan stocwyr mawrion i wneud cyfnewid a chynorthwyo'i gilydd gyda phob gorchwyl o bwys yn yr amser gynt. Deuai'r prynwr yno hefyd i weld y gwlân yn cael ei bwyso.

Yn ôl yr hen ddull, gosodid clorian fawr i fyny wrth drawst uchel yn yr adeilad, i'r hon yr oedd cloriau mawrion ysgwâr yn crogi wrth raffau. Diamau mai y rhan yma o'r hen ddodrefnyn defnyddiol hwn a roddodd inni'r enw clorian. Ar un o'r cloriau hyn gosodid carreg a elwid 'carreg dopstan' a bwysai un-pwys-ar-ddeg. Carreg arbennig oedd hon at y gorchwyl o bwyso gwlân yn unig, canys ni werthid un nwyddau 'wrth y dopstan' ond gwlân. O ba le y cafwyd y gair 'topstan' nis gwn, os nad yw'n rhywbeth o lygriad o'r Saesneg *tod, todstone* a bwysai 28 pwys.

Byddai'r gwlân gynt yn cael ei bwyso 'bob yn dopstan', yr hyn oedd yn gofyn llawer o amser yn ogystal â llawer o waith i bwyso symiau mawrion – o dunnell i ddwy dunnell o wlân. Safai'r gwerthwr a'r prynwr yn bresennol yn yr ystafell yr holl amser tra wrth y gorchwyl o bwyso, ac os na byddai i'r 'glorian bwysig droi' fel ag i roi boddlonrwydd i'r prynwr, codai'n hyf a chydiai'n eofn mewn cnuffyn bychan gan ei daflu heibio fel i wneud gwell pwysau, a hynny ond odid yn rhy aml wrth fodd y gwerthwr; yna cydiai'r hen ffermwr yntau yn y cnuf a thaflai ef yn ôl mewn ysbryd croes ac anfoddog, a hynny er cryn ddifyrrwch i'r rhai fyddai'n bresennol yn fynych.

Yn eistedd gerllaw byddai person tra phwysig arall, sef yn cadw cyfrif y pwysau. Cyn bod addysg mor uchel yn ein gwlad ag yn ein hoes ni, yr oedd hen ddull hynod syml ac eglur gan yr hen bobl o gadw pwysau'r topstanau; ac efallai mai nid anniddorol – er mwyn yr oesoedd a ddaw – fyddai eu rhoddi i lawr yn y fan yma:

Un dopstan I; dwy dopstan II; tair topstan III; pedair topstan IIII; pum topstan, ~~IIII~~. Yr amcan wrth osod y bumed dopstan yn groes i'r pedair, oedd, er hwylusdod i gyfrif yr ugeiniau.

Bu'r hen ddull o gadw cyfrif yn cael ei arfer ym mhlwyf Abergwesyn hyd ddeugain mlynedd yn ôl – 1870.

MYND Â'R GWLÂN I FFWRDD

Wedi gorphen pwyso'r gwlân, penodid y diwrnod i fyned â'r gwlân i ffwrdd, a'r lle i fynd ag ef i gyfarfod â'r prynwr. Yr hen ddull gynt oedd ei roddi mewn sachau bychain o ddau i dri chan' pwys ym mhob sach i'w gludlwytho ar gefnau ceffylau. Fel wrth lawer gwaith arall o eiddo ffermwyr Cantref Buallt yn yr oesoedd o'r blaen, yr hen gwstwm wrth fynd â gwlân i ffwrdd oedd gwneud cyfnewid â'i gilydd. Yr oedd yn gofus gan amryw o hen ardalwyr Abergwesyn y byddai David Thomas, Yswain, o Wellfield, ger Builth, pan yn gosod fferm ar ardreth ar ei ystâd ym mhlwyf Abergwesyn, yn gwneud cytundeb â phob deiliad newydd ei fod i roddi diwrnod i gynorthwyo Glan Gwesyn i fynd â gwlân i ffwrdd.

Pan ddeuai diwrnod fyddid wedi ei benodi, deuai nifer o gymdogion ynghyd, pob un â'i geffyl a'i ystarn *(pack-saddle)* arno, a rhaff yn fath o dorch am ei wddf. Wedi codi'r sachau ar y ceffylau, gosodid torch o wair am fôn cloren y ceffyl, a thynnid rhaff trwyddi ac am y sach, a than dor yr anifail yn y fath fodd deheuig fel i'w sicrhau'n ddiogel ar yr ystarn, yn barod i'r daith. Nid rhy anodd fyddai gweld mintai o bymtheg neu ugain o geffylau o dan eu sachau mawrion a thrymion yn cychwyn o le ar fynyddau Abergwesyn yn hanner cyntaf y ganrif o'r blaen, ac yn gwneud eu cyfeiriad am Dregaron, Rhaeadr Gwy, Llanbedr neu Lanymddyfri, pellter o ddeuddeg neu bymtheg milltir i ffwrdd, dros fynyddoedd geirwon a llawer o dir diarffordd.

Yr oedd gan hen bobl gof am wlân dwy flynedd yn cael ei werthu a'i gael ei gymryd gyda'i gilydd yr un dydd o'r Ddu Fanog, Cwm Tywi, i Bontrhydyfendigaid, a thros deg-ar-hugain o geffylau yn eu lwythgludo. Wrth gychwyn, yr oedd yn arferiad gwastadol i'r rhai fyddai'n mynd â'r gwlân i ffwrdd i gael 'modd i yfed', a chael bara a chaws pen y daith; a rhoddai'r prynwr ddiod yn helaeth iddynt eilwaith am gynorthwyo i lwytho'r gwlân. Gan y byddai pawb wedi yfed yn helaeth, ac i raddau dan effaith y ddiod feddwol, rhaid fyddai cael gweld pa un o'r ceffylau fyddai'r buanaf ei draed wrth ddychwelyd.

Flynyddoedd yn ôl, adroddodd hynafgwr, yr hwn oedd wedi cyrraedd yr
oedran eithriadol o 92 mlwydd oed, yr hanesyn difyr a ganlyn wrthyf:

Yr oedd gwlân y Fanog, Cwm Tywi, wedi ei werthu i ffatrïwr o dref Aber-
honddu, a'r cytundeb oedd iddo gael ei yrru i Langamarch i'w gyfarfod, yr
hyn a wnaed ar y diwrnod apwyntiedig. Yn ôl yr hanes a gefais o enau'r hen
ŵr, yfodd y 'bechgyn' yn lled helaeth yn y 'New Inn' (hen dafarndy â'i gefn
ar y fynwent), ac mae'n debyg mai un o'r enw Twm yr Hawdre oedd fwyaf o
dan effaith y cawl brag y tro hwn, ac wrth gychwyn adref, rhai o'r cwmni o
ddireidi a ddodasant Twm ar gefn clawdd ar ymyl y ffordd, a chafwyd cryn
ddifyrrwch wrth ei ddisgwyl i gychwyn, a'i weld yn curo'r clawdd â'r wialen
onnen ac yn gwaeddi 'Come, Flower'.

RHODDI GWLYCH NEU 'WLYBYN'
Yr oedd yn arferiad hynod gyffredin yn yr amser gynt i'r amaethwr gytuno
â'r gweithiwr am wneud rhyw waith ar ei fwyd ei hun. Yna y deuai y gweith-
iwr at y gorchwyl a'i luniaeth gydag ef – bara, caws, ymenyn, cig a bwyd sych
felly; a chan llaeth, maidd, llaeth enwyn, bwdran neu gawl gan y ffermwr yn
ôl y cytundeb tra y byddai wrth y gwaith. Weithiau rhoid i'r gweithiwr le i
orwedd y nos hefyd.

> Gosod tasg i mi a wnai,
> Addo bwyd a gwlych a gwelai.
>   Llyfr Cywarch Llwyd

RHODDI ERN
Wedi cytuno â gwasanaethddyn, yr arferiad ydyw i roi swm fechan o arian
yn 'ern' iddo – hanner coron i was a swllt i forwyn, oddigerth fod ychwaneg
yn y cytundeb. Os bydd i'r cyflogddyn edifarhau am dderbyn ernes, anfonir
yr arian yn ôl fel arwydd ei fod am ymryddhau a thorri y cytundeb. Bydd
hyn yn cael ei wneud cyn yr adeg penodol iddo fynd at ei gyflog.

RHODDI HONSEL
'Honsel' y gelwir yr arian cyntaf a dderbynnir gan y gwerthwr yn y dydd; a'r
arferiad yw poeri ar y darn arian cyntaf a dderbynnir fel ag i beri lwc arnynt,
gan ddisgwyl am lawer o arian i'w ddilyn yn ystod y dydd hwnnw.

PROFI'R FORWYN NEWYDD
Ar y diwrnod penodol i'r forwyn newydd i ddod at ei gwasanaeth, yr oedd
yn arferiad gan lawer yn yr amser gynt i osod ysgubell, neu ryw offeryn, ar
lawr y tŷ, gyferbyn â'r drws, a phan ddeuai y ferch, cymeryd sylw neillltuol
ohoni yn dod i mewn; os cymerai hi sylw o'r hyn fyddai ar ei llwybr a'i godi,
byddai hynny yn arwydd i'r teulu eu bod wedi cael merch dda yn gweled ei

gwaith; ond os mai camu dros yr hyn fyddai o'i blaen, neu gilio o'r neilldu iddo a wnâi, byddai hynny yn arwydd sicr na fyddent wedi bod yn ffodus am forwyn dda a gwasanaethgar yn gweled ei gwaith y flwyddyn honno.

DYDDIAU LWCUS AC ANLWCUS I WAS NEU FORWYN I FYND AT EU CYFLOG

Dydd Llun i hela'n flin,
Dydd Mawrth i hela'n swrth,
Dydd Mercher i hela'n barchus,
Dydd Iau i hela'n glau,
Dydd Gwener hyd yr hanner,
Dydd Sadwrn hyd yr asgwrn.

ENNILL PÂR O FLANCEDI

Ar ôl i forwyn dreulio saith mlynedd o wasanaeth difwlch gyda'r un teulu, y mae yn hen arferiad sydd yn parhau hyd y dydd hwn, i'w meistres i roddi pâr o flancedi iddi ar ben hynny o dymor. Y mae hanes am rai merched yn gwasanaethu yr un teulu, ac yn cael tri phâr am eu gwasanaeth.

ENNILL ANNER FLWYDD

Os bydd i was cyflog i aros ar ei wasanaeth am saith mlynedd yn olynol gyda ffermwr, bydd ganddo hawl yn ôl arferiad gwlad i gael anner flwydd ar ddiwedd hynny o wasanaeth. Y mae gennym hanes am amryw wasanaeth-ddynion yn aros yn yr un lle, ac yn cael tair neu bedair anner flwydd gyda'i cyflogau am eu gwasanaeth.

RHODDI POSESIWN O FFERM

Ar y 25ain o Fawrth, byddai yr hwn a gymerai fferm yn mynd at yr hen ddeiliad i gael posesiwn o'r lle, a'r hen arferiad gynt oedd i'r hen *denant* fynd allan i gae ger y tŷ ag offeryn yn ei law a thorri tywarchen fechan, neu godi swm o bridd, a'i estyn i'r deiliad newydd. Yntau a gymerai y dywarchen, neu y pridd, oddi ar y bâl, ac a'i gosodai yn ei boced; yna byddai wedi cael hawl o'r tir, a rhyddid i fyned i weithio arni bellach.

I WNEUD DEFAID YN LLONYDD AR FYNYDD

Wedi i ddefaid gael eu gyrru i'r mynydd, yn gyffredin, byddent yn aflonydd am ddyddiau, hyd nes y collent flas y blewyn melys ar yr hendre. Y cynllun a gymerai rhai ffermwyr i aros yn esmwyth ar y rhosfa oedd rhwbio siwgwr melyn ar eu gweflau cyn eu gollwng i'r mynydd. Fel hyn, ceisid twyllo y rhai hynaf a mwyaf aflonydd fod blewyn cryf a garw'r mynydd yn felus. Dywedir mai ar fynyddoedd Llanafan Fawr y bu hyn yn cael ei wneud gan mlynedd yn ôl.

RHOI PWN AR GEFN CEFFYL

Llawer gwaith y clywais gan fy nhad pan fyddai yn rhoi pwn ar gefn ceffyl, am ofalu ei osod â'i enau ataf, ac ychwanegai, 'Os rhoddi di ef â'i wddf oddi wrthyt, ac i ti gwrdd ag offeiriad, gall ei hawlio a mynd ag ef oddi arnat.'

O ba le y daeth yr hawl yma i'r offeiriad, methaf â dirnad, os nad rhyw weddillion ydoedd yn disgyn oddi wrth yr arferiad o gasglu yng nghynnyrch y tir cyn y flwyddyn 1836, pryd y dechreuwyd ei gasglu mewn arian.

PEDOLI DA [GWARTHEG]

Wedi i'r porthmon brynu nifer fawr o dda, a'u cael oll ynghyd at ei gilydd, penodid ar ddiwrnod i'w pedoli. Cytunid â'r gof at y gwaith, a chyflogid dau ddyn, neu weithiau bedwar, i ddyfod ar y dydd penodedig i'w 'cwympo'. I'r amcan hwnnw, troid nifer o'r anifeiliaid i gornel cae, yna rhuthrai dau gwympwr at un ohonynt, a chydiai gydag egni ag un llaw yn ei gorn, ac â'r llaw arall yn ei ffroen; yna tynnid yr eidion ychydig allan o'r neilldu. Yn awr, gosodai y cwympwr arall raff mewn modd deheuig am goesau'r anifail, a thrwy gyd-ddealltwriaeth perffaith, tosid ef yn rhemp ar y llawr. Yn nesaf, neidiai y tynnwr wrth y rhaff i mewn rhwng coesau yr anifail, eisteddai ar ei ystlys, a chyda'r deheurwydd a'r buandra mwyaf, rhwymai eu draed ar unwaith. Yn nesaf deuai y gof ymlaen gyda'i forthwyl a'i binsiwr, ei 'giwion' o wahanol faint, niferoedd mawr ohonynt; rhoddai fforch fechan ar ei phig yn y ddaear a gwasanaeth hon oedd dal traed yr eidion i fyny at uchder priodol i'w pedoli. Yr enw ar hon oedd 'fforch bedoli'. Yn gyffredin, yr oedd hefyd grotyn yn dilyn y gof, a chan hwn y byddai pren â thwll yn ei dalcen yn llawn bloneg, yr hwn a osodid ar ei big yn y ddaear, yn gyfleus, ac wrth law i'r gof. Swydd yr hogyn hwn fyddai gosod, a gofalu, am ddigon o hoelion ar eu blaenion yn y bloneg ym mhen y 'bincas', a'u symud a'u gosod yn ymyl pob anifail.

Mae'n debyg fod yr hoelion yn 'cerdded' yn well i ewin yr eidion wedi eu trochi yn y bloneg, neu ryw ired arall cyffelyb. Byddai rhai gofaid yn arfer cadw carreg galed â gwyneb gwastad iddi, yn gyfleus yn eu hymyl wrth bedoli i guro a chymhwyso ychydig ar y ciwion arni, os byddai angen hynny.

Os byddai'r da i gael eu danfon ymhell, byddent yn cael eu pedoli'n llawn, ond os na byddent i gerdded ymhell yr arferiad oedd peidio gosod ond un ciw o dan y droed oll, sef o dan yr ewin tuag allan yn unig. Y tâl cyffredin am bedoli da oedd punt y scôr – neu swllt yr un.

GYRRU DA I LOEGR

Wedi i'r porthmon gael ei dda wedi eu casglu ynghyd, ac wedi eu pedoli oll yn barod, cychwynnid i'r daith fawr, i Kent neu Essex, neu ryw ran bell arall o Loegr. Byddai'r da yn cael eu gyrru gan ddau neu dri o bersonau, yn ôl rhif y gyrr ar y pryd. Gyrrid yn esmwyth ac yn araf deg, yn enwedig lle byddai porfa dda ar ymylon y ffordd. Yn yr hen amser, pryd nad oedd cloddiau na pherthi ar ddau tu i'r ffyrdd, fel sydd yn ein dyddiau ni, gadawai'r gyrwyr i'r drof fawr o dda i wasgaru allan oddi ar yr heolydd, er mwyn iddynt flewyna ychydig wrth symud yn araf ymlaen ar y daith hir.

Ond pan welai perchen y tir eu heofndra, nesâi atynt â gwg ar ei ael, ac â geiriau bygythiol yn ei enau, ac archai ar unwaith am iddynt gasglu'r da i'r ffordd, a'u symud ymlaen; ac os na ufuddheid âi yn ymgecru a phasiai geiriau croesion o bob tu; ac weithiau terfynid yr ymryson trwy ymrafael, a goruchwyliaeth y traed a'r dyrnau. Yr oedd yn gryn bwys i berchen gyrr o dda i gael dynion gwrol a nerthol, ac o stamp dda, a fedrent amddiffyn eu hunain yn llew ar hyd y ffordd, oherwydd yr oedd yn rhaid iddynt wynebu llawer o anawsterau a thrafferthion cyn cyrraedd pellafoedd Lloegr yn yr hen amser gynt.

Yr oedd gan hen yrrwyr profiadol a chynefin â'r ffordd leoedd penodol i gyrraedd atynt bob dydd; ac i'r amcan hwnnw cychwynnent yn fore er mynd ran dda o'r ffordd cyn y deuai dydd yn boeth, oherwydd ar dywydd poeth, a'r haul yn danbaid, byddai'r da yn hynod lluddedig a sychedig ac yn araf yn symud ymlaen. Pan gyrhaeddent at ffrwd o ddŵr, yfent ohoni oll yn awyddus; yna rhoddai y gyrwyr ychydig amser iddynt i orwedd, yr hyn a wnaent bob corn! Gan gnoi eu cil yn hamddenol a hapus! Gorweddai y gyrwyr hwythau yn flinedig a chymerent hun fer ar y ddaear yng nghysgod llwyn gerllaw iddynt. Rhaid fyddai i'r da gael ychydig aros fel hyn bob dydd ar y daith, yn enwedig pan fyddai hi'n wresog; yna ail-gychwynnai y gyrwyr a'r da yn fwy hwylus yn y blaen.

Os digwyddai i eidion golli ciw, a chloffi ar y ffordd, rhaid oedd ei gwympo a'i bedoli yn y fan. Gofelid am forthwyl ciwion o wahanol faint a hoelion at y gwaith bob amser cyn cychwyn. Yr oedd gyrrwr cynefin â phedoli yn wir wasanaethgar gyda phob gyrr.

Wedi cyrraedd pen y daith, a llwyddo i werthu allan yn dda, derbyniai'r gyrwyr eu tâl; yna cychwynnai pob un tua chartref. Cyn bod *trains* a chyfleusterau teithio, fel sydd yn ein hanes ni, cerddent yr holl ffordd o waelodion Kent, neu Essex, adref i siroedd Aberteifi a Chaerfyrddin; cychwynnent tua phedwar o'r gloch yn y bore, gan ddal ati i gerdded yn ddyfal tra daliai'r dydd, cyrhaeddent gartref mewn tua phedwar diwrnod.

Tâl dyddiol y gyrwyr yn 50's a 60's y ganrif o'r blaen oedd 3/- y dydd. Pan yn troi'n ôl o'r 'wlad ganol' yn Lloegr – tua Northampton a'r cylchoedd hynny, yr oedd yn gwstwm i roddi 5/- yn ychwaneg i bob gyrrwr yn 'arian poced' ar y daith adref. Ond pan aed â da mor bell â Kent ac Essex rhoddid 7/6 i bob gyrrwr wrth droi adref. Yr oedd hyn yn gwstwm gan lawer o borthmyn.

Gwnaeth rhai porthmyn gryn lawer o arian a chasglasant gyfoeth mawr wrth brynu a gwerthu, a 'gyrru i Loegr' yn yr oesoedd gynt. Mynych yr adroddir am ddau frawd, genedigol o ardal Llanymddyfri a dreuliasant eu hoes yn gyrru i Loegr; a'r hanes yw y gwyddent am bob tafarndy ar fin y ffordd yr holl bellder a nodwyd. Bu porthmon yn offeryn i sefydlu yr Ariandy cyntaf yn y dref a enwyd, a rhoddwyd llun eidion du ar yr arian – nodau perthynol i'r Ariandy hwnnw, a daeth i gael ei alw a'i adnabod wrth yr enw 'Bank yr Eidion Du'.

Adwaenwn hen ŵr o'r enw Moses Jones, cymeriad pur adnabyddus yn Abergwesyn hanner can mlynedd yn ôl, a fu ugeiniau o weithiau gyda 'da wâr' yn Lloegr pan yn ei ddyddiau gorau, a deuai adref ar ei draed yr holl ffordd bob tro. Gwasanaethed yr hanesyn a ganlyn er rhoi ar ddeall i ni mor bell y bu. Un diwrnod, cyfarfyddodd â gŵr dieithr ar y ffordd yn Abergwesyn, yr hwn a ofynnodd,

'I ble mae'r heol hyn yn mynd, yr hen ŵr?'

'Dalla i ddim eich ateb chi'n wir, syr,' oedd yr ateb, ac ychwanegu, 'Fe'i cerddes i hi ugain milltir islaw Llundain, ac ni weles i ddim o'i phen pella hi!'

Bu Moses farw Ŵyl Ddewi 1880, yn 90 mlwydd oed. Yr oedd yn un o'r cymeriadau mwyaf gwreiddiol, a chanddo gof hynod doreithiog, a medrai adrodd llawer o helyntion am gyfnod pell yn hanes gyrru da i Loegr, a hynny gyda hwyl a boddhad iddo'i hun, a diddordeb i eraill. Wele'n canlyn hanesyn a ddarfu i mi ei glywed yn ei adrodd ychydig flynyddau cyn ei farwolaeth.

Yr oedd dyn oedd yn byw yn Mhen-y-rhuddfa, Abergwesyn, wedi bod ar neges yn rhywle yn ardal Llangamarch, a phan yn dod tuag adref ar ben Rhiw-y-garreg-lwyd, cyfarfu â gyrr o dda wâr, a chan fod eisiau gyrrwr arnynt ar y pryd, cytunwyd â hwynt yn y fan, ac aeth gyda hwynt i Loegr. Wedi cael amryw ffeiriau a llwyddo i werthu'r da oll, cafodd y gyrwyr eu talu gan y porthmon a'u rhyddhau i fynd adre.

Wedi iddynt dderbyn eu tâl darfu iddynt oll yfed, a meddwi, cysgu a cholli ar ei gilydd yn eu meddwdod. Pan ddeffrodd y dyn o Ben-y-rhuddfa, a phan y sobrodd o'i feddwdod, nid oedd ganddo un o'i gydyrrwyr yn gwmni i'w dywys tuag adref. Ni fedrai air o'r iaith Saesneg, ac yr oedd yn hollol ddieithr yn y lle, ac yn awr ar lan y môr yn isel yn Lloegr!

Wedi hirymdroi yn y lle, a cheisio dyfalu beth i'w wneud, daeth i'w gof fod Aberystwyth ar lan y môr, a phe byddai iddo ddilyn glan y môr o hyd, na fyddai'n bosibl iddo golli'r ffordd! Cychwynnodd i'r daith, gan ddilyn glan y môr o ddydd i ddydd, nes cyrraedd tref Aberystwyth yn iach a diogel! Nid oedd ganddo bellach ond taith diwrnod i gyrraedd adref. Cychwynnodd ar ei daith yn Llanfihangel Abergwesyn a darfyddodd ei daith yn Llanddewi, Abergwesyn!

GYRRU DEFAID I LOEGR

Yn yr amser gynt gwnaed trafnidiaeth fawr trwy brynu defaid yng Nghymru a'u gyrru i Loegr i'w gwerthu. I'r 'wlad ganol' y gyrrid fwyaf o ddefaid. Yn misoedd Medi a Hydref yn fwyaf neillduol y gwnaed fwyaf o fasnach y defaid. Prynai rhai personau filoedd lawer yng nghwrs yr un tymor, gan eu hail-werthu yn y ffeiriau i amaethwyr Lloegr. Yr arferiad wrth yrru defaid oedd i un dyn fyned o'u blaen i'w harwain, ac un neu ddau ar eu hôl i'w gyrru mlaen. Wedi diwrnod neu ddau ar y ffordd, deuai defaid i adnabod yr arweinydd, ac i'w ddilyn yn ufudd ac o'u bodd ar hyd trofeydd y daith, a heolydd y trefi mawrion.

Llawer o hanesion difyr a adroddai'r hen bobl am lawer o droeon hynod a ddigwyddodd iddynt ar 'ffyrdd Lloegr' yn yr amser gynt – amdanynt yn gorfod 'gwylio'r praidd liw nos' rhag lladron; yn gorfod ymladd llawer batl caled ar y ffordd; am berchen y defaid ar ôl gwerthu yn ymddiried y goden o'r arian i un o'r porthmyn rhag ofn cael ei robio; am gŵn yn cael eu colli yn rhai o drefydd pell Lloegr, ac yn dod adref ei hun bob cam i sir Aberteifi.

CABAN TWM BACH

Cyn dyfodiad y trên trwy'r rhan yma o Gymru, yr oedd miloedd o dda a brynwyd yn ffeiriau sir Benfro a sir Gaerfyrddin, yn cael eu gyrru dros fynydd Llwydlo, a thrwy Dirabad, i fyny i Epynt. Wedi dilyn y genffordd am rai milltiroedd ac heibio i 'Drover's Arms', a Chwm Owen, a thros Twyn-y-big, a Blaen Hirwaun, gadawid Gwenddwr ar y dde, a chroesid afon Gwy mewn lle a elwir Caban Twm Bach, ger Erwood.

Ar adegau pan fyddai'r afon yn isel, gyrrid yr anifeiliaid trwy'r rhyd; ond yr hen arferiad cyffredinol oedd eu gyrru mewn bad yn groes i'r pwll. Yr oedd y bad o gryn faint, yn ddigon i gario deg neu ychwaneg. Nid oedd y tâl am bob siwrnai ond ychydig geiniogau. Pan fyddai y llwyth diweddaf o dda yn croesi drosodd, âi'r gyrwyr hefyd yn y bad gyda hwynt. Yr oedd llawer o dda yn cael eu gyrru i nofio trwy'r pwll a hynny er osgoi talu'r bad, ond gwaith hynod helbulus a thrafferthus oedd hynny ar y gorau.

Pan yn nofiad y da, yn y modd a nodwyd, dywedir y byddai rhai gyrwyr ar dywydd gwresog yn yr haf, yn cymeryd gafael yng nghynffonnau yr ychain olaf, ac yn nofio gyda hwynt drwodd i'r lan arall.

Ar y tu dwyreiniol i'r afon, yn sir Faesyfed, yr oedd tafarndy bychan to gwellt, a elwid Caban Twm Bach, lle yr oedd perchennog y *boat* yn byw, yr hwn oedd barod bob adeg i gynorthwyo i gael yr anifeiliaid trosodd, gan na pa un ai yn y bad, neu eu nofio. Cadwai ddau gi, y rhai oeddynt gynefin â'r gwaith, ac o gynorthwy mawr.

Wedi llwyddo i gael yr anifeiliaid dros yr afon, yr oedd yn hen arferiad i bob un o'r *drovers* i gael *quart* neu beint, a gwerth tair o fara a chaws yn y

Caban, cyn ail gychwyn. Bernir fod dros 20,000 o dda yn cael eu gyrru bob haf trwy'r lle hwn cyn dyfodiad y trên i'n gwlad.

Bellach y mae pont wedi ei chodi dros yr afon yn y fan hon, a'r Caban wedi ei dynnu lawr, a'r 'Boat Inn' wedi cymeryd ei le ers rhai blynyddoedd.

MYND I'R CYNHAEAF ŶD YN LLOEGR

Tua chanol mis Awst, pan ddeuai y meysydd ŷd yn aeddfed yn sir Henffordd a sir Amwythig, byddai llawer o ddynion o rannau gorllewinol sir Frycheiniog a rhan ddeheuol sir Aberteifi, yn mynd i'r cynhaeaf ŷd i Loegr. Gwelid hwynt tua'r adeg a nodwyd yn myned yn finteioedd bob haf yn olynol. Carient eu crymanau ar eu hysgwyddau, pob un â gwialen wedi'i rhigoli ar fin ei gryman, er ei gadw'n ddiogel rhag niwed wrth ei gario.

Cerddent yn ddiwyd a chaled a chyrhaeddent wahanol rannau o sir Henffordd neu sir Amwythig mewn dau ddiwrnod, pellter o tua chwech ugain milltir o sir Aberteifi. Cymerent y meysydd ŷd i'w medi wrth yr acer. Gosodid y sedrenod i lawr ar eu hôl yn doion; ond cytunai llawer o'r medelwyr am fedi a rhwymo'r meysydd, ac aent â bechgyn ifanc neu ddynion mewn oed gyda hwynt oddi cartref i rwymo, a thelid iddynt wrth y dydd. Yr oedd rhwymwr da yn rhwymo ar ôl dau gryman drwy gydol y dydd. Codent yn fore at y gwaith a gweithient yn ddiwyd a chaled tra daliai'r dydd.

Caent a fynnent o seidir i'w yfed ar hyd y meysydd; ac yr oedd yn hen arferiad gan y rhan fwyaf o fedelwyr i fynd â chwpanau cyrn bychain gyda hwynt i'w yfed. Wedi gorffen medi, troent eu hwynebau tuag adref, gan gerdded eto yr holl ffordd. Gwelid hwynt yn dod, un yma, a'r llall acw, rhai ymhell o flaen ei gilydd, yn tynnu adref, a golwg flinedig ar lawer ohonynt. Byddai llawer ohonynt a chant neu ychwaneg o afalau ganddynt ar eu cefnau adref i'w teuluoedd. Gwerthent eu crymanau am arian bach i'r neb a'u prynent ar hyd y ffordd wrth ddod adref.

Yr oedd yn hen ddywediad y byddai 'gwŷr y cynhaeaf' yn gadael eu crefydd rhywle ar y ffordd wrth fynd tua Lloegr, ac yna yn galw amdani wrth ddychwelyd. Ceir hanes am amryw hen bobl oedd yn fyw o'r oes o'r blaen yn ardaloedd Llanddewibrefi a Llangeitho a fuont yn mynd i'r cynhaeaf ŷd am ddeng mlynedd ar hugain, neu ychwaneg, a hynny'n ddifwlch.

Gan fod y cynhaeaf ŷd yn ddiweddarach yng Nghymru nag yn Lloegr, amcanent at ddychwelyd erbyn y cynhaeaf gartref.

Un flwyddyn pan oedd cwmni o wŷr Llanddewibrefi yn dychwelyd o'r cynhaeaf, cymerwyd un ohonynt yn glaf ar y ffordd adref a bu farw yn nhref Llanfair-ym-Muallt. Yr oedd yn gymeriad parchus, ac yn ôl yr hanes, yn aelod crefyddol gyda Rowland yn Llangeitho. Wedi i'r newydd gyrraedd Llanddewi am ei farwolaeth bu cyffro mawr yn yr ardal o'r bron, ac aeth nifer mawr o berthnasau a chyfeillion yr holl ffordd yn ewyllysgar i ymofyn y corph adref, ac yn eu plith Mr Rowland ei hun. Yr oedd ganddynt o Lanfair i Abergwesyn bymtheg milltir, a'r rhan fwyaf o'r daith ar draws mynyddoedd a chymoedd, a thir hynod anodd a diarffordd; ond bu dylanwad Mr Rowland, fel y gellir tybio, yn foddion i dynnu llawer i ymuno â'r gynhebrwng yma a thraw ar hyd y ffordd. Pan yn croesi 'Bryniau Dewi' dywed traddodiad fod rhai o'r bobl ieuainc mwyaf egwan yn llwfwrhau ar y rhiwiau, ond calonogai Mr Rowland hwynt yn fawr trwy ddweud yn awr ac eilwaith, 'Nawr 'y mechgyn bach i; does dim gwell bechgyn ar y ddaear na bechgyn bach Llanddewi a Llangeitho.' Yr oedd presenoldeb a geiriau calonogol Mr Rowland yn gosod gwroldeb a chalondid ym mhawb ar hyd y daith.

Cefais yr hanes diddorol uchod gan fy hen gyfaill, y Parch. John Davies, Rheithor Llaniestyn, gŵr genedigol o Dregaron.

Yn gyffredin iawn, y rhai fyddent yn flaenaf yn y drof yn cychwyn o Gymru, fyddai hefyd yn nesaf at yr arweinydd yn cyrraedd pen y siwrne. Adroddai hen ardalwyr Abergwesyn, y rhai oeddynt yn fyw ugain mlynedd yn ôl – 1890, am lwdn glas ymlaenaf yn mynd trwy Abergwesyn, a chadwodd y blaen yr holl ffordd, a thrwy y trefydd mwyaf, nes cyrraedd y 'wlad ganol' yn Lloegr.

Rhoddai hen yrwyr profiadol ddigon o amser i'r defaid i symud yn araf deg ac esmwyth ar y ffordd, a throent hwythau eu pennau at ochrau ffordd gan flewynu'n barhaus wrth symud ymlaen. Er eu bod yn cael eu cychwyn yn fore, yn cerdded oriau hirion yn ddyddiol, os byddai'r tywydd yn sych a hyfryd byddent yn edrych yn well ar ben draw'r daith yn Lloegr nag wrth gychwyn o Gymru.

MYND I LUNDAIN I CHWYNNU GERDDI
Hyd tua hanner y ganrif o'r blaen, ac ychydig flynyddau'n ddiweddarach, yr oedd yn arferiad gan lawer o ferched ieuanc rhannau gorllewinol Cantref Buallt a rhannau o sir Aberteifi, i fynd yn flynyddol i Lunden a'r cylchoedd, i chwynnu gerddi.

Cychwynnent oddi cartref yn ardaloedd Llangeitho a Llanddewibrefi ychydig wedi hanner nos a chyrhaeddent Abergwesyn erbyn amser brecwast, lle y cymerent luniaeth gyntaf ar y daith. Yna ail-gychwynnent yn llawen eu hysbryd gan ymgomio'n ddifyr â'i gilydd ar hyd y ffordd er byrhau'r oriau a diddanu y naill y llall ar hyd y dydd. Clywai llanciau ieuanc Cantref Buallt eu cleber rhydd ac uchel, a'u chwerthiniad iach fel y byddent yn agosáu, a thynnent yn nes at ymyl y ffordd, a phasiai aml i air ffraeth ac ateb cyflym rhyngddynt.

Cyrhaeddai'r rhai cyntaf y gerddi yn gynnar yn Ebrill ac wedi iddynt gytuno am waith, gyrrent adref at eu cyfeillesau i ddyfod i'w canlyn; yna gwelid mintai fechan agos yn ddyddiol yn dod dros y mynyddoedd o gyfeiriad Llangeitho a Llanddewibrefi a thrwy Abergwesyn, Maesgynffwrch a Llanfair-ym-Muallt, ac odid na byddai i rif y fintai luosogi yma ac acw ar y ffordd. Er mai 'merched y gerddi' y gelwid hwynt yn gyffredin byddai llawer o wragedd hŷn yn mynd yn flynyddol.

Wedi mynychu yr arferiad hwn, yr oedd gweled rhyfeddodau y brif ddinas a mwynhau golygfeydd prydferth Kent, a'r gerddi lluosog ac eang, yr hon a elwid 'Garden of England', ynghyd â thâl sylweddol a chyson am fisoedd yn nhymor haf y flwyddyn, yr oedd yn demtasiwn fawr i rianedd iach a gwrol y wlad i fyned yno bob blwyddyn. A pha ryfedd eu bod yn canu yr hen bennill gwerinol hwnnw:

> Mi af i Lunden G'lame,
> Os byddaf byw ac iach.
> Ni safa'i ddim yng Nghymru
> I dorri nghalon fach.

Diau mai cyfeiriad at yr arferiad yma gynt sydd yn yr hen bennill canlynol:

> Awn, pe cawn adenydd c'lomen,
> I ben Sant Paul yng nghanol Llunden,
> I gael gweled merched Cymru
> Ar eu gliniau'n chwynnu gerddi.

Byddai rhai gwragedd yn cymeryd caeau mawrion gan amaethwyr allan yn y wlad, ac yn cadw cynifer â deg, deuddeg neu ychwaneg o ferched i weithio danynt am y tymor. Byddai galw arnynt i chwynnu y tir, i deneuo neu hewo [hofio?] y cnydau, a'u tynnu a'u paratoi i fynd yn ddyddiol i'r farchnad yn Llunden.

Pan ddeuai adeg ymadael, yn hytrach na cherdded yr holl ffordd, deuai rhai yn ôl gyda'r 'coach mawr' mor bell â Henffordd, a cherddent y rhan olaf o'r daith; ond cerddai eraill yr holl ffordd adref. Yr oedd ganddynt yn gyffredin leoedd adnabyddus iddynt yma thraw ar hyd y daith, a byddai amcan ganddynt gyrraedd iddynt bob nos. Mae rhai yn fyw yn awr yn ardal Llanddewibrefi a chof da ganddynt am hen wraig o'r ardal honno a gerddodd ymlaen ac yn ôl i'r gerddi, a hynny am un-flynedd-ar-hugain yn ddi-fwlch!

Wedi gorffen â gwaith y gerddi byddai rhai merched yn aros am ysbaid o amser eilwaith yn y ddinas, ac yn ennill arian am olchi boteli. Cai rhai merched eu cymell i aros a chyflogent gyda teuluoedd cyfrifol, a thrwy ymddygiad teilwng a gonest enillent iddynt gymeriad da, a chodent i barch ac ymddiriedaeth yng ngolwg y teulu. Mae hanes am rai merched i deuluoedd cymharol dlodion ac isel eu hamgylchiadau bydol, yn mynd i gysylltiad â theuluoedd o gyfoeth ac anrhydedd trwy briodas, ac yn ymsefydlu yn y brifddinas am eu hoes.

CALCHO ODDI AR MYNYDD DU SIR GAERFYRDDIN

Gellir olrhain hanes yr arferiad hwn yn ôl mor bell â'r amser pan y dygid calch mewn cewyll ar ystarnau ar gefnau ceffylau. Dyna'r modd, mae'n debyg, y cludlwythwyd bron bopeth cyn i gerbydau olwynog ddod yn eiddo i ffermwyr a chyn i ffyrdd gael eu gwneuthur yn ein gwlad. Pan fyddai amaethwr ar fwriad i galcho cae ar ei dir, cynorthwyai amryw gymdogion ef yn ewyllysgar at y gwaith, trwy yrru ceffylau a chawelli i fynd gydag ef i'r odynau, yr hyn a elwid 'cymortha'. Mae hen draddodiad fod calcho oddi ar y Mynydd Du i Aberanell fawr yn y blynyddoedd cyntaf o'r bedwaredd ganrif ar bymtheg.

Wedi i gerbydau ag olwynion ddod i arferiad yn ein gwlad, darfu i ffyrdd gael ei gwella'n fawr o ran eu cyflwr a dechreuwyd cario calch bellach mewn certi. Yr oedd pob siwrne o ardaloedd Llanwrtyd a Llangamarch i odynau y Mynydd Du yn golygu dau ddiwrnod a noswaith o amser, ac ychydig yn ychwaneg o blwyfydd Llanlleonfel a Llanafan Fawr.

Wedi gorffen gwaith y gwanwyn – hau haidd, a gosod tatw tua dechrau neu ganol mis Mai, pan fyddai'r dydd yn hir a'r nos yn fyr, dyna'r adeg fwyaf arferol y byddai ffermwyr y parthau yma o'r wlad yn 'mynd i'r calch'. Fel y byddai adeg calcho yn agoshau byddai meibion a gweision ffermwyr mewn cryn ffwdan yn paratoi erbyn yr amser – yn duo'r tresi a gloywi'r sêr[?] a'r byclau; yn iro'r olwynion; a rhaid fyddai cael *lash* newydd ar flaen y chwip. Rhedai'r dynion ieuainc at ei gilydd, a chynhelid aml i gyngair distaw yn yr ardal er cael cyd-ddealltwriaeth pa adeg i gychwyn, oblegid yr oedd yn arferiad yn yr amser gynt i ffermwyr o'r un gymdogaeth i galcho yr un adeg.

Cyn cychwyn gofelid am wair a cheirch ddigon i'r ceffylau, ac ymborth i'r certwr ar hyd y ffordd.

Yng nghyfnod y calcho gynt yr oedd costrel fechan yn eiddo i bob ffermwr, digon i gynnwys tri neu bedwar peint o laeth neu ddiod fain, a blwch bychan crwn yn yr hwn y gosodid menyn. Os na fyddai'r bocs menyn ar gael, yr arferiad oedd gosod y menyn ym mwydion y dorth. Rhaid hefyd oedd i'r meistr roddi arian parod. Swllt bob siwrne oedd yr hen gwstwm yr adeg calcho gynt.

Cychwynnid o ardal Llanwrtyd tuag wyth o'r gloch yn yr hwyr, ond cychwynnai ffermwyr plwyf Llanafan Fawr tua chwech a chyrhaeddid tref Llanymddyfri rhwng deuddeg ac un y bore. Wedi cyrraedd Llangadog byddid yn 'tynnu lawr' ac yn 'baito'.

Wedi i'r ceffylau gael dwy awr yn y lle hwn, a'r certwyr hwythau gael lluniaeth, ail-gychwynnid am yr odynau ar y mynydd. Os ceid rhwyddineb i 'lanw' deuid yn ôl i Langadog yn fore, lle byddid yn arfer 'baito' yr ail waith. Deuid yn ôl trwy dref Llanddyfri yn gynnar yn y prynhawn. Yn lled

gyffredin gyrrid ceffyl i 'gwrdd â'r calch' mor bell â Bronyfelin neu odrau
Parc Glan Brân er eu cynorthwyo i ddod i fyny dros y 'Sugar Loaf'.

Yr oedd siwrne i'r calch o blwyfydd Llanwrtyd a Llangamarch yn cymryd
dau ddiwrnod a noswaith o amser. Gwnaed yn amcan i beidio cyrraedd hyd
dollborth Llanfair bryn Llanddyfri cyn hanner nos, er osgoi talu'r 'gate'
ddwywaith. Weithiau, arhosid cryn amser o fewn hanner milltir i'r *turnpike*,
i ddisgwyl deuddeg o'r gloch!

Dwy geiniog oedd y toll ar bob ceffyl i galcho 'i'r tir'; a grôt y ceffyl pan yn
'calcho i fildo'. Holid yn fanwl wrth fynd trwy'r gât i lle y byddid yn calcho.
'I'r tir,' fyddai'r ateb cyffredin gan bobl bellennig. 'Hawyr bach, a odych chi'n
bildo dim yn sir Frycheiniog yna?' fyddai'r ateb. Pris tunnell o galch yn yr
odyn oedd 4/- neu 4/6, ac yn ôl tystiolaeth yr hen bobl, yr oedd llawer gwell
calch na'r hwn a geir yn awr.

Weithiau digwyddai helynt blin iawn wrth galcho, ac ni byddai'r hen
bobl un amser yn adrodd am siwrneion y calcho, heb sôn hefyd am droion
trwsgwl ac annymunol a ddigwyddodd yn aml ar hyd y ffordd megis y
ceffylau'n cymryd ofn a rhedeg, y certi'n dymchwelyd, ymladdfeydd rhwng
gwŷr Brycheiniog a gwŷr Aberteifi, a hanesion cyffelyb.

Ond yr hanes mwyaf pruddaidd a glywais yn cael ei adrodd oedd yr
hyn a ganlyn: Yn y flwyddyn 1808, yr oedd amryw o wŷr Cwm Cnyffiaid,
Abergwesyn, wedi mynd i'r odynau ar y Mynydd Du, ac yn eu plith Rees
Protheroe, mab yr Alltfelen, yr hwn yn ddamweiniol yn y nos a ddarfu
syrthio i'r odyn, ac ni allwyd ei godi allan, er pob ymdrech o eiddo ei
gyfeillion, nes i'r truan losgi i farwolaeth! Cymerodd y ddamwain le ar y
29 o Fedi, y flwyddyn a nodwyd. Dygwyd ei gorph adref yn y cart, a
chladdwyd ef ym mynwent Pantycelyn, Abergwesyn. Nid oedd ond 21 oed.
Pan oedd ei fam yn troi i ffwrdd oddi wrth y bedd ddydd ei gladdedigaeth,
yn hiraethus ei hysbryd, daeth merch ieuanc o'r ardal ymlaen ati a dweud yn
ei dagrau, 'Y mae yn llawn cymaint o ergyd i mi gladdu Rhys heddi ag ydyw
i chithe.' Annwyl gariad yr ymadawedig oedd y ferch hon, ac yr oedd y ddau
ar fin priodi, ond nid oedd y naill na'r llall wedi gwneud eu bwriad yn hysbys
i'w rhieni hyd yn hyn.

Tua'r flwyddyn 1823, digwyddodd damwain hynod arall y byddai'r hen
bobl yn coffáu yn aml amdani, ac mae'r hanes yn debyg i hyn: Yr oedd dau
frawd yn byw, y naill yn Brynmoelddu, Llanafan Fawr, a'r llall yn y Neuadd,
Llanfihangel Brynpabuan, wedi cytuno â'i gilydd i gael wagenaid o galch
oddi ar y Mynydd Du. Yr oedd yn arferiad gan y ddau frawd i gynorthwyo
ei gilydd trwy roddi dyn a dau geffyl o bob lle, a chael siwrne bob yn ail o
galch i'r ddwy fferm. Mae'n debyg mai calch i'r Neuadd oedd i fod y tro hwn.
'Wagen shengel', oedd a cheffylau ddau le wedi eu gosod ynddi bob yn ail –
yn y blaen, caseg y Neuadd, anifail araf, cryf, hardd a gweddus. Yn ail, ceffyl

ifanc i Brynmoelddu. Yn drydydd, caseg i'r Neuadd; ac yn y bôn, hen gaseg dda a chynefin â'r *shaft*, i Brynmoelddu. Pan yn dod yn ôl heibio i Fronyfelin, teimlai mab y Neuadd yn flinedig, ac aeth i orwedd ychydig ar y llwyth calch gan adael gofal y ceffylau i'w gefnder, Edward Brynmoelddu. Yr oedd yn awr yn nyfnder y nos dywell a thynnai'r ceffylau'n araf ac esmwyth i fyny'r rhiw hir ar ochr orllewinol y 'Sugar Loaf', ac eisteddodd Edward ar y *shaft* am ychydig. Pan ar y sgêr yn nhro sydyn y ffordd ar yr ochr ogleddol i'r mynydd, cadwodd y ceffylau yn rhy agos i ymyl y ffordd a dymchwelyd y wagen gan dynnu y pedwar anifail i waered i'r llethr serth a garw, a threiglodd y ceffylau a'u cerbyd hyd yn y nant ar waelod y cwm dwfn.

Hyn sydd yn hynod i'w adrodd i'r ddau gertiwr ddianc â'u bywydau'n ddiogel, ac ni chollwyd ond dau o'r ceffylau, sef y blaenaf a'r trydydd – dau geffyl y Neuadd.

Yn y flwyddyn 1814 y gwnaed y ffordd bresennol o Ben-hewl hyd gyffiniau sir Frycheiniog, ac hyd adeg y ddamwain a nodwyd, nid oedd un clawdd wedi ei godi rhyngddi â'r cwm dwfn islaw; ond darfu i'r digwyddiad yma gyffro'r wlad o'r bron, ac yn fuan wedyn codwyd clawdd gyda'i ymyl isaf o Ben-hewl dros Ddinas-y-Bwlch 'Sugar Loaf' hyd Bont Posesiwn ar gyffiniau'r ddwy sir.

MYND I MOFYN GLO I ABERHONDDU

Cyn i'r ffordd haearn gael ei gwneuthur trwy Hwnrwd Fuallt yn 1867 nid oedd glo i'w gael yn nes na thref Aberhonddu. Deuai yno gyda'r canal o wahanol drefydd Morgannwg.

Cychwynnid yn fore iawn, a chyrhaeddid Aberhonddu cyn hanner dydd. Wedi rhoi tua dwy awr i'r ceffylau yn y dref, a llwytho, cychwynnid tuag yn ôl, a rhoddid 'bait' iddynt yng Nghapel Uchaf ar y ffordd adref, a chyrhaeddid adref yn hwyr y dydd.

Yn yr amser gynt, yr oedd ffermwyr yn codi llawer mwy o ŷd nag ydynt yn yr oes hon, ac wedi darfod hau aent â llwyth o geirch i'w werthu yn Aberhonddu, a deuent â llwyth o lo ganddynt yn ôl i'r gof, i'r offeiriad neu iddynt eu hunain os na lwyddid i gael cynhaeaf da ar y mawn. Byddai rhai ffermwyr yn mynd â phwn o geirch ganddynt i'w werthu yn y dref, ac yn dod â thunnell o lo erbyn tymor y gaeaf.

Ar rai adegau, pan fyddai'r glo yn gymharol isel ei bris, byddai siwrneiau i Aberhonddu yn costio mwy i'r gof na thunnell o lo.

Un tro, fel yr oedd dyn ieuanc o'r enw John Arthur, Carreg Goronwy, Abergwesyn, yn dychwelyd o Aberhonddu, yn ddamweiniol rywfodd, aeth rhwng y *shaft* a chraig ar ochr y ffordd, a derbyniodd y truan y fath niweidiau fel y bu farw'n fuan. Cymerodd y ddamwain bruddaidd hon le Ebrill 25, 1829, yn yr oedran cymharol o 28 mlwydd oed.

HAFOTA

Hen arferiad cyffredin yn ein gwlad yn yr oesoedd gynt oedd hafota, sef i ffermwyr symud rhan o'u hanifeiliaid a'u defaid i fyny i'r mynyddoedd dros dymor yr haf, a mynd yno i drigo gyda hwynt, er eu bugeila a'u cadw ar eu tir eu hunain, a'u gwylied rhag y gelyn. Yr adeg arferol o symud oedd tua Chalanmai, a'r pryd hwnnw cymerid celfi, llestri a phethau gwir angenrheidiol o'r hendref i fyny i'r hafod. Yr oedd yr holl glud yn cael ei osod ar gar llusg, yr hwn oedd prif offeryn ein gwlad at gludo yn y blynyddoedd gynt. Gelwid y diwrnod symud hwn yn gargychwyn.

Wedi cyrraedd y mynydd, dodent i lawr mewn bwthyn bychan syml a diaddurn, a hwnnw fel rheol mewn pantle bychan cysgodol ar fin ffrwd fechan o ddwfr a lifai i waered oddi ar ystlys yr esgair neu gerllaw ffynnon lawr wrth droed y mynydd. Enw'r bwthyn oedd Hafod, neu dŷ haf. Ynddo trigai y bugail am y tymor gan wylied y praidd, a'i chwaer hithau a gymerai ofal y bwthyn ac a odrai y da a'r defaid, ac a fyddai ddiwyd a threfnus gyda'r blith, oherwydd yr oedd yn arferiad i yrru rhyw nifer o wartheg gyda'r da hesbion i'r mynydd yr haf er cael lluniaeth i'r teulu. 'Cas hafod heb laeth', medd yr hen air.

Weithiau, pa fodd bynnag, nid oedd y gwartheg blithion yn cael eu gyrru i'r mynydd yr haf, ac ni fyddai dim trin blith yn yr hafod, ond godrid defaid, a dygid eu llaeth i waered i'r hendref. Y mae hen draddodiad am wraig a elwid 'Nansi Fach', yr hon oedd yn byw yn Mhenhenwen-fawr, plwyf Llangamarch, iddi fod yn myned yn ddyddiol i odro defaid mor bell ag Esgair-yr-adar. Y modd y gwnai oedd myned fyny prynhawn a deuai'r bugail â'r mamogiaid i mewn i'r lloc, daliai yr ŵyn allan, gan eu gadael allan dros y nos, a'r mamogiaid i mewn. Godrai Nansi hwynt yn hwyr y dydd hwnnw ac yn fore drannoeth, yna troai tuag adref ar gefn y ceffyl bach, a chawell bob ochr iddo, ac ym mhob un lestr â godrad o laeth ynddo.

Yr oedd yn mynd felly yn ddyddiol am ryw dymor yn yr haf, ac yr oedd ganddi, o leiaf, wyth milldir o bellter i fyned, a llawer yn dir mynyddig, garw a diarffordd. Dywed y traddodiad yn fanylach mai yn amser yr hen Forgan Williams, Rhiwddalfa, yr oedd hyn, yr hwn a fu farw yn y flwyddyn 1783, wedi cyrraedd yr oedran mawr o 96 oed.

Traddodiad arall a ddywed i un gwraig o Benfedw yn y plwyf a nodwyd, fod yn myned yn ddyddiol i odro defaid i hen fagwyr sydd i'w gweled eto ar lan Gwesyn, tua hanner y ffordd rhwng Drysgol a'r Drygarn. Y mae'r hen fagwyr honno yn cael ei dangos yn y fan a'r lle.

Calan Gaeaf oedd yr adeg gadael yr hafod a dychwelyd tua'r hendref, gan ddwyn yr holl lestri, y celfi hyswiaeth, a chynnyrch yr haf a wnaed o laeth y gwartheg, defaid a geifr, ganddynt adref, a dyna'r 'cardychwel'. Bellach yr oedd yr hafod yn wag hyd yr haf dilynol:

Mis Hydref – hydraed hyddod,
Melyn blaen bedw, gweddw hafod.

Aneurin Gwawdrydd

Yr un adeg cesglid y da a'r praidd oll ynghyd a dygid hwynt i waered i'r hendref cyn y gaeaf. Barna rhai mai ystyr y gair hydref ydyw 'hy-i-dref' am mai dyma'r adeg y dygid yr anifeiliaid a'r defaid oddi ar y mynyddoedd tua'r hen gartref yn y wlad. Yn ei gân am Angau, dywed yr Hen Ficer fel y canlyn:

Ni cheir aros yma ond amser,
Er maint o'r grym. A'r nerth, a'r pwer;
Nid oes lle i'n aros yma,
Ond dros enyd i hafotta.

Eto, Ni cheir trigo yn dragywydd,
Ond hafotta dros ddiwedydd.

Ac eto, Fel tŷ bugail ein symudir.

Y mae'r arferiad o hafota wedi ei adael yn y rhannau yma o'r wlad ers llawer o flynyddoedd bellach, ond ceir aml i draddodiad eto yn aros ar gof a chadw o hyd; a cheir yng ngweithiau yr hen feirdd Cymreig gyfeiriad hapus at yr hen arferiad. Dyma fel y dywed un bardd,

Nid ydyw'r byd yma
Ond megis hafotta,
Na hoedl yr hwya'
Ond rhedfa o fyr hyd.

Elis ab Elis

Gwell i'r gath nad eled i hafotta.

Llyfr Coch Hergest

Meddyliwn bob amser er balchder y byd,
Na phery yr Hafdy yn heini fawr hyd.

Robert Evans

Dau ddywediad:
Tri anhebgor hafodwr: bwd, bugeilgi a chyllell.
Tri anhebgor bwd hafodwr: nenbren, nenffyrch a bangor; a rhydd iddo eu torri yng nghoed gwyllt a fynno.

Gan fod agos bob perchen defaid yn rhannau iselaf y wlad yn gyrru eu hanifeiliaid i'r mynyddau am dymor yr haf, a rhai o'r teulu gyda hwynt, yr oedd yr hafotai yn aml ar hyd y mynyddoedd yn yr amser gynt. I roddi rhyw fath o ddychymyg mor lluosog yr oeddynt, dywed hen hanes fod o

Llancharfan hyd flaen afon Irfon bedwar-ar-ddeg o leoedd y cedwid bara a llaeth ynddynt ar ddydd yr hen Galan Mai – Mai 13. Y mae olion amlwg o'r hen fythynnod hyn i'w gweld hyd heddiw ar y ddau tu i afon Irfon.

Gellir gweld llawer o hen fagwyrydd cyffelyb hefyd yng nghymoedd Camarch, Dulas a Gwesyn a chymoedd eraill yn rhannau Gorllewinol Gwlad Fuallt. Yr oedd yn gofus gan rai hen bobl yn yr oesoedd o'r blaen am lawer o'r hafotai hyn a theuluoedd yn eu trigiannu; yr oeddynt un adeg mor aml yn ein gwlad fel roedd yn angenrheidiol ychwanegu rhyw air at bob un ohonynt, a'u gwahaniaethu oddi wrth y naill a'r llall, megis Hafod Lewelyn, Hafod-y-gwair, Hafod-yr-ancr, ac eraill.

Dyma ddywediad arall o'r Trioedd Cymreig, 'Y tri dyn a fyddant hir oesog: hafotwr y mynydd, aradrwr y tir a physgotwr y môr.'

Y mae yn amlwg oddi wrth adfeilion yr hen hafotai mai adeiladau o wiail oeddynt, o leiaf yn y cyfnod boreuaf, ac yr oedd gan yr hafotai ryddid cyfreithiol i dorri coed at eu codi, a hynny lle y mynnent. Ond mewn adeg ddiweddarach yn hanes yr hafotai codid hwynt o gerrig, yn enwedig lle ceid cyflawnder o gerrig yn gyfleus, fel y mae amryw hen furddunnod sydd eto i'w gweld yn profi hyn.

Y 'POWND', NEU FFALD DIARDDELON

Mae y 'powndd' yn mynd yn llai cyffredin yng Nghymru yn barhaus. Lle bychan ydoedd, tua maint ystafell gymhedrol, wedi ei furio'n uchel, ac heb do. Flynyddoedd yn ôl, yr oedd un o'r ffeldydd hyn agos ymhob plwyf, ac fel rheol, yr oeddynt yn ymyl mur mynwent yr eglwys.

Yr oedd pownd Llanwrtyd ar ymyl y ffordd, islaw iddi, ychydig gamrau yn nes i'r eglwys na'r Carnau Mawr. Enw'r 'powndwr' oedd Rees Jones, o'r lle a enwyd. Yr oedd y cae lle y cedwid y 'diarddelon' yr ochr uchaf i'r ffordd, gyferbyn â'r Carnau Mawr.

Yr oedd pownd Abergwesyn yn ymyl llidiard gogleddol mynwent eglwys Llanfihangel. Bu anifeiliaid diarddel, defaid gan fwyaf, yn cael eu casglu yma hyd tua'r flwyddyn 1870. Y 'powndwr' diweddaf yma oedd Richard Richards, Crug.

Yr oedd pownd gynt ger mur mynwent eglwys Llanafan Fawr. Mae muriau hen 'ffald' yn aros hyd heddiw yn ymyl llidiard deheuol mynwent Llanfihangel Brynpabuan. Yr unig 'bownd' sydd yn aros mewn arferiad yn bresennol, yw yr hwn sydd wrth y 'Drover's Arms' ar fynydd Epynt. Ei berchennog ar hyn o bryd yw Thomas Evans, o'r lle hwnnw.

GWLANA

Yr oedd amser gwlana yn dechrau tua'r wythnos olaf yn Mai ac yn parhau hyd amser 'golchi', yr hyn sydd yn dechrau ar fynyddoedd Irfon a Thywi ganol

Mehefin. Yn yr adeg yma deuai ugeiniau o fenywod tlodion, yn wragedd, hen weddwon a merched ieuainc mor bell â glan Bae Aberteifi – Llannon, Llanrhystud a rhai mor bell â Llanarth a'r Ceinewydd, yn flynyddol i fynyddoedd Tywi ac Irfon i wlana.

Fel rheol, deuent yn wahanol gwmnïoedd a deuent â cheffyl a chart bychan, ysgafn, i'w hebrwng trwy Tregaron, a'u cyfeiriad ymlaen tua'r mynyddoedd uchel. Yn y cerbyd a nodwyd, byddai ymborth wedi ei baratoi erbyn pythefnos o wlana, yn fara, caws ac ymenyn, te a siwgr, ac amryw drugareddau eraill. Hefyd, sachau gweigion at gludo'r gwlân adref. Byddai ganddynt oll lety-dai yn barod, a hynny yn y lleoedd mwyaf cyfleus i'r mynydd – yn y bugeildai a'r amaethdai yng nghymoedd y mynyddoedd, ac wrth draed yr esgeiriau, lle y caent ganiatâd i orphwys y nos mewn tai anifeiliaid, ac ar daflodydd. Byddai cynifer ag ugain neu ddeg-ar-hugain yn aros felly mewn llawer lle yn adeg gwlana. Yr oedd yn hen arferiad caredig gan ardalwyr y mynyddoedd i roddi iddynt ryw ddilladach i daflu drostynt, a chodai rhai dair ceiniog yr wythnos am eu lle, a charedigrwydd arall iddynt am yr adeg.

Codent yn fore iawn i wlana, tua phedwar o'r gloch y bore, ac wedi cymeryd ymborth, cychwynnent yn finteioedd tua'r ucheldir. Os yn wlyb neu wlith trwm ar y ddaear, byddai llawer ohonynt yn droednoeth, goesnoeth, a charient eu hesgidiau, a'u hosanau ynddynt yn barsel bychan twt ar eu cefnau, gyda thamaid o ymborth i'w gymryd ar y mynydd yn ystod y dydd.

Tua deg o'r gloch, wedi i'r gwlith godi, nesaent at ei gilydd i ymyl rhyw ffrwd fechan o ddŵr, neu at fôn ffynnon, ac yno eisteddent oll i gymryd lluniaeth ac yfed a disychedu eu hunain o'r dwfr gerllaw. Lledai pob un ei gwlân ei hun yn danfa ar y ddaear i'r haul i godi damprwydd oddi arno; a thra y byddai'r gwlân yn ymsychu yn llygad yr haul, cymerai y rhai mwyaf llesg a lluddedig hun fer ar y ddaear; tra eraill yn awr yn gwisgo eu hesgidiau a'u hosanau am eu traed. Gwyddai menywod y gwlân am bob tarddiad bychan o ddŵr lle yr arferent wlana gynt. Mae ar fron y Drygarn lygedyn bach yn tarddu o'r graig a elwir Llygedyn Neli; ffynnon yn ôl traddodiad ardalwyr y mynyddoedd a gafodd ei henw oddi wrth hen wraig a arferai yfed ohoni'n flynyddol am lawer o amser.

(Llawer gwaith y clywais adrodd am un hen wraig a letyai yn y Cwm-du, lle ar ochr orllewinol Cwm Tywi, a aeth i'r capel un bore Sabath; wedi dod adref a chael cinio aeth i gael cyntyn, yn ôl hen arferiad llawer o hen bobl yr oes o'r blaen. Wedi codi, a chael cwpanaid o de, aeth i'r mynydd i wlana, gan dybio mai bore dydd Llun ydoedd!)

Wedi i bob un gasglu ei gwlân ynghyd troent eu gwynebau yn eu hôl, ac ymwasgarent oddi wrth ei gilydd am gryn lawer o'r mynydd. Cerddent yn groes i'r dde ac ar yr aswy at y cydun hyn a'r pigodyn acw. Arferai rhai hen wragedd gadw gwlân yn eu dwylo a fforch fechan ar ei blaen, ac â honno y codai dwsau oddi ar y llawr, a hynny gyda hwylustod a chyflymdra.

Nid golygfa anghyffredin ar wastadeddau yr ucheldir yn adeg gwlana oedd gweld ugain neu ddeg-ar-hugain o fenywod ar yr un olwg yn symud yn araf, gan blygu, plygu, yn barhaus, a phigo pob tusw i fyny, pa mor fychan y byddai.

O bedwar i bump o'r gloch brynhawn, cyrhaeddent y lletydai yn flinedig wedi diwrnod hir a diwyd o gerdded y parth. Wedi cael lluniaeth, ac awr i ymgomio, a dadluddedu, âi rhai o'r hen gydnabyddion arferai ddod yn flynyddol i'r lle, i'r tŷ at y teulu, a cheid ysgwrs hir, a hanes a helyntion blwyddyn gron o'r wlad ar lan y môr. Yr oedd hen wragedd rhannau isaf y wlad yn hynod am eu cof cyfoethog a'u gwybodaeth eang yn hanes y byd a'i helyntion, ac achau a hen draddodiadau. Pan ddeuai amser godro, cynorthwyai y merched ieuainc yn galonnog at y gwaith, a gwahanol orchwylion eraill perthynol i'r tŷ a'r teulu; ac fel mae 'Un da yn gwahodd arall', caent wlych – yn llaeth, maidd neu enwyn i yrru 'y tamaid sych i lawr'.

Ar fore gwlyb, pan rwystrid hwynt i esgyn i'r mynydd, treulient y dydd i frycheuo'r gwlân, a'i lanhau, a thynnu y gwlân du allan ohono.

Mae'n bwrw gwlaw allan, mae'n hindda'n y tŷ,
A merched Tregaron yn chwalu gwlân du.

– sydd hen reim wedi disgyn i lawr ar y cof am genedlaethau.

Wedi treulio tua phythefnos yn gwlana, byddai'r bara yn mynd yn hen a chaled, a phethau yn mynd yn brin, yna hwylient i gychwyn tuag adref. Ar brynhawn Sadwrn yn fwyaf cyffredin y troent eu gwynebau yn ôl. Deuai cyfe i'w dwyn adref eto fel o'r blaen. Cymerent luniaeth yn Nhregaron ar y ffordd, a chyrhaeddent lan y môr yn hwyr y dydd. Os byddai'r tywydd yn dda deuai aml un i fyny am wythnos, neu ychwaneg, eilwaith.

Deuai niferoedd mawrion i wlana o ardaloedd Tregaron, Llanddewibrefi, Llangeitho a mannau eraill. Cychwynnent oddi cartref gyda thoriad y wawr, a chyrhaeddent 'Fryniau Dewi', ac eraill, hyd gefn uchel Mynydd y Gwair ac i olwg Cwm Tywi ar gydiad siroedd Aberteifi a Brycheiniog erbyn tua hanner dydd. Yna troent yn eu hôl gan gerdded rhan arall o'r mynydd a chan wlana eto gyda'r un diwydrwydd, a chyrhaeddent y dref erbyn hwyr y dydd.

Ond ar fynyddoedd Llanwrthwl a Chwmdeuddwr y gwelid mwyaf o fenywod yn gwlana o unlle yn yr hen amser. Deuent i fyny o wahanol leoedd cyfagos yn y wlad.

Ar ddydd gwlyb byddai ôl eu traed noeth ar hyd llwybrau ac ar y mawndir. Deuent mor bell â'r Drygarn ac Esgairgarthen, a hynny yn fath nifer trwy dymor gwlana, gan aflonyddu'r praidd lle bynnag yr aent. Pan welent lwdn marw ar y mynydd, casglent ei wlân yn llwyr fel nad oedd tileth [?] ar ôl; ac nid digon hynny ganddynt, ond pan welent ddefaid ar wres yn gweru mewn [?], neu o dan geulannau rhuddfeuon, dalient hwynt a giniaent hwynt drostynt mewn ychydig amser.

Tua chanol y ganrif o'r blaen – 1850, daeth bugeiliaid ar y mynyddoedd a nodwyd, a'r fath achwyniad yn eu herbyn, fel y bu raid i berchnogion defaid gadw dynion a chŵn ffyrnig ganddynt, ac wedi'u harfogi â choed yn eu dwylo, er eu herlyn a'u cadw o blith y praidd.

Fel hyn llwyddwyd i raddau eu rhwystro yn eu beiddgarwch a'u difa oddi ar y mynyddoedd, oddigerth y rhai a letyent y nos gyda gwahanol deuluoedd.

(Pan oeddwn i'n ifanc, daeth ynof deimlad am weld Llyn Carw ar fynydd-oedd Llanwrthwl, a chroesi oddi yno i ben y Drygarn er cael gweld yr haul yn machlud dros Fae Ceredigion; a phan yn croesi'r gwastatir eang o dir *swamp* sydd yn gorwedd rhwng y llyn a'r mynydd uchel a nodwyd, gwelwn ôl traed noeth ar lwybrau'r praidd ar y mawndir. Wedi gwneud ymholiad, cefais allan mai ôl traed merched yn gwlana oeddynt.)

Yn ôl tystiolaeth hen ardalwyr y mynyddoedd, menywod godre'r wlad a glan y môr oedd y mwyaf gonest, a mwyaf rhydd oddi wrth y pechod a enwyd; yr oedd y rhain yn gymeriadau moesol a gonest fel rheol. Dygent Destament Cymraeg ganddynt i'w darllen ar awr hamddenol ac ar y Sabath. Darllenai rhai yn ddistaw iddynt eu hunain, tra y nesâi eraill at ei gilydd i ddarllen bob yn ail adnod, ac yr oedd llawer ohonynt wedi trysori cryn lawer o air Duw ar eu cof.

Gofalai rhai merched ifanc wneud cytundeb â'u meistres wrth gyflogi eu bod i gael wythnos neu bythefnos i wlana tua dechrau Mehefin.

Iechyd a mwynhad i gorph ac ysbryd oedd treulio ysbaid o bythefnos yn awyr bur y mynydd uchel, ar dywydd heulog, i 'Yfed gwynt y nefoedd,' fel geifr Emrys gynt; a dychwelyd adref wedi casglu digon o wlân i gadw'r gweill i fynd am dymor y gaeaf du.

[Wrth wlana] cerddent yn fanwl y tir lle gorweddai'r praidd y nos. Casglai y rhai mwyaf gwrol a heini, o dri i bedwar pwys y dydd ar dywydd da, yr hyn fyddai yn llawn o gynorthwy i'r tlawd i gael hosanau a dilladau eraill i'r teulu. Fel hyn y llwyddid i 'gadw rhywbeth ar y gweill' fel y dywedid. Dyma bennill:

> Pe cawn ddewis fis Mehefin
> Bod yn fugail ynteu'n frenin;
> Fe ddewisiwn bastwn onnen,
> Yn lle coron a theyrnwialen.

CYFRIFON AM BRISIAU ANIFEILIAID

Copi o gofnodion oddi ar lyfr o eiddo Evan Thomas, Ty'n-y-coed, Llanafan Fawr, yn cynnwys cyfrifon am brisiau anifeiliaid a werthid oddi ar y fferm a enwyd.

		£	s	d
1850	15 ewes and lambs	9.	0.	0
	8 yearling sheep at 8/0	3.	4.	0
	One calf and ram	1.	4.	0
	For wool	2.	2.	0
	For two yearling cattle	5.	10.	0
	For a colt	3.	2.	6
	For 27sts 6lbs of butter	10.	14.	0
1851	11 lambs at 6/6	3.	11.	6
	For wool	2.	12.	0
	1 steer	2.	15.	0
	15 ewes at 8/0	6.	0.	0
	20 strike of oats	6.	0.	0
	7 lambs at 7/0	2.	9.	0
	2 yearling cattle	6.	0.	0
	2 pigs at Builth	1.	0.	0
1852	28sts 8lbs of butter at 8/6	11.	9.	4
	1 Heifer in calf	6.	0.	0
	1 cow and calf	8.	0.	0
	Tack of sheep	8.	0.	0
	13 yearling sheep at 10/6	16.	16.	6
	1 cow and calf	7.	7.	6
	Hauling 15 hundred of coal		11.	3

Llofruddiaethau Cantref Buallt

LLOFRUDDIAETHAU MOELPRYSGAU

Tua'r flwyddyn 1721, yr oedd yn byw yn Moelprysgau, bugeildy ym mlaen Cwm Tywi, un o'r enw Evan Edward William, ac wedi ei farwolaeth olynwyd ef yn y lle gan ddau fab iddo, o'r enwau Evan Edward, a Thomas Edward, y rhai a ddaethant i feddiant o'r eiddo ar ôl eu tad. Yr oedd Evan yn briod, ond mab dibriod oedd Thomas, yn byw gyda'i frawd a'i chwaer yng nghyfraith, ac yn gyfrannog ag Evan am yr eiddo.

Un diwrnod pan oedd y ddau frawd yn unig yn golchi y ceffylau yn Llyn Cripil, yn afon Claerwen, cymerodd Evan arno ei fod yn gweld 'salmon' yn y pwll, a phan ddaeth Thomas i ymyl y geulan i edrych arno, gwthiodd ef i lawr i ddyfnder y llyn; ond nofiai Thomas at yr ymyl. Pan welodd Evan ef yn argoeli dod allan, cymerodd garreg, a churodd ef ar ei ben nes yr aeth yn anymwybodol, a boddodd. Yn awr daeth Evan, yn ôl ei amcan, yn feddiannol ar yr holl eiddo.

Yr ail lofruddiaeth: Daeth i Foelprysgau 'Scotchman' i letya dros nos, yr hwn a gariai bac o ddefnyddiau i'w gwerthu ar hyd y wlad. Yr oedd Evan a'i wraig yn tybied fod yn ei feddiant gryn lawer o arian, ac a'i llofruddiasant, ac a'i claddasant yn llawr y tŷ, o dan garreg yr aelwyd. Ni ddaeth y llofruddiaeth hon eto i'r amlwg, ac ni ddarfu i'r teulu gael ei ddrwgdybio.

Yr oedd yn eiddo i'r 'Scotchman' geffyl glas, yr hwn a fu yn crwydro yn ddiarddel ar hyd y mynyddoedd am fisoedd, hyd nes yr arddelwyd ef gan arglwydd y faenor.

Y drydedd lofruddiaeth: Yr oedd yn arferiad cyson gan Evan Edward ar y Suliau i fyned i Bontrhydfendigaid, gan ddweud wrth ei wraig mai mynd i'r eglwys yr oedd. Ond, o'r diwedd, darfu i'r wraig fynd yn ddrwgdybus ohono, ac un Sul, efe a aeth ar geffyl, gan ddweud ei fod yn mynd i'r eglwys, i Bontrhydfendigaid fel arfer, ac ni ddaeth adref y nos Sul honno. Bore Llun, a'r wraig yn blino aros amdano, hi a aeth dan wau ei hosan i edrych a welai ei gŵr yn dod adref, a thrwy nad oedd ef yn dod, hi a osododd yr hosan yn ei phoced, ac aeth mor bell â'r Bont, a chafodd ei phriod yn y dafarn gyda gwraig o gymeriad isel. Yna hi a'i cymhellodd ef i ddod adref gyda hi, ac efe a aeth. Pan yn mynd heibio i Blaen Glaswd, darfu i rai o'r teulu hwn ei gweld hi yn gwau ar gefn y ceffyl, a'r gŵr yn cerdded. (Yr oedd yr hen ffordd yn mynd heibio i'r lle a enwyd.) Wedi pasio'r lle yma, aeth y gŵr ar gefn y ceffyl, gan ei chymeryd hi wrth ei ysgil; yna hi a ddechreuodd ei geryddu am ei anffyddlondeb iddi hi; ar hyn tynnodd ef gyllell allan o'i boced, a thrywanodd hi yn ei bol, fel y syrthiodd o'r tu ôl iddo oddi ar gefn y ceffyl i'r heol, lle y gadawodd hi yn ymdroi yn ei gwaed a'i hymysgaroedd. Bore drannoeth, fel yr oedd dyn yn pasio y ffordd honno, efe a'i darganfyddodd hi, a'r gyllell yn y gwaed yn ei hymyl. Efe a wnaeth y peth ar unwaith yn hysbys ym Mhontrhydfendigaid, a chyn i'r corff gael ei symud o'r lle, dywedir fod mil o ddynion wedi ymgasglu i'r fan! Cyn i'r dorf fawr ymadael o'r lle, casglwyd carn o gerrig ar y llecyn, er coffa am y digwyddiad alaethus, a dynodi'r fan y digwyddodd. Y mae'r garn hon eto i'w gweld, ond agos wedi ei gorchuddio gan dyfiant erbyn heddiw.

Cafodd y llofrudd ei ddal ar unwaith, a'i draddodi i garchar yn nhref Aberteifi, lle y gwnaed ef yn euog am y weithred, ac y cafodd ddioddef eithaf y gyfraith. Cyn ei ddienyddiad, darfu iddo gyfaddef yr holl fanylion uchod am y tair llofruddiaeth.

Cymerodd y llofruddiaethau hyn le, mae'n debyg, tua diwedd y chwarter cyntaf o'r ddeunawfed ganrif, 1725.

Wedi ei ddienyddiad, casglwyd ei holl ddiadelloedd defaid, yn ddwy fil mewn rhif, ac aed â hwynt i'r Ffald Las, Rhiwddalfa, a chynigiwyd hwynt oll am hanner coronau i'r hen Forgan William o'r lle hwnnw, a hynny er ceisio cadw yr eiddo i'r plant a'r teulu; ond gwrthododd eu cymeryd. Yna darfu i arglwydd y faenor, y bonheddwr Marmaduke Gwynne o'r Garth, atafaelu ar yr holl eiddo. Pwrcaswyd yr holl ddefaid oddi wrth M. Gwynne, gan William Williams, Dolgoch, Cwm Tywi, wedi hynny o'r Pantysirydd ger Tregaron, yn ddwy fil mewn rhifedi.

LLOFRUDDIAETH NANTYSTALWYN, CWM TYWI

Cymerodd y llofruddiaeth hon le yn y flwyddyn 1770. Yr oedd yn byw yn y lle uchod hen fab gweddw a elwid yn ôl dull yr oes honno, Wmffre Jenkin, yn cadw pedwar o wasanaeth-ddynion – dau was a dwy forwyn; mewn amgylchiadau bydol cysurus, a chanddo yn ei dŷ ddeugain punt o arian, pa swm oedd yn hysbys i'r gwas a'r forwyn bennaf, y rhai a gytunasant â'i gilydd i'w wenwyno.

Un diwrnod poeth yn yr haf, pan ddaeth i'r tŷ yn sychedig, a gofyn am ddiod, y forwyn a roddodd y gwenwyn yn y dŵr iddo i'w yfed!

O dan effeithiau'r gwenwyn aeth yn boenus iawn, ac i ochain yn enbyd; yn awr ymosododd y gwas mawr arno er ei lofruddio. Galwai yntau ar Maggie, y forwyn fawr, i'w gynorthwyo, gan gynnig llawer o'i eiddo iddi am achub ei fywyd; ond yn hytrach na'i helpu, hi a aeth yn gyfrannog â'r gwas yn y weithred o'i lofruddio. Er ei rwystro i gadw sŵn, gwthiwyd hosan wstid yn ei geg; ac felly y terfynwyd ei fywyd. Cedwid y gwas bach allan i wylied y ffordd tra y cymerodd y llofruddiaeth le. Yr oedd y forwyn fach, fel y dywedir, a chanddi beth gwybodaeth am y weithred.

Wedi ei lofruddio, gosodwyd y corff ar y gwely lle yr arferai gysgu; yna bolltiwyd drws yr ystafell, ac aethant allan trwy'r ffenestr, ac yno y bu am ddau ddiwrnod, nes y daeth David Prydderch, Cwmbryn Fawr, Cil-y-cwm, yno i brynu defaid, a chan ymholi am Wmffre Jenkin; hwythau a atebasant ei fod ers diwrnodau yn ei ystafell wely, ac wedi bolltio'r drws arni i mewn, ac nas gallasant gael un gair ganddo er mynych alw arno!

Pan glywodd David Prydderch hyn, aeth yntau i alw arno, ond ni chafodd un ateb; yna ceisiodd ysgol, ac edrychodd i mewn i'r ystafell wely drwy'r ffenestr, a gwelodd ei fod yn farw ar ei wely. Yna gyrrwyd i Ddolgoch, a phan ddaeth cymdogion i'r lle, ceisiwyd bar haearn, a chodwyd drws yr ystafell oddi ar ei fachau, a gwelwyd ei fod wedi marw ers diwrnodau, ac fod y corff yn chwydd mawr, ac yn galw'n drwm am ei gladdu. Ni chafodd neb ar y pryd ei ddrwgdybio, o leiaf ni osodwyd llaw ar undyn.

Yr oedd y corff yn galw gymaint am y bedd, fel mai ar elor-feirch y dygwyd ef i'w gladdu; a dywed traddodiad mai ei geffyl glas ef ei hun, oedd ef yn arfer farchogaeth, oedd y blaenaf yn yr elor ar ddydd y gladdedigaeth.

Am ddwy flynedd gyfan, ni fu ychwaneg o sôn am y peth; ond ryw ddiwrnod daeth rhyw ddrwg-deimlad rhwng y ddwy forwyn, a chlywyd y forwyn fach yn edliw am y llofruddiaeth i'r forwyn fawr, yr hyn, fel y mae yn naturiol i gredu, a greodd ail gyffro yn yr ardal. Yn awr clywodd y gwas mwyaf am y peth, a dihangodd mewn pryd. Dilynwyd ef hyd nes aeth i Gors Goch ar Deifi, a chollwyd ef yn y nos, ac ni chlywyd gair amdano byth wedyn.

Rhoddwyd dwylaw ar Maggie, y forwyn fawr, yr hon oedd wedi bod â llaw fwyaf yn y weithred o wenwyno. Pan y daliwyd hi, yr oedd yn codi mawn Ffosygaseg ar Esgair Irfon, medd hen draddodiad. Dygwyd hi i'r carchar yn Aberhonddu, lle y profwyd hi yn euog o lofruddiaeth wirfoddol. Yr oedd y fath sôn yn barod ar hyd yr oesoedd am lofruddiaethau Cwm Tywi, fel pan caed un yn euog am y fath lofruddiaeth y tro hwn, gorchmynnodd y 'Judge', Michael Nolan, iddi gael ei chrogi yn hanner marw, yna llosgi ei chorff, a hynny yng ngŵydd yr holl dorf, yr hyn a wnaed i'r lythyren! Crogwyd ei chorff i fyny a gosodwyd casgen o bŷg (*pitch*) a choed odano, yna llosgwyd ef yn ulw yng ngŵydd torf fawr, oedd yn wyddfodol yn llygad-dystion o'r olygfa ryfedd. Bu hyn yn rhybudd i Gwm Tywi oedd wedi bod am oesoedd yn hynod o anwaraidd, ac ni bu un lofruddiaeth yn y Cwm ar ei hôl.

Hen Gymeriadau Llanwrtyd a'r Cylch

UN O DDEFEIDWYR CWM TYWI

William Williams neu fel yr adwaenid ef orau drwy yr holl wlad 'King of the Mountains', oedd fab hynaf William Williams o'r Ddôl-goch, Cwm Tywi. Yr oedd y teulu hwn yn disgyn o hen deulu cyfoethog o ardal Llanddewibrefi. Mab oedd efe i John Williams o'r lle a enwyd. Yr oeddynt yn deulu o ddylanwad mawr, nid yn unig yn eu hardal eu hunain, ond yn y sir hefyd. Cawn enw Mr Williams, Dôl-goch yn 'High Sheriff of Cardigan' yn 1725. Ganwyd 'King of the Mountains' yn y lle a enwyd yn 1698, a threuliodd ran helaeth o'i fywyd yn ei le genedigol fel defeidiwr, a gwnaeth gryn lawer o gyfoeth oddi wrth ei ddiadelloedd lluosog a borent ar fynyddoedd Irfon, Tywi a Chamddwr.

Tra yn byw yn y Ddôl-goch, fel y mae yn naturiol credu am un oedd yn meddu ar gynifer o ddefaid, yr oedd yn wastad â llawer o arian ganddo yn y tŷ, ac yn yr oes honno nid oedd banc yn agos iddo, ac er diogelu ei dŷ rhag lladron, dywedir fod pladuriau wedi eu gosod yn y simneu a'u min i fyny er rhwystro dynion drwg rhag dod i mewn.

Roedd yn arferiad gan ei fugeiliaid oll fyned â'r crwyn a'u cyfrif ato ef i Bantysirydd ar fore Ffair Garmon – Mawrth 16 ac mae'n, debyg i hydref a gaeaf 1770–71 fod yn weddol dyner, ac ni bu colledion yn y defaid ond bychan cyn Mawrth y gwanwyn hwnnw. A bore Ffair Garmon y flwyddyn hon, bugail y Ddôl-goch oedd y cyntaf i Bantysirydd. Yr oedd yno'n fore iawn, a'r hen fonheddwr heb fod yn hwylus iawn ac heb godi, yn ôl yr hanes. Gwnaeth y deulyddes yn hysbys i'w meistr fod y bugail wedi dod; yntau a archodd iddi ei yrru i mewn ato ef. Wedi rhyw ychydig gyfarchiadau arferol, gofynnodd y bonheddwr a oedd wedi rhoddi ei boni yn y tŷ, ac os oedd wedi cael ychydig i'w fwyta, ac atebodd y bugail nad oedd ganddo yr un ceffyl y bore hwnnw.

'Beth! A ddos di ddim â'r crwyn?' oedd gofyniad y meistr yn syn.

'Do. Do,' medd y bugail. 'Doedd gen i ddim ond hyn-a-hyn eleni, ac mi ddos i â nhw ar y bastwn ar fy ysgwydd.'

'Ho! Ho!' meddai'r hen fonheddwr, ar ei gefn yn y gwely. 'Fe gei di fwy o waith blingo'n fuan: "Mawrth a ladd ac Ebrill a fling".'

Cyn i'r bugail ymadael â'r ystafell rhoddodd ei feistr swllt iddo, gan geisio ganddo brynu cyllell dda yn y ffair y dydd hwnnw, a chyn Calan Mai yr oedd y gyllell honno wedi blingo dros bedwar cant o ddefaid oedd dan ei ofal ef yn unig. O ffair Garmon ymlaen aeth yr hin mor erwin fel y bu colledion amlwg ar ddefaid dros yr holl wlad o'r bron, ac aeth defaid Williams, Pantysirydd rai miloedd yn llai o rif yn y fl. 1771 nag oeddynt y flwyddyn flaenorol.

Mae'n debyg mai clywed am foneddiges yn Ysgotland, yr hon oedd, meddir, yn berchen 20,000 o ddefaid, a fu yn foddion iddo ef geiso cynyddu ei ddefaid yntau i'r un nifer. Yr oedd ei ddefaid wedi cynyddu i'r rhif anhygoel o 19,000 a bu yn amcan ganddo am flynyddoedd eu cael yn 20,000, a'i ferlynnod mynydd yn 1,000, ond methodd yn ei amcan. Yn hydref y flwyddyn 1770 yr oeddynt wedi cynyddu dros 19,000, a chredai y llwyddai i'w cael y flwyddyn ddilynol, ond bu gaeaf 1770–1771 yn hynod erwin a chaled, fel y bu colledion dirfawr ar ddefaid dros y wlad, a'r gaeaf hwn aeth yr eiddo ef yn ôl yn eu rhif, fel yr oeddynt gannoedd yn llai na'r flwyddyn flaenorol.

Pan ddeuai'r ysbaddwr i dorri ar y ponis, treuliai amryw ddiwrnodau gydag ef wrth y gwaith, a pharhâi ei gnaif am rai wythnosau. Gorchmynnai yn bendant i'r cneifwyr i gadw gwlân pyrsau y defaid gwrywod oll, a gwnai *suit* o ddillad newydd at ei wasanaeth ei hun ohono bob blwyddyn. (Côt fawr, medd eraill.) Y mae yn hen ddywediad eto yng Nghwm Berwyn a'r cylch hwn, pan fydd rhywbeth yn rhy brin i ddod i'r rhif, dywedir 'Y maent fel defaid Williams, Pant Sheriff.' Yr oedd ei ddefaid yn pori, fel y dywedir o lannau afonydd Cilent a Gwesyn hyd darddiad afonydd Irfon a Thywi. Yr oedd holl dyddynwyr y parthau hyn yn ddeiliaid iddo ef. Caent gadw rhyw nifer fechan o dda, ond yr oedd y defaid dros yr holl wlad yn eiddo iddo ef.

Fel pob defeidydd yr oedd ganddo ystafell arbennig i osod gwlân ei ddefaid er ei gadw'n ddiogel a sych. Yr oedd amaethdy Pantysirydd, fel llawer o'r hen anhedd-dai, a'i ben uchaf yn erbyn y ddaear, h.y. yr oedd y 'ddaear fyw' cyfuwch â'r llofft, ac yr oedd 'rwm y gwlân' yn ystafell eang uwchben y rhan uchaf o'r tŷ, a drws yn agor oddi ar y ddaear i mewn iddi. Ac i'r drws yma yr oedd latsh oddi fewn ond heb un twll yn y drws i yrru bys i mewn i godi'r latsh yn ôl arferiad yr hen ddrysau gynt; felly roedd y gwlân yn berffaith ddiogel rhag lladron.

Byddai'r hen siryf yn casglu ei holl ddefaid i'w cneifio i Gwm Berwyn. Y mae y ffald lle y cedwid y defaid i'w cneifio i'w gweld ger y lle hwnnw eto, ac yn mesur tua 80 llath o hyd a chloddiau cerrig o'i amgylch.

Yr oedd yn arferiad mynych gan ŵr y Gorllwyn i fynd â'i gewyll tano ar gefn ei geffyl ffyddlon i Aberystwyth, yr hyn a fu yn foddion iddo gael ei ddrwg-dybio gan yr hen Williams, ei feistr. O'r diwedd, gosododd ddynion i'w wylio er mwyn gweled cynwysiad ei gewyll, a chafwyd pedwar a chwarter llwdwn ynddynt. Bu hyn yn foddion i'w feistr ei yrru o'r tyddyn bychan lle roedd yn byw, a meddiannodd yntau ei holl eiddo. Cafodd y dyn anffodus le i ddyrnu gydag un Llwyd o Treberis; ac ym mhen ryw ysbaid o amser darfu i'r bonheddwr gael gwybod hanes y dyrnwr, a'r canlyniad fu iddo ef fyned i gyfraith â'r hen Williams a mynnu eiddo y dyrnwr yn ôl iddo.

Yr oedd yn byw ym Mlaenegnant yn amser Williams, Pantysirydd, gymeriad tra hynod a elwid 'Yr Ysbryd Gwyn'. Gelwid yr enw yma arno am ei fod yn gwisgo 'clogyn gwyn' amdano y nos, ac âi yn llechwraidd ddechrau'r nos allan i'r mynydd lle y byddai'r defaid yn arfer dyfod i gysgu; ac yna gorweddai a'r clogyn gwyn dros ei holl gorph. Yna, yn hwyr y dydd deuai y defaid i orwedd fel arfer yn heidiau o'i amgylch gan ei gymryd ef fel un ohonynt eu hunain. Felly y llwyddai i ddal un ohonynt yn hollol ddidrafferth. O'r diwedd, drwgdybiwyd ef, a gwnaed y peth yn hysbys i berchennog y defaid. Ryw dro cyfarfyddodd Williams ag ef a bygythiodd ef gan ddweud, 'Oni adewi di dy waith, ti gei dy grogi yn dy glogyn gwyn.' Yr ateb oedd, 'Fe fyddi di yn Sirydd sir Aberteifi pan gymer hynny le.' Yn y flwyddyn 17[?] yr oedd W. Williams yn Uchel Sirydd sir Aberteifi a'r flwyddyn honno cawn fod y lleidr defaid wedi ei grogi yn ei glogyn gwyn yn nhref Aberteifi.

Er mwyn cael tiroedd oddi ar ddynion iddo ei hun âi â dyrnaid neu ddau o ydrawn yn ei boced i'r fferm honno, heuai ef ar y tir, a Shams gydag ef yn dyst ei fod wedi gweled. Yn y treial yn Aberteifi tyngai Shams ei fod yn llygad-dyst a'i fod wedi ei weld yn hau ar y lle hwnnw y pryd a'r pryd. Gan nad oedd tyddynwyr bychain y mynyddoedd ond dynion di-ddysg ac unieithog, a'r cwbl yn cael ei drin yn yr iaith Saesneg, yr oeddynt yn hynod o ddiamddiffyn, ac âi yr hen orthrymwr â'r tir oddi arnynt.

Cadwai ei ddeiliaid mor gaeth o dan ei law fel yr oeddynt unrhyw adeg at ei alwad er gwneud unrhyw driniaeth ar ei ddiadelloedd mewn unrhyw fan. Rhifai defaid Maesprysgau 2,500 yn ei amser ef, a gwerthai myllt o 3/6 i 5/- y pen; a'r gwlân o 3/6 i 5/- y topstan – un-pwys-ar-ddeg o'n pwysau ni'n bresennol.

Ardreth y lle hwn yn yr amser yma oedd £4.10 yn flynyddol, ond yn awr yn £120. Rent y Ddôl-goch yn ei amser ef oedd £5, ond yn bresennol yn £180.

Yn yr adeg yma nid oedd ar y Ddôl-goch un ffenestr wydr, ffenestri dellt oeddynt oll. Yn ôl arferiad yr oes honno, gosodid gwisg ebol bach wedi ei dynnu'n denau a'i sychu dros rai o'r ffenestri dellt hyn er cadw'r gwynt allan a rhoddai olau hefyd i'r ystafell. Yr oedd hen bobl oedrannus yng Nghwm Tywi y rhai oedd yn fyw ugain mlynedd yn ôl, yn cofio am wisg ebol bach felly ar rai ffenestri bythynnod ar fynyddoedd Tywi a Dythuan ddechrau y bedwaredd ar bymtheg.

Symudodd Williams ryw adeg yn rhan olaf ei fywyd o'r Ddôl-goch i Bantysirydd, fferm yng Nghwm Berwyn ger Tregaron. Dyn dibriod ydoedd yn caru casglu cyfoeth a phentyrru golud. Casâi grefydd â chas calon, ac erlidiai grefyddwyr gymaint fel na feiddiai neb o'i ddeiliaid agor eu drysau i dderbyn oedfaon i'w tai, a phan ddeuai Williams Pantycelyn neu Rowland

Llangeitho heibio ar eu teithiau i bregethu yn yr ardal, ni feiddiai ond rhydd-ddeiliaid eu derbyn i'w tai i bregethu a'u lletya, a gwae y neb o'i ddeiliaid ef a aent i'w gwrando. I ddangos mor bell yr oedd ei ofn a'i ddylanwad yn myned fel erlidiwr crefyddol, digon yw dweud y byddai crefyddwyr y cylch oedd ef yn byw, yn adeg y cyfarfod yn bolltio drws y ffrynt, ac yn gadael drws y cefn yn rhydd modd y gallai y gwrandawyr, os digwyddai ef ddod at y tŷ, fynd allan yn ddiogel trwy y cefn!

Yr oedd ef a rhywun o'i fugeiliaid mewn cyfraith yn aml â'r cymdogion, am erlyn, lladd a llabyddio defaid ac anifeiliaid ar y mynyddau. Cadwai a thalai'n dda i gymeriadau isel am roddi tystiolaeth o'i du ar ddydd y treial. Enwir un hen gymeriad a adwaenid wrth yr enw Shams y Brethyn [?] oedd ŵr cryf ei lw a pherffaith ei dystiolaeth o'i du ef yn aml ar achlysur o gyfraith. Un tro, pa fodd bynnag, a Williams mewn cyfraith lled dynn â rhywun, ac i fynd ymlaen i'r Cwarter yn Aberteifi, a hynny heb argoel fod gofyn am wasanaeth Shams y tro yma, a phan oedd yr amser yn ymyl, tarawodd Shams yn hamddenol ryw brynhawn hyd Bantysirydd, a chafodd ymgom â'r hen fonheddwr fel arfer, ac wrth gwrs, daeth mater y gyfraith yn destun yr ymddiddan yn naturiol. Yna gofynnodd Shams:

'Rwy'n gweld nad oes arnoch chi ddim o f'eisie i y tro hyn, mishtir.'

'Na, rwy'n meddwl y gwnawn ni'r tro hebot ti nawr Shams,' oedd ateb yr hen fonheddwr.

'O, ie, dyna pam yr own i'n gofyn,' meddai Shams yn fforddol. 'Y mae'r ochr arall am danaf os nad oes arnoch chi fy eisie.'

Ar hyn gwelodd Williams nad oedd o un iws i fyned i Aberteifi os byddai Shams yno yn ei erbyn, a dywedodd, 'O, y mae yn well i *ni* dy gael di, Shams.' Yna y galwodd ar un o'i weision gan ddweud wrtho am baratoi 'ceffyl i Shams'. Y mae 'ceffyl i Shams' yn hen air a glywir yn ardaloedd Berwyn a Thregaron hyd heddiw.

Rhyw amser cyn ei farw daeth dewines (*fortune teller*) heibio i Bant-ysirydd a dywedodd y buasai i anner o'i eiddo i fwrw llo gwyn cyn ei farwolaeth. O hyn allan nid oedd un anner yn bwrw llo, nad oedd yn gofyn bob amser i'r gwasanaethyddion: 'Pa liw yw'r llo?' Ond o'r diwedd cymerodd ddywediad yr hen ddewines le, daeth anner perthynol i Pencarreg, un diwrnod â llo gwyn. Gwnaeth y forwyn bennaf y newydd yn hysbys i'w mheistr. Pan glywodd yr hen fonheddwr am fwriad y llo gwyn ei atebiad oedd fel y dywedir, 'Wel! Wel! Dyna fe. Nid yw ond rhagredegydd angau. Mae'r diwedd bellach ar bwys.'

Pan glywodd yr hen fonheddwr am y 'llo gwyn' gwelwodd ei wyneb a chrynodd ei liniau oddi tano fel Brenin Babilon gynt, ac ni fu awr yn iach, meddir! Weithian, dechreuodd chwilio am garreg fedd, oherwydd credai fod awr ei ymddatodiad gerllaw. Cloddiwyd y 'garreg' allan o Graig Fintai yng

Nghwm Berwyn nid nepell o'i gartref. Yr oedd dau ych a dau geffyl yn ei thynnu allan o'r chwarel.

Bu farw Ionawr 31, 1773, yn 75 mlwydd oed. Cyn codi'r corph am allan pregethodd Rowland Llangeitho oddi ar Psalm 119:96, 'Yr ydwyf yn gweled diwedd ar bob perffeithrwydd; ond dy orchmyn di sydd dra eang.' Dywedir i'r bregeth hon gael y fath ddylanwad ar y dorf fawr oedd wedi dod ynghyd ar yr achlysur fel y torrodd llawer o hen grefyddwyr cynnes eu hysbryd allan i foliannu yn ystod y bregeth. Claddwyd ei weddillion ym mynwent hynafol Llanddewibrefi.

Mae'n amheus a fu defeidiwr tebyg i William Williams oddi ar dyddiau Gwesyn, yr hwn oedd yn ôl y triawdau Cymreig yn un o dri defeidwyr Ynys Prydain.

Wedi marwolaeth Mr Williams aeth ei holl eiddo i'w frawd Nathaniel Williams, Ystrad-fflur, a gososdodd ef fferm Pantysirydd allan ar ardreth i Richard Evans, yr hwn oedd yn ddiacon cymeradwy gyda'r Methodistiaid. Roedd Nathaniel yn gefnogydd mawr i achos crefydd, yn ŵr o ddylanwad cryf fel gwladwr. Bu yn Uchel Sirydd sir Aberteifi yn 1773.

EVAN BOWEN

Gosodwyd y gŵr hwn yn weinidog yn eglwys Llanafan Fawr, ac yr oedd yn enedigol o'r plwyf hwnnw, ac yn hanu o dylwyth parchus a lluosog iawn. Saer maen ydoedd wrth ei alwedigaeth fydol a bu am dymor o'i fywyd yn gwasanaethu yn y fyddin. Y mae'n debyg ei fod yn ddyn o gymeriad da canys cawn iddo gael ei annog i bregethu gyda'r Bedyddwyr – yn un o'r rhai cyntaf yn y cylch, a chafodd ei wneud yn gymeradwy o ran ei gymeriad, ei ddawn a'i wybodaeth gan y Profwyr a'i awdurdodi gan y dirprwywyr yn gymwys fel pregethwr teithiol. Ar droad allan y Parch. William Williams o'r eglwys yn 1649 cafodd ei osod yn weinidog sefydlog yn ei le, yn y plwyf a nodwyd a Llanfihangel Brynpabuan – capel anwes yn perthyn i Lanafan.

Dywed *Hanes y Bedyddwyr*, J. Thomas (1778), amdano fel a ganlyn, 'Os nad oedd ef yn uchel ei addysg mewn ieithoedd eraill mae'n debyg ei fod yn bregethwr da yn ôl ei iaith ei hun a iaith y gymdogaeth hon, canys y mae Dr Walker yn nodi ei hun fod pedair mil o eneidiau dan ofal Mr Evan Bowen, a'i fod ef yn bregethwr teithiol yn y wlad cyn ei fod yn y llan.' ('Ychwanegiad' 1780)

Wrth y 'pedair mil' uchod yr ydym i ddeall yn ddiau holl drigolion Llanafan a Llanfihangel, canys dywed *Hanes y Bedyddwyr* nad oedd y nifer yn y pentref ond tua 50 yn y flwyddyn 1717.[17]

---

17 Yma mae Evan Jones yn dyfynnu o lythyr a ysgrifennwyd ar 'Register' y plwy sydd yn taflu golau ar y cyfnod cynhyrfus hwnnw. Ychwanega, 'Mor bell ag y gellir casglu ysgrifennwyd ef tua 1658, a hynny yn Saesneg.' Mae'r llythyr yn feirniadol iawn o Evan Bowen.

Yr ydym yn gweld trwy y llythyr hwn mai y prif achwyniad yn erbyn Evan Bowen oedd ei fod yn annysgedig ac yn analluog i ddarllen y Primer yn Saesneg, ac yn brygawthan, a diddylanwad fel ag i gadw trefn ar y bobl; ond yr adeg gynhyrfus honno yr oedd y wlad wedi ei rhannu yn ddwy blaid, a chawn ei bod yn fynych yn waed ac ymladd, hyd yn oed yn eu cynulliadau crefyddol.

Y mae'r cofnodion hynod a manwl uchod yn fy ngosod dan yr argraff mai rhag ofn cynnwrf a therfysg y bobl y cymerodd hynny le ar adegau mor anaddawol.

PENNILL GAN WILLIAMS PANTYCELYN
Byddai'r awenber Williams o Bantycelyn yn talu ymweliadau mynych â gwlad glasurol Buallt a darnau mynyddig gogleddbarth Brycheiniog. Ceisiwyd ganddo ryw dro gan wraig barchus o blwyf Llandeilo'r-fân, i ddyfod i'w thŷ i bregethu, ac anfonodd yntau y pennill llithrig canlynol fel atebiad:

> Ti bendefiges hawddgar,
>   Mi gadwaf yn fy ngho'
> I'th babell do'i bregethu
>   Pan ddelwy' gynta i'r fro
> Ac hefyd ti ga'i wobor
>   Pan elo'r byd ar dân,
> Am wa'dd Efengyl Iesu
>   I blwy' Llandeilo'r-fân.

CATHERINE 'CITTI' PARRY, ABERWYDDON
Diamau y gellir dywedyd fod yr Arglwydd mewn gwahanol oesau a gwledydd, wedi codi mamau crefyddol, a gwragedd crefyddol, nodedig am eu caredigrwydd a'u hynawsedd i genhadon Duw, a'u ffyddlondeb a'u parodrwydd i wneud popeth o fewn eu gallu er gwasanaethu achos eu Gwaredwr.

Un o'r cyfryw gymeriadau ydoedd Mrs Catherine Parry, Aberwyddon, plwyf Llanfair-ar-y-bryn, swydd Gaerfyrddin, yr hon, er wedi blaenu er ys deugain mlynedd bellach, ond â'i henw yn berarogl o hyd yn yr ardal oedd yn byw ynddi; a choffeir enw 'Citti Aberwyddon' gyda pharch ac anwyldeb hyd heddiw, canys un o ragorolion yr ardal ydoedd yn ei dydd a'i thymor. Ganwyd hi yn Clun-gwawr, y plwyf a nodwyd, yn y flwyddyn 1775.

Gan nad oedd ei rhieni, Peter a [?] o'r lle hwnnw, ond o amgylchiadau bydol isel, ond yn barchus ddigon, bu raid i Citti fach fynd i'w gwasanaeth, a hynny'n ieuanc iawn, at amaethwyr yn yr ardal. Wedi iddi gyrraedd gwth o oedran, difyr iawn oedd gwrando arni yn adrodd hen hanesion, a helyntion y dyddiau gynt a'r cyfnewidiadau oedd wedi cymeryd lle yn y wlad mewn dull o fyw, bwyta a gwisgo.

Un o'r gorchwylion cyntaf y bu hi yn cael ei wneuthur gyda'r amaethwyr oedd gyrru ychen i aredig a llyfnu ar hyd y meysydd yng ngwanwyn y flwyddyn, yn ôl dull yr oes honno, a hynny bob amser yn droednoeth.[18] At y gwaith hwnnw, yr oedd yn ofynnol i'r gyrrwr i gario swmbwl yn ei law – pren ysgafn, neu wialen gref, a hoel fechan wedi ei gyrru i'w flaen, a'i llymu'n ofalus, oedd y swmbwl. Yr oedd yn arferiad hefyd wrth yrru ychen i aredig, i'r geilwad i ganu, er cadw'r da yn hapus a bodlon yn eu gwaith, a cherdded yn esmwyth a chyson dan yr iau. Gorchwyl caled oedd gyrru ychen i aredig, yn enwedig i aradwr gwael, oherwydd y gyrrwr bach a gâi y bai am bob tolc a halc yn y gŵys; a rhaid oedd iddo hefyd dderbyn aml i dalp o bridd o gyfeiriad cyrn yr aradr, os na ofalai yrru'n gywir allan i'r talar. Wedi dilyn y gwaith yma'n gyson a chaled drwy holl dymor y gwanwyn, nid oedd cyflog crwt neu groten dlawd ond ei fwyd, a da oedd iddo gael lle gydag amaethwr yn yr ardal lle câi ef ei wala ohono yn y cyfnod hwnnw.

Fel y rhan fwyaf o blant yr oes honno, ni chafodd fawr, os dim manteision addysg; ond cawn iddi ddod o dan argraffiadau crefyddol yn ieuanc. Mae'n debyg iddi fod un waith yn Llangeitho yn gwrando Rowland, er nad oedd ond pymtheg oed pan fu ef farw yn 1790. Yn y ffaith yma gwelwn duedd ei chalon, a'r awch oedd ynddi at bethau crefyddol yn yr oedran cynnar hwnnw o'i bywyd. Yr oedd ganddi dwysged o hanes Llangeitho yn nhymor olaf bywyd Rowland; am y minteioedd a gerddent tuag yno pan oedd hi yn eneth fechan, a'r hyn a glywodd gan hen bobl oedd yn hŷn na hi. Medrai adrodd gyda hwyl a blas, er diddordeb i'r rhai a wrandawai arni, a boddhad iddi ei hun. Cyrchai llawer yn yr amser hwnnw o'i hardal genedigol hi, yn ogystal ag o'r cylchoedd hynny yn gyffredinol, ar draed ac ar geffylau, yn neilltuol i gyrddau mawr Llangeitho.

Un tro safai Rowland wrth y capel, ac wrth weld y minteioedd yn dod o wahanol gyfeiriadau tuag yno, dywedai, 'Dacw nhw'n dod, a'r nefoedd ar eu hysgwyddau!' Cymerai dynion eu hymborth ganddynt yn eu pocedi, a throent yma a thraw at ffynhonnau a welent ar fin y ffyrdd a'r llwybrau, ac yna y cymerent ychydig dameidiau i fwyta, ac yfent ddŵr o ffynhonnau, er eu cynnal yn ôl ac ymlaen ar eu teithiau.

Yn aml âi yn siarad am y bregeth, a'r hyn a wrandawasant yn y capel y diwrnod hwnnw. Yna disgynnai yr Ysbryd mewn modd amlwg ar y cwmni bychan ger y ffynnon, a chynhelid cwrdd gweddi yn y fan a'r lle, yr hwn a barhâi weithiau am gryn amser cyn ymadael o'r fan!

---

18 Mae'n amlwg fod yr hanesion hyn yn perthyn i ddiwedd y 18ed ganrif. Cyfeiria Evan Jones at un o blm plentyn Citti, oedd yn 86 oed pan ysgrifennai ef amdani.

Arhosai pererinion a ddeuai o bell yng nghymdogaeth Llangeitho am rai nosweithiau. Caent ganiatâd yn garedig gan amaethwyr y cylch i fyned i orphwys y nos i'w hysguboriau. Gorweddent ar rai adegau yn niferoedd mawrion yn llety'r anifeiliaid. Y modd y gorweddent pan yn lluosog iawn felly oedd, â'u pennau at y gwelydd, a'u traed tua'r canol, at ei gilydd. Felly y caent gyfres o gyfarfodydd cyn yr ymadawent, a throi adref.

Dywedai Citti nad oedd yn yr amser hwnnw nemawr o gyfarfod nad oedd llawer yn torri allan i foliannu ynddo.

Er i William Williams fyw am flwyddyn ar ôl Rowland, a'i fod yn byw yn nes ati, eto nis gallasai alw i gof iddi ei weld yn bersonol erioed; ond clywodd lawer o sôn amdano gan hen bobl yr ardal, y rhai a'i gwelsant, ac a fuont yn gwrando arno'n pregethu lawer o weithiau. Mynych yr adroddai hanes a glywodd gan hen bobl yr ardal am Williams a Rowland wedi mynd rhyw dro gyda'r bwriad o bregethu yn nhref Llanymddyfri. Yr oedd tref yr Hen Ficer yn yr adeg honno yn lle hynod lygredig ac isel iawn ei moesau. (Nid oedd lle o addoliad perthynol i enwad y Methodistiaid yn y dref, a chyrchai yr ychydig Fethodistiaid oedd yn y lle i Gil-y-cwm, lle yr oedd yr enwad yn lled gryf.) Esgynnodd Rowland i ben carreg-farch, oedd gyferbyn â gwesty y 'King's Head' yn awr a lle y saif Neuadd y Farchnad bresennol. Wedi iddo dynnu ei destun a dechrau siarad, nid hir bu pobl y dref cyn ymgasglu ynghyd yn dorf fawr i'r fan. Fel yr oedd y pregethwr yn myned ymlaen gyda'i bregeth, dyma erledigaeth yn dechrau trwy i rywun daflu wy clwc ato, ac nid yn hir y buwyd cyn i arall ei ddilyn, yna carreg, a charreg arall ar ei hôl, ac er fod Williams yn un o'r lle a chydnabyddus yn y dref, ac iddo fwy nag unwaith geisio llonyddwch, eu gorchfygu'n llwyr a gawsant, a bu raid cilio o'r lle, ac ymadael am Bantycelyn!

Y mae'n debyg fod Harris o Drefeca i ddyfod yno ar y diwrnod i'w cyfarfod, a phan oeddynt ar y ffordd i Bantycelyn darfu iddynt ei gyfarfod, ac adroddasant iddo yn y fan yr holl hanes. Yntau a'u cymhellodd hwynt i droi yn eu hôl, ac felly bu. Wedi i'r tri gŵr enwog gyrraedd y dref, darfu i Harris esgyn i ben y garreg-farch, er cynnig pregethu, ond nid hir y bu'r erlidwyr eto cyn ymgasglu o amgylch, a dangos yr un ysbryd erlidgar drachefn. Gwaeddodd y pregethwr 'Heddwch', ond nid oedd dim yn tycio: yna gwaeddodd unwaith yn rhagor, 'Heddwch yn enw Brenin Nef a daear', ond nid oedd llonyddwch i'w gael, na distawrwydd i fyned ymlaen!

(Yn ddiweddarach dychwelodd y tri phregethwr a sefyll ar y garreg-farch, a chafwyd oedfa hynod nerthol.)

CITTI PARRY YN MYND I FERTHYR

Cychwynnai Citti Parry tua Merthyr ar fore dydd Gwener trwy Landeilo'r-fân, Bwlch-y-groes, Defynnog, Storey Arms, a chyrhaeddai Gapel Nant Du yn yr hwyr – lle rhyw bedair milltir o Merthyr, lle yr arhosai y noson honno gyda hen wraig, a thalai ychydig geiniogau am ei gwely. Bore drannoeth, y Sadwrn, gwnai ei marchnad ym Merthyr, o ddeuddeg i un o'r gloch, fel y gallai lwyddo i werthu. Cychwynnai adref, a chyrhaeddai y Ddraenen Wen, Coed Ifan, cyn gorffwys y noson honno.

Yr oedd yn cario ei nwyddau mewn cwd ar ei chefn a basged ar ei braich. Nid oedd un tro heb tua deugain pwys, ac yn aml yn nes i hanner can pwys. (Yr oedd ganddi dorch o wair, yr hon a osodai ar ei phen o dan y fasged, er amddiffyn y corun, a chadw'r iad rhag dolurio.) Yr oedd yn ennill bob siwrne 6/-, ac os llwyddai i werthu'n dda, byddai'n ennill tua 7/-.

Fel llawer o deuluoedd yn y cyfnod hwnnw nid oedd ganddi hi a'i gŵr un cloc i gadw amser ac ni fu erioed yn eiddo iddynt. Y *dydd* sylwai Citti ar gysgod yr haul yn symud ar ddodrefn y tŷ, neu gynnor y drws; a Tomos yntau, pan yn dilyn gwahanol orchwyliaethau hyd y meysydd, i wybod yr amser, a safai'n syth, a chan sylwi i ba gyfeiriad y byddai'i gysgod, a'i hyd, a ddeallai pa adeg o'r dydd oedd, agos i'r funud.

Y *bore*, os am gychwyn yn blygeiniol yn y gaeaf, disgwylid am glywed y ceiliog yn canu. Un bore, deffrodd Tomos yn fore iawn, a chlywai y 'gloch ddydd', ac meddai wrth Citti,

'Mae'n bryd codi, dyna'r ceiliog yn canu.'

'Na, mae'n rhy fore eto,' meddai hithe. 'Canu'r eilwaith y mae'n awr; yr w'i ar ddihun ers amser.'

Yna, cysgai Tomos ennyd eto, gan adael y wraig i ofalu am gân y ceiliog. Felly y byddai'r hen bobl gynt, cyn dod clociau i arferiad yn ein gwlad. Credai'r hen bobl fod y ceiliog yn canu un waith yn blygeiniol; yna yr ail waith canai fwy o weithiau; yna cymer ychydig o ddistawrwydd cyn canu'r drydedd waith lawer o weithiau, a dyna'r adeg i godi.

Adroddir amdanynt amryw weithiau yn codi na wyddent yn iawn pa adeg o'r nos ydoedd, ac wedi cymeryd borefwyd, a phobpeth yn barod i gychwyn at eu gorchwyl gwaith, yn eistedd eu dau wrth y tân am rai oriau, ac edrychai y naill a'r llall allan drwy yr hen simneu fawr yn awr ac yn y man, gan ddisgwyl gweld rhyw arwydd am y dydd yn dod!

Yr oedd yn arferiad gan yr hen gymeriad gonest yma (Citti) pan yn siarad yn bwysig, i gau ei dwrn, a'i ddal gyferbyn â gwyneb y person fyddai yn siarad ag ef. Unwaith yr oedd brawd o'r eglwys wedi ei wneud yn flaenor, ac ar ddiwedd yr oedfa aeth Citti ato, cauodd ei dwrn yn ei wyneb a dywedodd, 'Nawr Twm, meindia di dy fusnes weithian.'

JOHN PRICE, PONTOILU

John Price, Pontoilu oedd flaenor arall ac un o ffyddloniaid yr eglwys yn y Gorwydd. Yr oedd ef yn briod ag Elisabeth, unig ferch Rees Morgan, Glancledan-fawr. Priododd y ddau yn eglwys Llanwrtyd, yn y fl. 1786 – Shôn yn torri 'croes' fore'r briodas, a Bet yn torri ei henw, yr hyn oedd beth lled anghyffredin, gan na fedrai ond tair-ar-ddeg o ferched ysgrifennu eu henwau allan o gant o briodasau a gymerodd le yn eglwys Llanwrtyd yn hanner olaf y ddeunawfed ganrif.

Treuliodd Shôn a Bet y rhan fwyaf o'u bywyd priodasol, os nad yr oll, yn Pontoilu, yn ddiwyd a llwyddiannus gyda phethau y byd a'r bywyd hwn, a charedig a ffyddlon gydag achos yr Arglwydd yn eglwys y Gorwydd. Nid oedd Shôn wedi ei gynysgaeddu â doniau ac ymadrodd fel ag i'w wneud yn ddefnyddiol yn yr eglwys, ond yr oedd yn hynod garedig a ffyddlon yn y lle. Un o weithwyr distaw y winllan oedd Shôn, ac un oedd yn gweithio yn effeithiol heb wneud un math o ymddangosiad na thwrw. 'Efe oedd un o heddychol offeiriaid Israel.' Un tro, pan oedd angen am flaenoriaid newyddion yn yr eglwys, enwyd amryw frodyr fel rhai cymwys i'r swydd, ond awgrymodd Mr Evans o'r Ffos enw Shôn, 'Os nad yw ef yn ddefnyddiol, mae ef yn ffyddlon a charedig iawn,' meddai. Felly gosodwyd Shôn yn y swydd ar gyfrif ei ysbryd caredig a hynaws, ei rodiad union a'i fuchedd lân. Shôn a Bet fyddai'n cadw gweinidogion, a bu Pontoilu yn llety fforddolion ar hyd y blynyddoedd. Gallai llawer o enwogion blaenaf yr oes honno ddwyn tystiolaeth uchel i garedigrwydd a lletygarwch y teulu hwn. Yr oedd eu cartref clyd bob amser at wasanaeth achos crefydd, ac nid oedd dim a roddai mwy o fwynhad a phleser i Bet na gweini ar weision y Brenin Mawr.

Yn ôl arferiad yr oes honno, teithiai pregethwyr lawer ar geffylau yn yr haf a cherddent lawer at eu cyhoeddiadau yn y gaeaf. Âi Shôn â cheffyl a chyfrwy ym mhell i'w gyfarfod yn aml, ac eilwaith eu hebrwng gyda'r un parodrwydd. Yr oedd James Morris, Llangamarch, yn hoff o adrodd hanesyn am yr enwog John Evans o'r Bala wedi bod un tro yn pregethu yn y Gorwydd; ac yn ôl arfer Shôn, rhoddodd geffyl iddo i fynd dros Ros-y-saith-maen mor bell â Llanwrthwl, a marchogai gydag ef i gael y ceffyl yn ôl. Yn rhywle ym mhlwyf Llanafan Fawr, wrth fynd trwy lidiard oedd ar y ffordd, sylwyd nad oedd un moddion i gadw'r llidiard yng nghau, a chan fod anifeiliaid gerllaw, ofnai John Evans yr aent i gae ŷd oedd yn ymyl, a cheisiodd gan Shôn ddisgyn a sicrhau'r llidiard wrth y post. Gwnaeth Shôn ei arch yn ufudd a pharod, a thorrodd wialen gref, nyddodd hi nes y daeth yn wden hyblyg ac ystwyth dan ei ddwylo; yna plethodd hi yn dorch, a gosododd hi am ben y llidiard. 'Dyna, dyna Shôn bach – dyna fo'n iawn rŵan,' meddai Mr Evans, a ffwrdd â'r ddau hen bererin duwiol yn hapus i'w taith. Arferai Mr Kilsby Jones ddywedyd na roddai ddime am grefydd neb os na chauai lidiard ar ei ôl ar dir ei gymydog.

Yr oedd Bet Pontoilu yn un o'r gwragedd mwyaf parchus a chyfrifol yn yr ardal. Ac ar ddyddiau angladdau, a phriodasau gwawdd, cymerai ei lle yn naturiol yn y rheng flaenaf o wragedd y gymdogaeth. Ar ddyddiau cyfarfodydd mawrion yn yr eglwys, pan fyddai cynulliadau lluosog wedi ymgynnull, nid oedd ball ar ei charedigrwydd. Dywedir y byddai cynifer â deugain neu hanner cant o ddieithriaid yn bwyta yn Pontoilu ar rai adegau. Yr oedd yn arferiad cyffredin gan lawer o ddynion pell yn yr oes honno i ddod ar y Sul ac aros a chael dau gyfarfod cyn troi adref. I'r amcan hwnnw dygai llawer ymborth yn eu pocedi, a chaent eu gwahodd yn frawdol i'r Pontoilu i eistedd i'w fwyta, a chaent wlych gan Bet – llaeth, maidd neu enwyn i yrru y tamaid sych i lawr o'r genau i'r cylla; a byddai yr hen wraig hithe â serchowgrwydd ar ei gwyneb yn wastad, ac yn rhedeg, ac yn trotian ei gorau pan yn gweini arnynt. Merch i Shôn a Bet oedd Mrs Bevan, Yr Esgog, Llanafan Fawr, yr hon, fel yr ymddengys, nad oedd o ysbryd mor garedig â'r hen wraig ei mam. Un tro pan oedd Mrs Bevan wedi dod i gyfarfodydd mawrion a gynhelid yn y Gorwydd, a gweled mintai fawr o wahoddedigion yn dod gyda'i mam o'r capel, dywedai gyda gradd o syndod a digrifwch,

'Mam fach! Fe rowch bob tamed sy'n y tŷ i ddynon diarth; ac rwyn credi yr aiff nhad a chithe'n glawd cyn y bo chi farw!'

'Na, dath neb yn glawd eriod wrth fod yn garedig i achos crefydd; fe ofaliff yr Arglwydd am dy dad a finne, Mali fach,' oedd yr ateb. Ac felly y bu – gwenodd Rhagluniaeth fawr ar y ddau trwy eu hoes, a buont byw mewn cyflawnder o dda y byd hwn, a phob cysuron bywyd trwy eu hoes faith, a chawsant hefyd eu digon a hir ddyddiau ar y ddaear. Bu Shôn farw Awst 21, 1826 yn 74 mlwydd oed, a chafodd Beti fyw i weld oedran o 86. Bu hi farw Hyd. 7, 1839.

PENRY PRICE, Y CYFREITHIWR

Yn hanner olaf y ddeunawfed ganrif yr oedd yn byw yn Maes-yr-onn, Penbuallt, gyfreithiwr o'r enw Penry Price, yr hwn oedd eglwyswr rhonc, a gelyn anghymodlon i'r Methodistiaid. Wrth weld yr enwad Methodistaidd yn llwyddo o'i amgylch, a chapel newydd yn cael ei godi ar Gefngorwydd, dywedodd, 'Rhowch dân ynddo.' Gŵr caled a gorthrymus oedd, a'r neb a elai i'w afaelion nid hawdd fyddai iddo ymryddhau o'i grafangau. Dyma fel y dywedodd hen fardd gwlad amdano:

Os gwelwch Penri'n pasio,
Ymswynwch rhag mynd ato;
Diolchwch bawb i Dduw bob dydd,
Os y'ch chi'n rhydd oddi wrtho.

JOHN JONES, BRYN-FFO, TIRABAD

Un o blant y diwygiad 1808 oedd y dyn da a'r blaenor ffyddlon hwn. Mae'n debyg iddo dreulio rhan o dymor ei ieuenctid yn lled wyllt ac anystyriol, fel llawer o bobl ieuanc yr oes honno; ond yn adeg yr adfywiad crefyddol y flwyddyn a nodwyd, darfu iddo gael tröedigaeth drwyadl, fel y bu yn foddion i'w ddwyn i fin anobaith, canys dywedir iddo fod am ryw ysbaid o amser, tra ym mwlch yr argyhoeddiad, o fewn i ychydig ddyrysu yn ei synhwyrau; ond goleuodd arno wedi tymor byr yn yr ystad honno, ac o hyn allan ymroddodd gyda ffyddlondeb mawr i wasanaethu crefydd, ac yn fuan, daeth ei ffyddlondeb mawr i wasanaethu crefydd y fath, fel y tynnai sylw yr eglwys yn fawr. Gosodwyd arno y swydd o flaenor yn yr eglwys, yr hon swydd a lanwodd gyda chymeradwyaeth a ffyddlondeb dihafal. Yr oedd ganddo o'r Bryn-ffo i'r Gorwydd bedair milltir o ffordd, a rhan ohoni'n ddiarffordd, noeth a digysgod, ond er gerwindeb yr hin haf a gaeaf, efe a ddilynai y moddion yn gyson a difwlch, a dywedir na chollodd ond un cyfarfod eglwysig yn ystod y deng-mlynedd-ar-hugain y bu ef yn flaenor.

O ran ei berson oddi allan, dyn o faintioli cymharol fychan oedd, wedi ei fildio'n dda. Cerddai yn gryf a chrwn, edrychai'n iach, a dywedir na welodd neb got fawr amdano, haf na gaeaf. Siaradai bob amser yn fyr ac i bwrpas, ac yr oedd pob gair o'i enau yn cyrraedd y nod, ac yn cario dylanwad da ar galonnau crefyddwyr a'r dibroffes. Yr oedd yn ddoeth a gofalus ei gynghorion, ac yn dyner ei geryddon; ni esgeulusai'r naill na'r llall pan gâi gyfleusdra i'w rhoddi; a derbynnid pob un o'i enau gan bawb, a hynny yn hollol ddidramgwydd gan y gwyddai pawb ei fod yn eu rhoddi gydag amcan cywir a gonest.

Yr oedd yn fanwl iawn gyda chadw y Sabath yn gysegredig, ac ni fynnai siarad gair am bethau bydol ar y dydd hwn, ac yr oedd ei bresenoldeb y fath, fel na chwenychai neb arall ddweud gair yn ysgafn yn ei glyw ar y dydd hwnnw. Yr oedd iddo y fath bresenoldeb, fel pan fyddai cwmni o bobl ieuanc yn ymddifyrru yn ysgafn eu hysbryd, fel y bydd pobl ieuanc yn aml, pan welent Jac Bryn-ffo yn neshau o draw, ymwasgarent, a chilient megis yn ddiarwybod iddynt eu hunain, a rhoddent le i ŵr Duw i fyned heibio. Yr oedd ei fuchedd lân, ei rodiad cywir, a'i dduwioldeb y fath, fel yr edrychid arno gan lawer bron fel angel ar y ddaear!

I roddi syniad gwell beth oedd barn yr ardalwyr amdano, ni raid ond adrodd yr hanesyn syml a ganlyn. Mewn cyfeillach grefyddol yn y Gorwydd, darfu i un o'r plant adrodd yr adnod honno allan o'r drydedd bennod o Rhufeiniaid, 'Oblegid pawb a bechasant, ac ydynt yn ôl am ogoniant Duw.' Holai'r gweinidog y plant gan ddywedyd,

'Ie siŵr, pawb a bechasant, yr ydym oll yn pechu, onid ydym, 'y mhlant i?'

'Ody – pawb,' oedd ateb unol y plant.

'Ydym siŵr, mae pawb yn pechu. A ydy plant yn pechu?'

'Odyn.'

'Odyn siŵr; a ydy dynion mawr yn pechu?'

Ar hyn atebodd un o'r plant, 'Ody pawb ond Jac Bryn-ffo.'

Yn ei amser ef yr oedd y cyfarfod gweddi wythnosol yn Tirabad yn cael ei gynnal ar gylch hyd anhedd-dai y gymdogaeth, ac efe oedd yn ei drefnu, ac arno ef hefyd y disgynnai'r gwaith o gyhoeddi. Yn yr adeg hynny yr oedd tri cyhoeddwr yn perthyn i eglwys y Gorwydd, yr hyn a wnaed bob amser ar ôl y weddi, a chyn y canu ar ddiwedd y cyfarfod. Tra y byddai'r gweinidog yn terfynu'r cwrdd, gwelid Howel Powel, Tynllwyni yn troi ei wyneb tua stâr y pwlpud, ac yn tynnu dyddiadur allan o'i boced, a chyda bod y gair olaf o'r weddi o enau'r pregethwr cyhoeddai Jac Bryn-ffo, 'Mae'r seiet dydd Mercher am hanner . . .' Yna cyhoeddai Howel Powel enw'r pregethwr y Sabath canlynol; ac yna codai Roger Pugh, Llwynygweision yn bwyllog a chyhoeddai y cwrdd gweddi wythnosol.

Pan yn ei selni olaf, ymwelid ag ef gan frodyr a chwiorydd o'r eglwys yn ogystal â chan lawer eraill o'i geraint. Siaradai lawer â'i ymwelwyr am grefydd, fel yr oedd math o gyfeillach yn ei ystafell yn fynych. Siaradai am ei ymddatodiad gyda'r fath dawelwch a hunanfeddiant, nes synnu pawb; pan soniai am y byd arall, ac am y nefoedd, yr oedd yn tyneru y galon galetaf.

Daeth torf fawr ynghyd i dalu y cymwynas olaf i un oedd mor annwyl yn yr ardal a'r eglwys. Yn ôl hen arferiad da yr oes honno canwyd amryw emynau ar hyd y ffordd tua'r gladdfa. Wedi cyrraedd y Gorwydd, yr oedd torf fawr eto yn y capel yn disgwyl am ddyfodiad yr angladd. Wedi'r gwasanaeth, neshaodd Mrs Thomas Davies y Gledrydd at ymyl yr elor, a thynnodd y *slider* yn ôl yng nghauad yr arch. Yn awr ymwthiodd y dorf ymlaen yn araf, ond yn hyf ac awyddus, er cael yr olwg olaf ar wyneb yr hwn oedd mor annwyl gan bawb o'r eglwys. Golygfa ryfedd ac anghyffredin oedd hon, a hawdd oedd gweled ar wedd wyneb pawb fod gweddillion marwol un annwyl iawn yn yr arch o'u blaen. Bu farw ar Ebrill 27, 1849, yn 67 mlwydd oed.

Y PARCH. DAFYDD PARRY

Adroddir am y Parch. Dafydd Parry o'r Gilfach, Llanwrtyd, yn pregethu ryw dro yn y Gelli, ar ororau'r sir, ac ymddengys iddo fel arfer gael y gwynt o'i du yn hwylus. Gwyddus mai crydd ydoedd wrth ei alwedigaeth, ac ni fu ond tri mis mewn athrofa, am yr ofnai weld y cynhaeaf yn mynd heibio, ac yntau yn hogi ei gryman. Ymddengys fod offeiriad y Gelli ar y pryd yn ŵr dysgedig ac wedi graddio, ond pylwyd ei holl ogoniant yn anobeithiol y tro hwn, gan ymweliad diymhongar yr efengylwr toddedig o Bontrhydyfferau, yr hyn a fu yn achlysur i rywun ganu fel hyn:

> Y mae Dafydd Parry yn well i bregethu
> Na ffeiriad y Gelli er torchi wisg wen,
> Peth rhyfedd fod cryddion, teilwriaid, gwehyddion
> Yn baeddu 'sgolheigion Rhydychen.

Ac nid yn fynych yr acenwyd hen fesur tri thrawiad Edward Richards o Ystrad Meurig yn fwy celfydd.

Y mae enw Dafydd Parry ymhlith y to cyntaf o bregethwyr a ordeiniwyd gyda'r Methodistiaid Calfinaidd yng Nghymdeithasfa Llandeilo Fawr yn y flwyddyn 1811. Priodwyd merch iddo gan y ffraethbert Evan Harris, yr hwn oedd ei hun yn frodor o gymdogaeth Llanwrtyd.

JAMES 'SHAMS' CLEE

James 'Shams' Clee oedd frodor o sir Faesyfed. Yr oedd yn nai i Thomas Clee, neu fel yr adnabyddid ef orau wrth yr enw 'Twm Coler Ddu', a fu am flynyddoedd yn cadw siop ym Mhontrhydyfferau, lle y saif y gwesty New Inn yn bresennol. Ar farwolaeth y T. Clee hwn, daeth y nai, J. Clee i feddiant o'r siop. Wedi ymsefydlu yn y lle, priododd â merch o'r gymdogaeth, tan ofal yr hon, sef Gweni, y bu y siop gan mwyaf o hyn allan; ac y mae un hanesyn o leiaf, wedi ei oroesi, ac adroddir eto yn yr ardal. Pan ddeuai cwsmer i mewn, cyn y codai Gweni oddi ar ei heistedd, gofynnai,

'Beth wyt ti am gael, y ngwas i?'

'Gwerth ceiniog o'r peth-neu'r-peth.'

'Oes rhywbeth arall?'

'Nac oes, dim arall heddi.'

'O, choda i ddim nawr am werth ceiniog – cer di.'

Nid yn hir, fel y mae yn naturiol i gredu, y gwenodd ffawd arnynt yn y siop, ac aeth yr hwch trwyddi, fel y dywedir. Yn awr yr oedd yn rhaid i Wenni gael fferm, a chydsyniodd Shams â hi; cymerwyd y Gellifelen, ar lethr gogledd y Garn Dywod. Yr oedd hyn ym mlwyddyn fythgofiadwy y drudaniaeth mawr 1815 – blwyddyn brwydr fawr Waterloo. Ond nid hir y bu eu harosiad yma, gwelodd Gwenni nad oedd ffermio eto yn talu, a gwerthwyd y fuwch oedd wedi costio 14/0 dair blynedd yn ôl, yn awr am 6/0. Symudwyd i Ben-y-banc-fach, hen anhedd-dy digon gwael ar fuarth Pen-y-banc. Yr hanes nesaf sydd gennym am James Clee, ydyw, wedi claddu ei Wenni, a thrwy ei gloffni, a'i anallu i ymgymeryd ag unrhyw orchwyliaeth o bwys, yn derbyn cynorthwy plwyfol.

Tua'r flwyddyn 1844 neu 45, bu yn cadw ysgol yng Nglancledan-fawr – hen fwthyn isel ar fuarth yr amaethdy. Yr oedd, mae'n debyg, wedi cael twysged o fanteision addysg, meddai ar lawysgrif dda, ac yr oedd yr iaith Saesneg mor rhwydd iddo â'r Gymraeg. Ond ymddengys oddi wrth yr hyn a adroddir gan rai eto yn y gymdogaeth, nad oedd yn un llwyddiannus iawn fel athro ysgol ddyddiol, mwy na'r rhelyw o hanes ei fywyd. Cymerer yr hanesyn a ganlyn i ddangos nodwedd ei ysbryd fel ysgolfeistr. Yn y prynhawn, tuag adeg gollwng y plant, arferai ddywedyd, 'Put your books by'; yna rhuthrai'r plant allan oll heb ychwaneg o ganiatâd, yn anrhefnus a dilywodraeth, fel defaid o'r lloc. Ond penderfynodd yr athro o'r diwedd ar gynllun a roddai derfyn ar yr arferiad; a nos drannoeth ddaeth, aeth a safodd wrth gynor y drws, a gwaeddodd fel arfer, 'Now children put your books by'; yna rhuthrodd yr ysgolheigion allan yn falch o'r rhyddid fel arfer, ond dyna y wialen fedw fawr yn cael ei chodi yn uwch na chapan y drws, ac yn ysgogi fel wrth rym ager, gan ddisgyn yn ddidrugaredd ar bawb a ai heibio. Yn nechrau y gwanwyn torrid yr ysgol i fyny, a newidiai y wialen fedw am y wialen bysgota. O ran ei berson oddi allan, dyn cydmarol fychan ac eiddil oedd, bob tymor o'r flwyddyn yn gwisgo cot fawr hyd y llawr, yr hon nid oedd bob amser o gredit mawr i'r teiliwr; ac yr oedd ei gloffni amlwg yn peri iddo gario ffon gref, ar yr hon y pwysai yn drwm; talcen lled eang a lluniaidd, aeliau trymion, tan y rhai y llechai dau lygad fychan; trwyn llym, a gên fain, pa rai oedd ym mlynyddoedd olaf ei fywyd yn gymdogion lled agos. Dyna yn lled agos rai o nodau un o hen gymeriadau diniwed a diddrwg ardal Llanwrtyd ddeg ar hugain o flynyddoedd yn ôl.

Yr oedd yn gymeriad adnabyddys iawn gan lawer o ddieithriaid a ymwelent yn flynyddol â'r lle, a threuliai gryn lawer o'i amser yn eu mysg o amgylch y Ffynhonnau yn nhymor yr haf. Yr oedd yn medru cyfansoddi rhai penillion pur ddoniol ar y pryd, ac ar wahanol amgylchiadau, a throeon trwsgwl, ac adroddai hwynt i glyw'r ymwelwyr er cryn ddifyrrwch diniwed, a derbyniai 'dair' neu 'chwech' gan aml i ŵr caredig. Yn gynnar yn y 60au yr oedd hen ŵr a adwaenid wrth yr enw Daffi'r Crydd yn byw yn Llanwrtyd, ac enillai ychydig geiniogau wrth 'shafo'. Byddai hefyd yn prynu ambell oen swci gan ffermwyr y cylch, a dyna yr oll a leddid ac a werthid o gig yn y pentref bach yn y blynyddau a nodwyd. Un tro, pa fodd bynnag, cyfansoddodd Shams Clee y pennill doniol hwn iddo:

> Os bydd eisie shafo a hynny bob dydd
> Mae raser ragorol gan Ddafydd y Crydd,
> Fe'ch shafa bob hodyn heb adael un pig,
> Os mynnwch chi hefyd cewch gwarter o gig.

Cyfansoddodd 'Gân er Coffawdwriaeth am hen Weinidogion a Diaconiaid y Trefnyddion Calfinaidd ym Mhontrhydyfferau, swydd Frycheiniog', pa un a argraffwyd yn y ffurf o bamffled, ac a werthwyd ganddo ef ei hun am geiniog. Yn y 'gân' hon, y mae yn enwi llawer o hen ffyddloniaid a fu yn perthyn i'r trefnyddion yn Llanwrtyd, a gwna aml i gynnig hapus ddigon at gyffwrdd â'u gwahanol nodweddion, a darllenwyd hi yn lled gyffredinol ar gyfrif ei ddiddordeb, yn fwy felly efallai, nag er mwyn unrhyw deilyngdod sydd yn y gwaith. Bu yn athro ffyddlon yn yr ysgol Sabbothol am lawer o flynyddoedd, a chasglodd lawer o wybodaeth ysgrythurol. Yr oedd ei ddoniau gweddi yn arddangos cof cyfoethog a chydnabyddiaeth eang â'r

Ysgrythyrau Sanctaidd. Os gwelai rai dieithriaid yn bresennol, ofnai eu bod yn Saeson, ac wedi codi i ryw bwynt uchel mewn cynhesrwydd ysbryd, troai o'r Gymraeg i'r Saesneg yn sydyn, a gwaeddai ar dop ei lais, yr hwn oedd yn dra chrug a bachgennaidd; fel rhwng y cwbl, byddai yn demtasiwn rhy galed i'r ieuenctid a'r ysgafn ei feddwl i beidio crechwenu, os nid mwynhau llawer o ddifyrrwch.

Ond rhaid yw dweud fod rhyw hynodion ynglŷn ag ef, fel nad oedd bob amser yn cario yr un dylanwad da gydag ef gyda rhai o'r hen grefyddwyr a gydoesai ag ef. Yr oedd ganddo ryw arferiad hynod pan ar ei liniau o symud ymlaen trwy roddi naid ar ddiwedd brawddegau, yn enwedig pan wresogai gyda'i faterion, a phan y cai hwyl fawr tua diwedd y weddi. Byddai'n aml agos croesi'r sêt fawr cyn y codai oddi ar ei liniau!

Yn adeg yr adfywiad mawr crefyddol hwnnw a gafwyd yn 1840, yr oedd yn hynod frwd ei ysbryd gyda'r diwygiad, a phan ar weddi un noson yn Llawrdref Fach, yn ôl ei arferiad pan fyddai ar ei uchel fannau, jwmpiai ar ddiwedd bob brawddeg ymron, a chan ei fod a'i gyfeiriad tua'r drws, cododd un dyn a chauodd y drws rhag iddo fyned allan! Yr oedd wedi trysori llawer o Air Duw yn ei gof, a medrai ddyfynnu ac adrodd rhannau helaeth ohono yn ei weddïau yn hynod ddeheuig a hapus.

Ond rhaid i ni ollwng gwendidau a hynodion hen bobl dda a gonest yn angof, a'u claddu yn y llwch gyda hwythau. Glynodd James Clee yn ffyddlon trwy ei oes gyda'r achos gorau, ac arweiniodd fywyd difrycheulyd am oes faith. Bu farw tua'r flwyddyn 1872, yn 80 mlwydd oed.

WILLIAM JOHN WILLIAM HARRY

Fel ysgolfeistr[19] yr oedd fel llawer o hen athrawon y cyfnod hwnnw yn hynod sarrug a diamynedd. Ni fedrai ennill serch y plant na pharch oddi wrth eu rhieni. Yr oedd ganddo ffordd ryfedd o geryddu, yr hon oedd fel a ganlyn: – Pan gyflawnai un o'r plant ryw drosedd yn ei erbyn, galwai ar yr hynaf neu'n hytrach, y mwyaf yn yr ysgol ym mlaen ato, yr hwn fynychaf fyddai Ivy Pengefnfforch – yr hwn oedd fachgen mawr yn ei gyflawn faintioli, ac yn hynod gryf, esgyrnog ac afrosgo, ac yn ddysgwr araf a didalent iawn.

Wedi cael Ivy i'w ymyl, galwai ar y troseddwr, yr hwn a osodid ar ei gefn. Yna, ciliai'r athro yn ôl tua dwy lath, ac yn awr gwelid y wialen fedw fawr yn codi a gostwng yn union fel pe buasai yn cael ei hysgogi wrth rym ager. Tra yr oedd yr oruchwyliaeth geryddol hon yn mynd ymlaen, codai yr holl blant ar eu traed ac esgynnai amryw ohonynt i ben y meinciau; a rhwng oernadau aflafar y dioddefydd a chrechwen uchel a thrystfawr yr holl ysgol yr oedd yn olygfa na fedraf ei disgrifio.

---

19   Ni nodir ym mhle y dysgai.

Dywedodd hen ŵr wrthyf, yr hwn a fu am rai gaeafau o dan addysg yr athro hwn, fod Ivy mor gynefin â chymryd plant ar ei gefn, fel, pan elwid arno ymlaen at y gwaith, y byddai yn plygu yn ei arrau er eu cael ar ei gefn, a hynny cyn y gorchymyn a roddai'r athro iddo.

Dylaswn fod wedi dweud yn barod fod yr ysgol ddyddiol hon yn cael ei chadw mewn *vestry* oedd gynt ym mhen uchaf eglwys y plwy'. Yr oedd drws yr hen ystafell hon yn dod i mewn iddi o'r fynwent; a drws arall a thair o risiau cerrig yn arwain drwy hen bared i lawr yr eglwys. Yn un gongl i'r ystafell hon yr oedd tas o fawn a ddygwyd yno – llwyth o'r fan hyn a llwyth o'r fan draw gan rieni'r plant er gwneud tân i'w cysuro yn nhymor oer y gaeaf. Mewn cornel arall yr oedd swm da o goed a brigau wedi eu dwyn yno o le arall. Ar hyd llawr yr ysgoldy, haen dew o ludw, brigau bedw, yn gymysg ag ysglodion. Yr oedd yr hen ystafell hon nid yn unig yn cyfrannu addysg ynddi, ond yn weithdy yr Hen Blaen Harri yn ogystal, yr hwn oedd brif ysgubellwr yr ardal, a dilynai y grefft honno yn lled gyson ar ganol dyddiau a hirnos y gaeaf, ac os byddai galw mawr am ysgubellau nid gormod ganddo oedd rhoddi rhan o oriau'r ysgol at y gwaith hefyd. Ar droeon galwai rhai o'r ardalwyr i mewn am hanner dwsin, mwy neu lai, wrth fyned heibio, ac nid peth anghyffredin oedd gweld un o'r ysgolheigion ag ysgubell o dan ei gesail yn mynd adref o'r ysgol yn hwyr y dydd. Gwerthid yr ysgubellau am geiniog yr un.

Dygai rhai bechgyn feichiau trymion o frigau bedw i'r ysgubellwr ar foreau, a phrydiau eraill wïail tyrch, a thrwy gymwynasau bychain o'r fath enillid cryn lawer o barch a ffafr yr athro. Yr oedd yr ysgubellwr bob amser fel yn mawrhau y swydd hon, ac ymffrostiai'n aml mai efe oedd y crefftwr uchaf ar bren!

Ymddengys i deimladau drwg iawn fod rhyngddo ef a'r Capten Lloyd o'r Dinas ryw adeg. Beth achosodd yr ysbryd anhyfryd yma nis gwn ac nid yw o bwys bellach, ond darfu i'r teimladau yma ddyfnhau o'r ddau du, a pharhau mor hir rhyngddynt fel y penderfynodd Harri ymadael â'r ardal a dychwelyd i'w hen gynefin. Wrth ymadael rhoddai *vent* i'w deimladau yn y pennill a ganlyn:

> Rwy'n mynd dros flaen Lledwiail,
>   Ni ddyweda i ddim i ble,
> Gadawa'r Llwyd o'r Dinas
>   A'r andros gydag e'.

Yr hanes nesaf a gawn iddo, oedd ei gael yn byw yng Nghwm Gwendraeth, sir Gaerfyrddin, ond ni fu iddo ddinas barhaus canys cawn ef yn ôl eto yn ardal Llanwrtyd, ac yn awr yn aros yn Dolgoy, ac yn nhymor y gaeaf yn ceisio cyfrannu ychydig addysg i blant yr ardalwyr.

Bûm yn siarad â hen ŵr flynyddoedd yn ôl a fu wrth ei draed yn y tymor hwn yn derbyn ychydig addysg elfennol. Yr oedd hyn tua'r flwyddyn 1812. Iddo ef, gan mwyaf, yr wyf yn ddyledus am ddefnyddiau yr hanes hwn.

Bu'r Hen Blaen Harri farw yn Dolgoy yn 1814, a chludwyd ei weddillion yr holl ffordd i fynwent eglwys Cil-y-cwm i'w gladdu. Ar *Register* yr eglwys hon gwelais y cofnod o'i gladdedigaeth dan yr enw 'William John Williams Harry'.

UN O FUGEILIAID CWM TYWI
David Edwards, neu fel yr adnabyddid ef yn gyffredin yng Nghwm Tywi – Dafydd Bwlch-y-ffin. Yr oedd yn gymeriad adnabyddus iawn yn ei ddydd, ac adroddir llawer hanesyn difyr amdano eto gan 'wŷr y mynyddau'. Bu yn bugeila am flynyddoedd lawer i David Jones o'r Fanog, ac ef oedd prif fugail y bonheddwr hwnnw. Yr oedd yn hollol anllythrennog, ac anwybodus dros ben fel y gellir casglu oddi wrth yr hanes a ganlyn:

Un tro yr oedd wedi cymeryd defaid dros ei feistr i fonheddwr yn sir Gaerfyrddin ac wedi cyrraedd y lle a rhoddi'r defaid yn y cae, aeth i'r plasdy er siarad â'r bonheddwr cyn dychwelyd a bod yn driw i'w waith fel y byddai yn arfer bod bob amser. Nid oedd y bonheddwr gartref ond daeth y foneddiges i siarad ag ef.

'Wel, David,' meddai wrtho, 'mae'n ddrwg iawn gen i nad yw Mr — gartre' i ddod gyda chi i weld y defaid, ond y mae Mr Jones wedi rhoi y defaid yn *all right* mi wn, y mae e'n ddyn da, duwiol, y'ni yn i nabod e yn dda, gwaith mae Mr — yn prynu defed ganto os blynyddi nawr. Y mae e' yn ddyn sy'n ofni Duw.'

'Yr own i'n meddwl ei fod e' wir,' medd Dafydd yn ddiniwed ddigon, 'oherwydd yr own i'n ei weled e'n cadw'n lled bell oddi wrtho ers llawer dydd.'

Cyn iddo ymadael cynigiodd y wraig yn garedig bryd o fwyd iddo cyn troi adref, gan ofyn,

'Beth cym'rwch chi i fwyta, David? Rhaid ichi ca'l rhyw bwyd. Y mae ffordd pell o'r Fanog yma, a gwaith cas iawn i'w dilyn defed ffordd mor bell. Beth i'ch chi am ei ca'l, David?'

'O, meistres fach, peidiwch â thrwblu i neud dim yn neillduol i fi,' medd Dafydd. 'Mi gymra i yr un peth â chithe, meistres', meddai.

Bu am rai blynyddau yn byw yn Moelprysgau, ac yn bugeila defaid y lle hwnnw. Yr oedd yn awr ddwy fil o ddefaid o dan ei ofal ef a bugail arall, ac at hyn rai cannoedd o dda gwlad yn nhymor yr haf. Yn yr amser hwn yr oedd un Jac y Garreg Lwyd yn bugeila yn ei erbyn, ac yn gymydog lled ddiffaith yn ôl yr hanes. Un diwrnod cafodd Dafydd amryw o'i ddefaid yn feirwon ar y mynydd ac eraill wedi eu cnoi yn enbyd. Cyffrôdd hyn natur Dafydd i'r gwaelodion, a phenderfynodd fynnu dial arno, doed a ddelai. Holodd allan am gi diffeithach nag oedd ganddo, a chafodd hanes un cryf yn taro i'r amcan ar werth gan fugail ar y Mynydd Du, sir Gaerfyrddin. Penderfynodd ei brynu ar unwaith, a ffwrdd ag ef ar ôl y ci, a phan yn mynd heibio i'r Fanog galwodd i mewn er gwneud y peth yn hysbys i'w feistr, ac wedi dweud yr holl hanes, a'i neges, dywedodd Mr Jones yn bwyllog wrtho, 'Y mae yn well i ti ei adael yn llonydd, Dafydd bach – fe dâl yr Arglwydd iddo am ei waith.' 'Na! Na!' medd Dafydd yn benderfynol. 'Mi dala *i* beth iddo fe tra y byddo hwnnw yn arfofyn,' a ffwrdd ag ef yn frysiog i brynu'r ci.

Yn ôl yr hanes yr oedd hwn y ci gorau a redodd ar fynydd erioed. Nid oedd angen am i Dafydd fyned ymhellach na phen y Foel Uchaf, neu Grug-yr-ŵyn, a gallasai yrru 'Sharp' dros y drum draw, a phan y byddai yn rhy bell i'w lais dreiddio yn ddigon hyglyw ato, rhoddai ei het ar ben ei bastwn gan ddangos iddo i ba gyfeiriad i redeg, a lladd a chloffi llawer ar ei droeon; a phan dynnai Dafydd ei het i lawr, rhoddai 'Sharp' heibio lladd a dychwelai yn lluddedig at ei berchennog.

Yn nhymor yr haf byddai yn yr oes honno lawer o dda gwlad yn cael eu gyrru i fyny i'r mynyddoedd, ac yr oedd yn flynyddol rai cannoedd o'r cyfryw yng ngofal Jac a Dafydd ar y mynyddoedd yr oeddynt hwy yn bugeilia. Ar adegau drwg rhwng y ddau fugail, byddai rhai o'r da hyn yn cael eu lladd a'u habiwisio'n aml. Un diwrnod daeth Jac i Moelprysgau gan ddywedyd yn garedig ei fod wedi gweld anner wedi trigo ar y mynydd. Diolchodd Dafydd iddo am ddod â gwybodaeth amdani a cheisiodd gan Fari ddod â thamaid o fwyd i Jac cyn mynd allan. Daeth Mari â bara a llaeth i'r bwrdd, a phan oedd Jac ar hanner bwyta, dywedai Dafydd, 'Yr own i'n meddwl am ddod hyd eich tŷ chi heddi, oni byse i fi dy weld di. Ddoe,' meddai, 'yr own ni'n gweld y cŵn yn codi 'u ffroene ar y gwynt, ac yn tynnu tua Chors Tywi. Wedi'u dilyn nhw gwelais ddwy anner i ti wedi mynd yn y gors ac wedi hen drigo!' Pan glywodd Jac hyn, cafodd ei damaid yn ei lwnc a methodd â bwyta ychwaneg o'r bara a llaeth.

Mae'n debyg mai Jac oedd y tynnaf mewn ymladdfa, a chafodd Dafydd wybod hyn rai troeon; am hynny pan welai Dafydd Jac ym mhell ar y mynydd ciliai gan roddi lle iddo. Weithiau rhwymai Jac y poni fach gerfydd peg yn y ddaear, gan ei gadael yn y fan honno i bori am oriau, a llechai yntau mewn tanfa o frwyn ger y ffin i ddisgwyl Dafydd i ddod gerllaw. Pan welai Dafydd y poni draw, cadwai yn ddigon pell o'r ffin. Pan fyddai eisiau myned ar Jac i angladd neu ffair, cymerai ei boni bach i fyny'n blygeiniol i'r mynydd, gyrrai ei bastwn yn ddwfn i'r ddaear, rhwymai'r boni bach yn y fan honno, lle yr arhosai i bori o'i amgylch drwy gydol y dydd. Pan ddeuai Dafydd ar ei dro i'r golwg, a'i gweled, ciliai'n ddigon pell, rhag ofn i Jac godi o ffos neu gesail craig gerllaw, a dyfod ar ei warthaf.

Treuliodd Dafydd flynyddoedd olaf ei fywyd yn Bwlch-y-ffin, fferm ym mhen uchaf y cwm, lle y bu ef farw yn 1822 yn 73 mlwydd oed. (Mae'r fferm hon yn sefyll islaw bwlch yn y mynydd sydd yn arwain o sir Gaerfyrddin i sir Frycheiniog – felly ar y ffin.)

Yn adeg ei selni olaf yr oedd Capel yr Ystrad yn cael ei atgyweirio wedi blynyddoedd lawer o esgeulustod mawr, ac heb gynnal gwasanaeth o'i fewn. Nid oedd claddu wedi bod yma hyd yn hyn ond daeth sôn fod lle claddu i gael ei gau i mewn at yr eglwys hon o hyn allan, a dymunai Dafydd yn fawr am gael lle bedd wrth yr eglwys fechan, yr hyn a wnaeth yn hysbys, nid i'r teulu a'r cymdogion yn unig ond i'r offeiriad hefyd. Daeth oes yr hen fugail i ben Mai 4, 1822, tra yr oedd disgwyliad am wybodaeth oddi wrth yr offeiriad fod claddu i fod wrth y capel gerllaw, ond nid oedd wedi dod eto. Torrwyd bedd ym mynwent Llanfair-ar-y-bryn a chyhoeddwyd angladd y dydd canlynol, a phan ddaeth y dydd ymgasglodd tyrfa fawr o'r ardalwyr at Bwlch-y-ffin i dalu y gymwynas olaf i'r hen fugail.

Pan gyrhaeddodd y gynhebrwng gyferbyn â Llwynyberllan daeth y newydd oddi wrth yr offeiriad ei fod wedi cael gwybodaeth bendant oddi wrth yr esgob fod claddu i fod wrth Gapel yr Ystrad. Galwai y rhai a oeddent o'r blaen ym mhob tŷ wrth ochr y ffordd gan wneud yn hysbys i bawb fod y gynhebrwng wedi troi yn ei hôl. Yr un fath ym mhentref Rhandir wrth fynd drwy y lle galwyd lawer allan i roddi'r help i gario. Yr oedd y personau hyn hefyd wedi cael gorchymyn pendant pan yn troi'n ôl ger Llwynyberllan i ofalu am fwyd a diod yn barod ym mhentref y Rhandir i bawb oedd yn teimlo'n newynog, a phan yn myned drwy y pentref bychan hwn cafodd pawb ei wala o fara a chaws a diod ar y daith yn ôl tua'r Capel. Yr oedd bwyd i bawb hefyd wrth Ystrad-ffin wedi dod mewn basgedi ar ymyl y ffordd. Yn awr safodd y dorf yn sydyn yn y fan ar yr heol ac wedi siarad ar y mater, a phawb yn ymwybodol fod y fath ddymuniad gan y marw tra ar ei wely angau am gael beddrod ger yr eglwys newydd gerllaw ei gartref, deuwyd i'r penderfyniad i beidio myned ymhellach. Trodd yr angladd yn ei hôl, a brysiodd amryw o'r gwŷr oedd ar geffylau ymlaen i agor y bedd, a thra y darllenwyd y gwasanaeth claddu yn yr eglwys, yr oedd yr ail fedd i Dafydd wedi ei dorri.

Drannoeth i'r angladd, trawodd Billy Jones o'r Dulas yn hamddenol hyd y Brithdir, er cael ychydig gleber â Nathaniel a Nansi ei wraig; ac ymhlith amryw destunau siarad a fu dan sylw y prynhawn hwnnw, daeth angladd y dydd o'r blaen yn fater yr ymddiddan drwy i Billy Jones ofyn,

'Hyd pa le y buoch chi, Nat, gyda'r angladd ddoe?'

'Hyd y Rhandir,' medd Nat.

'Hyd pa le y buoch chi Billy Jones?'

'Hyd Llwynyberllan,' meddai yntau. 'Fe drodd pawb yn ôl o'r fan honno.'

'*Pawb* yn ôl o'r fan honno?' gofynnodd Nansi, gan godi ei golygon i fyny at Billy.

'Do,' ychwanegai yn ei ddull ysmala ei hun, 'ac fe ddaeth Dafydd Edwards yn ôl gyda ni.'

CATHERINE JONES, GELLIFELEN

Catherine Jones, Gellifelen oedd wraig grefyddol, barchus a thra phoblogaidd fel bydwraig. Yr oedd yn enedigol o'r Llethr-hir, plwyf Llanfair-ar-y-bryn, sir Gaerfyrddin; a'i gŵr William Jones yn enedigol o ardal Abergwesyn. Priododd y ddau ym mhlwyf genedigol y briodferch, 25 Ebrill, 1759, a threuliasant eu bywyd priodasol yn y Gellifelen, fferm ar ochr Gorllewinol y Garn Dywod, mynydd ar du y Gogledd i dref Llanwrtyd. Yma y dygasant amryw blant i fyny i'w cyflawn faintioli.

Yr oedd yr Hen Gatrin Gellifelen, fel yr adnabyddid hi yn ei hamser, wedi ei chynysgaeddu â chyneddfau eneidiol cryfion, cyfrifol, a pherchid gan bawb o'i chydnabod fel un o ddeall bywiog, a gwreiddioldeb meddwl mawr, ond yr hyn a'i dygodd i'r fath boblogrwydd ydoedd ei medrusrwydd fel bydwraig. Bu yn dilyn y swydd bwysig hon am y cyfnod maith o hanner can mlynedd, ac yn y cyfryw amser bu yn gwasanaethu gyda gwragedd y personau mwyaf cyfrifol y wlad yn offeiriaid, gweinidogion ymneillduol, uchelwyr ac ynadon heddwch, a hynny mewn pedair o siroedd sef Brycheiniog, Caerfyrddin, Ceredigion a Maesyfed.

Dywedir iddi dderbyn dros fil o fabanod i'r byd, ac o'r nifer fawr, luosog o wragedd a ryddhaodd y mae yn ffaith deilwng o'i choffadwriaeth na fu ond un wraig erioed farw o dan ei dwylo.

Wedi iddi hi a'i phriod gyrraedd dyddiau henaint, rhoddasant i fyny ffermio y Gellifelen a symudasant i fyw i Droed-y-rhiw, tua milltir i'r Gogledd o Lanwrtyd. Buont feirw mewn henaint teg, Catrin ar Fawrth 17, 1824, yn 90 mlwydd oed, a phedwar mis yn ddiweddarach bu farw William yn bedwar ugain a thair-ar-ddeg. Gadawodd yr hen bâr cyfrifol yma bump o blant, nifer fawr o wyrion, amryw orwyrion, a llu mawr o berthnasau a chyfeillion i alaru ar eu hôl. Dyma fel yr englynodd y bardd ifanc Dafydd ab Gwilym eu marwolaeth:

> Ingoedd gorchwerwon angau – oer arwydd,
> Er hired eu dyddiau;
> Pan fynodd dygodd y ddau
> I'w dinodded aneddau.

SHÔN WATCYN

Hen gymeriad Cymreig hynod wreiddiol yn ei ffordd, oedd Shôn Watcyn, a thra adnabyddus yn rhannau gorllewinol Cantref Buallt yn niwedd y ddeunawfed ganrif. Mae'n debyg mai mab ordderch ydoedd i ferch Fron-yr-Helem, Cwm Tywi, yr hon a fu'n gwasanaethu gyda bonheddwr o'r enw Mr Watkins, Pont-y-wal, ger Talgarth, Brycheiniog. Dywed yr hanes ei bod yn ferch hynod brydweddol, ac mae'n debyg i'w glendid fod yn ormod temtasiwn i'w meistr, a'r canlyniad fu iddi ddod adref i Gwm Tywi i fod yn fam cyn bod yn wraig. Dygwyd y plentyn i fyny gyda theulu'r fam ym Mron-yr-Helem, a rhoddwyd iddo'r enw Watcyn oddi wrth ei dad.

Wedi iddo dyfu i oedran gŵr a phriodi, cawn ei hanes ef, a Ruth ei wraig, yn byw am lawer o flynyddoedd yn y Beudy Bach, tyddyndy bychan ar fynyddoedd dwyreiniol plwyf Llanfihangel Abergwesyn, lle godrent ddwy fuwch, a chadwent ferlyn mynydd bychan at eu cario i siwrneion a dwyn negeseuon at angenrheidiau'r teulu. Llawer gwaith y clywais hen bobl oedrannus, oeddynt fyw pan oeddwn i'n ieuanc, yn adrodd yr hanesyn canlynol am Shôn pan yn byw yn y lle a nodwyd. Cai y teulu eu tanwydd o'r fawnog ar y mynydd gerllaw, a phan y barnai Shôn fod y mawn yn gynaeafus, âi allan i ben bryncyn bychan ger y tŷ, ac yn y fan honno gwaeddai ar dannau uchaf ei lais, 'Mae Shôn Beudy Bach yn mynd i gario'i fawn fo-o-ry!'

Pan glywid y waedd rhedai gwragedd allan o'u drysau, a safai dynion wrth eu gwahanol orchwyliaethau ar y meusydd trwy'r ardal. Pan welai Shôn ei fod wedi tynnu sylw'r holl gymdogion, gwaeddai eto'r ail waith, a hynny gyda mwy o nerth y tro hwn, 'Mae Sh-ô-n Beudy Ba-a-ch yn mynd i ga-ario'i fa-a-wn fo-ory!'

Bore drannoeth, ar doriad y wawr, gwelid tri neu bedwar o'r cymdogion a cheffylau a cheir bach yn dod yn frysiog o wahanol gyfeiriadau tua'r fawnog, oherwydd yr oedd yn hysbys fod yn arferiad gan Shôn i roddi rhyw wobr i'r cyntaf ei garraid wrth y tŷ. Erbyn hwyr y diwrnod hwnnw, byddai'r holl fawn wedi ei gywain, a'i osod yn das drefnus wrth gornel yr hen ddyddynty, digon o danwydd at gadw aelwyd y Beudy Bach yn gynnes a chysurus am y flwyddyn gron. Fel hyn y byddai hen ardalwyr y mynyddoedd, yn yr amser gynt, yn byw'n gymdogol, a pharod i estyn cymwynas i'w gilydd, a hynny mewn pob amgylchiad a tharo.

Yma, yn y Beudy Bach, y magodd Shôn a Ruth eu plant, un mab a thair merch, oll yn blant parchus a chrefyddol. Cyrchai y plant gyda'u mam i Bantycelyn, capel perthynol i enwad y Bedyddwyr, lle yr oeddynt yn aelodau; ond glynai Shôn gyda sêl gref i fyned at yr Annibynwyr i Lanwrtyd. Cydgerddodd ef â hen deulu Esgair Las, ar draws esgeiriau a chymoedd a thir diarffordd, a hynny gyda chysondeb difwlch, am lawer o flynyddoedd tua chapel y Gelynos, yn adeg gweinidogaeth danllyd y Parch. Isaac Price, Llanwrtyd.

Yr oedd Shôn nid yn unig yn grefyddwr selog ac egnïol, ond yn meddu ar ysbryd crefyddol rhydd ac eangfrydig iawn, fel y dywedir. Yr oedd yn arfer ganddo fyned ymhell i 'gyrddau mawr' bob enwad Ymneillduol fel ei gilydd; a phan glywai am un o enwogion y Bedyddwyr, neu'r Methodistiaid yn dyfod ar eu tro trwy'r wlad i bregethu, âi Shôn ymhell i'w cyfarfod, dilynai hwynt am ddiwrnodau, ac wedi cael cyfres o gyfarfodydd, dychwelai fel un wedi cael ysglyfaeth lawer.

Byddai y frawdoliaeth yn y Gelynos weithiau yn dangos anfoddlonrwydd am ei fod yn mynd yn rhy bell oddiar ei dir pori ei hun, ac yn ei ddwyn yn geryddol am esgeuluso ei gydgynulliad; ond ymddengys nad oedd y ddisgyblaeth yn tycio fawr, canys dywedai Shôn mewn tipyn o ysmaldod, 'Yr wy'n godro tair buwch, ac yn ca'l tipyn o la'th gan bob un, ond mae un yn cicio peth weithie.'

Daeth Ruth ei ferch, wedi blino'n bugeilio da'n droednoeth ar hyd y mynydd, a rhedeg i ddefaid y cymdogion, y rhai a ddeuent i'r gwair, a gwahanol orchwyliaethau eraill ar hyd tyddyn ei thad, i deimlo awydd am droi allan i weled mwy o'r byd. Arferiad oedd mewn bri mawr yn yr amser hwnnw oedd mynd i Lundain i chwynnu gerddi. Yr oedd llawer o wragedd a merched yn myned yn flynyddol oddi ar fynyddoedd Irfon a Thywi, a rhannau dwyreiniol sir Aberteifi, yn finteioedd yn flynyddol i'r 'gerddi' yn swydd Caint, lle y treulient fisoedd yr haf yn paratoi llysiau a ffrwythau i'w dwyn i'r farchnad yn y brif ddinas, ac enillent hur dda, ac arian sylweddol, am eu gwaith. Clywodd Ruth hithau am y cyflogau mawrion oedd i gael yn Llundain, ac o'r diwedd magodd dipyn o ysbryd anturiaethus i droi ei gwyneb tuag yna. Y diwrnod yr oedd yn gadael ei hen gartref am y tro cyntaf, a phan ar gychwyn dros riniog y Beudy Bach, rhoddodd Nani ei chwaer y cynghorion a ganlyn iddi, 'Darllena lawer ar dy Feibl, gweddïa lawer ar dy linie, a bydd farw beunydd.' Wedi i Ruth gyrraedd y brif ddinas, cyflogodd fel morwyn gyda theulu cyfoethog ac uchelwaed o'r enw Lord and Lady Goodrich, yn cyfaneddu yn Regent Street; a thrwy ymddygiad da a gwasanaeth didwyll ac ufudd, ni bu hir cyn ennill iddi ei hun barch a ffafr y teulu, a bu yn eu gwasanaeth am flynyddoedd lawer, ac yn ennill cyflog sylweddol ac anrhydeddus.

Wedi i Ruth dreulio amryw flynyddoedd yn y ddinas fawr a heb i'w theulu gartref glywed fawr oddi wrthi ond ambell air yn awr ac eilwaith gyda rhai o 'ferched y gerddi', daeth awydd mawr ar ei hen dad i fyned i'w gweled. Ac o'r diwedd, wedi llawer o sôn a siarad, dacw ef yn cychwyn i'r daith ar gefn y ferlen fechan, ym mhen yr oedd cebystr rhawn o waith cartref, ac oddi tano waled, yn un pen i'r hon yr oedd ychydig luniaeth, ac yn y pen arall ryw anrhegion gwerthfawr oddi wrth deulu y Beudy Bach i Ruth yn Llundain.

Wedi teithio'n ddiwyd am amryw ddiwrnodau, cyrhaeddodd Shôn y ddinas fawr. Dywed traddodiad iddo ddisgyn yn y 'Welsh Harp', gwesty

Cymreig, lle yr arferai llawer o borthmyn o Gymru letya pan ar eu teithiau yn Kent a pharthau eraill Lloegr. Oddi yma cymerodd y waled ar ei ysgwydd, ac wedi mynych holiad, cafodd ei hun yn Regent Street, lle y cyfaneddai'r teulu gyda'r hwn y gwasanaethai ei ferch Ruth. Ond er cyrraedd ohono yr ystryd, nid oedd rhif y tŷ yn wybyddus iddo, ac nid oedd rhif ar dŷ erioed wedi dod i'w feddwl. Erbyn hyn yr oedd yr hen Gymro gwledig mewn penbleth, ac ni wyddai bellach beth i'w wneud. Cerddai'n fyfyrgar ar hyd yr heol am beth amser, heb wybod wrth ba ddrws i guro. Ond o'r diwedd daeth i'w feddwl gynllun, a hynny a benderfynodd yn awr ei roddi mewn gweithrediad, sef cychwyn ar ben yr ystryd gan alw ei henw: 'Ruth Shôn Watcyn.' Yna symudai ychydig gamrau'n mlaen, a galwai eilwaith, 'Ruth Shôn Watcyn.' Wedi disgwyl ennyd am atebiad, symudai eto ychydig ymlaen, a galwai drachefn, 'R-u-th Shô-o-n Wa-at-cyn.'

Yn awr, fel mae'n naturiol credu, yr oedd wedi tynnu cryn sylw, a dilynid ef gan nifer dda o blantos yr heol, a pharai'r waedd gryn ddifyrrwch a chrechwen. Ond ni roddodd Shôn ei amcan i fyny, symudai ymlaen yn araf, gan barhau i alw, 'R-u-th Shô-o-n Wa-at-cyn.' O'r diwedd dyma wyneb rhywun yn edrych allan drwy'r ffenestr. Adnabu'r llais, a dyna hi'n rhuthro allan i'r ystryd.

Nid af i geisio disgrifio'r olygfa yn awr ar yr heol, gadawaf i'r darllenydd geisio gwneud hynny yn ei feddwl ei hun. Dywed traddodiad yn fanylach wrthym, i Lady Goodrich ei hun fynd allan i'r ystryd, a'i wahodd i mewn gan ddywedyd, 'Come in, bundle and all.' Ac i mewn yr aeth Shôn gyda'i waled ar ei gefn. Bu yno yn derbyn croeso mawr a serchowgrwydd y teulu anrhydeddus am ryw ysbaid o amser, ac hefyd yn mwynhau edrych ar ryfeddodau y ddinas fawr, weithiau yng nghwmni ei ferch, a phryd arall ar gefn ei ferlen fechan. Yna trodd Shôn ei wyneb tuag adref, a chyrhaeddodd ei hen gynefin unwaith yn rhagor ar fynyddoedd Abergwesyn.

Bu Ann a Martha (ei ddwy ferch), neu yn ôl 'rhen ddull Cymreig y cyfnod hwnnw, Nani Shôn Watcyn, a Martha Shôn Watcyn, y tymor olaf o'u hoes yn byw ynghyd yn Nhy'nycelyn, ger capel Pantycelyn; ac yr oedd yr hen ddwy chwaer yma yn hynod barchus ac annwyl gan bawb a'u hadwaenent. Hwynt-hwy oedd yn cymeryd gofal yr addoldy, ac yn cadw'r agoriad, a hynny am lawer o flynyddoedd. Yn adeg y Diwygiad mawr yn 1828, Nani fyddai'n gyffredin yn achub y blaen yn y cyfarfodydd i dorri allan i foliannu. Mynych yr adroddai hen grefyddwyr, a'i cofiai'n dda, fel y byddai ar rai adegau yn neidio allan o'i sêt, ac yn dawnsio yn ei chlocs yn yr ale. Dywedir y byddai'r ddwy hen chwaer yma yn adeg yr adfywiad, cyn yr aent i orffwys y nos, yn myned eu dwy i'r capel, ac yn cadw cwrdd gweddi. Âi rhai cymdogion yn llechwraidd i ymyl y capel i wrando ar eu gweddïau, a chaent dâl da, a bendith am eu hamser. Nani oedd y fwyaf rhwydd a hylithr ei doniau, mae'n debyg; ond yr oedd Martha yn afaelgar, a rhyw naws hyfryd, a rhyw ddwyster teimlad yn ei gweddïau.

Bu Ruth Watcyn yng ngwasanaeth y teulu a enwyd yn barod, a hynny hyd eu marwolaeth; ac i ddangos eu parch i'r hen wasanaethyddes, digon yw dweud i'r foneddiges ofalu rhoddi yn ei hewyllys flwydd-dal i'w hen forwyn dros ei hoes. Cofiai rhai hen bobl yr oes o'r blaen ei gweled yn dyfod am dro ar ymweliad â'i hardal enedigol. Yr oedd y pryd hwn mewn gwth o oedran, ond yn hen ferch brydweddol a boneddigaidd iawn. Ymwelodd â beddau ei mam a'i dwy chwaer ym mynwent Pantycelyn, a gosododd feini coffadwriaethol arnynt ar ei thraul bersonol ei hun, y rhai a adnabyddir heddiw ymysg cerrig eraill y fynwent fel 'y cerrig a'r bande haearn'.[20]

MORGAN WILLIAMS, LLANCHARFAN, ABERGWESYN
Ŵyr i Morgan William uchod oedd hwn a fagwyd gyda'i dadcu yn Rhiw-ddalfa. Treuliodd ef y rhan fwyaf o'i oes yn Llancharfan. Ni bu erioed yn briod. Pan yn ifanc fel llawer o ddynion ieuanc y cyfnod hwnnw, dilynai y campau bach ymhell ac agos, a chredai mewn ymarferiadau corfforol, dawnsio, cicio y bêl droed a'r cyffelyb ymarferiadau oedd mewn bri yn yr oes lygredig honno; a dywedir nad oedd neb yn tynnu mwy o sylw nag ef yn y ddawns oblegid ei osgo ysgafn a'i gorff lluniaidd. Weithiau treuliau ddiwrnodau o'r bron yn y gwylmabsantau a chyda cwmnïoedd llawen, ac ymddifyrrai mewn adrodd hanes y campau a'r gwrhydri a wnaed yn y dyddiau gynt, tra y bu ef byw.

Yr oedd yn cydfyw ag ef hen chwaer o'r enw Leah, yr hon hefyd na fu yn briod erioed; hithau wedi bod yn hoff o ganu a dawnsfeydd pan yn ieuanc, ac wedi cyrraedd ohoni gwth o oedran a ddywedai, mai colled fawr oedd colli yr hen wylmabsantau, y byddai yr hen bobl yn cyfarfod yn aml i yfed, canu a dawnsio tipyn, ac yn ymadael yn ffrindiau mawrion. Bu y ddau hen gymeriad hyn byw gyda'i gilydd ran fawr o'u hanes, yn hynod garedig a chroesawgar i bawb, a phob amser yn lletygar i bob fforddolion a alwai i mewn o dan eu cronglwyd. Yr oedd eu coffrau'n llawn, a'u bwrdd yn huliedig o ymborth syml, iach a serchowgrwydd a chroeso yn y tŷ yn wastadol hwyr a bore.

Ni fu yn proffesu crefydd erioed, ac nid arferai fynychu lle o addoliad ond ar ddydd cwrdd diolchgarwch am y cynhaeaf, ac amgylchiadau megis angladdau neu briodasau gwawdd. Eto, yr oedd ei onestrwydd, ei garedigrwydd a'i ysbryd rhydd a pharod i weini cymwynas ar bob adeg yn ei osod yn y rheng flaenaf ymhlith ei gymdogion bob amser.

Yr oedd gan y Parch. D. Williams, Troedrhiwdalar, feddwl uchel iawn ohono, ac mae ei enw yn air teuluol hyd heddiw gan wŷr y mynyddoedd. Nid

---

20 *Cymru*, O. M. Edwards, Cyfrol XXXIII, 1907.

oes ond angen crybwyll ei enw yn unig, heb gysylltu un lle ag ef, mwy nag enwi Abram, Isaac, neu Jacob.

Mynychai ffeiriau a marchnadoedd Rhaeadr Gwy, Tregaron a ffeiriau y Rhos, a hynny gyda chysondeb trwy ei oes. Un bore Ffair Garon, Mawrth 16, yr oedd eira a lluwchfeydd trymion ac anghyffredin dros yr holl wlad o'r bron, fel yr oedd yr heolydd wedi eu llenwi, ac yn anhramwyadwy ym mron. Ond yr oedd William mor benderfynol o beidio colli'r ffair fel y neidiodd allan dros y rhagddor, a chyrhaeddodd Tregaron trwy fawr drafferth. Dywedir nad oedd ond ef ac un arall wedi dod i gynnal y ffair y diwrnod hwnnw.

Yr oedd yn un o'r rhedwyr cyflymaf yn ei ddydd, ac yr oedd yn fodlon i unrhyw un i droi y llwdn gorau allan ar ddydd cneifio iddo ef gael ei ddal ar redeg.

Yr oedd cnaif Llancharfan yn parhau ddau neu dri diwrnod yn ei amser ef. Un o'i hen ffrindiau anwylaf oedd Dafydd y Gwehydd, a noson gyntaf y cneifio gofynnai M.W., 'A ddoi di heno, Dafydd?' heb ddywedyd i ba le yn y byd. 'Dof fi,' oedd ateb parod Dafydd. Yr oedd yn arferiad gan y ddau hen gymeriad i fyned i gysgu i'r gwlân nosweithau cneifio, a chodai y ddau yn blygeiniol iawn drannoeth a byddent ar y Drygarn Fach neu Gefen Dyfnentydd yn gorwedd yng nghesail craig, i ddisgwyl i'r wawr i dorri, ac am olau dydd i gael casglu praidd y mynydd uchel. Un bore pan oedd y ddau yn dod â'r defaid i'r ffald, a Dafydd o'u blaen, a M.W. ar ôl yn ôl ei arfer, digwyddodd i fochyn ruthro allan ac i ganol y defaid. Nid oedd dim a gynhyrfai natur M.W. yn fwy na gweld y creadur anhydrin hwnnw yn y defaid o'i flaen. Yn ei ffrwst gwaeddodd ar dop ei lais,

'Dafydd, taro'r mochyn yna i ddiawl.'

'Am faint, Morgan William, fel na fo ple yn ôl llaw?' oedd ateb cellweirus ac ysmala'r hen wehydd.

Un tro pan oedd gwŷr Abergwesyn a gwŷr plwyf Llanwrtyd yn ceisio yn erbyn ei gilydd ar Gae'r Llan, Pen-twyn, aeth y bêl dros y ffordd i Gae'r Ysgubor, a darfu i Morgan William neidio y ddwy berth a'r ffordd fel hydd ar ei hôl. Yr oedd neidio dwy berth a ffordd yn un o'r gorchestgampau pennaf yn yr amser gynt.

Medrai daflu carreg o fynwent un eglwys i fynwent eglwys arall yn Abergwesyn, hyn na fedrodd neb erioed mewn hanes ei wneud ond efe.

Fel enghraifft deg o'i ddull gonest a phlaen o siarad, rhoddwn yma yr hanesyn a ganlyn, yr hwn a adroddwyd gan y diweddar R. Gwesyn Jones, D.D. ym mis Gorffennaf 1844. Fel yr oedd Rees Jones, Pen-y-bryn, Abergwesyn, yn dychwelyd o angladd ei frawd Ifan, darfu iddo gwrdd â M.W. ar y ffordd.

'O,' meddai, 'fe fuoch yn claddu Ifan eich brawd heddy, do fe?'

'Do, Morgan Williams.'

'Yr odd yn well gen' i Ifan na chi, bob amser.'

'Falle hynny.'

'Yr odd Ifan yn sort o ddyn nodedig. A wyddoch chi beth weles i Ifan yn 'neud pan o'dd e'n ifanc?'

'Na wn, wir, Morgan Williams.'

'Yr wy'n cofio am chwech o fechgyn Cwm Tywi yn curo arno wrth Pentwyn un tro, ond fe drawes Ifan ei gefn ar y wal, ac fe'u cadwodd mas hyd nes i fechgyn Abergwesyn fyned ymla'n. Wedyn gorfu iddyn nhw ei chered hi.'

O ran ei berson, yr oedd o faintioli canol cyffredin, gyda gwallt melyn teg, a'i farf o'r un lliw, llygaid gleision o liw'r awyr yn Ebrill, ei wyneb yn writgoch, tirf ac iraidd a'i wefusau fel y cwrel coch. Wedi cyrraedd ohono bedwar ugain oed, a mwy, yr oedd ei gorph yn dal yn ei fywiogrwydd a'i ystwythder, fel y buasai yn barod i'w gymryd yn ddeugain oed. Yr oedd wedi ei gynysgaeddu â chof cryf, a meddai ar doreth fawr a dihysbydd ymron o wybodaeth hanesiol a thraddodiadol am gylch eang o'r wlad.

Wedi oes faith o 93 ml. oed bu farw Mawrth 14, 1846.

JAC ESGAIR DDAFYDD

Ffermwr cefnog a pherchennog cryn lawer o dda y byd hwn ydoedd Jac, ond nid fel dyn yn dal llawer o gyfoeth, nac ychwaith fel amaethwr enwog, y mae enw Jac wedi disgyn i lawr i'r oes hon, ond fel un o'r cybyddion pennaf yr oes oedd yn byw ynddi. Dywedir ei fod yn gwisgo mor wael a charpiog, a hynny trwy ei oes, fel pan basiai dieithriaid ar hyd y ffordd ac arwain heibio a'i weled yn sefyll ar gae gerllaw, y byddai'n hawdd iddynt ei gamgymeryd am fwbach brain.

Yr oedd yn aelod crefyddol cyson gyda'r Annibynwyr yn y Gelynos, Llanwrtyd, ond yr oedd ei bechod parod yn ei ganlyn yn barhaus ac yn ei amgylchu'n gyson fel crefyddwr. Dywedir mai hen geiniog owns a allodd ei galon fforddio gyfrannu mewn un casgliad at y weinidogaeth un Saboth yn y capel. Un Saboth cymundeb, fel yr oedd Daffi Ty'n-y-maes, un o'r diaconiaid, yn mynd oddi amgylch i gasglu arian yr elfennau pan ddaeth ef ymlaen gyferbyn â Jac, cafodd ef a'i law yn llogell ei wasgod ac yn edrych ar lawr y capel. Daliodd Daffi y ddisgl o'i flaen am gryn amser gan ddisgwyl am y geiniog. Ond nid oedd un arwydd ei bod yn dod. Yna cydiodd yr hen flaenor ym mraich Jac, gan dynnu ei law allan o'r llogell, ond cafodd ei bod yn wag. Yn awr, gwanodd Daffi ei law ym mhoced yr hen gybydd, tynnodd y geiniog allan, a thaflodd hi i'r ddisgl yn lled ddiseremoni, a gwnaeth y cwbl mor hunanfeddiannol a digyffro a phe na buasai dim anghyffredin wedi cymryd lle.

Cyn i'r trên ddyfod i redeg mor gyffredin yn ein gwlad, teithiai gweinidogion y gwahanol enwadau lawer ar geffylau ac yr oedd yn rhaid iddynt yn y blynyddoedd hynny i ddibynnu llawer iawn am lety ac ymgeledd ar garedigrwydd a hynawsedd ffermwyr y wlad. Er mor annwyl gan Jac oedd pethau y byd a'r bywyd hwn, bu ei ddrws yn agored i dderbyn gweision yr Arglwydd, a'i dŷ yn llety fforddolion, a chroeso syml iddynt, a hynny am lawer o flynyddoedd.

Mynych yr adroddai'r hen bobl am ddau ŵr enwog o bregethwyr oedd ryw dro wedi dod i aros dros y nos o dan ei gronglwyd. Eisteddai'r ddau yn gysurus a chartrefol o flaen tanllwyth o dân mawn, gan ymgomio'n rhydd a chyfeillgar ar ryw fater o ddiddordeb tra yr oedd Gwen y ferch hithe yn llawn prysurdeb yn paratoi ymborth. Ar y pentan yr oedd plated da o gage yn barod i'w gosod ar y bwrdd.

Ar hyn daeth Jac i mewn yn sydyn, yn ei hen ddiwyg gyffredin bob dydd, ac eisteddodd o hirbell. Hen ŵr syml, tawel a thawedog iawn oedd Jac yn naturiol felly. Un o'r ddau ŵr dieithr, wrth ei weld mor wael a charpiog ei wisg a dybiodd mai rhyw hen ŵr tlawd ac isel ei amgylchiadau oedd yng ngwasanaeth y teulu ydoedd, ac a gydiodd mewn cagen i'w hestyn iddo, gan ddweud,

'Rhen ŵr, a gymrwch chi gagen?'

Ond gwrthod wnaeth Jac y caredigrwydd.

'Dewch, dewch,' medd y gweinidog gan ei gymell, 'cymerwch un neu ddwy; does neb o'r teulu yn gweld yn awr.'

'O, na, na,' medd Jac, 'y fi bia'r cwbl sy' yma – ma's a miwn!'

Bu rhai o enwogion pennaf yr Annibynwyr yn yr oes honno, wrth fynd a dychwelyd o rai o uchelwyliau'r enwad, yn aros am noswaith yn Esgair Ddafydd, lle y caent groeso ac ymgeledd, a'u hanifeiliaid eu digonedd o borthiant.

Adroddir am yr enwog fardd Caledfryn, pan yn myned o'r Gogledd i waered i ryw ran o'r Deheudir, a gafodd ei gyfarwyddo gan Mr Williams, Troedrhiwdalar i droi i'r lle hwn am lety noswaith. Bore drannoeth cododd Jac yn foreach nag arfer er porthi a dyfrhau'r anifail, ac hefyd, glanhaodd wertholion y cyfrwy nes oeddynt fel arian newyddion o'r mint. Cafodd genfa a byclau'r ffrwyn yr un driniaeth, a chyn troi'r ceffyl allan o'r ystabl, sychodd ei weflau'n lân a golchodd ei lygaid a glasdwr llaeth. Dyma ddangos y fath barch a roddid i genhadon Duw a'u hanifeiliaid gan ddynion gwladaidd a di-ddysg. Bu farw John Morgan ar Ion. 7, 1855 yn 82 oed.

REES PROTHEROE, TŶ-ISA, ABERGWESYN
Dyn mawr, esgyrnog, cyhyrog a hynod dal oedd Rhys. Pan yn ei ddyddiau gorau, mesurai chwech a phedair yn nhraed ei sanau a gwasanaethai gydag amaethwyr. Un pen tymor, pan yn treulio ei wyliau gyda'i rieni yn Nantydderwen, daeth teiliwr yno i wneud siwt o ddillad iddo, ac wrth

gwrs, yr oedd yn rhaid i ŵr y nodwydd gael ei fesur, ond nid oedd y llofft yn ddigon uchel i'r gŵr dwylath i sefyll ar ei draed yn unionsyth, ac o dan yr amgylchiad bu raid tynnu amryw o blanciau y llofft yn rhydd. Yna safai Rhys i fyny'n unionsyth a mesurodd y teiliwr y rhan isaf o'i gorff oddi ar y barth, ac esgynnodd i'r llofft i fesur rhannau uchaf ei berson! Gan nad beth am wirionedd yr hanes uchod, yr oedd yr hen bobl yn dra hoff o'i hadrodd yn dra aml.

Wedi i Rhys gymeryd gwraig, bu am flynyddoedd lawer o'i fywyd yn byw yn y Digyff, Abergwesyn, ac yn bugeila defaid ar fynyddoedd Irfon a Thywi, a daeth i gael ei adnabod bellach hyd ei fedd wrth yr enw 'Rhys y Bugail'. Pan yn byw yn y Digyff, bu yn berchen buwch neu ddwy, y rhai borent ar y mynydd yn ymyl y tŷ, a chasglai ychydig wair iddynt erbyn gaeaf ar y waun islaw. Un diwrnod digwyddodd i un o'r buchod fyned i'r gors, a bu raid galw ar amryw o'r cymdogion i'w thynnu hi allan. Wedi ei chael i dir sych, 'Tyna, gadewch rhwng y Gŵr uwchben a hi weithian,' dywedai un o'r cymdogion, ac aeth pawb i'r tŷ i gael ymgom, a phob o fwgyn.

Pan ddaeth y cwmni allan i olwg y fuwch, yr oedd wedi ymlusgo a mynd eilwaith i'r gors! Wedi ei thynnu allan y tro hwn, dywedodd Rhys gyda phwys, 'Wel, ni thrystia ddim i'r gŵr yna byth ond hynny!'

Bu lawer o weithiau yn Lloegr gyda drofâu o ddefaid yn ei ddydd. Mynych y clywais hen bobl yn adrodd yr hanesyn hwn amdano. Wedi cyrraedd pen y daith yn rhyw ran o'r wlad ganol (*midland country*), a chytuno am gae i'r defaid, a chael llety, aeth y gyrwyr i ryw dafarndy, ac wedi yfed yn lled helaeth, aeth yn nghydfod drwg iawn rhyngddynt a'r Saeson, ac yr oedd yn argoeli mynd yn ymladdfa lled ffyrnig rhyngddynt; ond cododd Rhys ar ei draed, a chan daro'r bwrdd â'i ddwrn mawr, efe a ddywedodd, 'Fechgyn! Os y'ch chi'n mynd i sŵn mawr fel hyn, ac yn mynd i ymladd, myn diawl, fe'ch gadawa i chi, ac af adre bob cam.' Pan welodd y Saeson y dyn mawr ar ei draed a'r dwrn yn disgyn fel gordd ar y ford, aethant oll yn fud, codasant ac aethant oll o'r ystafell heb yngan un gair yn ychwaneg.

Pan glywai groes ble yn codi mewn cwmni, a'r ysbryd yn twymo o'r ddeutu, ei air ar adeg felly bob amser fyddai 'Tangnefedd, bobol bach.' Gelwid ef yn aml 'Yr Hen Dangnefedd'.

JAMES PUGH, LLANGAMARCH

Yr oedd y gŵr yma yn enedigol o blwyf Llanfair-ar-y-bryn, sir Gaerfyrddin. Yr oedd wedi ei ddwyn i fyny yn y gelfyddyd o *wheeler*, ac adnabyddid ef wrth yr enw 'Shams y whilryd' yn fwyaf cyffredin. Enw ei wraig oedd Mary, a buont yn trigiannu am flynyddoedd yn y Gollen-gron, ac hefyd yn 'New Well', Llangamarch. Yr oedd Shams yn gymeriad pur hynod ar lawer cyfrif, yn hollol ar ei ben ei hun, ac adroddir aml i hanesyn doniol am dano hyd heddiw gan hen ardalwyr Llangamarch. Nid oedd Shams heb ei wendidau amlwg, mwy na llawer a gafodd fanteision llawer gwell. Ei bechod parod oedd y ddiod feddwol, a bu o dan gerydd mynych yn yr eglwys yn Llangamarch oherwydd syrthio gyda chwmni i afael yr ymyfed.

Un tro, tra allan o aelodaeth teimlai awydd am fyned yn ôl unwaith yn rhagor i blith plant yr Arglwydd, a bwriadai fynd i'r gyfeillach am ddau o'r gloch. Gwnaeth ei fwriad yn hysbys i Pali y bore hwnnw, 'Yr wy'n meddwl y cynigia i'n hunan iddyn nhw yn y capel unwaith yto, Pali,' meddai, ac ychwanegai, 'Nid yw hi ddim yn rhy dda gyda nhw wrth y preseb ond y mae yn wa'th fel hyn ar y bislath. Dere â thamed o ginio yn weddol gynnar, ac yna fe af i lawr gyda Jac Ty'n-llwyn, i ni ga'l torri tipyn ar y garw ar hyd y ffordd wrth fynd.'

Ond fel y gallwn gasglu, dipyn yn ddiweddar y bu Pali, yn ôl ei harfer, cyn fod cinio ar y bwrdd, a chan yr ofnai Shams i'r hen flaenor fynd heibio yn ddiarwybod iddo, bu raid i Pali i aros ar y drws i'w wylio, tra y bwytâi Shams ei ginio. Ond cyn iddo cwbl orphen, dyma rybudd fod Jac yn dod i'r golwg yn nhrofa'r ffordd gerllaw. Neidiodd Shams ar unwaith oddi wrth y bwrdd gan edrych am ei het.

'Cymer amser i gwpla dy fwyd, Shami bach,' meddai'r hen wraig.

'Na, na. Y mae rhaid cosbi'r corph er mwyn yr ened weithie, wel di,' medd Shams, gan ruthro allan heibio iddi'n frysiog i'r ffordd.

Wedi i'r ddau fyned trwy y cyfarchion arferol, torrodd Shams y rhew trwy ddywedyd, 'Rwy'n meddwl dwad yng hunan yn ôl i chi i'r capel yna unwaith yto Jac; wn i ddim beth wedech chi tawn i'n dwad heddy?'

Wedi i Jac ystyried dipyn yn bwyllog, atebodd. 'A odi hi ddim yn well i chi aros hyd yr wythnos nesa' Shams, i mi gael gweld pa un ai gwaith yr Ysbryd, ai rhywbeth yn codi oddi ar dymere yw e?' meddai Jac yn dawel.

'Y dyn!' meddai Shams, 'yr y'ch chi yn wa'th na'r diafol – heddiw medd Duw, fory medd diafol, ond yr y'ch chi am ei thaflu hyd yr *wythnos nesa*!'

Yr oedd yn bur hyddysg yn yr Ysgrythurau, ac yn dueddol iawn i ddefnyddio termau ysgrythurol yn ei ymadroddion cyffredin. Un waith wrth groesi mynydd Epynt wedi'r nos, darfu iddo golli'r ffordd ond wedi hir gerdded y paith gwelai oleuni mewn bugeildy, a thynnodd tuag ato, lle y cafodd ymgeledd a charedigrwydd. Cafodd hefyd gan y bugeiliaid ddyfod i'w hebrwng a'i osod ar y llwybr iawn. Wedi i'r ddau gerdded gryn bellter, 'Dyna, weithian fe wnewch y tro eich hun, Shams,' meddai'r bugail.

'Na. Na. Oni wyddoch yr Ysgrythur yn dywedyd, "A phwy bynnag a'th gymhello un filltir, dos gydag ef ddwy," oedd yr ateb; a bu raid i'r bugail fyned ymlaen gryn filltir arall cyn cael troi'n ôl.

Un diwrnod yn adeg y cynhaeaf gwair, fel yr oedd yn mynd ar hyd y briffordd heibio Glanyrafon, gwelai John Bevan Y.H. o'r lle hwnnw yn gwneuthur tas o wair, ac mae'n debyg nad oedd yn un o'r rhai mwyaf lluniaidd ym marn Shams. Pa fodd bynnag, pan oedd Shams yn dychwelyd yr oedd yr hen Ynad o hyd yn parhau i drwsio a cheisio cael rhyw lun ar y das wair.

'Wel, yr y'ch chi yn ei haddoli o hyd, Mr Bevan,' sylwai Shams wrth basio, 'ac fe allwch ei haddoli heb dorri'r un gorchymyn hefyd.'

'Pa'am yr y'ch yn dweud hynny, Shams Pugh?'

'O, am nad yw hi ar lun dim ar sydd yn y nefoedd uchod, nac ar y ddaear isod,' oedd yr ymateb, a ffwrdd ag ef yn ei flaen.

DAVID DAVIES, Y GLEDRYDD, TIRABAD

Bu ef am flynyddoedd lawer yn athro ysgol ddyddiol yn y plwyf uchod. Nid oedd tymor yr ysgol ond tri neu bedwar mis yn nhymor y gaeaf. Bu am un gaeaf, os nad ychwaneg, yn cadw ysgol yn ei gartref yn y Gledrydd. Clywais hen ŵr a fu yn derbyn ychydig addysg elfennol yn y lle hwnnw yn dweud y byddai'r athro yn gyrru'r plant droeon i'r ceulannau mawn gerllaw i ymofyn beichiau o fawn er cael ychydig dân ar dywydd oer yn yr ysgol.

Fel rheol yn eglwys y plwyf y cedwid yr ysgol. Nid oedd rhif y plant un amser dros tuag ugain. Yr oedd y dosbarth gorau o'r plant yn ysgrifennu, ac yn gwneud eu gwersi ar fwrdd yr allor yng nghangell yr eglwys. Rhoddid estyll ar y seddau i eraill i ysgrifennu arnynt.

Ar dywydd oer cynheuid tân o fawn ar lawr yng nghornel yr eglwys, ac wedi y llenwai yr holl adeilad o fwg âi y rhan fwyaf ohono allan drwy dyllau oedd yn y to!

Eisteddai yr athro ger y tân, bob amser â'i het ar ei ben a deuai y plant yn gylch o'i amgylch i ddweud eu gwersi. Darllenai y bechgyn a'r genethod hynaf, allan o hen *Primers* carpiog a berthynent i'r eglwys, a hynny fynychaf ar eu heistedd yn hanner cylch ger yr athro.

Ar yr ail o Chwefror 1847 daeth bonheddwr o Sais o'r enw Jellynger C. Symons, gŵr cymharol ieuanc tua deunaw ar hugain oed, yn hytrach yn fychan o gorpholaeth i ymweld â'r ysgol hon a chafodd yr hen athro a'i het am ei ben yn eistedd wrth danllwyth fawr o dân mawn yn y gangell! Ni fedrai siarad fawr o'r iaith Saesneg ac o ganlyniad ychydig a fu o ymddiddan rhwng y ddau, ond gwnaeth cwmpeini Mr Jones[21] y gwaith o gyfryngu rhyngddynt. Gofynnodd Mr Symons am gael clywed yr ysgolheigion yn darllen. Pump yn unig fedrai ddarllen y Testament Newydd. Pan ddarllenai'r plant allan o'r Testament cydiai yr ysgol feistr ym Meibl yr eglwys i wrando arnynt yn darllen. Gofynnodd yr arolygwr gwestiynau i ddeg o'r plant hynaf. Yr oedd y cwestiynau a'r atebion yn debyg i hyn:

21 Un o gynorthwywyr Symons a fyddai'n cyfieithu iddo.

'Pwy oedd yr Apostolion?'
Neb yn ateb.
'Pwy oedd Sant Paul?'
'Iesu Grist,' medd rhai.
'Ysgrifennwr,' medd eraill.

Yna gofynnodd amryw ofyniadau am ddyddiau'r flwyddyn, y rhai a atebwyd gan amryw. Dywedodd yr athro nad oedd ef un amser yn holi dim ar yr ysgol, ac nid gwiw oedd iddo geisio gwneud hynny.

Gwyddai amryw ohonynt y 'Multiplication Table' yn hynod dda, ac yr oedd un neu ddau yn medru rhifyddu'n weddol. Yr oedd llawysgrif yr oll ohonynt yn lled ddrwg.

Ymadawodd yr arolygwr â'r ysgol, gan adael yr ysgolfeistr yn eistedd yn gysurus ger y tân yng nghornel y gangell. Ni thynnodd ei het oddi ar ei ben tra y bu y bonheddwr dieithr yn yr ysgol.[22]

Bu yr hen gymeriad duwiol o gryn wasanaeth yn y cylchoedd i gyfrannu ychydig addysg elfennol i blant yr ardalwyr, a gwnaeth hynny yn ôl ei allu am lawer o aeafau weithian. Adnabyddid ef yn gyffredin wrth yr enw 'Dafydd y School'.

Yr oedd yn ŵr buchedol a pharchus iawn gan ei gymdogion oll, ac yn aelod crefyddol ffyddlon a defnyddiol gyda'r Methodistiaid yn y Gorwydd. Bu farw yn Abererbwll, Ion. 22, 1873 yn 78 oed.

Yr oedd Dafydd yn gloff o glun ac anaml y codai oddi ar ei ystôl drwy gydol y dydd. Cadwai wialen hir, fel y gallai gyrraedd *smac* ar unrhyw un o'r dosbarth oddi ar ei eistedd. Pan basiai rhyw un o'r ardal ar hyd y ffordd oedd yn rhedeg heibio i'r eglwys, rhedai y plant oll i'r ffenestri er gweled pwy oedd yn pasio. Yna, gofynnai yr hen athro'n dawel, 'Pwy sy 'na, blant?'

Weithiau deuai cŵn hela ar ôl llwynog neu ysgyfarnog trwy y gymdogaeth. Pan glywai'r plant sŵn y corn rhuthrent oll allan fel defaid o loc a hynny heb ofyn un caniatâd yr athro, ac yn fuan gwelid hwynt draw ar bennau y bryniau ger llaw yn mwynhau yr helfa!

MOSES JONES, ABERGWESYN

Ef oedd un o gymeriadau mwyaf adnabyddus yn rhannau gorllewinol Hwnrwd Buallt yn ei ddydd. Yn nhymor cyntaf ei fywyd, bu gyda llawer o borthmyn yn gyrru da i Loegr, ac yr oedd yn bur gynefin â'r ffordd i Gent ac Essex. Difyr iawn oedd ei gael i adrodd helyntion y tymor hwn o'i fywyd, ac nid gwaith anodd oedd ei godi i hwyl at hynny rai prydiau.

---

22 Mae'n amlwg fod Evan Jones yn gyfarwydd â'r adroddiadau ar ysgolion Cymru a gyhoeddwyd yn 1848 ac a adwaenir bellach fel 'Y Llyfrau Gleision', ond nid yw'r adroddiad am ysgol Tirabad a geir yn y 'Llyfrau' yn cynnwys y ddau sylw yma.

Un tro cyfarfyddodd â gŵr dieithr ar y ffordd yn Abergwesyn, yr hwn a ofynnodd iddo, 'I ba le y mae'r ffordd hon yn mynd, yr hen ŵr?'

'Fe'i dilynais i hi ugain milltir islaw Llundain, ac ni weles i mo'i phen pella hi,' oedd ei ateb, a ffwrdd ag ef yn ei flaen, gan adael y bonheddwr ar hynny.

Efe oedd y diweddaf ym mhlwyf Abergwesyn i fynd o amgylch y plwyf-olion i'w rhybuddio i ddyfod â'r degwm, sef y degfed ran o gynnyrch y tir i'r offeiriad. Yr oedd ganddo gymhwyster neillduol at y gwaith hwn, a medrai cymell neu fygwth, a hynny yn ôl fel y gwelai yr angen ar y pryd. Bu yn llanw'r swydd hon dros yr offeiriaid hyd y fl. 1837.

Yn gymaint â'i fod wedi treulio ei oes faith yn yr un plwyf, ac wedi ei gynysgaeddu â chof cryf a gafaelgar, yn gydnabyddus â llawer o'r hen gymeriadau mwyaf cofus ar fynyddoedd Tywi ac Irfon yn nechrau y bedwaredd ganrif ar bymtheg, yr oedd ganddo ystôr dihysbydd ymron o wybodaeth hanesiol a thraddodiadol am gylch eang o'r wlad. Medrai adrodd hanes llawer gaeaf caled a haf gwlyb a welodd yn ei oes, a hynny gyda manylrwydd a chywirdeb. Bu haf 1816 yn eithriadol o wlyb a darfu i'r gwair a'r llafur bydru ar y meysydd. Y canlyniad fu i brinder mawr a drudaniaeth i ddilyn. Bu llawer o deuluoedd o amgylchiadau isel yn dioddef hyd at newyn. Yn yr adeg honno, bu Moses a'i frawd yn 'cerdded gwlad a gorwlad' i gardota eu bwyd er cadw corph ac enaid wrth ei gilydd. Buont mor bell â glan môr Bae Ceredigion ac yn ôl tystiolaeth Moses, pan wrth ddrysau ffermydd glan y môr y gwelsant fwyaf o gydymdeimlad a charedigrwydd. Pan fu farw, yn 96 oed yn 1888, collwyd llawer o wybodaeth brin iawn ac wmbredd byd o hen draddodiadau am Abergwesyn a'r cylch.

DAFFI, TY'N-Y-MAES

Mab ydoedd David Price (neu fel yr adweinid ef yn gyffredin, 'Daffi Ty'n-y-maes') i Rees Price, Nant-y-cae, Llanwrtyd. Treuliodd flynyddoedd bore ei fywyd, fel llawer iawn o ieuenctid yr oes honno, yn dra anystyriol a gwyllt; nid gormod oedd ganddo esgeuluso mynd i foddion gras, a thorri'r Saboth. Adroddai ef ei hun, mewn blynyddau diweddarach yn ei fywyd, fel y byddai'n treulio'r dydd Sul cyn dechreu calcho oddi ar y Mynydd Du, yn gyfan gwbl i lanhau a thrwsio'r tresi, a pharatoadau eraill erbyn y gwaith hwnnw. Nid rhaid wrth un hanes arall yma er dangos beth oedd tueddiadau ei fywyd pan yn ddyn ifanc.

Yn adeg diwygiad 1828, cafodd y fath argyhoeddiad, a chyfranogodd mor helaeth o'i wres, fel yr oedd i'w weled a'i deimlo'n amlwg yn ei ysbryd am y gweddill o'i oes ar y ddaear.

Wedi ei dröedigaeth, cyrchai yn gyson i holl gynulliadau crefydd yn yr eglwys, a gwnaeth y defnydd gorau ohonynt. Yn awr y dysgodd ddarllen, trwy fynychu'r Ysgol Sul, a rhedeg yn aml at Isaac Williams, teiliwr, a oedd yn byw yn Tŷ-llosg, bwthyn bychan oedd gerllaw.

Dyn digrefydd, bydol iawn, a diwyd gyda phethau y byd hwn oedd Rhys Nant-y-cae, a dywedir i Daffi ddioddef llawer o'i erlid a chroesau blin oddiwrth ei dad yn yr adeg yma; ond ni wnaeth y cwbl ond awchlymu ei fwriad i ddyfod yn alluog i ddarllen ei Feibl drosto ei hun, a chyrraedd ychydig wybodaeth yn yr Ysgrythyrau Sanctaidd.

Adroddir amdano un diwrnod, yn yr adeg yma, yn cywain tail i'r cae o war y tŷ, a dau eidion a dau geffyl yn tynnu i fyny i'r llethr, pryd y cwympodd ei het oddi ar ei ben. Ynddi yr oedd Beibl bychan, yr hwn oedd ganddo i'w ddarllen ar funudau o egwyl, a phan na fyddai ei dad yn gweld. Cadwai'r Beibl yn wastad yn ei logell yn yr amser yma, a gwelwyd ef weithiau yn ei dynnu allan i'w ddarllen ar y talar wrth aredig.

Symudodd y teulu o Nant-y-cae i Dy'n-y-maes, fferm helaeth yn y cyffiniau, a buont yn dal y ddau le, a hynny'n gysurus iawn o ran pethau'r byd. Yma y bu'r hen bobl feirw, gan adael stoc y ddwy fferm yn etifeddiaeth i'w mab Daffi. Gan fod ei ddwy chwaer wedi priodi, yr oedd y lle erbyn hyn yn rhydd ganddo ef ei hun, ac yn awr daeth edrych allan am gymar bywyd yn fater pwysig yn ei fywyd, canys yr oedd bellach yn fab deugain oed.

Nid oedd caru ond gwaith dieithr iddo hyd yn hyn, ac ni bu y rhyw deg o fawr temtasiwn iddo ar hyd ei oes; ac mae'n debyg nad oedd yntau, o ran ei berson a'i olwg allanol, wedi bod erioed yn demtasiwn rhy gryf i neb o rianedd yr ardal. Ond yn awr daeth angen teuluaidd am wraig, ac yr oedd yn rhaid chwilio allan am gymar, a hynny heb ymdroi.

Mae'n debyg mai ar Bet Tŷ-gwyn y gosododd ei serch – merch fferm a phob cymhwyster ynddi at lanw'r angen oedd am dani yn Ty'n-y-maes. Yr oedd yn ferch dawel, o deulu crefyddol, yn aelod o'r un eglwys, a chan y ddau adnabyddiaeth drwyadl o'r naill y llall yn barod.

Y noson gyntaf yr ymwelodd ef â chartref y ferch, yr oedd ar gefn caseg waith fechan, weddus ac ysbrydol, o'r enw 'Get'. Wedi cyrraedd i fuarth Tŷ-gwyn, daeth Neli – chwaer y ferch – allan i'w gyfarfod, ac wedi ychydig gyfarchiadau arferol, gwnaeth ef ymholiad am Bet, yr hon, wedi cael gair o hysbysiad, a ddaeth i ymddiddan ag ef. Nid hir y bu heb wneuthur ei feddwl yn hysbys iddi, a hynny, meddir, oddiar gefn 'Get'! Yn ôl adroddiad hen bobl, yr oedd yr ystori garu gyntaf rywbeth yn debyg i'r hyn a ganlyn:

'Wel, Bet, y mae arna' i ishe gwraig yco, wêl di, ac yr ydw'i wedi meddwl rhywbeth amdanat ti. Os doi di, ti gei eitha whare teg, a phob parch; ac ma' arna' i ishe rhywun yn lled glau, gwa'th do's gen i neb i gadw nhŷ nawr, fel y gwyddost ti. G'na di dy feddwl i fyny erbyn y gwela i di nesa.'

Ar hyn, heb fawr o ymddiddan pellach o un tu, trodd ben 'Get' yn ei hôl, a chyfeiriodd tuag adref.

Modd bynnag, nid hir y bu cyn ymweled eilwaith â'r Tŷ-gwyn, er gweled beth oedd y rhwyd a daenodd y noson cynt wedi ei ddal, a chafodd yn fuan ar ddeall ei fod wedi ei thaflu i'r tu dehau i'r llong. Ni pharhaodd y garwriaeth yn hir, a chawn i'r briodas fod yn eglwys plwy Llanwrtyd, Rhagfyr 16, 1831. Bu o'r briodas dair merch ac un mab.

Bu Bet yn ymgeledd gymwys iddo trwy holl droeon yr yrfa. Lle yr oedd ef ar brydiau dipyn yn frwd ei dymer, yr oedd hithau ar bob amgylchiad yn dawel, pwyllog ac amyneddgar. Yr oedd yn wraig ddiwyd, ofalus; yn fam dyner, a'i duwioldeb yng ngolwg pawb uwchlaw amheuaeth.

Bu'r gyfeillach grefyddol yn cael ei chynnal yn eu tŷ yn fisol am flynyddau lawer, a hefyd yr Ysgol Sul, a chwrdd gweddi wythnosol a gynhelid ar gylch yn amaethdai'r ardal – ac ni welid mwy serchawgrwydd a charedigrwydd yn un lle nag yn hen gegin eang Ty'n-y-maes.

Yr oedd cwrdd gweddi un noswaith yn Llawrdre Fach, gyd â hen bobl o'r enwau Rhys a Nansi. Ceisiodd Daffi gan Roger Jones i ddyfod ymlaen i ddarllen.

'Nawr, Hodi,' meddai, 'y ti sy i ddechre'r cwrdd heno. Yr wyt ti'n ddarllenwr bach da. Dere'n rhwydd, darllen bennod fer, *short*. Mae'r dynion wedi dwad. Dere'n rhwydd, rhwydd.'

Wedi i Roger daflu ei olwg ar Lisa ei wraig, tynnu ei law dros ei dalcen, a phesychu yn ôl ei arfer, neshaodd at ymyl bord dderw henafol, lle y gorweddai Beibl Cymraeg amherffaith a braenedig yr olwg arno; a gwyn ein byd na chaem ddau o bob dwsin o'n gweinidogion a fedrai ddarllen Gair Duw mor barchus, pwyllog a dealladwy ag y medrai Roger Tŷ Llosg.

Un tro, yr oedd cwrdd gweddi wythnosol yn Glancledan-fawr, ar adeg y cynhaeaf gwair; a chan fod pawb o'r amaethwyr yn hynod brysur, ychydig a ddaeth ynghyd y noson honno. Ond yr oedd yn bresennol ddau hen frawd o'r enwau Daffi Ty'n-y-rhos, ac Isaac Tir Ithel – dau lled anwybodus, hollol ddiddefnydd gyd â chrefydd, a'r naill a'r llall wedi eu hamddifadu o un llygad. Gan ei bod mor anodd cael neb ond ei hun i gymryd rhan yn y cwrdd, gwasgodd Daffi yn lled galed ar y ddau hen frawd i fynd dipyn i weddi; ond gomedd wnaeth y ddau, er eu taer gymell am amser hir. O'r diwedd, collodd Daffi ei amynedd atynt yn llwyr, ac mewn tipyn o ddrwg hwyl, dyma ef ar ei liniau ei hun ac, fel yr adroddir, y geiriau cyntaf a ddaeth o'i enau oedd,

'Arglwydd mawr! Gwna ryw drefen o'r dynon un-llygeidiog yma, os gelli Di. 'D alla' i ddim gwneud dim o un ohonynt. Plyg nhw, a gwna ryw drefen ohonyn'nhw.'

Mewn cyfeillach yn y Gelynos, mae'n debyg fod yno ryw fater dan sylw, ac nid oedd pawb yn cydweld o dipyn sut yr oedd pethau i fod. Siaradai rhai o'r brodyr yn gynnil iawn. Ceisiodd Mr Griffiths gan Daffi i ddweud gair; gwyddai yn dda y medrai ef siarad yn hyf a diofn ar unrhyw bwnc. Cododd Daffi ar ei draed, a dywedodd, 'Shwd y mae hi i fod yma heddy? A oes eisie'r oged fawr yma, ai nad oes?' Medrai ddweud yn swrth a llym iawn, os byddai gofyn am hynny, ac yr oedd y nerth oedd ganddo at hynny yn codi o'i onestrwydd.

Yn ardal Llanwrtyd, preswyliai dyn oedd yn disgyn o deulu lled selog gyd â'r Bedyddwyr, a'i wraig yn aelod yn y Gelynos. Am ychydig amser, er mwyn cyfleusterau crefyddol, cyrchai'r dyn gyd â'i wraig i'r un lle; yna ymadawodd â'r Annibynwyr, ac aeth yn aelod at y Bedyddwyr. Ymhen rhyw ysbaid wedyn, daeth yn ôl eto i ymofyn am le aelodaeth yn y Gelynos. Ceisiodd Mr Griffiths gan Daffi i ddweud gair wrth y dyn ifanc, a dyma ei eiriau, 'O mae'n rhaid i ni ei dderbyn e eto, ac mae'n dda geno ni dy weld di, John bach; ond cofia di mai'r eidion sy'n sefyll wrth ei bolyn yw'r gore.'

Un prynhawn Sadwrn, yr oedd Mr Kilsby Jones, yn anffodus, wedi digwydd colli'r trên olaf i fyned i bregethu drannoeth i Landrindod; a'r Sul hwnnw daeth i'r Gelynos i wrando Mr Griffiths. Eisteddai draw ar ganol y capel, ac wedi i Mr Griffiths ddechrau'r oedfa, dywedodd fod yn llon ganddo weld Mr Kilsby Jones yn bresennol, ac y gwyddai y byddai'n dda gan bawb os deuai ymlaen i roddi pregeth iddynt y bore hwnnw. Ond ysgwyd ei ben, a nacâu yr oedd, er taer gymell. Ar hyn, cododd Daffi ar ei draed yn y sêt fawr, a chan edrych yn daer a sefydlog ei olwg arno, ef a ddywedodd,

'Kilsby! Os wyt ti'n cymryd arnat dy fod yn gwasanaethu'r Arglwydd, dere di fyny i'r pulpud yma; ond os gwasanaethu'r diafol wyt ti, aros yn y man lle'r wyt ti.'

'KILSBY'[23]

Yr oedd wedi ei gynysgaeddu yn amlwg â'r ddawn gerddorol, ac yr oedd yn hoff o gerddoriaeth. Adroddir amdano mewn ffair yng Nghymru, lle y tynnwyd ei sylw gan hen faledwr o'r enw Bardd Gwent yn canu. Y faled a genid ar y pryd oedd 'Cân i Gribddeiliaeth'. Arhosodd Kilsby am ennyd i wrando'r canwr, yna tynnodd ei het ac aeth o amgylch i gasglu iddo.

Yn Llandrindod (lle bu'n gweinidogaethu ddwy waith) byddai'n cael ei flino gan rai o'r gynulleidfa a arferent edrych yn ôl ar bawb yn dod i mewn i'r capel, a hynny ar adeg pan y byddai ef yn darllen, ddechrau'r oedfa. Un bore Sabath, cododd ei olwg, a dywedodd gyda phwyslais hollol nodweddiadol ohono ef ei hun,

---

23 Roedd Evan Jones yn edmygydd o'r Parchedig James Rhys Jones (1813–1889) neu Kilsby. Dywed John Dyfnallt Owen amdano yn y *Bywgraffiadur Cymreig hyd 1940*: 'Cyfrifid Kilsby yn un o gymeriadau hynotaf ei gyfnod onid yr hynotaf oll. Dyn od, yng ngolwg ei feirniaid, hynod yng ngolwg ei edmygwyr. Y rheswm am yr arbenigrwydd oedd ei bersonoliaeth wreiddiol, ei wisg, ei ddull o fyw, ei arddull o fynegi'i feddwl. Torrai ar draws pob rhigolau, rheolau, a defodau mân. Cyfunid ynddo ddewrder a mwynder.'

'Er mwyn y Nef, gwrandewch arna i yn darllen Gair Duw. Fe ddyweda i wrthych pwy fydd pob un ddaw i mewn. Dyma Jones, Dolberthog yn dod i mewn nawr. Dyma Mrs Davies, Y Castell yn dod nawr.'

Yna daeth un o'r ymwelwyr, 'Wel nawr,' meddai, 'dyma foneddiges na wn i ar y ddaear fawr pwy yw hon. Edrychwch arni bob un.'

Dywedir i'r oruchwyliaeth hynod hon fod yn foddion i'r bobl wledig a gwerinol a arferent fynychu'r capel, i adael yr arferiad gwrthun o hyn allan.

Nid ysgrifennai ei bregethau, ond dibynnai'n hollol ar ei gof a'i ddoniau. Weithiau, ni ddywedai pa le y byddai ei destun. 'Chwiliwch amdano. Efallai y gwnaiff hynny les ichi,' meddai.

Yr oedd ganddo rai pregethau ar destunau neilltuol o hynod. Un oedd ar y testun 'Blwyddyn Newydd Dda'. Ei phennau oeddynt:

I wneud blwyddyn newydd dda – (1) Bara a chaws; (2) Arian yn y boced; (3) Gras yn y galon. Yr oedd hon yn bregeth faith a diddorol, yn gofyn dros awr i'w thraddodi.

Yr oedd ganddo bregeth boblogaidd iawn arall ar y testun 'Na rodiwch gyda'r diafol'. Rhannai ei destun yn dri phen:

(1) Na roddwch le i ddiafol. Pam? Am na thalodd erioed am ei le; (2) Mae'n gwneud pob lle yn waeth ar ei ôl; (3) Mae lle anrhaethol well yn ein aros.

Tystiai cyfaill i mi iddo ei glywed ef yn pregethu yn sir Forgannwg a'i fod ef yn y bregeth honno yn dynwared ceffyl yn gweryru, a gallaswn ei gredu'n rhwydd a naturiol. Clywais ef a'm clustiau fy hun yn pregethu ar yr adnod honno yn Efengyl Ioan, 'Myfi yw y bugail da, yr hwn sydd yn rhoi ei einioes dros y defaid.' Yn ystod y bregeth, brefai amryw weithiau fel hen famog yn galw am ei hoen.

Wedi darllen rhan o air Duw ddechrau'r gwasanaeth, gwnai sylwadau ar bob adnod wrth fynd ymlaen. Yr oedd ganddo benodau arbennig gydag esboniad o'i eiddo ei hun arnynt, a chlywais amdano'n eu darllen a'u hesbonio mewn gwahanol barthau o Gymru, a hynny am flynyddoedd.

Galwyd am wasanaeth Kilsby i bregethu mewn cyrddau mawr yn sir Aberteifi, a chafodd ei wahodd i letya y noson o'r blaen i ryw dy fferm dda, gyda theulu parchus a chyfrifol. Bore drannoeth, gofynnodd y wraig yn garedig iddo, a gymerai wy gyda bara menyn i frecwast, gan ddweud,

'Gymerwch yn wir, Mr Jones, fe fydd yn nerth ichi i bregethu.'

Yntau a'i hatebodd gan ddweud, ''Y merch fach i, rwyn disgwyl nerth o rywle i bregethu heddy heblaw o ben-ôl iâr.'

Pan yn darlithio yn rhywle yn sir Gaerfyrddin, dywedai, 'Os y'ch chi am wraig dda, iach, ewch i sir Aberteifi. Fe gewch ferch yno a'i hanadl fel buwch, a'i thafod fel garotsyn.'

DAFYDD CHARLES

Un arall o ragorolion Llanwrtyd oedd ef. Adwaenid ef gan bawb yn gyffredin wrth yr enw uchod, heb gysylltu enw unrhyw le ag ef, mwy na phe yr enwid yr hen Adda. Treuliodd ei holl fywyd yng nghymdogaeth Llanwrtyd, ac ni bu yn briod erioed. Yr oedd yn gymeriad yn hollol ar ei ben ei hun, mewn bwyta ac yfed, gwisgo a cherdded. Ni ddilynai fawr o ffasiynau yr oes yn ei wisgiad, ond gwisgai got o frethyn o liw glas llester o'r hen doriad, a chwtws fain iddi, a choler fawr, a dwy res o fotymau melynion mawrion ar y frest. Cerddai bob amser yn ddiwyd a heinif, fel dyn fyddai mewn brys, a hawdd oedd ei adnabod o draw wrth ei osgo ysgafn ac union.

Pan yr âi ar ychydig ddiwrnodau o wyliau i 'ddŵr y môr' i Aberystwyth, cerddai yr holl ffordd, a hynny mewn un diwrnod. Yr oedd ganddo bum milltir i Abergwesyn, tair-ar-ddeg i Bontrhydfendigaid, a phymtheg i Aberystwyth. Wedi treulio rhyw ysbaid o amser yn aer y môr, cychwynnai'n fore a chyrhaeddai'r Bont erbyn hanner dydd, lle y cymerai damaid o fara a chaws a pheint o ddiod, a deuai i Lanwrtyd yn yr hwyr. Un tro pan yn dychwelyd o Aberystwyth, pan ar Fwlch Rhyd-y-meirch, gwelodd ei fod wedi gadael ei ymbyrela ar ôl yn y lle y lletyai; trodd yn ei ôl yn sydyn, a chyrhaeddodd dref Aberystwyth yn yr hwyr. Yr oedd ganddo o leiaf ugain milltir i fyned yn ei ôl! Bore drannoeth yn fore, ail-gychwynnodd eto am Lanwrtyd.

Ar ddiwrnod llithrig, yr oedd yn cerdded yn frysiog ar un o strydoedd Llanwrtyd, ond digwyddodd iddo syrthio'n sydyn, yr hyn oedd hollol groes i'w natur ef. Yr oedd Mr Kilsby Jones yn ei ymyl ar y pryd.

'Halo, a gwympsoch chi, Dafydd Charles?' gofynnai.

'Ni gwympson oll yn Eden, ond ni got'son ar Galfaria,' oedd yr ateb.

Yr oedd yn un o feddwl annibynnol iawn, hollol onest ac unplyg yn ei ymwneud â phawb, pa un ai bonheddwr ai gwreng, ymddygai yn union yr un fath at bob cymeriad a sefyllfa. Arferai eistedd yn y capel mewn sedd yn ymyl y sêt fawr, ac ar ddydd cyfarfod pregethu yr eglwys, a'r capel yn orlawn o bobl, daeth brawd o'r eglwys ato gan geisio ganddo godi a symud i'r sêt fawr, a rhoddi lle i foneddiges gyfrifol oedd wedi dod i mewn. Ysgydwodd ei ben a dywedodd,

'Cnawd yw hi, cnawd wyf finne. Ni symuda i ddim o'r fan hyn.'

Yr oedd hen ŵr oedrannus wedi cael ei dderbyn yn aelod crefyddol yng nghapel yr Annibynwyr, Llanwrtyd un Saboth, ac ar ddiwedd yr oedfa troai at yr hen frodyr o'i amgylch yn y sêt fawr yn ddrylliog iawn ei deimladau, gan edrych arnynt trwy ei ddagrau, a gofyn,

'A odych chi'n meddwl y caiff hen ddyn sy' wedi bod yn annuwiol trwy ei oes faddeuant gan yr Arglwydd yn yr oedran hyn?'

'Cei, cei. Paid â llefain, yr un dwl,' oedd ateb Dafydd.

Yn ei amser ef yr oedd yr Ysgol Sul a'r cyfarfodydd gweddi wythnosol yn ardal Blaen-y-plwyf yn cael eu cadw ar gylch o dŷ i dŷ yn y gymdogaeth, ac nid oedd neb yn fwy ffyddlon iddynt na Dafydd Charles. Darllenai lawer ar ei Feibl ac yr oedd wedi trysori llawer ohono ar ei gof. Yr oedd bob amser â gair o brofiad yn y gyfeillach grefyddol. Mewn *society* un noson siaradai yn frwd ar ryw fater, gan droi ei olwg at, ac edrych yn daer ar Mr James y gweinidog yn barhaus.

'Edrychwch draw, a siaradwch â'r gynulleidfa, Dafydd Charles,' meddai Mr James.

'Y dyn! Y mae cymaint o angen dweud wrthoch chi â neb,' oedd ei ateb swrth a pharod.

Mewn cyfarfod gweddi yng nghapel yr Annibynwyr un bore Saboth, ceisiwyd gan siopwr o'r pentref gymeryd rhan, ac mewn tipyn o absenoldeb meddwl, fel hyn y bu iddo ddweud rhif yr emyn, 'Emyn tri chant, pum deg, a grôt.'

Ar ôl yr oedfa ceisiodd Dafydd Charles gael cyfle i siarad ag ef, ac meddai wrtho, 'Mr Jones, pan ddewch i'r capel nesaf, gadewch y cownter gartre.'

DAVID PRICE, BERTH-DDU, LLANWRTYD[24]

Ffos-goi sydd enw ar amaethdy yn ardal Llechweddol, plwyf Llanwrtyd. Saif y lle hwn yn nhrofa mynydd, yr hyn yn ddiau a awgrymodd yr enw iddo. Cawn enwau eraill tebyg o ran eu hystyron yn yr ardal a'r amgylchoedd, megis Cwm-*coi*, y Ddôl-*goi* a'r *Goi*-fron, oll o ran eu lleoliad yn sefyll yng nghesail bryn, neu fynydd, yr hwn a welir fel camog olwyn o'r tu cefn iddynt, ac yn gysgodfa iddynt.

Yn y Ffos-goi gan mlynedd union yn ôl yr oedd gŵr a gwraig ieuanc o'r enw David ac Elizabeth, neu Daff Prys a Bet, fel yr adwaenid hwy yn ôl yr hen ddull Cymreig. Yn 1822 ganwyd iddynt fab a gafodd ei enwi yn Dafydd. Derbyniodd yr addysg orau oedd ar gael a danfonwyd ef am gyfnod i ysgol yn y Fenni. Wedi ei ddychweliad oddi yno cymellwyd ef gan yr ardalwyr i agor ysgol i ddynion ieuainc yn y gymdogaeth. Cynhelid yr ysgol hon yn y gaeaf ym mharlwr Ffos-goi a'r haf yn ysgubor Beilihelig, tyddyndy bychan yn yr ardal. Cyrchai dynion ieuainc iddo o blwyfi Llangamarch, Tirabad, Llanfair-ar-y-bryn, a pharhaodd yr ysgol am rai blynyddau. Ar adeg eu symudiad i'r ysgubor, gwelid yr ysgolheigion yn cludo meinciau, cadeiriau ac ystolion teirtroed o bob cyfeiriad tua'r ysgol, lle y cyfrennid yr addysg mewn Daearyddiaeth, Gramadeg Saesneg, a gwelid parthlenni *(maps)* hefyd yn crogi i fyny ar furiau'r ysgoldy hwn, yr hyn oedd beth anghyffredin hyd yn

---

24 Detholiad o draethawd a gyflwynwyd i Eisteddfod Llanwrtyd, Calan 1902, gan un a ddefnyddia'r ffugenw 'Calfin'. Y mae yn llawysgrifen Evan Jones ac mae'r disgrifiadau o'r lleoliad ar y dechrau yn nodweddiadol ohono.

hyn mewn hen ysgolion gwledig. Felly y bu yr ysgol hon yn foddion effeithiol i greu syched mewn dynion ieuainc am ychydig addysg. Parhaodd i gadw ysgolion mewn gwahanol fannau am flynyddoedd i ddod. Brawd iddo ef oedd y Parch. William Pryse, y cenhadwr cyntaf a aeth allan i Sychet (yn yr India) yn 1849, a theg yw dweud mai wrth ei draed ef y dysgodd y gŵr enwog hwnnw yr 'a-b-c' gyntaf, ac y derbyniodd ef ran o'i addysg elfennol. Tua 1856 cafodd y swydd o drethgasglwr, yr hon a ddaliodd am yr ysbaid maith o 20 mlynedd, a gwnaeth ei ddyletswydd gyda gonestrwydd diamheuol. Casglodd wysged o lyfrau a gwelsom yn eu plith weithiau amryw o'r awduron gorau y cyfnod; ond ei hoff lyfrau oedd y Beibl, ynghyd ag *Esboniad* y Parch. James Hughes, a *Geiriadur* Charles.

Yn ystod ei oes faith ar y ddaear, gwelodd amseroedd hyfryd ar grefydd. Cafodd weld y diwygiad mawr nerthol hwnnw yn 1828 megis yng ngwanwyn ei fywyd; a'r diwygiad mawr cyffredinol hwnnw fu yn ein heglwysi yn 1840 ac wedyn yn 1859. Cadwodd yr ymweliadau hyn yma o eiddo yr Ysbryd ef, a llawer eraill, yn frwd a melys gyda'r moddion ar hyd eu hoes.

Diddorol iawn ar awr hamddenol, yn awr ac eilwaith, oedd cael ei gymdeithas, a gwrando arno yn mynd dros hanes yr hen amserau, er pleser mawr i ni y rhai ieuainc, ac er boddhad iddo'i hun. Roedd ei gyfrinion fel ffrwythau aeddfed yn disgyn oddi ar hen bren yn hydref y flwyddyn.

Treuliodd flynyddoedd olaf ei oes yn Berth-ddu – y pendy bychan yn yr hen amaethdy, ac er ei fod ei hun fan hon mewn unigedd, clywid ef yn gyson yn cadw y ddyletswydd deuluaidd; darllenai gyfran o'r Gair Sanctaidd a gweddïai yn uchel bob amser, fel yr arferai wneud pan oedd ei deulu gydag ef. Bu farw ar Fai 7, 1892 wedi oes eithriadol o faith.[25]

SARAH DAVIES

Yr oedd dawn prydyddu yn bur gyffredin yn y llanerchau hyn tua dechrau a chanol y ganrif ddiweddaf, a disgynnai'r ysbryd weithiau yn bur helaeth ar y rhyw fenywaidd, fel y dengys yr hanesyn canlynol.

Yr oedd Sarah Davies o'r Tŷ-gwyn, Llangamarch, yn ferch dawel, dduwiol, ac wedi ei chynysgaeddu â chyneddfau cryfach na'r cyffredin. Yr oedd o duedd fyfyrgar iawn. Darllenai bob llyfr Cymraeg o fewn ei chyrraedd oedd o nodwedd grefyddol, ond ei hoff lyfr oedd y Beibl. Darllenodd yr Hen Destament drwyddo wyth o weithiau, fel y gallai Sarah ddweud fel y dywedodd arall am y Beibl o'i blaen, ei fod iddi 'yn Llyfr Duw ac hefyd yn Dduw y llyfrau'. Trysorodd ar ei chof hefyd lawer o hymnau, a chyfansoddodd rai emynau go lew ei hunan. Disgynnai awen prydyddu

---

25   Mae'n amlwg fod Evan Jones yn edmygu'r gŵr hwn yn fawr ac yn ei adnabod yn dda. Efallai iddo dderbyn peth o'i addysg oddi wrtho. Os yw hyn yn wir, y mae'n dystiolaeth brin am hanes addysg E.J.

arni weithiau yn dra sydyn, ac o dan amgylchiadau rhyfedd, nes byddai ei phenillion ffraeth a pharod yn llawn ysmaldod a difyrrwch i'r cwmni.

Un diwrnod pan y gwelai er ei gofid y casglwr trethi yn dyfod i fyny, yn holl urddas a phwysigrwydd ei swydd, ar hyd y cae islaw y tŷ, ebai Sarah:

> Mae llawer stori'n gelwydd
> Ond tyma un eitha' gwir –
> Mae Jac Cefn Serwydd
> Yn tynnu'n erbyn tir,
> I gasglu treth y tlodion –
> Mae'r trethi'n hynod drwm,
> A mam wrth geisio talu
> A'i phoced yn lled lwm.

Ni wyddai Sarah o'r Tŷ-gwyn fawr am gyfleusterau addysg yr oes bresennol. Dieithr iawn iddi oedd cyfrinion y 'sweet girl graduates', er iddi anadlu drwy ei hoes awyr Llamgamarch, hen blwyf genedigol James Howell, ieithyddwr pennaf ei oes.[26] Ond rhai o gyffelyb ysbryd iddi hi barodd i Gymru fynd o dan ryw weddnewidiad dwyfol, nes cael ei galw yn 'Gymru Lân'.

EVAN MORRIS, TŶ CWAREL, LLANGAMARCH

Yn ei ofal ef yr oedd y dyddiadur, neu lyfr y cyhoeddiadau, sy'n galluogi y Lord Deacon, ys dywedai'r hen Brutus ers llawer dydd, i fod yn gymaint o noddwr bywiolaethau yn ei ffordd ei hun ag un esgob neu Arglwydd Ganghellydd yn y wlad. Rywdro gofynnai John Bevan, Ysw., Y.H., Glan'rafon, un o'i gyd-flaenoriaid, a pherthynas iddo, 'Pwy sydd i wasanaethu yma'r Sabothau nesaf, Evan Morris?' A dyma'r hen frawd a'i lyfr allan, ac wrth weld pwy oedd y llefarwyr am y tri Sabath dilynol, rhai cymedrol eu dawn yn ôl ei dyb ef, ymfflamychai mewn pennill fel hyn:

> Job a Thomas Probert
> A Dafydd William fain,
> Bywoliaeth pur ganolig
> Fydd arnaf rhwng y rhain.

Cafodd Evan Morris beth manteision ysgol yn ieuanc. Bwriedid ei godi yn offeiriad, a bu yn gyd-efrydydd â Charnhuanawc – y Parch. Thomas Price, awdur *Hanes Cymru* – yr hwn yntau oedd frodor o Muallt. Ond dyryswyd cynlluniau bore bywyd yn hanes Evan Morris, ac ymddatblygodd yn *wheelwright* o ran celfyddyd, ac o ran swyddogaeth eglwysig yn un o flaenoriaid galluocaf a mwyaf gwreiddiol y Methodistiaid o fewn cylch Cyfarfod Misol

---

26 Diplomat, pamffletîr, aelod seneddol ac awdur nad anghofiodd ei Gymraeg. Gŵr amryddawn ac amlwg yn ei ddydd (1594?–1666).

sir Frycheiniog. Gallai siarad ac ysgrifennu yn weddol o ddifai y Gymraeg a'r Saesneg ar hyd ei oes, a medrai dreiglo y berfau Lladin a Groeg pan yn hen ŵr er mawr syndod i Parry o Lywel ac offeiriaid eraill fyddai'n cael ei gwmni diddan pan ar ymweliad â ffynhonnau meddygol Llangamarch yn nhymor yr haf.

RHYS JONES, PEN-Y-BRYN, ABERGWESYN

Yr oedd y gŵr yma yn dyddynnwr parchus ac o gymeriad da yng ngolwg ei holl gydnabyddion. Bu yn amaethu ym Mhen-y-wern am flynyddoedd – ac er yn ddiwyd a darbodus, eto yn bur aflwyddiannus. Yma y ganwyd i'w wraig ac yntau amryw o ferched. Ond para a wnâi Rhys yn helbulus ei fyd. Collodd ragor nag unwaith y fuwch olaf o'r beudy. O'r diwedd ganwyd iddynt fab, yr hwn oedd yr olaf o'r plant. Ac fel y mae'n rhyfedd meddwl, fe drodd y rhod yn llwyr. Ni chollwyd anifail mwy, a daeth amgylchiadau'r teulu yn gysurus. Fel y tyfai y bachgennyn hwn i fyny daeth yn hoff o ddarllen a dysgu, gan ddangos arwyddion eglur o athrylith. A chan fod amgylchiadau'r tad a'r fam wedi gwella cymaint erbyn hyn, rhoddwyd iddo bob manteision addysg oedd o fewn cyrraedd ardal Abergwesyn ar y pryd. O dipyn i beth fe ddaeth yn alluog i yfed o ffynonellau mwy cyfleus. Cafodd addysg athrofaol. Esgynnodd risiau dyrchafiad yn gyflym. Cyrhaeddodd enwogrwydd cenedlaethol fel pregethwr, darlithiwr a llenor. Croesodd y weilgi drochionog i'r America bell, ac yno y mae yn llafurio hyd y dydd heddiw yn fawr ei barch gan Gymry'r gorllewin. Ac os caiff fyw hyd fis Medi eleni, bwriedir dathlu pen hanner can mlwyddiant gweinidogaeth lafurus a llwyddiannus y Parch. Ddr. Rhys Gwesyn Jones, awdur *Y Byd cyn Adda* a darlithiau ar y 'Datguddiad' a 'Caru, Priodi a Byw' etc.

TOMOS PRYS Y 'FIDDLER'

Tomos Prys y 'Fiddler' o Langamarch, oedd hen gymeriad tra adnabyddus yn rhannau gorllewinol Gwlad Buallt yn hanner diwethaf y ddeunawfed ganrif. Yr hyn a'i dygodd i'r fath boblogrwydd oedd ei fedusrwydd gyda'i hoff offeryn – y crwth. Nid oedd priodas na neithior, nac un cwmni llawen o bwys am gryn gwmpas o'r wlad, yn llawn heb Domos Prys a'i grwth; ac yr oedd, nid yn unig yn llaw gyfarwydd ar ei offeryn, ond hefyd yn ddatganwr da a chymeradwy dros ben, a chanddo gyflawnder o hen benillion a chwareuon yn ei gof, ac at hyn, gwyddai'n dda beth fyddai'n debyg o gymeryd orau. Ymwelai hefyd â theuluoedd o fonedd yma a thraw am gylch eang, ac yr oedd drws agored o'i flaen lle bynnag yr elai, a châi dderbyniad, serchogrwydd a chroeso gan bawb, nid yn unig i geginau ac at fyrddau pobl, ond derbyniai hefyd o'u llogellau cyn ymadael. Gynt, adroddai hen ardalwyr Llangamarch lawer o hanesion difyr iawn amdano, ond ni roddir yma ond un hanesyn yn unig, a hynny i gynrychioli amryw eraill a glywais eu hadrodd, er dangos ei gyfrwysdra pan ar ei ymweliadau â gwahanol deuluoedd yn ein gwlad.

Yr oedd yn byw yng Ngwarafog ger Llangamarch hen gyfreithiwr o'r enw Samuel Evans, gŵr cyfarwydd a thra hyddysg yn y gyfraith, a phoblogaidd iawn yn ei amser fel y cyfryw. Bu unwaith mewn cyfraith dynn â Gwynne o'r Garth, ac fel y dywedid, 'Gan y Gwynne yr oedd yr arian, ond gan Sam yr oedd y gyfraith'; ac meddai Samuel Evans, 'Garth fawr fu; Gwarafog sy ac a saif'; ac wedi hir gyfreithia, S.E. a orfu.

Yn nyddiau olaf ei fywyd blinid ef yn fawr gan y 'gout' fel y bu am dymor hir yn cael ei gyfyngu i'w dŷ, ac o'r diwedd i'w wely. Yn yr adeg yma, ymwelid ag ef yn aml gan Domos Prys a'i *fiddle*, ond nid i'r un amser yn union ag yr ymwelid â Saul gan Dafydd gynt, ac fel yr ydym yn casglu oddi wrth yr hanes, nid yr un effaith a gawsai y *fiddle* ar ei galon. Un tro, pan oedd S. Evans yn wael iawn yn ei selni olaf, dyma Tomos yn galw i mewn fel arfer, a rhywbeth yn debyg i hyn oedd hanes eu cyfarfod olaf ar y ddaear hon,

'Wel, shwt y'ch chi yma heddy Mishtir?'

'O clawd iawn wir, clawd iawn w'i, Twm.'

'Beth sy? Beth sy? Mishtir bach i.'

'O, yr hen glun gythrel yma! Mae hi bron â mynd â mywyd i nawr; odi wir; mae hi bron mynd â fi nawr, Twm bach.'

'Wel, wel, os rhaid i hynny fod, yr w'i'n credu yr ewch chi i well lle, Mishtir.'

'A wyt ti'n credu hynny, Twm?'

'O d'o's un dowt yn y meddwl i'n wir.'

'Wel dere â chân ynte.'

'Pwy gân y fynnwch chi heddy, Mishtir?'

'Dere â'r "Ferch o'r Berllan Dywyll".'

Yna canai Twm yr hen faled gyda hwyl, a rhygni ei grwth fel cyfeiliant iddi fel hyn, yng nghwmni'r 'Ferch o'r Berllan Dywyll', ac yn sŵn *fiddle* Tomos Prys yr aeth Samuel Evans o Warafog trwy y glyn!

Ond wedi blynyddoedd lawer o wasanaethu ei oes, yn ôl dull segur ac ysgafn y cyfnod yr oedd yn byw ynddo, daeth adeg pan y gwrthodwyd y crwth yn y teulu, aeth terfyn ar y ddawns a rhoddwyd heibio ganu hen benillion llygredig a difudd drwy yr holl wlad; a rhoddwyd terfyn agos yn hollol ar chwareuon ac arferion llygredig gyfnod mor faith yn y fath fri yn ein gwlad, a hynny fel yr ydym yn darllen, drwy weinidogaeth rymus y Parch. Isaac Price o Lanwrtyd.

Yn y flwyddyn 1790, bu diwygiad crefyddol nerthol iawn hefyd yn y rhannau yma o'r wlad. Yn ystod yr adfywiad grymus a nodwyd, cyrchai yr holl wlad o'r bron i ryw leoedd o addoliad, achubwyd ugeiniau a channoedd o annuwolion pennaf y wlad, a lluosogodd yr eglwysi gyda phob enwad yn fawr iawn.

Un diwrnod yn adeg y diwygiad bythgofiadwy hwn, fel yr oedd y Parch. Isaac Price yn pasio ar ei geffyl drwy bentref bach Llangamarch tynnwyd ei sylw yn sydyn gan lais yn galw,

'Isaac Price, arhoswch!'

Trodd yntau ben ei geffyl yn ôl, ac edrychodd dros ei ysgwydd, a gwelai Domos Prys yn sefyll ar ddrws ei fwthyn, ac yn ychwanegu,

'Arhoswch, i chi ga'l yng *fiddle* i,' meddai.

'Pam yr wyt ti'n rhoi dy *fiddle* i mi, Tomos Prys?'

'Wel, yr y'ch chi wedi mynd â'r bobl eisos,' oedd yr ateb.

RHAI O FLAENORIAID Y GORWYDD[27]

> Mae coffa am y cyfiawn,
> Yn orchwyl hyfryd iawn;
> Sôn am eu defnyddioldeb,
> A hefyd am eu dawn.
> Mae'n creu teimladau melus
> Wrth edrych ar eu gwaith,
> Ac enyn sêl i'w canlyn
> Tra byddom ar ein taith.

NODWEDDION RHAI O'R GWEDDÏWYR

Perthynai i lawer o'r hen bobl eu gwahaniaethau neillduol a'u nodweddion fel gweddïwyr, ac amrywient yn fawr yn eu doniau. Samuel Davies, Penhenwen-fawr, oedd un o'r gweddïwyr mwyaf nerthol a thanllyd ei ysbryd. Ar adegau, pan y twymai gyda'i fater, ac y codai i *bitch* uchel, codai ei lais fel utgorn arian clir, ac yr oedd ei huodledd fel y rhaeadr llifeiriol.

John Protheroe, Pistyll-gwyn oedd â'r fath gyflawnder o ddoniau, a'r fath rwyddineb ymadrodd yn eiddo iddo fel yr oedd ei ddoniau gweddi fel yr afon wedi glaw trwm, yn llifo dros ei cheulannau, gan ddyfrhau ei glennydd ar bob tu.

Nodweddid gweddïau James Davies yntau gan ryw fath o ddwyster distaw, tyner a gwlithog, a gellir cyffelybu ei ddoniau ef i afon lyfndeg, yn llifo yn esmwyth, heb un rhaeadr yn ei hanes, nac un adeg dorri allan o'i chwrs ond yn llifo'n ddwfn ac esmwyth gan ireiddio calon y tir.

---

27 Codwyd y capel Methodistaidd cyntaf yng Nghefngorwydd, ar y ffordd rhwng Llangamarch a Thirabad yn 1778 ond mae'n amlwg fod cynulleidfa yn ymgynnull yn fferm y Gorwydd flynyddoedd ynghynt, a cheir gan Evan Jones ddisgrifiad o rai o'r arweinwyr cynnar. Canmolir y gynulleidfa o 30 o aelodau mewn llythyr a ysgrifennwyd gan arolygydd y dosbarth, Thomas Jones, yn 1743 am eu 'cariad, eu gwresogrwydd, eu haddfwynder a'u trefn; eu hedd a'u hundeb. Mae y gymdeithas hon fel gardd dyfadwy.' Y mae Evan Jones yn gyfarwydd â thair cyfrol *Hanes Methodistiaeth Cymru*, 1854, ac efallai ei fod wedi codi rhai o'i sylwadau o'r drydedd o'r cyfrolau hyn, ond ar y cyfan pwyso a wna ar ffynonellau mwy gwerinol ac nid yw yn ôl o anghytuno â'r 'Hanes' pan fydd galw, fel y gwelir isod.

Yr oedd gan amryw o hen dduwiolion yr oes o'r blaen air neu frawddeg arbennig hefyd, y rhai a goffaent yn eu gweddïau, ac a fyddent o ddefnydd mynych iddynt:

Megis damwain fyddai i John Williams, Bryn-moel, i godi oddi ar ei ddeulin heb goffa'r hen ddeisyfiad, 'Tyn ni, tyn ni, at y balm sydd yn Gilead.'

Mynnai Daffi Ty'n-y-maes gael ffrae â Satan, ac wedi cael llwyr fuddug-oliaeth arno, gweddïai ar dannau uchaf ei lais, 'Dyffeies i ti, Satan; dyffeies i ti; gwna dy waetha â ni!'

Brawddeg a glywid yn aml gan James Davies yntau ydoedd, wedi diolch ohonno i'r Arglwydd am bob gras a dawn, symiai y cwbl i fyny megis yn y frawddeg gyfoethog honno, 'Uwchlaw'r cwbwl am Iesu Grist, cyfryngwr y Testament Newydd.'

Yr oedd gan rai hen dadau eu harferion hefyd, y rhai oeddynt yn hollol naturiol iddynt, ac yn perthyn mewn modd arbennig iddynt pan ar eu gliniau:

Morgan Williams, Tir Ithel, a ddaliai ei ddwylo allan, gan eu codi a'u gostwng fel ag i roddi pwys ar wahanol eiriau a materion.

Daffi Ty'n-y-maes, a safai'n unionsyth ar ei draed a'i ddau ddwrn yn ddwfn yn llogellau mawrion ei wasgod.

Gosodai James Davies yntau ei ddwy ym mhleth a thynnai ei law dde allan yn awr ac eilwaith, gan ei chodi a'i gostwng gydag acen y geiriau a goslef ei lais.

Diau na ddywedem ormod pe dywedem ei fod ef yn rhagori ar bob un o'i frodyr mewn meddu cyfraniad o wahanol rinweddau; ond rhagorai amryw frodyr arno yntau mewn cyfeiriadau unigol. Yr oedd Daffi Ty'n-y-maes, yn fwy gwreiddiol. Medrai ddweud pethau a lynent yn y cof, ac adawent argraff annileadwy ar y teimlad am oes gyfan.

Yr oedd John Pugh, Troed-rhiw-goch, yn fwy Ysgrythurol ei weddïau – gallesid meddwl fod y rhan hwyaf o'r gyfrol Ysbrydoledig ganddo ar ei gof ac at ei wasanaeth, gan mor helaeth y dyfynnai ohoni, ac fel y gwnai gym-hlethu adnodau i mewn yn ei weddïau, a hynny yn y modd mwyaf hapus a chelfydd.

Yr oedd Rees Jones, Bryn-hir, tad y Parch. T. Selby Jones, yn fwy doniol; gwnâi ef yn fynych y fath ddefnydd helaeth o ryw ran o'r bennod a ddarllenai ddechre'r oedfa, neu medrai chware â rhyw syniad o'r emyn a genid, a hynny mor drefnus ei eiriau a'i frawddegau nes synnu pawb!

Ond eto credaf fod James Davies trwy ei rodiad union, ei fywyd pur, ei bwyll a'i synnwyr cyffredin cryf, ei ddull esmwyth a theg o ymwneud â phob peth, ei fod yn enghraifft orau o neb o'i gydgrefyddwyr yn yr eglwys fel crefyddwr cydwybodol a bonheddwr Cristionogol.

Yr oedd gan rai o'r hen grefyddwyr yr oes o'r blaen eu hoff emynau, y rhai oeddynt yn foddion iddynt hwy i arllwys eu teimladau trwyddynt, ac mor hawdd oedd teimlo eu bod yn adrodd neges eu heneidiau ynddynt. Mynych y clywwyd y pennill a ganlyn gan William Price, Tir-garw:

> Ar fy siwrneu 'rwyf ers dyddiau,
> Tua'r bryniau 'rwyf am ffoi,
> Er mor anhawdd tynnu fyny,
> Byth yn ôl 'rwy'n meddwl troi.

Cyn symud ymhellach i'r pennill, clywid crac yn ei lais, a gwelid deigryn yn gwneud ei ymddangosiad yng nghongl ei lygad, a methai gan deimladau drylliog adrodd y rhan olaf; yna y codai y dechreuwr canu i gychwyn y dôn. Hoff emynau James Davies oeddynt:

> Mae'r iachawdwriaeth fel y môr
> Yn chwyddo o hyd i'r lan,
> Mae ynddi ddigon, a digon byth
> I'r truan, ac i'r gwan.

Ac yn fynych, fynych ganddo ceid:

> O dewch o fawr i fân,
> Cyn delo'r dilyw tân . . . etc.

Nis gallaf alw i gof, ac nis gellais gael allan gan neb er mynych ymholi, ei weled erioed yn cydio mewn Llyfr Emynau i roddi gair allan. Na, nid dynion ffigyrau a llyfrau oedd hen grefyddwyr yr oesoedd o'r blaen, ond dynion teimlad, a dewisent yr emynau mwyaf cydnaws â'u hysbryd i roddi llafar i'w teimladau.

Bu James Davies byw i deimlad ar hyd ei fywyd, ac nid i ffurfiau; byw i ysbryd gwir grefydd, ac nid i'r llythyren. Cymerwyd ef oddi wrth ei waith at ei wobr Awst 9, 1886, pan ar gyrraedd ei bedwar ugain ac un oed.

Gaeaf Caled, Haf Gwlyb, Llif Mawr

GAEAF CALED 1814

Yr oedd hydref y flwyddyn 1813 yn hynod dyner a mwyn. Gorchuddid godreon y wlad yn aml gan niwl tew, ac ychydig lwydrew'r nos ar lannau afonydd; ond ar y mynyddoedd, y dydd, yr oedd yn anarferol heulog a theg. Darogaṇai llawer fod gaeaf llaith i ddilyn; ond gwelai y craff arwyddion eira yn y niwl aml, ac yr oedd y coed yn blaguro'n annhymorol, ac arwyddion eraill, yṇ rhagfynegi gaeaf caled; a chlywid ambell hen wladwr yn dweud fod gaeaf garw yn dilyn hydref teg.

Tuag adeg troad y dydd, cododd y tarth, fel y llanwodd y wybr o gymylau llwydion tewion; ac ar ddydd Nadolig dechreuodd fwrw eira, a pharhaodd felly'n gyson am wythnos gyfan, fel, erbyn Calan, yr oedd y ddaear o dan drwch mawr iawn o eira a lluwchfeydd. Wedi i'r awyr glirio, dechreuodd rewi, a pharhaodd i galedu felly am rai diwrnodau, a tharthau y nos ar lannau afonydd, yr hwn a godai'r dydd, a thebygai fel yn meirioli; yna bwriai eira, nes byddai haen dew eilwaith ar yr hyn oedd ar y ddaear yn barod. Bu yn gyfnewidiol fel hyn am y rhan fwyaf o fis Ionawr, fel ar ddiwedd y mis hwn, yr oedd y fath drwch o eira a lluwchfeydd ar y ddaear, na welwyd y fath beth erioed o fewn cof yr hen bobl fwyaf oedrannus. Yr oedd y pantiau a'r cymoedd bychain wedi eu gwneud yn gyd-wastad â'r dyffrynnoedd, a'r ffyrdd ymhob rhan o'r wlad wedi eu cau i fyny, a'u gwneud yn hollol anrhamwyadwy. Aed ag angladdau ar eu hunion ar draws caeau a pherthi; ac adroddai hen bobl wirioneddau rhyfedd am y drafferth a gaid i dorri beddau yn y mynwentydd, gan mor drwchus yr eira, ac mor galed y rhew. Nid heb lawer o lafur y gallwyd cael hyd i le, a thorri bedd yr Hen Gatrin Esgair-foel, yr hon a gladdwyd drannoeth i Ŵyl Ddewi ym mynwent eglwys Llanwrtyd, yn yr oedran eithriadol o bedwar ugain a deuddeg mlwydd oed. Ar y 25ain o Chwefror, priododd Rees Rowlands, Blaencwmhenog, â Catherine, merch y Parch. Dafydd Parri, o'r Gilfach, Llanwrtyd, yn yr eglwys hon; ond ni cheisiodd y cwmni ddilyn un ffordd na llwybr fore'r briodas. Yr oedd pantiau a chymoedd culion wedi eu gwastadhau gan y lluwchfeydd, a gwyneb yr eira wedi rhewi mor galed, fel y tramwyai dynion ar geffylau, neu â cherti, ar eu hunion ar draws nentydd ac afonydd, a hynny gyda rhwyddineb, gryn bellter.

Yr oedd llawer o dai, a safent mewn pantleoedd, wedi eu gorchuddio'n llwyr gan eira, ac nid oedd i'w weled ohonynt ond y mwg yn unig yn esgyn allan o'r eira. Bu aml i deulu yng nghantref Buallt, yng ngwanwyn y flwyddyn hon, yn byw am fisoedd, fel yr Esgimo, yn eu tai eira. Yr oedd yn rhewi mor galed ar rai adegau fel yr oedd yn annichonadwy i gadw dim yn y tai rhag y rhew. Un noswaith, rhewodd torthau o fara yn y Ddôl-goch, Cwm Tywi, fel y bu raid eu torri â bwyell er eu defnyddio i frecwast bore drannoeth. Ym Maes -yr-onn, Llangamarch, rhewodd mochyn ar yr hoel, fel y bu dair wythnos ar ddeg heb ei dorri; a bu mochyn arall ar yr hoel amser cyffelyb yn nhref Llanfair Muallt.

Yr oedd holl felinau'r wlad wedi eu cloi i fyny'n gynnar yn Ionawr, gyda'r eithriad o Felin Bryndinod, ar afon Chwefri, yr hon oedd yr unig un yn yr holl fro a barhaodd i falu drwy'r cwlwm; a'r modd y cadwyd hon i fynd oedd, i'r melinydd ofalu troi'r dŵr oddi ar yr olwyn cyn machludiad haul, a pheidio troi'r dŵr arni cyn codi o'r haul y bore, ac felly ei chadw'n sych fel na rewai. Bu Melin Llanwrtyd yn gloëdig am un wythnos ar bymtheg y gaeaf hwn. Deiliad y felin hon ar y pryd oedd Rees Williams, tad y Parch. D. Williams, gweinidog Llanwrtyd a Throedrhiwdalar.

Ar y pedwerydd o Chwefror y flwyddyn hon, cadwyd ffair ar afon Llundain. Ond hanes y rhew mawr a'r gaeaf caled a'i effeithiau ar Gantref Buallt oedd gennyf mewn bwriad i'w adrodd.

Yr oedd y colledion a wnaed ar ddefaid yn anhygoel. Collodd llawer ffermwr ddwy o bob tair o'i ddefaid. Trengent wrth y miloedd ar fynydd a hendre; ac ar rai adegau, rhewai eu hysgerbydau yn y fath fodd fel nas gallesid eu blingo. Yr oedd David Pritchard, bonheddwr, ac Ynad Heddwch, o Ddolgaer, Llangamarch, yn berchennog amryw filoedd o ddefaid ar Fynydd Epynt; collodd y mwyafrif ohonynt; ac ar ddiwrnod nodi y flwyddyn hon, nid oedd wedi codi ond pump oen yn unig. Peter Jones, Llwyn Derw, Abergwesyn, oedd â'i ddiadelloedd yn rhifo amryw filoedd ar fynyddoedd Tywi ac Irfon; ond ar Galanmai y flwyddyn hon, efe a werthodd dros ddwy fil a hanner o grwyn defaid. Dywedir i rai amaethwyr werthu digon o grwyn defaid a merlynod mynydd i dalu yr hanner rhent oedd yn dyfod.

Yn niwedd Ebrill, torrwyd y cwlwm gan wlaw trwm, a llif cyffredinol dros y wlad, yr hwn a redai dros wyneb y rhew a orchuddiai'r afonydd. Ymhen rhai diwrnodau, daeth yn gurlaw mawr eilwaith, a llifeiriant llawer mwy yn dilyn. Yn awr, yr oedd y rhew wedi dadmer ar bob pwll ac afon, a deuai y darnau mwyaf anferth o rew i waered gyda'r llifeiriant, gan lanw gwelyau'r afonydd lle y rhedent trwy leoedd cul a chyfyng yn y creigiau, nes cronni'r afonydd, yna gor-lifent ymhell dros eu ceulannau; o'r diwedd ymollyngai y cronfeydd, ac fel y gyrrid y darnau rhew anferth o flaen y llifeiriant, cynhyrchid twrf byddarol, clywadwy o bell. Gosodwyd llawer o bontydd mewn enbydrwydd, ac ysgubwyd amryw ymaith o flaen y rhyferthwy; ond am bont Gwarafog, ger y Garth, y mae'r hanes rhyfeddaf i'w adrodd. Llanwyd bwâu hon gan y darnau iâ anferth, fel y cronnodd yr afon yn ei hôl i fyny, nes gorchuddio y gwastadeddau mor bell ag Aberdulas; o'r diwedd methodd y bont â dal o dan y pwysau, ac yn awr rhoddodd ffordd. Dywedai'r hen bobl fod yr olygfa cyn ac ar ôl i'r bont ymollwng, yn annisgrifiadwy o fawreddog.

Yr oedd lleiniau aml o dir ar lannau yr afonydd wedi eu gorchuddio'n llwyr gan dalpiau mawrion o iâ, y rhai a fuont mewn amryw fannau am rai wythnosau cyn darfod meirioli.

Parodd y glawogydd, a'r ddau lif hyn, golledigion dirfawr i amaethwyr, at yr hafog a achoswyd yn barod gan y gaeaf caled. Gwelodd llawer teulu tlawd brinder a chaledi, hyd at ddioddef eisiau; a chafodd amaethwyr yn gyffredinol y fath golledion, fel y syrthiodd llawer o rai oedd yn dynn arnynt yn barod, i amgylchiadau isel am y gweddill o'u hoes. Trengodd yr ednod mân wrth y cannoedd, a bu rhai adar – y fwyalchen a'r fronfraith – yn brin yn y wlad am flynyddoedd.

Adroddai'r hen bobl lawer am aeafau gerwin a welsant yn eu hamser; ond yn ddiamau yr oedd gaeaf y flwyddyn 1814 yn eithriadol ymhlith holl aeafau y bedwaredd ganrif ar bymtheg.

HAF GWLYB 1816

Yr oedd hen bobl oedrannus, oeddynt yn fyw pan oeddwn i'n ieuanc, yn sôn llawer am haf gwlyb, a chynaeafau drwg y flwyddyn uchod, yr hwn a ddilynwyd gan brinder a drudaniaeth mawr. Dechreuodd y gwlybaniaeth ym mis Mai, a pharhaodd yn anarferol o oer a gwlawog trwy gydol yr haf ymlaen hyd ddechrau mis Tachwedd, fel na chafwyd ond ychydig ddiwrnodau sychion yn y rhannau gwledig, a gwaeth fyth yng nghymdogaeth y mynyddoedd, trwy y tymor hir a nodwyd. Ymgiliai yr haul yn brudd ei wedd o'r tu cefn i'r cymylau a doent wyneb y ffurfafen, ac yr oedd yr haf megis wedi ei alltudio o'i dymor ei hun. Yr oedd mor gyson o wlyb yn nyddiau cyntaf mis Hydref, fel y llifai'r afonydd deirgwaith dros eu ceulannau yn ystod yr wythnos gyntaf o'r mis hwnnw, medd hen bobl a gofient yr adeg yn dda.

Cedwid cyfarfodydd o ymostyngiad ymhob capel perthynol i'r gwahanol enwadau crefyddol trwy yr holl fro, i erfyn ar Awdwr yr elfennau i drugarhau wrth y wlad, a rhwymo godre y cymylau; ond ni fynnai Duw wrando cwyn ei bobl. Ofnai llawer o ddynion gwan eu ffydd fod Duw wedi anghofio ei gyfamod â'r ddaear. Un noson ar ôl oedfa mewn capel yn ein gwlad, tra yr oedd amryw frodyr wedi aros ar ôl i ymgynghori â'u gilydd, ac yn siarad ar y priodoldeb o gael un cyfarfod ymostyngol yn rhagor, efallai y gwrandawai yr Arglwydd ar eu hymbiliau, ar hyn, cododd hen wladwr syml, nad oedd o feddwl mor ddiwylliedig â phob un, a dywedodd yn swrth yn ei ddull ei hun, 'Bobol bach! 'dyw e o iws yn y byd i ni siarad â'n gilydd fel hyn o hyd o hyd, a'r cwbwl yn pydru yng ngolwg ein llyged – y peth cynta sy arno ni eishe nawr yw – ca'l y gwynt o'r twll yna.'

Yr oedd cynnyrch y ddaear, y gwair a'r ŷd, wedi myned ar hyd wyneb y meysydd mor wael, fel nad oedd o fawr gwerth eu cywain i'r ysguboriau, nac ond ychydig gwell na thail. Nid oedd yr hyn a ddyrnid o'r ŷd, ac a gymerid i'r felin, wedi ei grasu, ond prin ddigon o doll i'r melinydd am ei ollwng trwy y felin. Wedi ei dylino, ni ddaliai ei godiad, ac wedi ei bobi, yr oedd bron mor ddu â'r glo. Nid oedd braidd dorth iach ar un bwrdd yn y wlad, oddigerth gan rai amaethwyr oedd ag ystôr ganddynt yn eu coffrau er y flwyddyn flaenorol. Nid yn unig ar y gwair a'r ŷd y bu y fath golledion, ond methwyd cael cynhaeafaeth ar y mawn hefyd yr haf hwn, ac o ganlyniad aeth tanwydd yn beth prin iawn, ac aelwydydd llawer teulu yn oer a digysur, yn neillduol felly yn y rhannau hynny o'r wlad lle nad oedd coed. Y flwyddyn hon, fel y dywedir, y llosgwyd glo gyntaf ar lawer aelwyd yng ngwlad Fuallt, yr hwn a gyrchid o Aberhonddu, lle y deuai i mewn gyda'r 'canal' o Forgannwg.

Fel yr hedodd yr amser ymlaen i'r hydref a'r gaeaf dilynol, daeth prinder mewn llawer tŷ, a phlant ar lawer aelwyd yn galw am fwyd, a dim ond y cwpwrdd gwag yn bygwth newyn. Adroddai hen bobl am weddw dlawd yn byw ym Mhenyrerw, ym mhlwyf Abergwesyn, a fu rai boreau heb gymaint â briwsionyn o ymborth i roddi ar y bwrdd o flaen saith o blant mân; ac yn ôl yr hanes a adroddid amdani, yr oedd ganddi yn ei gardd foron cochion, y rhai a dynnai ac a rannai rhyngddynt yn y bore; yna hi a roddai ofal y rhai bychain i'r hynaf, ac âi ar hyd yr ardal i gardota, gan ddychwelyd adref â'r ychydig a dderbyniasai i'w rhoddi rhyngddynt.

Cerddai llawer o dlodion, o bob oed, yn ddyddiol o dŷ i dŷ, i gardota eu lluniaeth, er ceisio cadw corff ac enaid wrth eu gilydd. Adwaenwn rai hen bobl yn Abergwesyn, flynyddoedd yn ôl, a ddywedent iddynt fod, yn hydref y flwyddyn hon, yn cerdded mor bell â glan môr Bae Ceredigion i gardota eu cynhaliaeth. Llawer teulu o amgylchiadau digon cysurus arnynt yng ngwanwyn y flwyddyn hon, a wasgarwyd oddi wrth eu gilydd cyn ei diwedd hi, rhai mewn oed allan i'r byd i wasanaethu; rhai i gardota; a chymerai llawer o deuluoedd o amgylchiadau da, blant i deuluoedd tlodion a drigai yn eu hymyl.

'Cyfyngder dyn yw cyfleusdra Duw,' medd y ddihareb Gymreig, ac fel hyn, tra yr oedd newyn yn nesáu, ac megis yn bygwth marwolaeth mewn llawer teulu, agorai yr Arglwydd galonnau dynion da y wlad mewn llawer o ffyrdd. Cyfoethogion a roddent o'u da yn haelionus yn awr rhwng y tlodion, y rhai a ddaethant yn ddyddiol at eu drysau; ac amaethwyr cefnog a chysurus o ran pethau y byd, y rhai oedd â'u coffrau yn llawn trugareddau at gynhaliaeth dyn, na welsant eu gwaelodion ers blynyddoedd, yn awr a waghawyd trwy rannu eu cynnwys rhwng y rhai anghenus, a hynny heb bwyso na mesur. Rhoddai amaethwyr fenthyg eu ceffylau yn aml i'r tlodion fyned ymhell i gyrchu haidd, gwenith, neu ryw rawn arall at gynhaliaeth eu teuluoedd. Bu llawer mor bell ag Aberystwyth, neu Gaerfyrddin, lle y deuai ŷd i mewn gyda llongau, yr hwn oedd wedi rhedeg i fyny i bris anarferol o uchel – yr haidd yn bunt y bwsel, a'r gwenith yn bum swllt ar hugain. Weithiau, wedi cyrraedd i'r dref, byddai raid aros yn y lle am rai diwrnodau i ddisgwyl y llong i gyrraedd y porthladd; a phrydiau eraill, byddai holl lwyth y llong wedi ei werthu allan yn llwyr, fel nad oedd dim i'w wneud ond troi adref heb ddim ond y cydau gweigion, a theulu lluosog gartref o amgylch y bwrdd heb ddigon arno i dorri eu hangen. Nid oedd wythnos yn myned heibio am dymor hir yn y cyfwng yma, nad oedd amaethwyr o wahanol rannau o wlad Fuallt yn myned i farchnadoedd y trefi cyfagos, ac weithiau i drefydd glan y môr, i ymofyn ychydig ymborth i'r anghenus.

Tra yr oedd lliaws yn cydymdeimlo'n ddwfn fel hyn â'r gwan, yr oedd eraill yn ymddwyn yn hollol galon-galed tuag atynt, a chadwent eu heiddo heb ei rannu na'i werthu hyd yr eithaf, gan ddisgwyl am adeg y caent grogbris amdano. Adroddir am un ffermwr a gadwodd ei ŷd cyhyd yn ei ydlan, fel pan aeth i'w dynnu, cafodd fod y llygod wedi ei ddinistrio agos yn llwyr.

Erbyn adeg hau y gwanwyn canlynol, yr oedd y 'llafur had' mor brin yn y wlad, ac mor uchel ei bris, fel nad allod llawer o'r amaethwyr hau y swm arferol ar eu tiroedd. Yn adeg rhyfeloedd y cyfandir, aeth prisiau anifeiliaid i fyny mor uchel, fel yr oedd y gwartheg gorau yn myned o £14 i £16; ond ar derfyn y rhyfel aeth y prisiau i lawr, fel y gwerthid yr anifeiliaid yn awr am chwarter yr hyn a roed amdanynt y flwyddyn flaenorol. Isaac Williams, Cefnhafdre, a ddechreuodd ei fyd yn y Castell, ger Bwlch-tua-thre, yn 1814, ac a brynodd ei wartheg o £10 i £13 y pen; ond wedi brwydr Waterloo, rhedodd y prisiau i lawr mewn ychydig fisoedd, a gwerthwyd yr un a brynodd ef am £13 yr ail waith yng ngwaelod Kent am £4, a'r un a brynodd am £10 am £2 10s. Yr oedd braidd yn amhosibl cael gwerth ar yr anifeiliaid ar un pris. Methai rhai ffermwyr â thalu eu rhenti mewn arian, ond aent â'u hanifeiliaid yn yrroedd o'u blaen i'w meistriaid, y rhai a ddangosent gydymdeimlad mawr â hwynt. At hyn, yr oedd y ddyled o wyth can miliwn o bunnau oedd erbyn hyn ar y Llywodraeth, y rhai oedd wedi eu tynnu o achos rhyfeloedd y blynyddoedd blaenorol, wedi ychwanegu y fath drethi trymion ar yr amaethwyr, ac yn trymhau y beichiau oedd eisioes ar eu hysgwyddau, nes y syrthiodd llawer o'r rhai mwyaf llwfr eu hysbryd i ddigalondid mawr, a rhoddasant i fyny eu ffermydd; eraill a redasant i ddyled, ac oherwydd dyryswch eu hamgylchiadau, a dorasant yn ff} on, ac aethant yn ddynion tlodion am y rhelyw o'u hoes; ond teuluoedd diwyd, gweithgar a darbodus, er yn sigledig eu sefyllfa rai ohonynt, a ddaliasant eu tir drwy y cwbl.

Felly yr adroddai hen bobl yr oes o'r blaen hanes y flwyddyn ryfedd yma, yr hon a alwent yn 'Flwyddyn yr haf gwlyb', neu 'Flwyddyn y drudaniaeth mawr'.

LLIF Y DDÔL FACH, LLANDDEWI'R CWM, GER LLANFAIR-YM-MUALLT
Yr oedd prynhawn dydd Gwener, Gorffennaf 8, 1853, yn anarferol o dywyll, mwll ac afiach; a'r noson honno, yn gynnar yn y nos, dechreuodd daranu, a pharhaodd y 'tyrfau' i nesau a chryfhau, fel erbyn hanner nos yr oedd yr ystorm mor anghyffredin o gryf a dychrynllyd fel na chlywodd yr hen bobl fwyaf oedrannus oedd yn fyw, erioed ei bath. Yn oriau y bore, i wneud yr ystorm yn waeth eto, disgynnai y gwlaw yn genllif mawr, a hynny'n ddidor, nes cadw bron pob teulu mewn anhunedd.

Ond hyn sydd yn rhyfedd i'w adrodd, nad oedd y taranau yn cael yr un effaith ar bawb. Tra yr oedd llawer yn effro drwy'r nos gan ddychryn, cysgai rhai mor drwm fel nad oedd modd i'w deffroi. Adroddir am hen bobl yn byw yn Rhydwilym: . . . tra yr oedd yr hen wraig ar ddihun yn y gwely trwy gydol y nos yn ei hofn a'i braw, yn credu fod diwedd y byd wedi dod, cysgai yr hen ŵr yntau mor drwm er iddi alw 'Tom' yn aml, a cheisio ei ddeffroi lawer gwaith, fel yr oedd pob ymgais yn gwbl ofer. O'r diwedd rhoddodd i fyny, gan dybied fod yn well ei adael i fyned i'r byd arall yn esmwyth a thawel yn ei gwsg, na'i ddeffroi a myned yn ei ddychryn.

Parhaodd y mellt a'r taranau, a'r gwlaw i ddisgyn, am oriau; ond yn ffodus nid oedd y gwynt yn gryf y noson hon; ond taranau yn rhuo trwy y nos, a gwlaw yn disgyn fel cenllif y trofannau, oedd prif nodwedd yr ystorm; fel erbyn i'r bore wawrio, yr oedd yr holl nentydd wedi gorlifo'n mhell dros y glannau, a'r gwastadeddau yn orchuddiedig gan ddyfroedd.

Gwnaed niweidiau a cholledion mawrion i lawer o eiddo, yn dai ac anifeiliaid, ym mhlwyf Llanddewi'r Cwm. Diwreiddiwyd coed mawrion, y rhai a ddaethant i waered gydag afon Dihoenwy, nes llanwodd bwa pont Llanddewi'r Cwm, ac yn fuan ymollyngodd y bont o dan bwysau'r gronfa, a chymerwyd hi ymaith yn llwyr. Yn awr, cododd hyn lif yr afon mor sydyn, fel mai dihangfa gyfyng a gafodd rhai teuluoedd wrth geisio ffoi i'r llofftydd rhag y dwfr.

Ym Melin Dôl Llinwydd, ar yr un afon, yr hon oedd yn cael ei dal gan ddyn diwyd o'r enw Thomas Evans, y gwnawd y trychineb nesaf a adroddir. Cafodd ef a'i deulu ddihangfa hyd at fod yn wyrthiol. Daeth y llifeiriant mor sydyn, a chododd y dŵr mor uchel, gan lanw i mewn i'r tŷ, fel y gorfu i'r preswylwyr oll ddringo i'r nen-lofft, ac yno eto canlynwyd hwynt gan lanw y dwfr, fel y gorfodwyd hwynt o'r diwedd i dorri twll yn y to i fyned allan, a cheisio am ddiogelwch ar ben yr adeilad. Yn fuan gwelent fod un hanner i'r tŷ yn cael ei gymeryd ymaith. Yn awr symudodd yr oll ohonynt i ran arall o'r adeilad, lle y buont yn y sefyllfa honno am oriau, a hynny hyd doriad y wawr, yn disgwyl am enciliad y dwfr.

Adnabyddid un o'r plant hyn, a fu yn y cyflwr yma, mewn blynyddoedd diweddarach wrth yr enw Evan Evans ('Llew Buallt'), arweinydd poblogaidd Côr Undebol Buallt, yr hwn sydd newydd ymadael â'r byd a'r bywyd hwn, ac wedi ymuno â'r côr nefol, er Hydref 18, 1903, yn 57 mlwydd oed. Felly nid oedd ond saith mlwydd oed pan fu yn y sefyllfa beryglus honno am ei fywyd.

Ond y mae y gwaethaf eto heb ei adrodd. Ychydig yn is i lawr, ar fin yr afon hon – Dihoenwy, yr oedd anhedd-dy o'r enw y Ddôl Fach, lle y cyfaneddai hen foneddiges barchus o'r enw Mrs Lawrence, ei merch, ei morwyn, a'i dau ŵyr. Wedi i oleuni dydd dywynnu ar y dyffryn, gwelwyd fod y tŷ a'r teulu wedi eu hysgubo ymaith yn llwyr, ac ymhen rhai diwrnodau y deuwyd o hyd i gyrff y trueiniaid anffodus yn afon Gwy. Aeth corff y ferch gyda'r llifeiriant mor bell â thref Talgarth, pellter o bymtheg milltir o leiaf.

Yr oedd llawer tŷ yn yr ardal hon mor llawn o ddwfr y bore hwn, yn enwedig ar leoedd gwastad, fel nas gallai y teuluoedd anturio oddi ar y llofftydd i lawr i'r ceginau; ac mewn rhai tai deuai y dyfroedd allan trwy ffenestri'r llofftydd fel cwympiadau nentydd tros greigiau. Pan agorodd un amaethwr ddrws ei dŷ, rhuthrodd y dwfr allan, gan gario llestri, dodrefn ysgeifn, a phob esgid oedd yn y tŷ allan gydag ef.

Diwreiddiwyd coed ar amryw leoedd ar lannau'r Dihoenwy, a chludwyd hwynt i waered gyda'r llif mor bell â Dôl Llinwydd, lle y taflwyd hwynt allan i ddôl eang yn nhrofa'r afon; a dywedir i'r deiliad, Mr Price, o'r lle hwnnw, werthu gwerth can punt o goed ynn oddi ar y ddôl honno'n unig. Torrodd yr afon hon allan dros ei cheulannau mor gryf fel y newidiodd ei chwrs yn hollol mewn rhai lleoedd am led caeau.

Torrodd darn o dir *(landslip)* ar lethr yn yr ardal, a rhedodd i waered gyda y fath nerth a chyflymder, gan fyned ar draws adeilad newydd oedd wedi ei godi i gryn uchter, ac aeth â'r oll o'i flaen i ffwrdd, fel nad oedd ond prin ddim olion ohono'n aros ar ôl. Llithrodd darn anferth oddi ar lethr yr Allt Walltog, fferm ar ochr ddwyreiniol Dihoenwy, a rhedodd i waered hyd ddyffryn gwastad islaw, lle y safodd. Ar ei ganol tyfai derwen o faintioli lled fawr; dangosir y darn tir hwn eto, a'r dderwen yn tyfu'n foddlon fel cynt; a chyfrifir hon gan yr ardalwyr yn un o brif ryfeddodau y cylchoedd, yn parhau o hyd i fytholi bore yr ystorom fawr.

Ymdorrodd dwfr allan ar lethrau sychion mewn amryw fannau ym mhlwyfydd Maesmynys a Llangynog, yn ffrydiau mawrion lle na welwyd ffynnon nac un tarddiad erioed o'r blaen; ac ar eu rhwygiad allan o'r ddaear, achosent dwrf rhyfedd a chlywadwy o bell, a thaflent swm anferth o dir i fyny i gryn bellter i'r awyr, a dilynid y ffrydlifoedd rhyfedd hyn gan arogl brwmstanaidd trwm. Llifai y fath nerth o ddwfr allan o'r toriadau hyn fel y torrent rigolau dyfnion yn y llethrau wrth redeg i waered, a gwelir olion amryw ohonynt eto ar rai ffermydd yn y plwyfydd a nodwyd. Cymerodd y toriadau hyn le wedi i'r bore wawrio ar y wlad; a chan fod y gwlaw wedi peidio, a chynifer o deuluoedd yn effro trwy y nos, aeth llawer iawn allan i edrych ar y golygfeydd annisgrifiadwy, ac y mae dynion geirwir sydd eto'n fyw, oedd yn llygaid-dystion o'r hyn a adroddwyd uchod. Yr oedd yr holl ardal wedi ymddyrysu megis gan fraw, fel y symudodd rai i ardal arall i gysgu y nos Sadwrn honno.

Arferion a Gorchwylion y Cartref

GODRO

Yr oedd gwragedd yr oesoedd o'r blaen yn dysgu eu merched a'u morwynion i odro fel y byddai ewyn ar wyneb y llaeth yn y gynog. Yr oedd ewyn ar y llaeth wrth odro yn arwydd sicr o odrig dda.

Yr oedd yn hen arferiad i ganu wrth odro gynt, a chredid fod y fuwch yn rhoddi ei llaeth yn well wrth ganu iddi. Syml iawn oedd yr alawon a genid, a rhywbeth yn debyg i'r rhigwm a ganlyn oedd y penillion:

> Prŵe prŵe Cornwen deg,
> Megaist bedair buwch ar ddeg;
> Megi eto cyn b'ost farw,
> Bedair buwch ar ddeg a tharw.

> Prŵe prŵe yr hen fuwch,
> Paid â chodi dy dro'd yn uwch;
> Prŵe fach paid codi'th dro'd
> I'r gunog newydd ddeucant o'd.

CORDDI

Gorchwyl caled oedd corddi yn yr hen fuddau dwmp gynt, neu y fuddau gordd. Yn nhymor yr haf, codai gwragedd ffermwyr yn fore iawn i gorddi, er myned trwy y gorchwyl cyn y deuai'r dydd yn wresog.

Yr oedd yr hen ddywediad – ond i'r ferch feddwl am ei chariad wrth gorddi, y deuai'r hufen yn fenyn yn gynt. Os byddai gwraig dlawd yn byw yn ymyl, gelwid am ei help i gorddi, a'r tâl a gâi am ei gwaith fyddai ystenaid o enwyn i fyned ganddi adre, ac os byddai ei theulu yn lluosog, cai hefyd lwmpyn o fenyn; a'r hen arferiad cyffredin oedd ei roddi yn yr enwyn yng ngwddf yr ysten i fynd tua thre. Wedi darfod cyweirio'r menyn yr oedd yn arferiad yn yr hen amser i wneuthur 'printiadau' – un i bob un o'r teulu. Yr oedd gynt ymenyn-nodydd bychan at y gwaith hwn. Gosodid y printiadau oll yn gylch trefnus ar blât, a phrintiad gŵr y tŷ ar y canol. Hynny o fenyn yn unig a gâi llawer o blant o gorddad i gorddad yn yr amser gynt. Os na fwyteid y printiad oll ar ddiwrnod corddi, dodai pob un ryw nod ar ei brintiad ei hun ar derfyn bwyta, er ei adnabod yr ail bryd.

BRECHDAN GORDDI

Yn ôl arferiad a fu yn yr amser gynt, os deuai dyn dieithr i dŷ ar yr adeg y byddai gwraig yn cyweirio menyn, yr oedd ganddo ryw fath o hawl, yn ôl hen arferiad gwlad, i gael 'brechdan gorddi'. Yr hen ddull o wneud y frechdan oedd i'r wraig gymeryd ychydig o'r menyn, a'i daenu ar y bara â phen y bys bawd, yna ei dyblu i'w rhoi i'r bwytawr. Gelwir hi gan rai 'brechdan pen bys'. Os byddai'r gŵr dieithr yn hoffi enwyn, neu laeth menyn, ceid dracht i yrru'r frechdan i lawr, ac ni anghofiai'r bwytawr un amser i ganmol y menyn.

GLANHAU CAWS

Byddai gwragedd yr oes o'r blaen yn ofalus iawn o'r caws, i'w troi yn aml, a'u glanhau yn ofalus. Dalient yn bendant na ddylasid eu glanhau ag un peth ond eu rhwbio â thor y llaw. Carent weled y 'frech' ar gaws, h.y. brithu yn magu ar y grofen. Yr oedd y 'frech' yn arwydd eu bod yn enllyn bras, meddent.

CAUL LLO

Yr oedd y caul yn cael ei gadw yn yr amser gynt i gyweirio llaeth. Gosodid gwialen ystwyth fel dolen ynddo, a chrogid ef i fyny yn nen y tŷ i sychu. Rhaid oedd ei gael o'r llo cyn y dechreuai bori a chnoi ei gîl. Torrid darn bychan ohoni, a gosodid ef mewn llestr, a dŵr claear arno yn wlych; a byddai ychydig o'r gwlybwr neu o'r cywerdeb yn y llaeth i'w geulo neu ei gawsio. Mae'r caul yn cael ei ddefnyddio i'r diben a nodwyd yn bresennol gan rai.

GWNEUD BARA CEIRCH

Wedi gorffen crasu bara ceirch, yr oedd yn arferiad i gyfri'r torthau wrth eu trefnid a'u gosod heibio; os na chaed hwynt yn gynifer, h.y. os byddai 'torth weddw', yr oedd yn hen ddywediad na fyddai i'r ferch oedd wedi eu gwneuthur i briodi; ond os caed y torthau yn gydmariaid, yr oedd iddi hithau gydmar bywyd.

RHODDI EPLES YN Y BLAWD

Gosodai yr hen wragedd 'lygad godad' yn y blawd 'y nos o'r blaen', gan ei fod yn hen gred ganddynt fod yr eples yn codi'n well ar hyd y nos!

TOES YN CNECU

Pan yn gwneud y toes yn dorthau i'w gosod yn y 'tins' i'w crasu, os bydd ef wedi cymeryd 'codad' yn dda, clywir gwynt yn dod ohono wrth ei drin, yr hyn a elwai'r hen wragedd yn 'Toes yn cnecu'.

Pan welid y dorth geirch a'i hymyl yn codi ar y llechfaen, byddai'n barod i'w throi. Byddai diwrnod cyfan yn cael ei dreulio at grasu bara ceirch, a chan brysured y dydd, byddai yr ymborth yn cael ei wneud y dydd o'r blaen gan mwyaf – cig oer fel rheol oedd gan y teulu i ginio y diwrnod yma, er osgoi tynnu y drybedd a'r llechfaen oddi ar y tân i oeri.

CODI BARA Â LEFAIN

Yr hen ddull o wneud lefain oedd cadw ychydig o'r hen does, a'i gymysgu â'r toes newydd, fel ag i'w suro, ac felly ei gadw erbyn tylino a phobi bara yr ail waith. Diameu fod y dull hwn yn hen iawn, a cheir aml i gyfeiriad at y lefain yn yr Hen a'r Newydd o'r Testamentau. Oddi wrth yr arferiad hwn o roddi 'codiad' mewn bara y cymerwyd yr ymadrodd hwnnw, 'Y mae ychydig lefain yn lefeinio yr holl does.' Gal. 5:9. Un ffordd o wneuthur lefain oedd, rhoddi halen yn y toes, a'i gadw i suro. Bara wedi ei godi â lefain a elwir 'bara lefeinllic', mewn cyferbyniad i 'fara croew', neu fara heb godiad. Gelwir y lefain hefyd ar yr enw 'sur does'. Mat. 13:32; Luc 13:21.

Byddai hen wragedd yr oes o'r blaen yn gwneuthur, neu yn cadw lefain yn y tŷ bob amser yn barod at dylino unrhyw adeg; a dywedir y byddai rhai hen wragedd yn estyn, neu yn cadw lefain felly, trwy drefn fanwl, a gofal, am yn agos eu holl oes. Os digwyddai i'r lefain ddarfod mewn un teulu, rhedid at deulu arall am glamp o surdoes i'w ddechrau eilwaith.

Gwlychid y lefain â dwfr claear, a rhoddid ef yn y blawd, yr hyn a elwid ganddynt yn 'llygad godad'; yna tylinid y toes, a gwnaed ef yn dorthau i'w crasu. Y dull nesaf o 'godi' bara ydoedd â burum. Byddai yr hen wragedd yr oesoedd gynt yn ei wneuthur gartref eu hunain. Trwy gadw ychydig furum i wneuthur un newydd, byddai rhai gwragedd yn ei estyn, a hynny yn ddifwlch am flynyddau lawer. Dywedai Mrs Ingram, Bwlch-mawr, wrthyf iddi estyn yr un burum felly am ddeugain mlynedd! Darfu i Catti Pen-twyn, Abergwesyn, estyn y lefain am hanner can mlynedd!

BERWI SUCAN

Y gamp fwyaf wrth ferwi sucan blawd oedd ei gadw heb 'lygota', h.y. ei ferwi'n llyfn heb 'gnaps'. Tasg arall oedd ei arllwys i'r ddisgl, a'i gosod ar y bwrdd heb i ddim o'r sucan ddisgyn neu golli a throchi'r lliain. Os digwyddai hynny, yr hen ddywediad oedd – y byddai i'r ferch gael plentyn ordderch.

TORCH FFWRN

Math o dorch gref, a thrwchus, wedi ei gwneud o wiail plethedig oedd y 'dorch ffwrn'. Yn yr amser gynt, pan fwyteid llawer o sucan, berwid ef mewn ffwrn fach, yna gosodid hi ar y bwrdd i bawb o'r teulu gael ei lwyaid o'r sucan yn ôl ei angen allan ohoni, a gwasanaeth y dorch oedd dal y ffwrn rhag diwynu'r ford. Yr oedd un ochr i'r dorch yn lân bob amser, a lliw gwaelod y ffwrn ar y tu arall iddi, a llawer amser chwerw a fu rhwng mam a'i merch, neu rhwng meistres a'i morwyn esgeulus am osod y dorch o chwith ar y bwrdd!

CARFFWRN

Math o gerbyd bychan oedd hwn, a phedair olwyn fechan odano. Gosodid ef ar ganol y bwrdd, a'r ffwrn a'r sucan arno; yna rhoddid hwb iddo yn ôl ac ymlaen ar hyd y bwrdd, yn gyfleus i bob un o'r teulu i gymeryd sucan yn ôl ei raid a'i angen ohono. Yr oedd y carffwrn i'w weled yn lled gyffredin ar fyrddau ffermwyr, a theuluoedd lluosog yng nghymoedd Tywi a Chamddwr, a rhannau o sir Aberteifi, yng nghyfnod y sucan a llaeth.

CARLLWYAU

Dodrefnyn bychan a thair neu bedair gris iddo, a phedwar neu bum twll ym mhob gris, oedd y carllwyau, a'i wasanaeth oedd cadw llwyau coed ynddo.

CAR-HIDDIL

Dodrefnyn pren bychan, syml ei wneuthuriad, ond a fu yn ddefnyddiol ym mhob teulu yn yr amser gynt, pan fwytid llawer o sucan berw, a sucan brithdwym. Gosodid ef ar lestr i ddal yr hiddil pan yn dihidlo sucan.

Y BOCS MENYN

Blwch crwn wedi ei gauo, a chauad pren crythog arno, digon i gymeryd hanner pwys, neu bwys o fenyn ynddo oedd y bocs menyn.

Yr oedd ym meddiant llawer o weithwyr, a chrefftwyr i gadw menyn yn yr oesoedd o'r blaen, ac yr oedd yn ddiguro at ei gadw'n oer a da. Yr oedd ef hefyd gan y calchwyr pan yn calcho o odynau y Mynydd Du yn yr hen amser gynt. Bu yn hen arferiad yn rhai rhannau o Gymru gynt, y Sul cyn dechrau calcho, i'r bechgyn fyddai'n dilyn y wedd, i fyned â'r gostrel, y bocs menyn, a'r chwip i'r eglwys ganddynt, a chredent trwy hynny y byddai mwy o fendith ar y calcho!

Ymddengys fod y blwch menyn yn beth hynafol iawn; mae yn cael ei enwi yng Nghyfreithiau Hywel Dda wrth yr enw Rhisgen, am y gwnaed ef o risgl pren.

COSTREL

Math o faril fechan fach oedd y gostrel hon. Gwelais rai gostrelau â chylchau coed, eraill â chylchau haearn. Cyn i'r trên ddechrau rhedeg trwy'r parth yma o'r wlad, yr oedd y [gostrel a'r bocs menyn] yn meddiant llawer o amaethwyr, a phan yn mynd ar wêdd i siwrneion pell, megis mynd i'r odynau calch llenwid y gostrel â llaeth, a'r bocs ymenyn, ddigon i'r daith.

GALW I GINIO

Dyma arferiad sydd wedi myned allan o arferiad yn hollol ers llawer blwyddyn. Gynt, cyn bod *watches* mewn arferiad mor gyffredinol ag ydynt yn ein dyddiau ni, yr oedd yn rhaid i rywun o bob teulu i alw i ginio, yn enwedig ar fferm. Yr oedd rhai gwragedd yn hynod boblogaidd yn hyn o waith. Mae gennyf gof am un wraig ffermwr oedd yn byw ar le uchel tan y mynydd, pan ddeuai amser cinio, âi allan i'r buarth, a gwaeddai ar dannau uchaf ei llais nes y clywai yr holl fro am bellter mawr. Yr oedd yn arferiad ganddi'n aml i ysgwyd ei llaw o flaen ei genau tra yn galw, a cherddai ei llais yn donnau ar ddiwrnod tawel am tua milltir o bellter. Pan glywai'r ardalwyr waedd Sali Tŷ-gwyn yn galw, gollyngent eu harfau o'u dwylo, gadawent eu gorchwylion, ac aent i ginio.

Hyd o fewn deugain mlynedd yn ôl, mwy neu lai, wedi i ddyn yfed y cwpanaid de – meddaf o de, yr oedd yn arferiad y pryd hwnnw i roi y llwy yn y cwpan yn arwydd nad oedd am un cwpanaid yn ychwaneg. Mae'r ddefod hon wedi ei gadael er ys llawer blwyddyn bellach.

Wedi i'r bacwn sychu'n foddhaol ym 'mhen y tŷ', yr oedd yn arferiad yn yr amser gynt ei dynnu ef lawr tua dechrau mis Mehefin, rhag iddo doddi gan y gwres, a melynu. Yn yr adeg a nodwyd, dodid ef heibio mewn coffrau dros yr haf. Byddai amaethwyr yn gofalu'n wastad ar ddydd silio yn y Felin, am ryw swm o eisin sil i ddod adref gyda'r gynnos, a'r hen arferiad oedd rhoi'r cig i gadw mewn eisin bob amser. Yr oedd yr eisin yn rhoi blas diguro ar y bacwn. Yn ôl yr hen rigwm a ganlyn, yr oedd gan yr hen bobl gynt amser neilltuol i roi y cig moch heibio:

> Dydd Mercher Lludw,
> Rhoi'r holl gig i gadw;
> Dydd Llun y Pasg Mawr
> Y tynnir e lawr.

Yn yr amser gynt, pan oedd y tân ar yr aelwydydd gan deuluoedd ein gwlad, yr oedd y dull o rostio y pryd hwnnw, yn wahanol iawn i'r hyn y gweneir hynny o orchwyl yn ein dyddiau ni. Yn yr adeg hynny, yr oedd yn eiddo i deuluoedd o amgylchiadau cysurus, declyn pwrpasol at y gwaith o rostio, a elwid bêr, yr hon oedd wialen haearn, o ddwy droedfedd a hanner i lathen o hyd, a *handle* ar un pen iddi. Gyrrid y bêr trwy olwyth o gig, neu ŵydd; yna gosodid hi ar ddau *grandeur* o flaen tanllwyth o dân gwresog, a chymerai rhyw aelod o'r teulu at y gorchwyl o droi'r bêr, ei chodi, neu ei gostwng ar fachau'r *grandeurs*, i gyfateb y gwres.

Bu'r bêr mewn bri mawr am gyfnod maith, a chedwid hi mewn parch, gan roddi lle amlwg iddi yn y tŷ gyda hen drysorau a chreiriau eraill y teulu.

Pan welai'r hen bobl un peth yn cyfateb yn dda i'r llall, gair a glywid yn aml ganddynt oedd, 'Mae'n gweddu fel y bêr i'r golwyth.'

CYFRIF WYAU

Pan yn rhifo wyau, yr arferiad yw eu cyfri bob yn dri, a rhoi'r unfed ar hugain o'r neilldu i gadw cyfrif yr ugeiniau.

HELI CIG EIDION

Cyn tynnu treth oddi ar yr halen, yr oedd yn ddrud iawn, yn goron y pec (14 lbs). Pan laddai ffermwr fuwch i gael cig eidion at angenrhaid y teulu, dywedir y byddai y swm a geid am ei chroen yn mynd oll am halen i halltu'r cig. Yn ôl yr hanes a geid gan yr hen bobl, byddai llawer o ffermwyr yn diogelu heli cig eidion, ac yn ei roddi i ryw deulu tlawd a fyddai'n byw gerllaw, y rhai a'i derbynient ef yn ddiolchgar, ac a'i rhoddent ef yn y cawl yn lle halen.

BODDI'R MELINYDD

Wedi dod â chynnos adref o'r felin, bydd blawd newydd felly, neu flawd cras odyn, fel y gelwir ef, am amryw droeon y bydd yn cael ei dylino, yn gofyn mwy o ddŵr ynddo na hen flawd. Am hynny, y waith gyntaf y byddid yn paratoi at bobaid o fara odid fawr, na chlywid y fam yn rhoi siars i'r ferch fyddai'n gwlychu y toes, am ofalu 'boddi'r melinydd' h.y. rhoddi digon o ddŵr yn y blawd. Cedwid llestri coed bychain, a elwid picyn, a phiol, y naill yn y coffr blawd, a'r llall yn y coffr sucan, ac o'r rhain y cymerid allan o gynnwys y coffrau yn ôl angenrhaid beunyddiol y teulu. Pan ddeuai hen wragedd tlodion at y drws yn blotta, yn ôl arferiad cyffredin yr hen amser a aeth heibio, o'r picyn, neu o'r phiol, yn ôl eu dewis, a'u hangen, y derbynient. Os byddai'r tlawd yn wir anghenus, ac yn ddwfn yn ffafr y teulu, rhoddid moel ar y llestr. 'Nid oes dogn ar gardawd,' medd yr hen ddihareb.

Y LLECHFAEN

Planc haearn tenau a chrwn oedd y llechfaen, a dolen ar un ymyl iddo, er cyfleustra i'w godi a'i symud. Ei unig wasanaeth oedd i grasu bara ceirch. Gosodid ef ar drybedd uwchben tân, a'r dorth arno, a'r rheol oedd iddi gael ei throi unwaith. Y mae yn fwy na thebyg fod yr enw wedi disgyn i lawr atom o gyfnod y cerrig, gan fod gennym hanes fod teisennau teneuon o fara yn cael eu crasu ar lechau cerrig yn y cyfnod pell hwnnw. Mewn rhai parthau o'r wlad, gelwir y teisennau hyn bara llech, a bara maen.

RHAWLECH

Unig wasanaeth y rhawlech oedd symud y torthau bara ceirch oddi ar y bwrdd, eu gosod ar y llechfaen ar y tân ar ddydd crasu bara ceirch. Mae rhan

gyntaf yr enw, 'rhaw', wedi ei roddi iddi am ei bod yn dwyn tebygolrwydd
o ran ei ffurf i'r offeryn a elwir rhaw, a'r rhan olaf, llech, wedi disgyn lawr
o'r cyfnod pell pan oedd bara yn cael ei grasu yn deisennau teneuon ar
lechen cerrig. Dywed hanes traddodiadol fod y Pêr Ganiedydd Cymreig o
Bantycelyn, pan ddeffroai yn y nos, a'r awen wedi disgyn yn drwm arno,
galwai am olau, yna gofynnai am 'sleis bara ceirch', ac yn ei eistedd yn y
gwely a'r sleis ar ei liniau, yn nhawelwch y nos, gosodai gynnyrch ei awen
fawr wedi ei ddiogelu ar bapur.

TRYBEDD
Cylch crwn o haearn, a thair troed tano, oedd y drybedd. Yr oedd o
wasanaeth mawr, ac mewn arferiad cyffredinol pan oedd tân ar yr aelwyd, i
ddal crochan, cetl, llechfaen, neu unrhyw beth arall ar y tân.

CYNNAU TÂN
Cyn dyfod *matches* i arferiad fel y maent yn ein dyddiau ni, yr oedd llawer
ffordd gan ein henafiaid i gynnau tân ar eu haelwydydd. Yr oedd 'papur
gwyllt' o ddefnydd mawr gan lawer yr amser gynt. Gwnaed hwn trwy roddi
papur llwyd mewn dŵr a 'saltpetre', a'i sychu'n dda. Ffordd arall oedd trochi
papur llwyd mewn pylor dryll wedi ei wlychu; yr enw ar hwn oedd *tutch*. Yn
yr amser yma yr oedd 'fflinten' neu 'garreg dân'; delid y 'tutch' yn ymyl y
garreg dân, a threwid hi â darn bychan o ddur nes y gwreichionai i'r *tutch*,
yr hwn a ennynai'n fflam. Felly y cyneuid tân yn gyffredin ar aelwydydd ein
gwlad yn yr amser gynt. Os byddai merch yn un dda a medrus i gynneu tân,
yr oedd yn ddywediad y gwnai wraig dda a threfnus.
  'Y sawl gynno dân a gynnal dŷ,' oedd hen air.

CHWYTHBIB
Math o bibell hir oedd y chwythbib gynt, gwnaed hi o'r pren-ysgaw, trwy
dynnu y galon, neu y pabwyr ohono i'w wneud yn bibell. Gosodid un pen
iddo yn y geg, a'r pen arall ger y tân, a chwythid trwyddo o'r genau. Cyn
i feginau gael eu dyfeisio a dod i arferiad, yr oedd y chwythbren yn bur
gyffredin a defnyddiol. Barna rhai mai dyna sydd yn cyfri fod cymaint o'r
ysgawen yn tyfu ger tai annedd, a hen fagwyrydd.

ENHUDDO TÂN
Ychydig o'r to hwn sydd yn awr yn codi a ŵyr am yr hen arferiad o enhuddo
tân. Yn yr hen amser, cyn bod *matches* mewn arferiad, a phan y llosgid
mawn ar aelwydydd ein gwlad, yr oedd yn arferiad beunosol i un o'r teulu
– y ferch neu'r forwyn, i osod mawnen yn y llymrwd poeth, a'i gorchuddio â
lludw, felly y cedwid tân heb ddiffodd ar yr aelwyd dros nos. Bore drannoeth,

caed y fawnen yn bentewyn parod i gynnau tân. Adroddir am rai teuluoedd trwy yr arferiad hwn, a lwyddasant i gadw tân heb ddiffoddi ar yr aelwyd am ugeiniau lawer o flynyddoedd. Adroddwyd wrthyf am y tân wedi mynd allan un bore yn Ty'n-y-coed, ger Llangamarch, a'r forwyn yn ei helynt a ddywedodd wrth ei meistr fod yn rhaid iddi redeg i'r Goetre i gyrchu tân; 'Na, na,' meddai'r meistr, 'paid â mynd i'r Goetre – *breed* o dân tlawd ofnadwy sy yno, cerdd i Gwarafog, da merch i'. A bu raid i'r forwyn redeg i Gwarafog er ei fod gryn lawer ymhellach, er cael *breed* gwell o dân!

Hanesyn arall a glywais oedd i'r tân ddarfod ryw fore yn Llanfechan, a'r wraig a redodd i'r tŷ nesaf i gyrchu tân. Enw'r lle hwn oedd Cwtws-main, anhedd-dy ar ochr y ffordd gerllaw, lle yr oedd cymeriad o leidr yn byw. Tra yr oedd y wraig yn chwilio y rhesod am bentewyn, a hithe yn fore iawn, a chyn dydd yn y gaeaf, daeth y lleidr yn ei ôl o'i hynt ladronllyd, a chyn iddo ddeall nad ei wraig ei hun oedd wedi codi, ac yn cynnau tân fel arfer, efe a ddywedodd yn ei ffrwst – 'Ni weles i erio'd noswaith mor anlwcus. Fe gerddes bart o dri phlwy, ac ni weles i ddim un crys ar lwyn, hwyad ar lyn, na gŵydd ar lawnt trwy'r nos!'

YR HYSWY

Cylch o harn oedd hwn hefyd, tebyg i'r drybedd, ond â dau glust iddi yn troi fyny, i'w chrogi uwchben tân, i ddal y llechfaen. Nid oedd yr hyswy mor gyffredin â'r drybedd gynt.

WHIM

Teclyn hynod bwrpasol eto oedd y 'whim'. Rhoddid hi yn y gadwyn uwchben y tân, ac yn machau'r whim, gosodid y *teakettle*, a thrwy gydio ynddi hi byddai'r wraig yn osgoi yr ager ddeuai o'r *kettle*, a'r perygl o gydio yn ei *handle* boeth.

DUO ESGIDIAU

Wrth lanhau a duo esgidiau bob wythnos, yr oedd yn rheol bendant ers llawer dydd i lanhau a rhoddi ired ar esgidiau gŵr y tŷ yn gyntaf; yn ail, esgidiau y mab hynaf, ac yna esgidiau y gwas pennaf; yn olaf, y gwas bach. Clywais hen wragedd yn dywedyd fod hyn yn rheol mor fanwl pan oedd hi yn ieuanc, ac yn gwasanaethu gyda ffermwyr, fel yr oedd yn cael ei dysgu a'i siarso i gadw ati'n fanwl. Ar nos Sadwrn oedd esgidiau cryfion yn cael eu duo gynt, ac eto lle mae trefn yn cael ei chadw.

LLWYAU COED

Hyd ganol y ganrif o'r blaen, neu rai blynyddoedd yn ddiweddarach, yr oedd gwneuthur lletwedi a llwyau coed, yn ddiwydwaith cyson yng Ngwlad

Buallt; a defnyddid hwynt yn barhaus gan deuluoedd hyd yr adeg a nodwyd. Gynt, nid oedd stafell gwraig ieuanc yn gyflawn heb gas-llwyau, a dwsin o lwyau coed. Yn yr amser hynny, yr oedd yn arferiad mewn llawer teulu, i bob aelod o'r teulu gael llythrennau cyntaf ei enw wedi eu torri ar ei lwy, ac yr oedd yn rheol i bob un gael ei lwy ei hun i fwyta â hi. Y mae'n gof gennyf am lawer o hen bobl na fynnent ond y llwyau coed i gymeryd eu hymborth, am eu bod meddent, yn oerach a mwy tymerus i'r safn, a mynnent hefyd eu bod yn iachach na'r 'llwy harn'.

TEMPRU LLESTRI COED

Yng nghyfnod y llestri coed, yr oedd yn ofynnol i fod yn ofalus a manwl iawn er eu cael mewn temper cymwys i'w defnyddio. Cyn dechrau 'gosod menyn lawr', hynny yw, gosod menyn hallt mewn casgenni neu biolau, yr oedd yn ofynnol eu gosod mewn pwll, neu ffynnon, yn llawn am rai diwrnodau i buro, yna eu rhwbio oddi mewn yn dda â dail cyll, a halen; yn nesaf, llenwid hwynt â dŵr berwedig, a gadewid ef ynddynt dros nos; caent eu hyswilio eto'n dda â dŵr ffynnon oer, a byddent bellach mewn naws i osod menyn ynddynt.

TEMPRU LLETWEDI A LLWYAU COED

Yr oedd lletwedi, a llwyau coed, i gael eu berwi mewn dŵr a hynny am rai oriau yn olynol, er tynnu y nodd allan ohonynt, fel na holltent wrth sychu. Wedi eu tynnu trwy'r broses yma, caent eu rhwbio'n fanwl, nes y byddent yn wynion a glân, a chymwys i'w defnyddio. Yr un modd, hefyd, y gwnaed â threinsiwrau, ffiolau, picynon, a llestri coed newyddion eraill.

Y FFIOL

Math o lestr pren, crwn, yn union yr un ffurf a'r 'basin' presennol. Yn yr oesoedd a aethant heibio, y ffiol oedd prif lestr bwyd yr hen Gymry, hyd nes i'r 'basin' ddod i gymeryd ei le ar y bwrdd. Yr oedd y ffiol o wasanaeth mawr yn yr amser gynt, nid fel llestr ymborth yn unig, ond i lawer o ddibenion eraill hefyd; pan ddeuai cardotyn at y drws i flota, rhoddid iddo ffiolaid o flawd ceirch, neu sucan, yn rhodd cyn ymadael.

Y TRENSIWRN

Dysgl bren gron oedd y trensiwrn, ac un o hen lestri coed yr amser gynt. Un o lestri bwyd y teulu oedd, ac yr oedd rhyw nifer benodol o drensiwrnau gydag ystafell y wraig ifanc yn wastad. Yr oedd y trensiwrn yn llestr llawn mor barchus a chyfrifol yng nghyfnod y llestri coed gynt, ag yw y plât yn ein hamser ni. Byddai yn cael ei gymeryd o amgylch mewn llaw i gasglu arian ar wahanol amgylchiadau. Mae Twm o'r Nant yn un o'i Anterliwtiau yn coffa am yr arferiad hwnnw. Byddai hefyd yn cael ei osod ar yr arch yn yr eglwys i dderbyn arian offrwm ar ddydd claddedigaeth.

Y PICYN

Llestr bychan tebyg o ran ei ffurf a'i wneuthuriad i ystwc godro, ond yn llawer llai, ac iddo 'gorddyn' bychan cyffelyb hefyd. Gwnaed picynon o goed helyg, ond y cylch a wnaed o onnen, a chyfrifid cylch picyn yn ddarn o gelfydd-ydwaith yn yr amser gynt. Yr oedd y picyn yn llestr cyffredin hyd tua hanner y ganrif ddiwethaf, ac nid oedd 'ystafell' gwraig ifanc yn gyflawn heb hanner dwsin, neu ddwsin o bicynon. Y diweddaf yng Nghantref Buallt a fu yn arfer gwneuthur picynon, oedd Dafydd Arthur, Melin Cwmdulas, Llanafan Fawr, yr hwn a fu yn eu gwneud hyd tua'r flwyddyn 1842.

TEMPRU LLESTRI HAEARN NEWYDDION

Y modd gorau, meddir, i dempru padell ffrio, yw, ei gosod ar y tân yn llawn pridd a dŵr a'i hiro â darn o gig moch gwyn; gwneler hynny bob yn ail amryw weithiau am rai dyddiau. I dempru *kettle*, crochanau, a ffyrnau, berwer dŵr a phridd ynddynt yn awr ac eilwaith am rai dyddiau. Gorau i gyd eu gadael uwchben y tân dros nos; newidier y dŵr a'r pridd ynddynt yn aml, a deuant yn lân a phur.

GOLCHI

Yr arferiad gynt, ac eto gan wragedd trefnus, yw golchi ar ddydd Llun, oddi-gerth fod rhyw amgylchiad pendant iawn yn eu hatal, ac os y digwydd iddynt gael eu llesteirio ar y dydd cyntaf o'r wythnos, aed ati'n fore ddydd Mawrth. Y mae gweled y 'golch' allan ddiwedd yr wythnos yn dweud yn lled isel am anrhefn y wraig, ac yn rhoi lle i'r cymydogesau i ddywedyd:

Slwt i'r hanner
Sy'n golchi ddydd Gwener,
A slwt i'r asgwrn
Sy'n golchi ddydd Sadwrn.

Yr oedd yn rheol wrth olchi gynt, i roddi crys y gŵr yn gyntaf yn y dŵr, yna crys y mab hynaf yn ail, meibion eraill i ddilyn, yna'r gweision. Yr oedd hyn yn rheol bendant yn wastad wrth olchi.

GOLCHBREN

Yr oedd yn arferiad gan wragedd hyd yn ddiweddar flynyddoedd, i ddwyn dillad gwelyau allan i lannau nentydd ac afonydd, a hynny'n flynyddol bob dechrau haf, ar dywydd hafaidd a chynnes. Cyneuid tanllwyth dda o dân yn ymyl y ffrwd, a dygid crochaniau mawrion allan i ferwi dŵr; hefyd, fainc i osod y dillad arni, a golchbren, gwasanaeth yr hon oedd eu curo ar y fainc. Yr oedd dydd golchi dillad gwelyau yn ddiwrnod mawr yn flynyddol yn hanes teuluoedd gwledig yn yr amser a aeth heibio.

GWNÏO

Y mae y sawl sydd yn cyweirio ei ddillad amdano, yn gwnïo ei ofid amdano hefyd. Y mae yn ddywediad na fedr y diafol wnïo, am na ddysgodd erioed i roi cwlwm ar yr edau; o ganlyniad y mae yn tynnu yr edefin allan drwy dwll y nodwydd yn barhaus.

Y TWMPYN

Llestr bychan wedi ei wneuthur o wellt, oedd y 'twmpyn', at wasanaeth gwraig neu ferch i gadw hosan a gweill, pellen a gwain. Pan fyddai y wraig yn gweu, cadwai y twmpyn wrth ei hymyl, a'r bellen ynddo rhag iddi dreiglo ar hyd y tŷ; a phan fyddai'n rhoi heibio gweu, gosodai'r hosan a'r gweill, y bach pellen, a'r wain, i'r twmpyn, gan ei osod o'r neilltu erbyn adeg arall. Yr oedd rhai twmpynnau o ffurf grwn, eraill yn hirgrwn, ac o wneuthuriad manwl a chelfydd, fel y byddai yr hen waith gwellt yn yr amser gynt. Yr oedd y twmpyn yn hynod ffasiynol yng nghyfnod y gwau, ac yn eiddo i bob gweuwraig yn gyffredin.

GWAU CWIRCYN

Yr oedd gwau cwircyn ar hosan yn beth cyffredin iawn flynyddoedd yn ôl, ac nid oedd ond gwraig neu ferch gynefin â'r gorchwyl o wau, a fedrai ragori yn y gwaith hwn. Ar hosanau gwisgo, ac nid ar hosanau gwerthu, y gwneid y cywreinbeth hwn.

Y modd y gwneid y cwircyn oedd, trwy droi maglau o chwith, ac ar feinder coes yr hosan, y ddwy ochr iddi, y gosodid ef. Yr oedd rhai darnau yn cael eu gweu'n betryal, rhai'n driongl, ac eraill yn hirgul. Gwnaed y cwirciau ar ddwy ochr yr hosan, ychydig o war yr esgid, fel y byddai yn amlwg ar y goes. Yr oedd amryw fathau o gwircynnau, a chyfrifid y gwaith o weu un da yn gryn gywreinwaith.

Yn yr hen amser, pan wisgai dynion esgidiau isel *(shoes)*, a phan nad oedd yn arferiad i wisgo 'legins', yr oedd y cwircyn ar hosanau mewn bri mawr, ac ystyrid ef yn addurn o gryn bwys ar y goes, yn enwedig ar goes gref a siapus, ac yn ei llanw'n dda. Mae y gair yn deillio o'r Saesneg *quirk* – cyfrwysdro, sef troi y maglau o chwith mewn modd cyfrwys.

Y mae'r hen fardd doniol a ffraeth, Twm o'r Nant, yn sôn am yr hen ddefod yma yn ei Interlude, 'Cyfoeth a Thlodi':

> Ac yn lle esgidiau pink, a hosanau cwirciau,
> Clocs tinagored, a hen fotasau.

Evan Jones ac Ann ei wraig, Ty'n-y-pant, Llanwrtyd.
Mewn cyfweliad yn 1971 fe dystia Emrys, mab Evan Jones, fod ei dad yn arfer dod i'r tŷ o'r
meysydd am dri o'r gloch 'er mwyn cael mynd at y llyfrau'. Ni chofiai fod ei dad wedi 'rhoi
coflaid o wair i'r da erioed', sy'n awgrymu mai ei wraig, Ann, a wnâi lawer o waith y fferm.
Sylwch ar yr hen gerrig wrth eu traed; ymhyfrydai Evan Jones mewn archaeoleg.

Daw holl luniau'r adran hon o gasgliad Sain Ffagan: Amgueddfa Werin Cymru.
Dymuna'r cyhoeddwyr ddiolch am bob cydweithrediad.

Yn Sain Ffagan ceir y llun hwn a'r sylw
'Ty'n y Pant (*old house*) c.1910' wrtho.
Tybir mai'r ddau gymeriad a welir yw
meibion Evan ac Ann Jones –
Afan ar y dde ac Emrys ar y chwith.

Evan Jones (Ieuan Buallt), 1850–1928,
ffermwr a hynafiaethydd, Ty'n-y-pant,
Llanwrtyd yn hen ŵr –
a'i lygaid yr un mor fywiog ag erioed.

4.

Caneuon yr Ychain. —

Doh s.

[handwritten tonic sol-fa notation]
Y da duon a'r cyrne hirion,

[handwritten tonic sol-fa notation]
Y da gore o dan y Goron;

[handwritten tonic sol-fa notation]
'Rôl dy-bennu troi Ta-lare,

[handwritten tonic sol-fa notation]
Cewch fynd i'r mynyδ yr haf i chware.

Gwyn eu byd yr adar gwylltion,
Hwy gant fynd în fan a fynon';
Weithie i'r mor, ac weithie i'r mynyδ,
A dod adre yn δigerydδ.

Roedd gan Evan Jones ddiddordeb eang mewn cerddoriaeth ac nid ychydig o allu yn y maes, dawn a etifeddodd oddi wrth ei fam.

Y da duon a'r cyrne hirion,
Y da gore o dan y Goron;
'Rôl dybennu troi talare,
Cewch fynd i'r mynydd yr haf i chware.

Gwyn eu byd yr adar gwylltion
Hwy gant fynd i'r fan a fynon';
Weithie i'r mor, ac weithie i'r mynydd;
A dod adre yn ddigerydd.

Evan Jones a'i deulu ifanc. Enw ei briod oedd Ann Morgan o Ben-lan, Llanafan Fawr.
Y meibion yw: Afan, Gomer, Emrys, ac Irfonwy a fu farw'n blentyn bach yn 1897.
Derbyniodd lythyrau o gydymdeimlad tyner gan O. M. Edwards ac eraill.

Gomer, mab Evan Jones yn ei lifrai
milwrol. Does dim amheuaeth na
fyddai Evan Jones yn ymwybodol
o ddigwyddiadau chwyldroadol yn
Ewrop yn ystod y bedwaredd ganrif ar
bymtheg ac wedi hynny ond nid yw'n
cyfeirio atynt – ar wahân i gyffwrdd
unwaith neu ddwy â dyfodiad y trên i
Gantref Buallt neu sôn am ymadawiad
ei fab, Gomer, i'r rhyfel.

Mr Evan Jones, Ty'ny-pant, Llanwrtyd, is to the staff and members of the Welsh Holiday School guide, philosopher and friend. He has conducted the school to places of historical and archæological interest in and around Llanwrtyd for the last three years, and has endeared himself to all by his genial company, modest eloquence and inexhaustible store of antiquarian lore. He is now well over 70 years of age, and as full of enthusiasm as any young man. Well known throughout Wales, his house at Ty'nypant has been visited by scholars from all parts of the Principality. Ty'nypant is always brimful of old-time Welsh hospitality, and is a veritable museum of rare old books, fossils, and relics of historic and pre-historic times in Cantref Buallt. In his early days Mr Jones, an ardent eisteddfodwr, held the first tonic solfa classes in Llanwrtyd and district, and conducted the first ladies' choir in Breconshire. Compositions by him years ago appeared in " Cerddor y Tonic Solffa." He has an extensive collection of the productions of the bards of Cantref Buallt, and the next volume of " Cyfres y Fil " will contain selections of these supplied by him at the request of the late Sir Owen M. Edwards. The addresses of this doyen of peasant historians to the Summer School are marvels of choice Welsh and fascinating history.

Mr Evan Jones.

Evan Jones, *doyen of peasant historians* yn ôl y papur newydd. *Well known throughout Wales, his house at Ty'nypant has been visited by scholars from all parts of the Principality.*

Oddi ar Lyfrau Cofnodol Eglwys
Llanwrtyd, yn dechre yn y fl. 1813.

1813.	Enw	Preswylfod	Dyddiad	oed
	Wm Davies, Pontrhydybere.		Jan. 9	69
	Henry Davies, Dinas		Feb. 6	59
	Thomas Joseph	Abernant	April 23.	76
	Thomas Morgan	Tir-ithel	Nov. 2	67
	Evan Evans	Dernwenuig	Dec. —	47
1814	Elizabeth Price	Dolcelynner	Jan 6	25
	Sarah Davies	Gwnbeily	Jan. 16	40
	Catherine Davies	Esgenmalgwal	March 2	92
	Rees Davies	Penlledh	Nov.	49
	Thomas Price	Cwerhedin	Dec. 20	42
1815	Elizabeth Price	Byleri	Feb 16.	47
	Catherine Evans.	Stcefellfudd	March 7	72
	Elizabeth Watters	Lynygno	Mercy 9	83
1816	Rees Price	Blaenyglyn	March 19	50
	John Price	Dinas	April 8	62
	Catherine Price	Nantycae	June 8	47
	Mary Davies	Gwnbeily	July 27	84

1793/19

Cofnod o Eglwys Llanwrtyd. Un o'r ugeiniau o restrau a geir yn llyfrau nodiadau Evan Jones. Er bod nifer ohonynt yn ymddangos yn gofnodion moel ac ychydig yn sych y mae'r wybodaeth a geir ynddynt yn werthfawr ac o ddiddordeb a phwysigrwydd mawr wrth ddarlunio bywyd cymdeithas cantref.

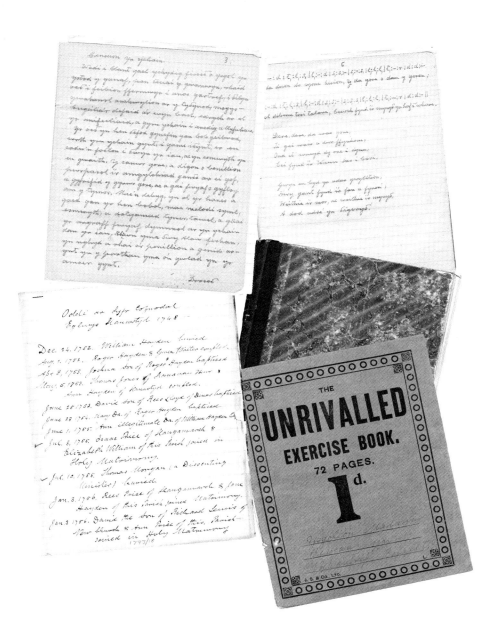

Yn Amgueddfa Werin Cymru, Sain Ffagan, ceir yn agos i fil o lyfrynnau ysgol a phapurau eraill, amrywiol o eiddo Evan Jones. Er bod ei lawysgrifen, ar y cyfan, yn gymen ar un cyfnod yn ddiweddar yn ei fywyd cafodd anhawster i ddal ysgrifbin yn ei law a bu ei feibion yn *amanuensis* effeithiol iddo. Mae'n debyg i fwyafrif y nodiadau gael eu hysgrifennu rhwng 1890 a 1928, ond roedd Evan Jones wedi bod yn casglu defnyddiau ymhell cyn hynny. Rhifau'r catalog yw: MS 1793/1–654; MS 2038/1–137; MS 2384/1–186; MS 3463/1–2.

Mae modd dadlau mai diddordeb pennaf Evan Jones oedd archaeoleg yn ei holl amrywiaeth: o gylchoedd cyntefig i gladdfeydd hynafol, o ffyrdd Rhufeinig i ddarnau arian, o hen dai adfeiliedig i feddau a chistfeini. Crwydrodd fryniau Cantref Buallt i chwilio am olion hynafol ac i gofnodi a mesur yn fanwl yr hyn a welsai. Yn y llun hwn mae Evan Jones yn cyffwrdd â chroesfaen Gristnogol o'r 8fed ganrif a ddaeth i'w feddiant o Ben-lan-wen, Tirabad. Y mae tua phedair troedfedd o uchder a deunaw modfedd o led. Trosglwyddwyd y maen i'r Amgueddfa Genedlaethol.

NYDDU LLIN

Yr oedd agos bob ffermwr yn hau grwn bychan o lin ar ei dir yn yr amser gynt, ac yr oedd nyddu llin yn un o brif ddiwydiannau a gariwyd ymlaen gan deuluoedd ein gwlad hyd flynyddoedd cyntaf y ganrif o'r blaen. Wedi i'r arferiad o dyfu, a thrin llin i ddarfod, yr oedd yn cael ei brynu mewn siopau yn y trefydd, yn sypynnau pwys, dau, tri, neu ychwaneg, ac o wahanol liwiau; yn droedfedd neu ychwaneg o hyd.

Yn yr hen amser, rhoddid heibio'n llwyr nyddu llin yn adeg y Nadolig, er mwyn cael mwynhau defodau a chwareuon oedd mewn bri yn yr amser hwnnw; ac ar y seithfed o Ionawr yr ail ymaflid yn y gwaith drachefn. Felly y daeth y diwrnod a nodwyd i gael ei alw gan ein cymydogion, y Saeson, yn 'Distaff Day'. Ar yr un diwrnod hefyd, yr oedd y meibion hwythau yn mynd yn ôl at eu gwahanol alwedigaethau, ond gan y byddai rhai yn eu hawydd a'u hafiaeth mawr gyda chwareuon y Gwyliau, ac yn gweled y diwrnod hwn yn dyfod yn rhy fuan i fyned at eu gwaith, ceisid atal y merched i nyddu, a hynny trwy osod tân yn y llin; y merched hwythau a gyrchant ddŵr i'w ddiffodd, ond y bechgyn a dderbynient y dŵr yn aml, ac nid y llin. Felly caed cryn hwyl a difyrrwch yn aml ymhlith y bobl ieuainc ar Ddydd y Cogel.

Yn yr hen amser, byddai'r gwragedd yn nyddu llawer o lin i wneuthur dillad i'w teuluoedd. Yr oedd dillad llin a gwlân yn gwisgo'n dda a pharhaus. 'Linsey' y galwai'r hen wragedd y defnyddiau hyn, sef cymysgwe o lin a gwlân *(Linsey-woolsey)*. Yr oedd cordeddu llin a gwlân yn waith dyfal a chaled; ni fedrai ond hen law gynefin â'r gorchwyl ei wneud gyda'r medrusrwydd a'r deheurwydd iawn. Yr oedd gan yr hen bobl hanes am amryw hen wragedd yn nyddu llin ym mhlwyf Llangamarch ac Abergwesyn hyd yn 'thirties' y ganrif o'r blaen. Mae'n debyg mai cryddion ein gwlad a fu yn arfer â'r gorchwyl hwn ddiweddaf. Prynent gywarch *(hemp)* yn y trefydd, a nyddant ef at eu gwasanaeth gartref; ond eu gwragedd a fyddai'n eistedd wrth y rhod fel rheol. Clywais am grydd o'r enw Benjamin Williams, yn byw yn Gellioerfel, Llanafan Fawr, yn dilyn ei alwedigaeth, a'r hen wraig yn eistedd yn ei ymyl, ac yn nyddu cywarch at ei wasanaeth. Yr oedd hynny tua'r flwyddyn 1844.

Cawn gyfeiriadau lluosog at lin yn yr Ysgrythurau, fel y mae yn ddigon naturiol i gasglu fod y planhigyn hwn yn cael ei amaethu yn helaeth yn yr Aifft gynt, ac ym Mhalesteina hefyd. Sonnir yn fynych amdano fel dillad a gwisgoedd. Gwel. Lef. 13:47, 48 a 52; Esec. 44:17 a 18; Diar. 31:13. Ymddengys ei fod yn blanhigyn cynharach na gwenith a rhyg, oherwydd dyma fel y darllenwn yn Exod. 31:31–32, 'A'r llin a'r haidd a gurwyd; canys yr haidd oedd wedi hedeg, a'r llin wedi hadu. A'r gwenith a'r rhyg ni churwyd; oherwydd diweddar oeddynt hwy.'

Y mae llin wedi bod yn cael ei amaethu yn y wlad hon ers yr oesoedd boreuaf. Tyfai agos ymhob math o dir; ond yr oedd ei ansawdd yn dibynnu i raddau ar natur y tir. Yr oedd ohono ddau fath, sef llin gwanwyn a llin diweddar. Heuid y cyntaf yn misoedd Ebrill a Mai, a'r diweddaf yn Mehefin. Heuid ef mewn tir ffrwythlon, ond ni heuid ef ddwy flynedd yn olynol yn yr un llannerch am ei fod yn tylodi'r tir. Yr oedd agos bob amaethwr yn hau grwn bychan o gywarch ei dir gynt, a nyddid llin bron ar bob aelwyd. Yr oedd y Rhod Lin yn llawer llai na'r droell at nyddu gwlân. Nid oedd sidell hon ond tua dwy droedfedd ar ei thraws. Yr oedd yr werthyd yn ddur. Byddai'r nyddwr, neu nyddwraig, bob amser yn eistedd tra wrth y gorchwyl o nyddu. Troid y droell â'r droed, fel yr oedd y ddwy law yn rhydd at y cogel a'r werthyd. Wrth nyddu llin, rhoddid blaen bysedd y llaw chwith yn awr ac yn y man, yn gyson, yn y genau, er eu gwlychu. Yr oedd yr arferiad hwn, mae'n debyg, yn gynorthwy er 'gollwng' llin i'w wneuthur yn edef. Yn gyffredin, 'edafedd' oedd yr enw a roddid i'r hyn a nyddid o wlân, ac 'edef' neu 'edau', i'r hyn a nyddid o sidan a llin. Bu nyddu llin yn un o brif ddiwydiannau teuluoedd ein gwlad hyd tua phedwar ugain mlynedd yn ôl. Y mae gennym hanes am rai hen wragedd oedd yn fyw yr adeg honno yn dra chynefin yn y gelfyddyd. Mae cof eto am rai hen wragedd yn byw ar fynyddoedd Abergwesyn, yn cyrchu llin o drefydd pell, yn ei nyddu gartref, ac yn gwneuthur gwisgoedd llin a gwlân i'w teuluoedd. Dywediadau am y llin:

Mal y bul ar y llin.
Mal cogail gwraig fusgrell.
Mal yr hedyn am y llin.
Mal y llin ar y maen.
Goreu o'r lliain y mainaf.

CRIBO GWLÂN

Rhai o brif ddiwyd-weithiau ein henafiaid yn yr amser gynt, oedd cribo a nyddu gwlân, er gwneuthur gwisgoedd i'r teulu. Cyn dod melinau gwlân gwnaed pob gwaith ar wlân gartref o'r adeg yr ymddifadid y ddafad o'i chlydwch, hyd nes y deuai'r wisg gysurus i ddyn am ei gefn.

Wedi brycheuo'r gwlân, a'i chwalu'n fanwl â'r dwylo, y gorchwyl nesaf fyddai ei gribo. At y gwaith hwn, yr oedd ym meddiant pob teulu gynt, declyn a elwid 'cardiau', neu 'gribau bach'.

Y mae'n debyg fod dau fath o'r cribau hyn yn yr hen amser:

(a) y 'cribe bach': nid oedd y math yma ond syml iawn o ran eu gwneuth-uriad – dwy astell tua naw modfedd o hyd yr un, a chwech o led, ac arnynt yr hyn a elwid 'dalen grib'. Yr oedd i bob un ohonynt hefyd *handle* fechan at eu defnyddio. Pan wrth y gorchwyl o gardio, eisteddai y wraig neu'r ferch ar ystôl, a chrib yn y naill law, a gosodai ychydig wlân yn denau ar y grib â'r llaw arall. A thaenellai ychydig ired yn fanwl arno, yna ymaflai yn y grib arall, a thrwy ddeheurwydd a medrusrwydd, hi a'i cardiau yn hylaw, ac a'i gwnai yn 'rholau', yn barod i'w nyddu. (Yn fwyaf cyffredin, gosodid ired, sâm gwyddau, neu 'oil' ar y gwlân cyn dechrau cardio, ac wedi ei gymysgu'n dda, gosodid ef mewn basged neu gawnen yn gyfleus yn ymyl yr hwn fyddai'n cribo.) Defnyddid y math yma o gardiau ar yr arffed, ac yr oedd hyd y rholau a wnaed yn dibynnu ar led y grib; ond medrai llaw gyfarwydd wneud rhai ychydig yn lletach na'r grib, gyda phwyll a deheurwydd. Dywedir na fuasai merch hylaw a chynefin â'r gwaith, fawr o adeg yn cardio pwys neu ddau o wlân yn y dull hwn.

(b) Yr oedd y math arall o gribau o wneuthuriad mwy celfydd. Yr oedd 'dalen' hwn wedi ei gosod ar ffrâm, ac yn amrywio yn ei mesur o bymtheg i ddeunaw modfedd o led, a'r 'ddalen uchaf' o gyffelyb fesur. Yn perthyn i'r math yma o gribau, yr oedd ystôl i eistedd o'i flaen, ac yn gysylltiedig ag ef. Gelwid hwn yn gyffredin yn 'gribe cyffion'. Wrth gardio â'r cribe hwn, defnyddid y ddwy law at y ddalen uchaf. Yr oedd y rholau a wnaed ar y cribe cyffion yn hwy na'r rhai a wnaed ar y cribe bach, a chribid mwy o wlân yn yr amser â'r cribe hwn.

Rhaid oedd bod yn fanwl a gofalus wrth y gorchwyl o gribo gwlân – yr oedd yn ofynnol i'r gwlân gael ei daenu'n gyson iawn ar y ddalen; wedi ei gribo'n dda, deuai mor denau ac ysgafn, fel y gallesid gweld golau drwyddo; yna yr oedd yn barod i'w wneuthur yn 'rholen'. Wedi i'r gwlân gael ei gribo fel yna yn foddhaol, tynnai y ferch tuag ati i ymyl nesaf y grib, yn rholen drefnus, a thynnai hi i lawr dros yr ymyl, fel y disgynnai dan y ffrâm. Weithiau, byddai'r meibion yn ogystal â'r merched yn cydio yn y cardiau, ac yn cynorthwyo'r merched yn y gwaith. Mae Jac Glan y Gors, yn ei gerdd ddoniol i 'Dic Shon Dafydd', wrth sôn am ei ddiffyg manteision ym more'i oes, a'i anwybodaeth, yn dywedyd:

> Yr holl addysg gadd e gartrau,
> Oedd gwau, a chardio, a chodi mawn.

Eto, yn ôl hen gerdd,

> Un i wau, a'r llall i gardio,
> A'r gŵr i ddyrnu, ac awydd arno.

Bu ychydig gardio â'r ddau fath o gribau gan rai hen bobl ym mhlwyf gorllewinol Cantref Buallt hyd yn agos i hanner y ganrif o'r blaen – 1850.

NYDDU GWLÂN

Yr oedd nyddu gwlân yn cael ei gyfrif yn un o galedweithiau y teulu, ac ni fedrai ond gwraig gref, iach, neu ferch heinif, ysbrydol, ac yng nghyf-lawnder oedran, barhau i ddilyn y gorchwyl hwn yn ddiwyd a chaled am ddiwrnodau yn olynol. Merched heb briodi yn fwyaf cyffredin fyddai yn nyddu gynt, ac oherwydd hynny, *spinsters* y gelwid y dosbarth hwn o rhyw fenywod gan y Saeson.

Pan oedd llawer o waith nyddu yn cael ei wneud yn ein gwlad, byddai cymydogesau yn gwneud cyfnewid â'u gilydd yn aml, ac nid golygfa anghyffredin oedd gweled dwy neu dair rhod nyddu ar waith yn yr un tŷ, a hynny am rai dyddiau yn ddidor. Pan y caed hwyl dda ar y gwaith, tynnai y merched eu hesgidiau oddi am eu traed, yna byddent yn ysgafn a heinif i redeg yn ôl ac ymlaen gyda'r edafedd. Yr oedd, nid yn unig y gwaith yn galed, ond yr oedd gofal hefyd ar y nyddwraig i roi digon o dro yn yr edafedd, a'i thynnu at y rhefder (praffter) priodol. Wrth gydio pen un 'rholen' yn y llall, rhaid oedd peidio gosod gormod dros eu gilydd yn y cydiad, oblegid achosai hynny yr hyn a elwid 'molweden' ar yr edafedd, yr hyn oedd yn anfri ar y nyddwraig. Yr oedd nyddu edafedd at ddau haen, yn gofyn tro o chwith, a nyddu edafedd at ddau haen, dro o dde. Wedi nyddu nes y byddai y werthyd yn llawn, yn awr tynnid y chwympyn, neu y twysg (pellen), yn esmwyth a chynnil oddi ar y werthyd, a gosodid bros, neu bric edafedd, i mewn ynddo, a gosodid ef o'r neilldu, ac ail ddechreuid ar chwimpyn arall.

Gan fod y rhod nyddu wedi myned yn llwyr o arferiad yn ein gwlad, a hynny ers llawer o flynyddoedd bellach, er mynegi yr oes sydd yn codi, ceisiaf roddi disgrifiad fel y medraf o'r hen beiriant nyddu a fu gynt mor ddefnyddiol.

Y FFWRWM oedd debyg i fainc, tua thair troedfedd o hyd, ac iddi dair coes, un o dan y pen blaen, a dwy'n ôl. O ganol y ffwrwm, codai y GWR, ychydig gyda dwy droedfedd o uchder, ac o'i ben uchaf deuai yr echel (*axletree*) allan, diben yr hwn oedd i osod y SIDELL arno yn ei gwaith.

Y BOGAIL, neu y BŴL fel y gelwid weithiau, oedd ynghanol y sidell, o'r hwn y rhedai naw o Ffynau allan i'r sidell. O ben blaen y ffwrwm, codai PEN Y RHOD neu crib rhod neu talgrib, diben hwn eto oedd i ddal y WERTHYD, a'r CHWERFAN. Yn yr olaf yr oedd rhigolau bychain, yn amrywio yn eu rhif o bedwar i chwech.

Diben y rhigolau hyn oedd derbyn y LLINYN oddi ar y sidell. Gwnaed y LLINYN o edafedd, ac yr oedd yn ofynnol cael llaw gyfarwydd at ei wneuthur. Yr oedd yr edafedd i gael eu corddeddu'n dda, yna eu dirwyn am ddau fros, a'u gadael felly am ryw ysbaid o amser fel ag i'r llinyn gadw'r tro. Ymhen rhyw amser, dad-droid ef oddi ar y BROESAU, a thra yn cael ei ddal gan ddwy ferch yn dynn rhag iddo grychneidio, tynnid sebon neu rhyw ired, neu os na fyddai y cyfryw yn gyfleus, tynnid llond llaw o ddail bysedd cŵn yn galed ar ei hyd, a bellach cadwai ei dro. Wedi ei fesur at yr hyd iawn, gwnaed tyllau bychain cyffelyb i dyllau botymau yn ei ddau ben, a llinyn main drwyddynt, a thrwy gymorth y llinyn hwn gellid ei dynhau, neu ei lacio am y sidell. Yr enw a roddid ar y llinyn hwn gan yr hen wragedd oedd

PWYLL. Yn dal y chwerfan a'r werthyd wrth y pen, yr oedd CLUSTIAU – un o bob tu i'r chwerfan. Gwnaed y rhain o wiail bedw, neu helyg bychain. Tynnid y gwiail trwy lymrwd poeth, fel ag i'w wneud yn egwan a hyblyg, yna plethid hwynt yn bleth dair – tair gwialen ymhob pleth. Yr oedd y clustiau weithiau yn cael eu gwneud o ledr, neu ddellt, ond gwiail oedd y mwyaf parhaus yn eu gwaith. Yr oedd y chwerfan yn troi mor chwyrn yn ei gwaith, fel yr oedd yn ofynnol iro y clustiau yn achlysurol, rhag iddynt boethi; felly hefyd pin y bogail; ac yr oedd hyn yn gwneud y droell yn fwy hwylus yn ei gwaith yn ogystal.

Nid golygfa anghyffredin yn yr hen amser gynt, oedd gweled un aelod o'r teulu yn cribo, y llall yn nyddu, ac un arall yn gwau, fel yr oedd y gwlân yn hosan barod ymhen ychydig oriau, a'r cwbl wedi ei wneud gartref, heb dalu dim i neb.

Byddai rhai o hen weddïwyr yr oes o'r blaen yn gwneud defnydd o'r ymadrodd ffigyrol hynny, 'Mae ein dyddiau yn dirwyn at y terfyn yn gyflym cyflym.'

Wedi nyddu nes cael y werthyd yn llawn, yn awr tynnid yr edafedd yn esmwyth i ffwrdd dros ei blaen, a gosodid broes i mewn ynddo. Y mae'r edafedd yn awr yn cael ei alw'n WHIMPYN, neu TWISGI, yn iaith pobl sir Gaerfyrddin. Wedi cael y whimpyn ar y bros, neu bric edafedd y Gogledd, cymer yr hen wraig ond odid, ato, cwyd gŵr ei dillad, a rhydd ben y bros i mewn rhwng uchafedd ei hesgid a'i throed, a DIRWYN y whimpyn mewn ychydig funudau yn bellen gron. Camp wrth bellennu ydoedd ei bod yn hollol gron, yn gylchau, ac hefyd yn galed. Weithiau rhoddid darn o fadalch ynghanol y bellen, yna wedi ei chwblhau tarewid hi yn erbyn y llawr, ac os byddai wedi ei dirwyn yn dda a chaled rhoddai adlam uchel, yr hyn ar unwaith a brofai ei chaledrwydd. Gwelais hefyd roddi cegen gŵydd, gyda nifer o 'shots' ynddi ynghanol pellen a byddai fel math o 'rattle'. Nid y dirwynwr cyflymaf fyddai y gorau bob amser. 'Trwy bwyll mae dirwyn y bellen', medd hen air. Gwnaed yr edafedd hefyd yn ysgaingau; at y gwaith hwn yr oedd troell fechan a elwid 'rhod ganto'. Os am gordeddu edafedd, byddid yn dirwyn dau whimpyn ar unwaith; y gwaith yma a elwid 'cyhydo'.

Nid yw y cogel yn rhan o'r droell yn ein dyddiau ni, ond yr ydym yn casglu oddi wrth y cyfeiriadau mynych sydd ato mewn hen lenyddiaeth Gymreig, ei fod yn rhan bwysig ohoni gynt.

'Myned â'r gogail', oedd hen air gynt, pan fyddai eiddo, neu etifeddiaeth yn disgyn o ochr y fam. 'To go by the distaff; to fall, or lapse to the distaff; to descend by female relationship, or in the line.'

'Ac nad el teir gweith ar gogeil' – Y Cyfreithiau Cymreig.

'Pe bai gennyf gogel, mi rhown hi i ti', sydd hen air bygythiol.

Enw cyffredin arall ar y stwffwl oedd 'holdyrien'. Yn sir Aberteifi 'y stwffwl' yw'r enw ar grib neu ben y rhod; a'r enw sydd ganddynt ar y chwerfan yw 'y cogoel'.

Wedi gorffen nyddu, tynnid y llinyn oddi am y sidell, dirwynid ef i fyny yn bellen, a rhoddid ef ar y chwerfan. Yr oedd hyn yn cael ei wneud rhag iddo lacio, a cholli ei fesuriad.

> Edau'r bywyd, dra brau,
> A gwir iawn yw, ungorn wan;
> Frau, feddal, i'w dal ar dynn,
> A dorodd wrth ei dirwyn.
>
> Rhys Jones o'r Blaenau

Bu rhai yn dilyn y gelfyddyd o nyddu gwlân yng Nghantref Buallt hyd ganol y ganrif o'r blaen; ond fel yr oedd peiriannau'n cynyddu, darfu i nyddu gartref leihau. Yr oedd ambell hen droell, fyddai wedi treulio, ac yn dechrau mynd yn lled sigledig, yn dysgu 'cnace', hynny oedd, yn taflu'r llinyn oddi ar y sidell yn awr ac eilwaith, yr hyn oedd yn beth pur boenus a rhwystredig gyda'r gwaith. Rhaid oedd bod yn dra gofalus i osod ired yn awr ac yn y man ar glustiau y rhod, er eu cadw rhag poethi, a llosgi wrth nyddu'n galed. Byddid yn gofalu'n wastad am gadw ychydig 'fenyn gwyrau' at iro clustiau, ac echel y rhod nyddu. Wrth roddi heibio nyddu'r nos, gofelid am dynnu'r llinyn oddi ar y sidell, rhag iddo lacio, a cholli ei hyd.

> Edau fy nyddiau a nyddaist,
> Fy einioes a ddirwynaist.
>
> Eos Ceiriog

Y COGEL

Gwnaed y cogel o bren, ac weithiau o gorn. Ei hyd oedd o gwmpas troedfedd. Gosodid ef ar dalgrib y rhod i ddal y llin i'w nyddu. Eisteddai'r wraig ar ystôl isel gyferbyn â'r droell, a'i throed ar y droedlath, ac a'i llaw dde, tynnai y llin oddi ar y cogel, a gofalai am yr edaf a'r werthyd a'r llaw chwith. Yr oedd y gorchwyl o nyddu llin yn nwylaw y gwragedd a'r merched; ac yr oedd yn arferiad gynt gan feibion i wneuthur cogeiliau yn anrhegion i'r genethod; ac fel yr ymddengys, yr oedd hyn yn hen arferiad. Sonia Homer yn ei 'Odessey' am gogel aur a roddodd Alexandra i Helen.

Yn yr oesoedd a aethant heibio, pan oedd nyddu llin yn ddiwydwaith cyffredinol yn ein gwlad, yr oedd y rhod lin yn meddiant pob teulu, a'r cogel yn gyfleus wrth law; pan droseddai un o'r plant, hen air a glywid yn fynych o eneuon mamau yr adeg honno oedd, 'Pe bai gen i ond cogel, mi rhown hi i ti.'

Bu nyddu llin yn waith pur gyson yn y parthau yma o'r wlad hyd tua'r blynyddoedd 1830–40. Yr oedd cof gan amryw o hen ardalwyr Llangamarch, oedd ar dir y byw hyd yn ddiweddar, am hen ŵr o'r pentref hwnnw, a alwent

Dafydd y Crydd, a gadwai ddau weithiwr, ac eisteddai'r hen wraig yn ymyl ei throell fach gerllaw iddynt, a chyda dwylo diwyd, nyddai edaf gywarch at eu hangenrheidiau. Yr oedd hyn yn cael ei wneud hyd tua'r flwyddyn 1850, a dyma'r diweddaf yn Hwnrwd Fuallt.

CORDEDDU EDAFEDD

Rhaid oedd myned at y rhod eto er gwneuthur y gwaith. Gosodid y bellen mewn 'twmpyn' bychan yn ymyl y rhod, rhag iddi dreiglo ar hyd y llawr, yna cordeddid yr edafedd gyda hwyl. Yr oedd yn angenrheidiol i droi y rhod o chwith i gordeddu, i'r hyn a wnaed pan yn nyddu. Rhaid oedd hefyd i'r ferch fod yn bur ofalus i ddal yr edafedd yn dynn rhag iddi grychneidio, er rhoddi y cordeddiad, neu y tro priodol yn yr edafedd. Nid oedd ond y profiadol a'r cyfarwydd â thrin y droell fedrai wneud y gwaith hwn yn hwylus, a chyda deheurwydd.

RHOD LIN

Yr oedd y rhod lin yn gyffelyb o ran ei ffurf a'i gwneuthuriad i'r rhod nyddu gwlân, ond yn llawer llai. Nid oedd sidell y rhod lin ond tua dwy droedfedd ar ei thraws. Yr oedd y werthyd yn mesur tua naw modfedd, yn fain ac o ddur. Yr oedd rhai rhodau yn cael eu troi â llaw, trwy gydio mewn nobyn bychan ar un o'r ffynnau; yr oedd i eraill droedlathan *(treadle)* i'w troi â throed, felly yr oedd y ddwy law yn rhydd at y llin a'r edef. Yr oedd yn perthyn i'r rhod lin gogel, sef pren main tua phymtheg modfedd o hyd, yr hwn a osodid ar talgrib y rhod i ddal y llin i'w nyddu. Yr oedd y cogel yn cael ei wneuthur o wahanol goed, ac weithiau o ddefnydd mwy costus.

RHOD SGAINGO

Rhod fechan gyffelyb o ran maint i'r rhod lin oedd hon, a'r gwasanaeth oedd at wneud ysgaingau o edafedd. Trowyd hi â llaw.

GWAS DIRWYN

Dodrefnyn arall at waith gwlân. Diben hwn oedd at osod ysgaingau o edafedd arno i'w dirwyn yn bellenni.

CYHYDO EDAFEDD

Os am gael edau 'dwy haen', i wau hosanau, neu unrhyw ddefnydd trwm a chlyd, yr oedd yn angenrheidiol i gordeddu yr edafedd. Yn gyntaf, yr oedd yn cael ei 'gyhydo' h.y. dirwyn dau chwimpyn yn un bellen, ac yn y modd hwn y byddai'r hen bobl yn hoff o wneud. Gosodid bros a thwysg arno ar ei fôn oddi fewn i uchafed yr esgid, gyda'r figwrn i lawr, a bros arall yr un modd yn yr esgid arall, yna dirwynid y ddwy edefyn oddi arnynt ar unwaith yn bellen. Os byddai yr edau yn hwy ar y naill fros na'r llall, troid pen yr hwyaf yn ôl i gyfarfod â'r byrraf, a gosodid clwm arno.

CRIBAU LLAW

Cyn i *factories* ddod mor gyffredinol ag y maent yn ein dyddiau ni, gwnaed pob triniaeth ar wlân gartref yn y teulu, o'r adeg y cneifid ef oddi ar y ddafad, hyd nes y deuai'n got ar gefn dyn. Trwy ddiwydrwydd y teulu gartref y celai'r gwlân ei chwalu a'i liwio, ei gribo a'i nyddu'n edafedd; ei gyhydo, ei gordeddu'n edafedd dwy haen, a'i ddirwyn yn bellenni. Ei weu yn hosanau, neu ei gymeryd i'r gwrhyd i'w weu'n wahanol ddefnyddiau. A'r hen arferiad gwledig yn yr amser gynt oedd – wedi cael y brethyn oddi wrth y prynwr, cael teiliwr i'r tŷ i wneuthur dillad i'r teulu. 'Aml law ar wlân, un ar dân,' sydd hen ddywediad.

LLIWIO GWLÂN

Yr oedd lliwio gwlân yn orchwyl a wnaed yn flynyddol yn yr amser gynt, gan y byddai pob teulu yn lliwio gartref. Yn yr hydref yn gynnar, dygid y crochan lliw at ei waith, a llenwid ef a gwlân, a sug sur, yna rhoddid lliw i mewn ynddo yn ôl yr angen.

Yr oedd i'r crochan lliw ei le neilltuol ei hun yn y tŷ, sef yn y gongl yn ymyl tanllwyth fawr o dân mawn ar yr aelwyd. Yr ochr arall i'r tân, gyferbyn ag ef, yn gyffredin, eisteddai rhyw aelod o'r teulu a fyddai heb fod yn iach[?]. Gofelid am y gorchwyl o liwo gan ryw un person o'r teulu, a gallesid ei weled yn ddyddiol yn tynnu'r gwlân allan, ac yn ei wasgu oll bob yn ddyrnaid, yna yn ei osod yn ôl eilwaith yn yr hen grochan, gan ychwanegu sug a llin ynddo yn ôl yr angen. Wedi i'r gwlân gymryd lliw yn foddhaol, tynnid ef allan, a gosodid ei lanaid i mewn eilwaith ac eilwaith, nes y cwblhaid y gwaith.

Cadwai yr hen grochan y cornel iddo'i hun am y rhan fwyaf o dymhorau'r hydref a'r gaeaf, ac nid oedd perygl mawr i undyn ymwasgu yn rhy agos ato, gan nad oedd anadl yr hen ffrind yn rhy hyfryd un amser.

BACH PELLEN

Yn y blynyddoedd a aethant heibio, pan oedd gwau hosanau yn un o brif ddiwydweithiau ein gwlad, yr oedd yn meddiant pob wraig a merch declyn bychan a elwid 'bach pellen', gwasanaeth yr hwn oedd dal y bellen edafedd wrth ochr y weuwraig tra yn gweu. Yn gyffredin yr oedd y bach o wneuthuriad pur gelfydd, yn gopr, wedi ei wneuthur o hen geiniog owns, a dau fach iddo, un i'w grogi wrth linyn y ffedog, a'r llall i ddal y bellen; ar ei ganol, byddai llythrennau cyntaf ei berchennog.

Yr hen gwstwm gwastadol oedd mynd â dwy geiniog owns i'r gof, a rhoddi un yn dâl iddo am wneuthur bach o'r llall.

Y WAIN

Hwylusdod mawr i weu oedd cael gwain i ddal pen y wall. Gosodid hi yn llinyn yr arffedog, yr ochr dde i'r corff, ac yr oedd mewn arferiad mawr yng nghyfnod gweu hosanau. Gwnaed gweiniau o'r coed tecaf, megis yr onnen, a'r llwyfen; ond y pren mwyaf dewisol fyddai'r *box*. Yr oedd y bocs yn dal yn ei liw a'i galedrwydd, ac nid oedd pryfaid yn mynd iddo er yn hen. Yn y blynyddoedd gynt, yr oedd yn hen arferiad gan feibion ifanc i wneuthur gweiniau i'w rhoddi'n anrhegion i'r rhianod. Torrid llythrennau enw cyntaf o enw'r eneth yn gylch am un pen i'r wain, a dât *(dyddiad)* y flwyddyn ar y pen arall iddi, a gosodid cŵyr coch, neu blwm yn y modd mwyaf cywrain ynddynt. Byddai arni, hefyd, lawer o fân-gerfiadau eraill, a'r cwbl wedi eu gwneud yn waith llaw. Rhychwant oedd hyd y wain, fel rheol. Ymddengys fod plwm yn arferedig at gerfwaith er dyddiau Job. Tywelltid ef i doriadau y llythrennau er mwyn iddynt barhau yn fythol.

GWAU GWRHYD

Yn yr amser gynt, yr oedd gwau hosanau yn un o brif ddiwydiannau teuluaidd ein gwlad, ac yr oedd Cantref Buallt yn enwog am wragedd a merched medrus yn y gelfyddyd o wau hosanau gwlân.

> Gwau hosanau drwy'r holl flwyddyn,
> O Lan-fair hyd Aber-Gwesyn.

Yng nghyfnod y gwau, yr oedd yn arferiad yn nhymor gaeaf i wahodd nifer o ferched ieuainc i rywle i wau dechreunos, a byddai hanner dwsin neu ychwaneg yn cwrdd ar noson benodol, pob un â'i hosan a'i gweill, a'r wain, a bach pellen at y gwaith, a threulid dechreunos lawen a diddan.

Un o brif ddifyrrwch y cwmni ar noson gwau dechreunos, fyddai 'gwau gwrhyd'. Penodid rhyw un o'r teulu, mab neu was, i fesur yr edafedd, ac fel hyn y gwnâi: daliai yr hosan yn ymyl ei ên, gan estyn ei fraich allan yn ei hyd i wneud llathen (llath-yr-ên), gwnai hyn ddwywaith, a dyna wrhyd. Wedi mesur yr edafedd felly, rhoddai ddolen fechan ar yr edafedd ar ben y gwrhyd, a mesurid yr un fath i bob un o'r merched a fwriadai gystadlu. Yn nesaf, rhoddid rhybudd iddynt gychwyn gwau, a dyna lle byddai dwylo diwyd, a sŵn gweill yn clecian dros y tŷ. Y gyntaf i gyrraedd y ddolen fyddai y weuwraig gyflymaf.

Nid oedd gwobr yn cael ei chynnig yn y gystadleuaeth hon; yr oedd y difyrrwch a gaed wrth y gwaith, a'r llawenydd a fwynhaed yn ddigon o wobr.

PREN RHOD NEU WHILPYN

Gwasanaeth y 'whilpyn' oedd i droi y rhod nyddu, ac yr oedd gan bob nyddwraig a arferai lawer â'r gorchwyl o nyddu gwlân, er arbed bysedd y llaw rhag cael eu dolurio. Pren bychan tua saith modfedd o hyd ydoedd, a nopyn crwn ar un pen iddo. Gwnaed rhai whilpynnau yn fwy celfydd na'u gilydd. Byddai rhai bechgyn ieuainc yn cymeryd cryn drafferth wrth rai, trwy geuo'r nopyn ar y pen, a thrwy ei osod mewn dŵr berwedig am ryw ysbaid o amser llwyddid i osod marblen o bren caled tua maint cneuen i mewn ynddo, yr hon a glywid yn ratlo glip-glap, glip-glap, bob tro i'r sidell.

FFRAM GOFFRO
Dyma gelficyn bychan a fu'n ddefnyddiol iawn ymron gan bob teulu yn ein gwlad yn yr amser gynt. Fel y mae ei enw'n awgrymu, math ar gyffion ydoedd, ac yn y naill gyff a'r llall yr oedd rhigol i osod pennau y 'coed coffro' ynddynt yn rhes ar draws o gyff i gyff, a rhuban yn ôl ac ymlaen am bob un yn y fath fodd fel ag i'w wneud ef yn grychion mân a dillyn dros ben. Yr oedd y ffrâm goffro yn cael ei gwneuthur o ruddyn derwen, yn ysgafn a hwylus; ac yn ei godre yr oedd drôr bach taclus i gadw'r trawsgoed yn lân, ac wrth law pan fyddai angen amdanynt.

HYSIF – *WHEEL* NEU *BOW NET*
Math o god, neu yn hytrach codau, oedd yr hysif, oedd yn gyffredin yn meddiant hen wragedd yr oesoedd gynt; ond sydd erbyn hyn wedi mynd yn beth lled brin, ac anaml y gwelir un ohonynt, oddi gerth ar ddamwain, a hynny gan ferch neu wraig ar ôl ei mam neu ei mamgu. Methais taro ar y gair 'hysif' yn un o'r geiriaduron sydd gennyf wrth law, ond tybiaf mai'r un yw â'r balleg, cod, celwar, neu amner – *wheel or bow net*. Gan fod yr hysif wedi mynd yn beth anghyffredin o leiaf yn y rhannau hyn o'r wlad, efallai mai nid anniddorol fyddai disgrifiad byr ohoni, ynghyd â gair am ei gwasanaeth gynt. Yr oedd yn mesur tua deng modfedd o hyd, wrth bedair o led; ac yn cynnwys pedwar, pump, ac weithiau chwech o godau bychain, un uwchlaw'r llall, a phob cod o ddefnydd gwahanol, ac hefyd o wahanol liwiau bob un. Yn ei gwaelod, yr oedd tair neu bedair haen o wlanenni, y rhai hyn eto yn amrywio yn eu lliwiau. Yr oedd y pen uchaf iddi yn culhau, ac wrtho linyn, diben yr hwn oedd – wedi iddi gael ei rhoi i fyny, troid y llinyn amryw droeon yn rhwymyn amdani, yna gwasgid ei ben i mewn o dan y troion.

Yr oedd i'r hysif wasanaeth mawr yn ei dydd, a gwnaed defnydd ac arferiad cyson ohoni. Yn yr haenau gwlennyn oedd yn ei gwaelod, cedwid gwahanol fathau o nodwyddau, pinnau mawr. Yn y god nesaf atynt, hen bisyn grôt, chwecheiniog gam, dernyn tair â thwll, darn o arian tramor; ac yn yr ail god, hen fodrwy â chrac ynddi, gwniadur hynafol. Yn y trydydd lle, fotymau, a phethau eraill cyffelyb, rhy luosog i'w henwi bob yn un; ac yn yr uchaf edaf lin a sidan, ychydig o wahanol liwiau o bob un o'r ddau.

Weithiau, byddai yr un hysif yn eiddo i deulu am amryw genedlaethau, a cheid hanes o gryn ddiddordeb yn perthyn iddi, mor bwysig felly, fel y gorchmynnai rhai hen wragedd yn eu selni olaf, mai hon a hon oedd i gael yr hen hysif ar ôl ei dydd. Y dydd o'r blaen, dangoswyd i mi hysif o wneuthuriad tra chywrain, yr hon oedd yn eiddo i wraig oedrannus ac yn ôl ei thystiolaeth hi, o wneuthuriad ei mamgu, a hynny pan yn ferch ieuanc. Disgynnai cynhwysiad yr hysif, hefyd, i lawr o ach i ach, a hynny ymhell yn y teulu yn fynych. Meddai un wraig wrthyf, gan ddal y balleg o fy mlaen, a thynnu petheuach allan o'r god hon, a'r god arall, y rhai oedd yn hawdd i mi gredu oedd yn drysorau, yn ei golwg, ac wedi bod felly yn hen greiriau yng olwg ei mam o'i blaen; ac meddai, 'Dyma wniadur a roddodd fy nhadcu yn anrheg i fy mamgu pan oeddynt eu dau yn caru.'

    Boed moelbron i'm dwy fron deg,
    Neu ellyll yn y falleg.
               Guto'r Glyn, 1450–1480

BWTCYN

Teclyn bychan digon adnabyddus i bawb yw y bwtcyn, fel nad oes angen rhoddi unrhyw ddisgrifiad ohono yma. Prynir ef yn ein dyddiau ni yn barod am geiniog; ond byddai teilwriaid yr oesoedd o'r blaen yn ei gael ef o benglin ceffyl. Pan glywai teiliwr am geffyl wedi trengi yn ei ardal, gyrrai yn ddioedi at ei berchennog am ddiogelu'r 'bwtcyn', ac wedi ei gael, trwsiai a chabolai ychydig arno, a gwnai ef yn barod toc at ei wasanaeth.

    Y mae ymhlith fy nghasgliad o hen bethau ddau neu dri o'r hen fwtcynod a nodwyd, yn edrych yn felynddu a henafol yr olwg arnynt. Rhoddwyd un i mi gan hen deiliwr oedd yn wyth deg pedwar mlwydd oed, a dywedai iddo fod yn meddiant ei dad am ugeiniau o flynyddoedd!

HARN TALIAN – *GOFFERING IRON*

Offeryn bychan digon adnabyddus, oedd yn eiddo i wragedd yr oesoedd o'r blaen at godi capiau, oedd yr harn talian *(Italian iron)*. Yr oedd yn ddefnyddiol iawn yn oes y capiau gwynion a wisgid gynt. Yr oedd yn perthyn iddo 'bocer', yr hwn a boethid yn tân nes y byddai'n wynias, ac a osodid yn y 'talian', yna byddai'n gymwys i 'gwilo'r' cap. Yr oeddynt i'w cael o wahanol faint, yn ogystal â gwahanol ddefnydd a gwerth. Gwelais rai bychain copr, y rhai a ddefnyddid i gwilo capiau plant. Yr oedd yr harn talian yn rhan o 'stafell' y wraig ieuanc yn yr oesoedd gynt, a gwelir ambell un ohonynt eto yn aros ar selffydd y fantell mewn rhai anhedd-dai yn ein gwlad.

Y POCER BACH NEU BOCER CAPAN

Offeryn o ffurf wahanol i'r harn talian oedd y 'pocer bach', ond yn agos at y diben. Yr oedd y cyntaf at wneuthur crychni bras yn rhan flaen y cap, fel rheol, a'r olaf at wneud crychni mân yng ngwegil y cap. Gosodid y pocer bach yn, neu yn ymyl y tân, nes y byddai'n boeth cyn ei ddefnyddio. Yr oedd yn cael ei wneud o ddur, a chymerid y gofal manylaf i'w gadw'n lân a disglair, a chedwid ef ynghrog ger selff y fantell. Gwelais rai bychain yn gopr oll, ac o wneuthuriad cywrain iawn.

Yr oedd yn arferiad cyffredin i roddi pocers yn anrhegion priodasol i wragedd ieuainc ar eu priodas, a byddai y rhain yn rhai prydferth iawn fel rheol a llythrennau blaenaf enw'r wraig *(initial letters)* wedi eu gosod arnynt.

BLWCH MAGDAN, TANFLWCH

Cyn i *matches* gael eu dyfeisio tua'r flwyddyn 1833, y dull mwyaf cyffredin fyddai gan ysmygwyr i danio eu pibellau oedd, rhuddo cerpyn o liain, neu ryw ddefnydd tenau arall, a'i rwbio nes yr âi yn llwch mân, yr hwn a gedwid mewn blwch a elwid *tinder box.* Trwy ddal fflinten yn ymyl y blwch a'i tharo hi â'r duryn nes y tynnid gwreichion allan ohoni i'r llosg-liain, llwyddid i gael tân yn y bibell. Tua'r flwyddyn a nodwyd daeth *matches* yn bethau mwy cyfleus, ac yn raddol aeth y tanflwch, y duryn a'r garreg dân yn bethau annefnyddiol fel moddion i ennyn tân, ac nid ydynt mwy ond hen 'relics' i olwg hynafieithwyr yn unig.

DURYN

Fel mae'r enw'n awgrymu, darn bychan o ddur oedd y 'duryn' gynt, a'i ddiben oedd i daro gwreichion allan o'r garreg dân, i'r amcan o gynnau tân, neu danio pibell, yn ôl yr hen arferiad cyn dyfeisio *matches*. O ran maint y 'duryn', yr oedd o ddwy fodfedd i ddwy a hanner o hyd, ac o ran ffurf yn gyffelyb i lythyren 'D'. Yr oedd iddo wahanol enwau mewn gwahanol barthau o Gymru, megis *steel, lighter,* 'duryn poced'. Cyn bod *matches* wedi dod i arferiad yn ein gwlad, yr oedd y 'duryn' a'r 'fflinten' yn bethau hynod o ddefnyddiol gan bob teulu at gynnau tân, a chedwid y ddau gan bob ysmygwr ymron at danio ei bibell. Byddai llawer o ffermwyr yn darparu nifer o *steels* i'r gweision fyddent yn arfer smocio, am y credent eu bod yn llai peryglus i'w defnyddio na *matches*.

Ar ben tymor y gwasanaethddynion i ymadael, rhoddai y bechgyn y *steels* i fyny i'w meistri. Yr arferiad gan lawer yn yr amser gynt, oedd taro'r garreg dân a chefn llafn y gyllell boced, neu daro dwy garreg yn erbyn eu gilydd, nes y gwreichionent; ond y *lighter* oedd y gorau o lawer, ac efe a ddefnyddid amlaf yn yr hen amser. Mae'r hen fardd melusber Rice Jones, o'r Blaenau, yn un o'i gywyddau, yn cyfeirio at yr arferiad o daro tân o'r gallestr, yn y llinellau a ganlyn:

Myn crair, ni chair o'r maen crych,
Wreichionen er ei chwenych:
Rhaid yw dur yn rhod o dân,
Drylliog i'w daro allan.

PADELL AT WNEUTHUR CANHWYLLAU BRWYN

Y mae'r badell fechan ar ffurf cwrwgl yn [?] modfedd ei hyd, a [?] ei lled yn ei chanol. Wedi pilio'r brwyn, rhoid y badell ar y tân a swm o wêr ynddi i'w doddi; yna trochid y pabwyr yn y gwêr toddedig a gosodid hwynt ar lechen lefn i oeri a fferru.

CANWYLLARN I DDAL CANNWYLL FRWYN

Yn yr oesoedd o'r blaen, pan y llosgid llawer o ganhwyllau brwyn, yr oedd canwyllarn bychan hynod bwrpasol i ddal y gannwyll frwyn. Binsiwrn ydoedd o ran ei ffurf, cyffelyb i big aderyn, a gelwid 'pig y frân' gan rai. Yn ymyl y big yr oedd math arall o ganwyllharn. Yr oedd i hwn ddau amcan, pwysau i gadw'r big ynghau, ac hefyd i ddal cannwyll wêr pan fyddai angen am well golau na roddai y gannwyll frwyn. Yr oedd rhai o'r canwyllharnau yma yn sefyll ar flocyn pren crwn, ac eraill ar drybedd haearn. Gosodid hwynt ar fwrdd, neu ryw le cyfleus arall, a'r gannwyll frwyn yn oleddog ynddo, ac yr oedd yn ofynnol codi'r gannwyll yn awr ac eilwaith yn barhaus fel y byddai'n llosgi. Yr oedd math arall ganwyllyr bychan i'w osod ar ben rhod nyddu, i ddal y gannwyll frwyn tra'n nyddu gwlân. Yr oedd yn arferiad gan lawer i fyned â'r canwyllharn, a channwyll frwyn, ganddynt i'r eglwys ar nos Sabathau yn nhymor gaeaf, a gosodid hwynt ar y setau o'u blaen. Yr oedd canwyllherni mwy na'r math a ddisgrifywd, y rhai a grogid dan y llofft, ac iddynt le hwylus at godi a gostwng y golau yn ôl fel byddai'r angen.

GLEINIADUR – *SNUFFERS*

Offeryn bychan celfydd, a phur bwrpasol at dorri pen cannwyll, oedd y *snuffer*, ac mewn arferiad cyffredinol yn amser y canhwyllau gwêr.

Cyn i 'lamps' ddod i arferiad yn ein haddoldai, yr oedd yn cael ei gadw ymhob eglwys a chapel; a phan fyddai angen gwell golau yn ystod gwas-anaeth, codai'r person a ofalai am yr addoldy, cymerai'r toriadwr yn ei law, ac âi o amgylch dan dorri pen pob cannwyll. Yr oedd gleiniadur ar bwlpud capel Troedrhiwdalar, yn cael ei gadw yn ymyl y canwyllbren; cydiai Mr Williams ynddo ar ganol darllen pennod ddechrau cyfarfod, a thorrai ben y gannwyll, gan ei daflu i ffwrdd oddi wrtho, yr hwn a ddisgynnai weithiau ar ben hen flaenor yn y sêt fawr. Yr oedd dau fath o [leiniadur] – un dur, ac un *brass*; ac yr oedd hefyd heilyr *(tray)* fechan o ffurf hirgrwn, i'w gosod ar y bwrdd dan y gleiniadur.

SHÔN SEGUR

Fforch dair, a thwll taradr yn ei phen i osod cannwyll ynddo, oedd yr hwn a elwid gynt 'shôn segur'. Yr oedd mewn arferiad yn gyffredin iawn yn ein gwlad yng nghyfnod y canhwyllau. Gyda'r nos, yn nhymor gaeaf, gosodid ef ar ganol y bwrdd, a channwyll wedi ei goleuo ynddo, ac eisteddai rhai o'r teulu o'i amgylch gan ddilyn gwahanol orchwylion teuluaidd yn ei olau. Yr oedd shôn yn ei amser, yr un gwasanaeth i'n gwlad ag yw'r canwyllur (*chandelier*) yn yr oes hon. Diau gennyf mai oddi wrth bren syml a diaddurn o'r fath yma y daeth yr enw canwyll*bren* gyntaf i arferiad, ond mewn amser diweddarach a elwid canwyll*harn*.

YR YSGUBELL

Gwnaed ysgubelli o frigau bedw yn fwyaf neilltuol, ond yn fynych o rug a banadl hefyd. Yr hydref, a dechrau'r gaeaf, oedd yr adegau gorau i wneud ysgubelli, wedi i'r dail syrthio oddi ar y bedw; a byddai llawer o bobl dlodion yr oesoedd o'r blaen yn ennill aml i chwech neu swllt wrth y gorchwyl hwn. Ceiniog oedd pris yr ysgubell yn yr hen amser.

Gwnaed math o ysgubellau bychain o fwsogl, ac hefyd o bilion brwyn; 'ysgubelli sidan' y gelwid y rhain, a defnyddid hwynt i lanhau gwe'r còr ynghonglau tai, a dwsto'r celfi a'r llestri.

Gofynnwyd i ysgubellwr un tro pa grefftwr oedd, a'r ateb a gafwyd, 'Y fi yw'r crefftwr uchaf ar bren.'

'Mae pob ysgubell newydd yn dysgyb yn lân,' meddai'r hen air.

Y GLORIAN A PHWYSO

Y glorian sydd offeryn tra defnyddiol. Ei gwasanaeth yw dweud pwysau gwahanol nwyddau. Y mae y gair 'clorian' yn deillio o'r gair 'clawr', darn o ba rai sydd yn perthyn iddi, un i osod y nwyddau a bwysir, a'r llall y pwysau. Ceir cyfeiriadau yn aml at y glorian yn yr Ysgrythurau; ac yr oedd cloriannau anghywir yn ffiaidd gan yr Arglwydd; Diarhebion 9:1.

Yr oedd yng Nghymru gynt dri math o glorian:

1. Un fawr i bwyso nwyddau trymion. Yr oedd y math yma yn cael ei chrogi i fyny, a hwynt hwy a arferid mewn marchnatai, melinau, yn ogystal â chan lawer o amaethwyr at bwyso bob math o nwyddau pwysig. Bu y math yma o glorian yn cael ei harfer yng ngorsaf y gledrffordd yn Llangamarch i bwyso glo a chalch ac am amryw flynyddoedd wedi agoriad y 'Railway' yn 1867.

2. Y math arall oedd glorian lawer llai ac ysgafnach, yr hon a ddelid i fyny â llaw i bwyso.

3. Oedd glorian fechan i'w gosod ar fwrdd, at wasanaeth y teulu, ac ynddi y pwysid ymenyn yn bwys, a hanner pwys, a nwyddau ysgeifn arall

cyffelyb. Yr oedd clorian y math yma yn grynion, tebyg i drinseigruan[?]. Yr oedd y ddau fath olaf a nodwyd yn cael eu gwneuthur oll o goed, ac mewn arferiad gan lawer o deuluoedd yn ein gwlad hyd yn ddiweddar flynyddau. Cyn pwyso, rhoddid rhywbeth bach ysgafn, dime neu geiniog, er gwneud y glorian yn 'gywir', neu 'i daflo', os byddai angen am hynny. Mae rhai o'r cloriannau uchod i'w gweled eto mewn arwerthiadau; ond nid ydynt mewn arferiad yn awr.

Nid yw'r dafol hon sydd yn fy meddiant yn berffaith, gan fod y llinynnon a'r clorian yn ddiffygiol. Mae'r trawst yn rhuddyn derwen, yn ddu a hynafol ei liw a'i wneuthuriad, ac mewn cydbwysedd cywir. Tafol fechan i'w dal i fyny â llaw i bwyso oedd hon.

> Tri pheth a gâr Duw;
> Teg o rif, teg o bwys a theg o fesur.

Yn yr oesoedd a aethant heibio, cerrig a ddefnyddid i bwyso gan y wlad hon; a hynny gan bawb yn gyffredinol – gan amaethwyr, melinwyr, a gwelid hwynt hefyd ar gloriannau marchnatwyr mwyaf ein gwlad. Y mae rhai o'r meini hynafol hyn eto i'w gweld yma a thraw yn ein gwlad. Ar rai, ffigyrau Arabeg, ac ar eraill rifnodau Rhufeinig. Y mae y rhai olaf a nodwyd yn fwy hynafol na'r math cyntaf, ac yn fwy anhawdd taro arnynt yn bresennol.

Yr oedd y meini hyn yn amrywio'n fawr yn eu maint a'u pwysau; ac amlwg yw nad oedd yn eu amcan i gadw at unrhyw bwysau neillduol, megis hanner maen, maen, dau faen, ac felly'n y blaen; oherwydd darfu i mi weld cerrig yma a thraw a'r ffigyrau a ganlyn arnynt: 4, 6, 7, 8, 11, 12, 14, 15, 16, 18, 20, 24, 28, 30, 34, 36, 40, 48, 50, 56, un yn 80. Eto, gyda rhifnodau Rhufeinig canlynol: VII, XXX, XIIII, XXXI, XIV. Gwelais hefyd bwysau bychain megis carreg owns, a charreg dwy owns.

Y 'maen' oedd, ac ydyw prif bwysau y rhannau yma o'r wlad, ac wrth y maen gwerthir ymenyn hallt, cig moch, ac amryw nwyddau meirw eraill yn y farchnad. Diamau fod y gair 'maen' wedi disgyn i lawr i'r oes hon oddiwrth y meini pwyso hyn. Pan symudai amaethwr o'r naill fferm i'r llall, ac o'r naill ran o'r wlad i'r llall, efe a gymerai y meini pwyso yn ofalus gydag ef fel ei ddodrefn tŷ. Fel hyn, cedwid yr un meini yn eiddo yr un teulu am lawer o genedlaethau yn aml.

Yn yr oesoedd o'r blaen, pan fyddai pob peth yn cael eu pwyso ar yr hen gloriannau mawrion, yr oedd llawer o amser yn mynd at bwyso gwahanol nwyddau, yn enwedig gwlân lle yr oedd amryw filoedd o ddefaid, a rhai tunelli o wlân, a hynny i'w osod ar y glorian bob yn dopstan – 11 lbs.

Treulid diwrnod cyfan, ac weithiau fwy, wrth y gwaith. Byddai y prynwr a'r gwerthwr yn aros ger y dafol yn gyson yr holl amser hyn; a rhaid oedd i'r 'gwlanwr' i gael 'cnyfyn i mewn' yn awr ac eilwaith i wella'r pwysau.

Y ffermwr yntau pan y gwelai y cnuf yn rhy fawr, neu yn cael ei daflu'n rhy fynych, a'i taflai'n ôl, a cheid cryn ddifyrrwch yn aml pan geid amser felly ger y dafol. Yn yr amser yma, gofelid ar ddyddiau cneifio i wneud llawer o gnufiau bychain, y rhai a elwid 'cnufiau i droi'r dafol'.

Cadwai rhai bwysau ysgafn, y rhai a ddefnyddient i werthu wrthynt; a phwysau trwm i brynu wrthynt. Adroddir am un hen wraig, yr hon yn ôl yr hanes oedd wedi bod yn hynod lew a chynnil trwy ei hoes, yn gwerthu wrth bwysau bach yn wastad; ond cyn diwedd ei hoes, trodd y byd yn ei herbyn, ac aeth yn hollol dlawd; yn y sefyllfa honno gofynnai, 'Hawyr bach! Sut yr es i'n dlawd? Ni nes i na phwysau na mesur i neb erio'd.'

'Y neb a weithio â llaw dwyllodrus, fydd tlawd,' medd y gŵr doeth.

Weithiau, pwysai rhai hen wragedd â rhyw bwysau a ddeuai o'r siop, megis pwys neu hanner pwys o sebon, neu ryw nwyddau eraill cyffelyb. Clywais adrodd am un wraig a aeth â menyn i'r siop ryw dro, ac meddai y siopwr wrthi,

'Y mae eich menyn yn rhy ysgafn o bwysau heddiw.'

'Na, na, y mae e'n siŵr o fod yn ddigon o bwysau,' medd y wraig yn benderfynol, 'oherwydd wrth eich pownd sebon chwi y pwysais i ef.'

Hanesyn arall a glywais adrodd am hen wraig yn prynu ychydig bwysi o wlân gan wraig arall. Mae'n debyg nad oedd yn y tŷ un math o bwysau, ond yr oedd ganddi ryw fath o glorian. Pan awd at y gwaith o bwyso'r gwlân, a'r ddwy hen wraig mewn cryn benbleth, o'r diwedd dywedai yr hon oedd yn prynu,

'Mi ddyweda i sut y gwnawn, Pegi fach – "pound" cywir yw nwrn i, ac mi rho i e ymhen y glorian.'

'Ie wir, tua phownd yw dwrn hefyd, fe wnaiff hynny'r tro yn nobl iawn,' meddai, ac felly y pwyswyd y gwlân.

MODRYDA

Arferai ein hynafiaid gadw llawer o wenyn, a dibynnent gryn lawer ar fêl fel rhan bwysig o'u cynhaliaeth. Er mantais i'r gwenyn gasglu mêl yn helaeth yn nhymor haf, cymerent y cychau allan yma ac acw ymhell i'r lleoedd mwyaf blodeuog, ac wedi aros yno am ryw ysbaid o amser, symudent i dir newydd, ac felly am lawer o dymor yr haf. 'Modryda' y gelwid y gwaith hwn, a 'modrydof' y gelwid ystôr o wenyn. Y mae yn ein gwlad leoedd a elwir 'Dildre' a 'Bryn-dildre', y rhai a dderbyniasant eu henwau, fel y tybir, oddiwrth yr arferiad gynt o fodryda. Y mae arferiad tebyg yn parhau hyd yn awr yn yr Alban. Yn yr adeg y bydd y grug yn ei flodau, cymerid y cychau gwenyn i ryw le i'r grug, ac yna gwneir rhyw fath o gae o'u hamgylch, lle y gadewir hwynt am ysbaid o amser; yna symudir hwynt i fan arall, a hynny tra y parhao y blodau ar y grug.

PINNAU-DRAIN

Cyn i binnau bach ddod i arferiad a defnyddioldeb cyffredinol yn ein gwlad yn y flwyddyn 1824, gwnaed defnydd mawr, yn enwedig gan bobl gyffredin, o binnau drain. Torrid hwynt oddi ar ddrain duon, ac wedi eu crafu a'u glanhau, rhoddi iraid arnynt, a gosodid hwynt mewn troed hen hosan yn llawn blawd llif, yr hon a grogid i fyny gerllaw'r tân am ysbaid o amser i sychu, yna byddent yn gymwys i'w defnyddio. Fel y gellir casglu, nid oedd y pin drain yn cael ei gyfri gynt ond peth distadl a dibwys. 'Crafat sidan a phin drain' sydd hen air. Nid oedd angen trwsio ond ychydig arno er ei gael yn barod at waith. 'Fe dyf y drain a'i flaen arno' sydd hen ddywediad; ac medd hen air arall, 'Un yn dala pin drain, a'r llall yn ei grafu.' Cedwid pinnau drain gan yr hen bobl hyd yn ddiweddar, i bigo'u dannedd, am eu bod yn iach ac esmwyth, meddent hwy.

PREN STAIS NEU BREN GWAST

Gwnaed y 'pren' hwn o onnen deg a gwydn. Yr oedd tua phymtheg modfedd o hyd, a dwy o led, a thenau o drwch. Yr oedd y pren hwn eto, ac arno lawer o 'waith cyllell' manwl ac addurniadau pur gywrain dros un wyneb iddo – yn llun calon, llun pêr, a dwy lythyren gyntaf o enw'r ferch. Gwnaed llawer o'r rhai hyn eto i'w gyrru yn anrhegion oddi wrth feibion at eu cariadon. Mae'r pren stais wedi mynd allan o arferiad ers blynyddoedd bellach, ac wedi rhoddi lle i'r 'whalebones', ac i'r 'steels'; ond mae rhai yn cael eu cadw yn annwyl o hyd gan rai gwragedd a fu'n eu gwisgo pan yn ieuanc, a chyfrifir hwynt fel hen greiriau pur annwyl er mwyn y rhoddwr.

TRI GORCHWYL BEUNOSOL

Yr oedd gan ein henafiaid dri pheth i'w gwneud bob nos cyn mynd i orffwys – gyrru'r cŵn allan, bolltio'r drws, ac enhuddo'r tân.

Amser i Bob Peth

Yn ôl hen hanes traddodiadol sydd gennym, wedi disgyn i lawr atom o'r oesoedd o'r blaen, yr oedd ein teidiau yn hynod fanwl mewn perthynas i'r adeg iawn i ddechreu neu ddiweddu gwaith y tŷ a'r teulu, a'r tymor gorau i gyflawni a chwblhau amrywiol orchwylion y tyddyn yn ogystal.

AMSER CODI'R BORE
Cyn bod clociau mewn arferiad yn ein gwlad, fel y maent yn ein dyddiau ni, yr unig rybudd a oedd gan deuluoedd i'w galw i godi'r bore, yn enwedig yn y gaeaf, oedd gwylied y ceiliog yn canu. Fe gân y ceiliog gyntaf yn blygeiniol iawn, a hynny ychydig nifer o weithiau, yna bydd yn ddistaw am ysbaid o amser. Yr ail waith cân amryw weithiau ac ymetyl eto am ennyd. Pan gano y drydedd waith, cân yn awr yn ddiatal ymron, a dyna'r adeg y byddai'r hen bobl gynt yn dechreu ymysgwyd i ddod allan o'u gwelyau at waith y dydd.

DECHRAU CAEL BARA A LLAETH Y BORE
Pan ddeuai 'wyneb y flwyddyn', a'r 'dydd yn llanc', ys dywedid gan yr hen bobl, tua misoedd Ebrill a Mai, yr oedd yn rhaid i amaethwyr fod 'ar gerdded' yn fore, oherwydd gofalon y fferm. I'r rhai a godent bedwar neu bump o'r gloch y bore, yr oedd yr oriau'n rhy hir iddynt heb ymborth, hyd amser arferol boreufwyd y teulu am wyth; a hen arferiad gynt gan y ffermwyr oedd rhoddi bara a llaeth i'r rhai a godent gyntaf, cyn yr aent allan.

Yr adeg i ddechreu cael y bwyd hwn oedd pan welid y rhedynen gyntaf yn blaendarddu trwy don y ddaear; torrid hon, a dygid hi i'r feistres, yna yr oedd y bara a'r llaeth yn cael eu gosod ar y bwrdd yn ofalus bob nos erbyn y bore o'r adeg honno allan am dymor yr haf. Yr oedd llaeth y bore mewn rhai lleoedd, wedi hefennu, ac mor dda, fel y dywedid, y daliai geiniog ar ei wyneb heb suddo.

DECHRAU CYSGU GANOL DYDD
Hen arferiad da arall gan bobl yr oesoedd a aethant heibio oedd cymryd awr o orffwys ar ôl ciniaw; ac nid yw yr arferiad hwn wedi llwyr ddarfod o'r tir hyd yn hyn. Wrth godi'n fore, 'dilyn y dydd' a gweithio'n ddiwyd, o wawr

i wyll, yr oedd ychydig gysgu ganol dydd yn adgyfnerthiad i gorff, ac yn adnewyddiad i ysbryd.

Fel amryw arferion eraill, yr oedd adeg arbennig o'r flwyddyn i ddechreu cael awr o gwsg ar ôl ciniaw, sef, pan welid dalen y wernen gymaint â swllt. Yna, torrid brigyn bychan o'r pren, a rhoddid ef i'r meistr, ac yr oedd deall-twriaeth rhwng y ffermwr a'r gwasanaeth-ddynion fod awr o orffwys ar ôl ciniaw cyn ail gydio yn y gwaith.

AMSER CYNNEU GOLEU

Arferiad a gedwid gyda manylrwydd mawr gan lawer o deuluoedd gwledig yn yr amser gynt, oedd dechreu a darfod cynneu goleu.

Mae'n debyg mai nos Ffair Capel Coch, a gynhelid ger eglwys Llan-lleonfel, Medi 25, wedi i bawb o'r teulu ddod adref, oedd yr adeg arferol i ddechreu cynneu cannwyll, a bwyta swper yn ei goleu, yn y parth hwn o'r wlad. Ond yng Ngheredigion, nos Ffair Ŵyl y Grog, Medi 26, oedd yr adeg. O'r dyddiadau a nodwyd ymlaen dechreuid 'gwylad' neu 'gadw dechreunos'. Bellach, hwyliai'r merched a'r morynion i weu, a'r meibion i wneuthur lledwedi, llwyau coed, ysgubelli, basgedi, a chywrain-bethau eraill at wasanaeth y tŷ a'r teulu.

YR AMSER GOREU I GUSANU

Rhyfedd mor ffyddlon oedd pobl yr oesoedd o'r blaen i hen arferion. Mae'n debyg fod ganddynt adeg arbennig i gusanu, ac onid oedd hynny yn hollol ysgrythurol, 'Y mae amser i ymgofleidio,' medd y Pregethwr, ac yn ôl yr hen air Cymraeg, 'Yr amser *goreu* i gusanu,' a ddywedir, a'r amser hwnnw yw 'pan na bo blodau ar yr eithin.'

Mae'r pren eithin yn eithriad i holl brennau y maes yn y ffaith y blodeua ddwywaith yn y flwyddyn. Gwelir blodau arno'n gynnar yn y gwanwyn, a bydd dan ei goron yn hir. Tyf brig newydd arno yn yr haf, a blodeua eto yn yr hydref, a bydd y pren hwn yn ei harddwch am rai misoedd.

YR AMSER I DDIFFODD GOLEU

Nos Ffair Garon, Mawrth 16, rhoddai y forwyn y gannwyll yn ôl i'w meistres, ac o hynny allan, âi y teulu oll i orffwys cyn nos, a chodent yn fore beunydd at wahanol orchwylion y tŷ a'r tyddyn.

> Mynd i'r gwely gyda throed yr iâr,
> A chodi gyda'r uchedydd.

Clywais enwi ac adrodd am rai teuluoedd oedd mor iach, ac mor ddiofid, fel yr oedd y feistres yn rhoi yr un darn o gannwyll yn ôl i'r forwyn nos Ffair Capel Coch â'r hon a gafodd o'i llaw nos Ffair Garon.

Fe welir oddi wrth yr hanes uchod, mor agos i gyhydnos yr hydref, Medi 21ain, pan fyddai y nos yn mynd yn hwy na'r dydd, y dechreuid cynneu goleu. A'r ffair nesaf i gyhydnos y Gwanwyn, Mawrth 21, pan ddeuai y dydd yn hwy na'r nos, ni chyneuid y gannwyll mwyach.

Dengys hyn sylw a chraffter mawr ein teidiau, a hynny'n ddiamau cyn bod ganddynt fawr gwybodaeth, os yn wir ddim, ond trwy sylw yn unig.

YR AMSER GOREU I WEU

Un o brif ddiwydiannau teuluaidd gwlad Fuallt yn yr amser gynt oedd gweu hosanau. Pan ledai'r nos ei haden dros y wlad, ac i'r merched gwblhau gwaith y tŷ, clywsid y fam yn gorchymyn,

'Nawr, ferched, edryched pob un am ei hosan. Pan mae'r defaid yn cysgu mae gweu.'

Yna hwyliai'r merched at y gwaith, wedi i bob un gael ei hosan, edafedd yn crogi wrth fach wrth linyn ei harffedog a'r gwain yn ei lle priodol. A phob peth ynghyd ac mewn trefn, eisteddent yn hanner cylch o flaen tanllwyth o dân mawn ar yr aelwyd, o dan fantell fawr hen ffasiwn. Nid oedd yn arferiad i wau ar nos Sadwrn, oblegid fod llawer o orchwylion eraill yn galw am eu gwneud ar y noson honno.

YR AMSER I DAFLU HAD I'R DDAEAR

Yn ôl yr hanes a geid gan hen bobl yr oedd tymor y gwanwyn rai oesoedd yn ôl yn llawer mwy tymerus a chynhesach nag ydyw yn ein hoes ni. Yr oedd mis Mawrth ar rai blynyddoedd mor sych fel yr oedd y tir âr yn lluwchio cymaint wrth lyfnu fel nas gallesid gweld o bell pa liw oedd yr ychain. Poethai yr haul ganol dyddiau nes yr âi'r ychain yn ddiog a lluddedig yn eu gwaith, estynnent eu tafodau allan ymhell, a disgynnai eu drifil yn llinynnau i'r llawr o dan effeithiau'r gwres.

Pan welid hwy felly yr oedd yn arferiad i'r gyrrwr i daflu dyrneidiau o bridd mân ar eu tafodau, er peri i'r safnau oeri, a sychu'r glafoeredd.

Hoffai'r hen amaethwyr weled y tir âr yn lluwchio ym mis Mawrth. Yr oedd hynny iddynt hwy yn addewid sicr am haf da cynhyrchiol, a chynhaeaf llawn i ddilyn. Hen ddywediad diarhebol o'r eiddynt oedd: 'Nid yw Mawrth sych byth yn cardota'i fara.'

Ni fodlonid un amser yn yr oesoedd o'r blaen i daflu had i'r ddaear nes byddai'r lluwch yn eu cymell i baratoi'r og. Un gwanwyn, flynyddoedd meithion yn ôl, rhedai mab y Fedw Dew i'r tŷ at hen ŵr ei dad, a dywedai:

'Nhad, mae pobl Carreg Goronwy yn dechre hau.'

'O. Ma nhw.'

'Odyn. A ydy'n well i ninne ddechre?'

'Pwy liw ydi'r ychen?'

'Rhai cochion.'

'O. Do's dim timper dda yto,' medd yr hen ŵr.

Mae'n debyg mai ceirch a rhug oedd 'hen ŷd' y wlad hon; ydrawn a ddygwyd yma mewn cyfnod diweddarach yw gwenith a haidd. Dywed y Trioedd Cymreig mai 'Coll ab Collfrewi a ddygodd gyntaf wenith a haidd i'r ynys hon yn y chweched ganrif lle nad oedd cyn hynny ond ceirch a rhug.'

Heuai'n hynafiaid geirch fel y disgynnai tri hedyn yn ôl traed yr ych. Ni heuent haidd nes gwelent flodau ar y ddraenen ddu. Heuid gwenith yn y mwd ac ar dywydd digon gwlyb yn fynych, ond yr oeddynt yn ofalus am dimperdra i hau haidd. Yr hen ddywediad oedd:

> Gwenith mewn iwd,
> Haidd mewn brwd.

Yr oedd yn well gan amaethwyr rhannau Gorllewinol Cantref Buallt gael hadyd o fachludiad haul nac o godiad haul, h.y. o sir Gaerfyrddin nag o gylch Talgarth neu'r Gelli.

Tua'r flwyddyn 1835 daeth trefn well a mwy hwylus o aredig, sef gosod ceffylau'n ddwbl a'u gyrru â linds[?]. Mae'n debyg mai un Fowler Price, Ty'n-y-coed, Llangamarch, amaethwr cefnog a bonheddwr cyfrifol a ddaeth â'r cynllun hwn gyntaf i Gantref Buallt. Tua'r adeg yma symudodd y Parch. David Williams, Troedrhiwdalar, o'r Tynewydd, Cefn Bryngwyn i Dan-yr-allt, ac yn ôl arferiad gwlad ar yr achlysur hwn, gwnaeth 'Ychena', a daeth ugain o gymdogion yn barod a charedig i gynorthwyo ar y diwrnod penodedig. Yn ôl yr hanes nid oedd o'r rhif a nodwyd ond un pâr yn cael eu gyrru â linds[?]; ceffylau Shams o'r Caerau, brawd Mrs Williams.

YR ADEG I HAU HAIDD

Mae ffermwyr yn fwy gofalus am yr adeg iawn i hau haidd, fel rheol, nag un ŷd arall, am fod ei egin yn dynerach, ac o ganlyniad yn fwy agored i gael ei edwino ar noson o rew; felly y mae perygl i'w hau yn rhy gynnar.

Ni fyn rhai amaethwyr daflu'r had i'r tir nes y gwelont wlith dri bore ar y ddaear ym Mai, neu y 'trydydd gwlithyn o Fai' yn ôl yr hen ddywediad.

Eraill ni heuant er ungwr hyd nes y gwelont flodau ar y ddraenen wen; a chlywir yr hen bennill a ganlyn gan lawer hen ŵr gwledig hyd heddiw:

> Pan y gweli'r ddraenen wen
> A gwallt ei phen yn gwynu,
> Mae hi'n gynnes dan ei gwraidd,
> Dos, hau dy haidd os mynni [neu 'bryd hynny'].
>
> Os bydd y ddraenen ddu yn wych,
> Hau dy dir os bydd yn sych;

Os y ddraenen wen fydd wych,
Hau dy dir, boed wlyb, boed sych.
Hau ar y sychyn,
Planu ar y gwlybyn.

Mae noswaith o heuad
Yn wythnos o fedad.

Hau tir da'n dew a thir drwg yn denau.

Gŵr ar farch i hau pys
A gŵr cloff i hau barlys.

YR AMSER I LADD MOCHYN

Yr oedd yn gred sicr gan lawer o bobl yn yr amser gynt fod cig mochyn yn llaithach a'i floneg yn fwy iraidd ar wendid lleuad na phan fyddai'r lleuad yn gryf; felly byddai llawer yn dra gochelgar i beidio lladd mochyn pan fyddai'r lleuad yn wan rhag i'r bacwn beidio halltu a sychu'n foddhaol.

ADEG TROI Y DA HESBON ALLAN

Y penllwyd sydd flodeuyn bychan a welir ar y tir garw a'r gweunydd. Dechreua ymddangos yn gynnar yn y gwanwyn. Yr oedd gweled y penllwydyn cyntaf y gwanwyn yn llonder calon i lawer ffermwr yn yr oesoedd o'r blaen, yn enwedig wedi gaeaf hir a chaled, a'r gogawr *(fodder)* yn brin; oherwydd y traddodiad ynglŷn ag ef oedd – fod un penllwydyn gystal â phlet o wellt i eidion. Yng Ngogledd Cymru y filfyw *(figwort)* yw y llysieuyn y disgwylir amdano, a phan welir ef, try yr amaethwr yn ei ôl yn llon ei galon, ac â i'r beudy, a dywed, 'O eidion! bydd fyw, fe welais y filfyw!'

AMSER MARCHOGAETH MERLYNNOD MYNYDD

Gynt, yr oedd gan fugeiliaid mynyddoedd Irfon a Thywi, adeg neilltuol i 'ddala' a 'gollwng' *ponies.* Dalient hwynt at farchogaeth ddechrau Mehefin fel rheol, a phedolent hwynt erbyn amser golchi defaid. Yr adeg i'w 'gollwng' oedd nos ffair Rhos Ŵyl y Grog, yr hon a gynhelir ar y chweched ar hugain o Fedi, ac ni ddelid hwynt ar ôl diwrnod y ffair hon. Yr oedd yr hen arferiad hwn yn cael ei gadw'n fanwl gan drigolion Cwm Tywi hyd yn ddiweddar flynyddoedd.

YR ADEG I DORRI GWIAIL

Gwnâi ein teidiau ddefnydd mawr o wiail ieuainc, trwy eu nyddu yn wdenni, a'u plethu at lawer gwasanaeth. Mae'n debyg mai y tymor goreu o'r flwyddyn i dorri a thrin gwiail, oedd yn yr hydref cyn y byddai y nodd wedi llwyr gilio o'r coed; ac hefyd yn y gwanwyn, pan fyddai ireidd-der y tymor hwnnw yn dechreu codi iddynt. Yn nhymor y gaeaf mae y gwiail yn sych, ac anhyblyg, a rhaid yw eu tynnu trwy rysods poeth i'w twymo er eu gwneud yn egwan i'w nyddu yn iawn; ond yr hen ddywediad yw fod y wialen yn twymo ei hun yn y gwanwyn. I nyddu gwialen gref yn wden ystwyth a gwasanaethgar, rhaid cael crafanc gref. 'Hir fydd bys wden gwanwr,' meddai yr hen fardd Twm o'r Nant.

Yn yr hydref y torrid coed ynn ieuanc, y glasdderi i wneuthur dolennau yr iau. Caent eu plygu yn ir at ffurf gyddfau yr ychain; yna rhoed hwynt heibio i sychu ac ysgafnhau, a byddant yn barod i'w rhoddi yng ngwarllost yr iau yn y gwanwyn.

Yr ydym yn cael mai tua Gŵyl Fair oedd y tymor iawn gan yr hen feirdd Cymreig i dorri coed y beithynen. Eu hoff goed oeddynt – planhigwydd deri ieuainc wedi eu hollti'n 'bedryollt', a naddu y rhisgl a'r gwynning yn llwyr oddi ar y rhuddin, i wneud y pillwydd, neu y corfannau *(frames)*; a chyll, mêr helyg, a cherdin, a'u hollti'n bedwar, a'u sychu'n dda, oedd y coed dewisol i wneuthur yr ebillwydd. Dewisid y gerddinen 'am nad yw pryfed yn ei bwyta nac yn ei llygru'.

YR AMSER I OSOD GWYDDAU I EISTEDD
Yr oedd yn amcan cryf gan hen wragedd yr oesoedd o'r blaen i beidio gosod gwyddau i eistedd mewn amser i ddyfod â gwyddau bach lawr ar wendid lleuad, am y taerent fod y cywion yn wan ac eiddil ar yr adeg hwnnw o'r lleuad. Gosodent yr wyau o dan y gwyddau bob amser fel y byddai i'r gwyddau bach ddod lawr ar flaen y lleuad, am eu bod yn fwy byw a gwrol, meddent. 'Byw gwyllt y blaen' oedd hen air.

YR AMSER I GODI GWAL BRIDD
Mae'n debyg mai y tymor goreu o'r flwyddyn i godi gwal bridd oedd, pan fyddai'r wennol yn gwneud ei nyth.

Y mae'r wennol wrth reddf yn bildio ei nyth pan fydd y dydd yn hir i weithio, a'r haul yn wresog i'r clai i ddwyseiddio a chaledu, a chymerodd ein teidiau wers dda oddiwrthi, i godi muriau eu bythod syml a diaddurn y trigent ynddynt mor gyffredinol yn yr hen amser gynt.

AMSER DISBADDU ŴYN
Nid yn aml yr oedd un amaethwr yn penodi diwrnod i ddisbaddu ŵyn, flynyddoedd yn ôl heb yn gyntaf ymgynghori ag Almanac Francis Moore, neu Roberts Caergybi er cael gwybodaeth pa ran o gorff yr oen y byddai'r 'arwyddion'. Os ceid eu bod yn rhannau ôl y corff, megis y 'bol', y 'lwyn', neu'n enwedig yn y 'dingel', yr oedd perygl disbaddu y dyddiau hynny, a rhaid oedd oedi am wythnos, mwy neu lai, er i'r 'arwyddion' symud i ran

arall o'r corff, gan y gwyddai perchenogion defaid yn yr amser gynt, fod yr 'arwyddion' yn symud trwy gorff yr oen bob wyth diwrnod ar hugain.

Os dywedai Moore eu bod yn y 'pen', y 'gwddf', yr 'ysgwydd', neu'r 'cefn', gallesid anturio 'nodi a ''sbaddu'r' ŵyn, a disgwyl llwyddiant ar waith y dydd.

AMSER GODRO DEFAID

Yr hen amser arferol i odro defaid oedd dechre yr wythnos gyntaf ar ôl Ffair Galan-Mai Llanfair Muallt, yr hon a gynhelir y Llun cyntaf yn Mai; a'u gadael yn hesb fore Ffair Mihangel, Hydref yr ail.

AMSER I DDECHRAU GOSOD MENYN YN Y LLESTRI

Tua chanol mis Mai gwelir blodau melynion yn hulio rhai meysydd porfaog, ac yn taflu gwawr o liw melyn euraidd dros y tir. Yr enw a roddwyd iddynt gan ein hynafiaid oedd blodau'r menyn, am y credent, mae'n debyg, eu bod yn rhoi lliw da ar y menyn. Daliai hen wragedd ffermwyr yr oesoedd a aethant heibio, na chadwai'r menyn yn iawn hyd nes y câi'r gwartheg flodau'r menyn yn y borfa. Yr amser arferol o ddechrau gosod menyn hallt yn y llestri oedd yr wythnos gyntaf yn mis Mehefin.

YR AMSER I DORRI BRWYN PABWYR

Hyd tua hanner y ganrif o'r blaen, yr oedd llawer o ganhwyllau brwyn yn cael eu llosgi yn ein gwlad, yn enwedig gan deuluoedd cymharol isel eu ham-gylchiadau. Bu yr hen arferiad hwn o wneud a llosgi canhwyllau yn rhannau gogleddol Cantref Buallt hyd yn agos i ddiwedd y ganrif ddiweddaf.

Yr adeg oreu o'r flwyddyn i dorri brwyn pabwyr oedd pan fyddai'r lleuad Fedi yn llawn am fod y pabwyr, meddent, yn galetach ar y llawn lloer. Os torrid hwy yn gynharach yn yr haf, ni fyddai'r pabwyr wedi llanw ac aeddfedu yn y frwynen; ac os gadewid y brwyn yn ddiweddarach heb eu torri, byddai'r pil wedi tewhau ac anhawddach eu pilio. Aed ymhell yn aml i dorri brwyn pabwyr, er cael rhai da a rhefus, a rhwymid hwynt yn ysgubau mawrion i'w dwyn adref.

Wedi iddynt gael ychydig amser i wywo a sychu, caent eu torri at hyd priodol. Torrid ychydig o fonion y brwyn, a'u brigau i ffwrdd, fel y byddai tua phymtheg modfedd ar ôl i bilio. Tua throedfedd neu ychydig yn hwy oedd hyd y gannwyll frwyn. Wrth bilio brwyn, gadewid un gare fechan o'r pil ar ôl ar y pabwyryn, yr oedd hynny'n cadw'r gannwyll yn wydnach, a chryfach wrth losgi. Yr oedd yn arferiad i amryw aelodau o'r teulu i ymgymeryd at y gorchwyl o bilio brwyn. Ar oriau hamddenol, ymgasglai rhai o'r teulu at ei gilydd i 'babwyra', a thra wrth y gorchwyl hwnnw canent hen alaw 'Hyd y frwynen'. Wedi pilio y swm gofynnol rhoddid y badell ffrio ar y tân, a gwêr ynddi i doddi; yna trochid y pabwyr yn dda ynddo. Wedi eu trochi'n foddhaol yn yr ired codid hwynt a gosodid hwynt ar lechen lân i fferu, a llosgid hwynt yn ôl yr angen.

Tuag ugain munud, neu ychydig yn hwy y parhâi y gannwyll frwyn i oleuo. Cyn bod clociau mewn arferiad, wrth rif y canhwyllau brwyn a losgid y cedwai llawer teulu gynt yr amser i fyned i orffwys yng nghwrs y gaeaf. Wedi iddynt oeri, codid hwynt, a gosodid hwynt yn dasgelli wedi eu rhwymo'n fon-fon a threfnus, a chrogid hwynt i fyny mewn rhyw le cyfleus yn y tŷ, yn barod ac wrth law i gymeryd cannwyll yn ôl yr angen.

Byddai rhai yn ofalus i gadw tua dwy fodfedd o ben y pabwyryn heb ei drochi; diben hynny oedd – pan losgai y gannwyll i'r fan hynny, diffoddai ohoni ei hun, felly byddai yn ddiberygl pe yr anghofid ei diffodd.

PLANNU COED

Planner coed yn gynnar yn y gaeaf a gellir eu gorfodi i dyfu; ond planner hwynt yn ddiweddar yn y gwanwyn a bydd raid begian arnynt i dyfu.

Plannodd yr hen bobl lawer o goed ac yr oeddynt yn bur hoff o'r gwaith hwn. Hen air a glywid yn aml ganddynt oedd, 'Gorau etifedd, pren plan'.

Mae dyn yn plannu pren afalau iddo'i hun a phren pêr i'w fab.

TANWYDD YR HEN GYMRY

Wrth y gair 'tanwydd' yr ydym i ddeall coed tân yn unig, ond golygai y gair 'tanwent' fawn, glo, ac unrhyw ddefnydd llosgadwy arall.

Y coed mwyaf dewisol gan drigolion ein gwlad i'w llosgi yn yr hydref oedd gwern a helyg. Ym mis Ionawr, ar yr adeg oeraf o'r gaeaf, llosgent lawer o goed bedw, am eu bod yn gwneud tân gwresog a goleu. Ym misoedd Mawrth ac Ebrill byddai llawer o goed crinion i'w cael, wedi dod allan o berthi a blygid, y rhai a gesglid gan y ffermwr at y plocyn ger y tŷ, yn gyfleus yn ôl yr angen amdanynt. Tuag adeg Calanmai, rhoddai y ffermwr ganiatâd i deulu tlawd a fyddai'n byw yn ei ymyl i ddod i gynnull y briwydd a fyddai ar ôl, iddynt eu hunain.

Yr hen gwstwm arferol ynglyn â'r coed crinion oedd i'r ffermwr beidio â chymryd ohonynt ond a godai ar bicfforch, a'r tlawd yntau i lanhau y tir yn eithaf llwyr ar ei ôl.

> Gwern a helyg
> Hyd Nadolig.
> Bedw os cair
> Hyd Gŵyl Fair.
> Crin goed caeau
> O hyn hyd G'lanmai.
> Briwydd y frân
> O hynny'n mlâ'n.

Cymdeithasfa'r Gorwydd 1853

Yn hydref y flwyddyn 1852, daeth teimlad cryf ymhlith y frawdoliaeth yn y Gorwydd am gael Sasiwn yno yr haf dilynol, a chawn i'r blaenoriaid ac eraill mwyaf awyddus am y Sasiwn, i alw sylw'r eglwys at y mater hwn yn gynnar yn hydref y flwyddyn a nodwyd. Enwau blaenoriaid yr eglwys hon ar y pryd oeddynt Howel Powel, Ty'n-llwyni; Rees Price, Gynala; Roger Pugh, Llwynygweision; John Davies, Glandulas, Tirabad; Thomas Price, masiwn, Fedw Fach; a Thomas Davies, crydd, Cefngorwydd.

Wedi gosod y mater gerbron yr eglwys, a deall fod teimlad cryf a chyffredinol am gael y Sasiwn, yn nesaf, anfonwyd cynrychiolwyr dros yr eglwys i'r gyfeillach grefyddol yn Llangamarch; y tri gŵr hyn oeddynt T. Davies, y crydd; T. Price, y masiwn, a Rees Price, Gynala. Nid hir, pa fodd bynnag, y buwyd cyn cael ar ddeall fod crosineb mawr yn yr eglwys hon yn Llangamarch yn erbyn cael y Sasiwn, ac ni chydsynient i wneud dim er hyrwyddo y mater, nac addo cydweithredu er cynnal y Sasiwn. Ond casglu nerth o hyd yn barhaus oedd hen flaenoriaid y Gorwydd, ac fel y siaredid am y Sasiwn, caent fwy-fwy o gefnogaeth oddiwrth yr eglwys a'r ardalwyr o ddydd i ddydd, fel y daeth y bwriad o'i chael yn rhy angerddol i'w roi heibio. Mae'n debyg mai y rhai mwyaf croes i'r bwriad yn eglwys Llangamarch, oeddynt Evan Morris a John Bevan, Y.H., dau o henuriaid yr eglwys.

> Evan Morris, Cymro dawnus,
> Gofynnaf iddo p'un
> A'i gwell i'r Gorwydd – eglwys lonydd,
> Yw cael cymanfa, neu fod heb un?

Wrth glywed fod y blaenoriaid yn y Gorwydd mor benboeth dros y mater, cynghorai Evan Morris y frawdoliaeth i roi te bâm iddynt, er oeri ychydig ar eu pennau; ond gyrrodd un Edwrad Jones, y Shop, Cefngorwydd, bapur bychan iddo un diwrnod, er tipyn o ysmaldod diniwed:

> Evan Morris, ffyddlon athraw,
> Nid yw ffrwyth y bâm yn tyciaw;
> Mae y clefyd yn cynhyddu,
> Rhaid cael Sasiwn 'rwyf yn credu.

Yr oedd sêl gwŷr y Gorwydd o hyd yn parhau i gryfhau, a'u pender-
fyniad o gael y Sasiwn yn dod yn fwy-fwy amlwg yn barhaus. Y cam nesaf
a gymerwyd ydoedd gofyn caniatâd y cwrdd misol am gael y Sasiwn i'r
Gorwydd. Yr oedd y cwrdd misol hwn i'w gynnal yn Nhref y Castell yn y
mis Ionawr canlynol, 1853.

Enwau'r brodyr a benodwyd i fynd i gynrychioli'r eglwys i'r Cwrdd Misol
oedd Thomas Price, y masiwn, a enwyd yn barod, gŵr penderfynol a didroi
yn ôl ei amcan; a'r llall oedd John Price, Pantoilu, dyn ieuanc defnyddiol,
ffyddlon, yn siaradwr rhwydd a llithrig, ac yn ymresymwr cryf a chadarn
dros ei fater. Wedi i'r ddau genhadwr siarad a gosod y mater yn glir a theg
o flaen y cyfarfod, a chael gwrandawiad calonnog gan bawb, pwy gododd i
siarad ar eu hôl, a hynny gyda chryn awdurdod, ond yr hen Ynad Heddwch
o Langamarch, ac ymhlith llawer o bethau cryfion eraill yn erbyn dyfodiad y
Sasiwn i'r Gorwydd,

'Ymh'le yr y'ch chi yn mynd i roddi gweinidogion, a dieithriaid i gysgu
ar y Gorwydd, T. Price, ar y taflodydd?'

Ond nid gŵr i'w ddychrynu a'i droi yn ôl yn ei fater oedd yr hen fasiwn.
Cododd eto ar ei draed, ac â llais penderfynol, atebodd gan ddweud,

'O nage, os bydd raid i rywrai fynd i'r taflodydd, mi awn ni yno'n hunain,
ac fe gaiff y dieithriaid y lle gore, Mr Bevan.'

Gwelwyd yn amlwg fod penderfyniad cryf, a chais di-ildio am y Sasiwn
i'r Gorwydd, a phasiwyd yn unfrydol fod y Sasiwn haf y flwyddyn 1853 i'w
chynnal yno.

Y noson y disgwylid y ddau genhadwr yn ôl o Dref y Castell, dywedir
fod agos un o bob tŷ yn y gymdogaeth wedi dod i'r pentref er cael clywed yr
hanes a'r modd y bu yn y Cyfarfod Misol y diwrnod hwnnw. Gwelid golau
yn hwyrach nag arfer yn siop y crydd, a chlywid sŵn siarad rhyw ddynion
ieuanc yn hwyr iawn yn efail y gof. Yr oedd rhywrai dieithr yn eistedd ac yn
ymgomio ymhob tŷ yn y pentref, ac amryw eraill yn sefyllian ac yn ysgwrsio
ar hyd y ffordd, oll yn disgwyl gyda diddordeb ac awydd am y 'result' o'r
cwrdd misol, ac er iddi fynd yn hwyr yn y nos, ni throdd undyn adref nes
cael y newydd i fynd ganddynt. O'r diwedd, wedi hir ddisgwyl, dyma'r ddau
ŵr yn dod i'r pentref, a throdd bron bawb allan i'w cyfarfod, a phan glywyd
y newydd da fod y Sasiwn wedi ei chael i'r lle, trodd pawb eu gwynebau tuag
adref, a derbyniwyd y newydd gyda llawenydd mawr ymhob teulu yn yr ardal
o'r bron. Gwnaed y newydd yn hysbys eto yn y gyfeillach ganlynol, a bellach,
cynhyrfwyd yr holl ardal â brwdfrydedd mawr, a theimlai yr eglwys mai nid
ymgymeriad bychan a dibwys o du yr eglwys ydoedd rhoi gwahoddiad i'r
Sasiwn i ardal wledig fel y Gorwydd.

Bellach, aeth pob teulu yn yr ardal ati, nid yn unig i ddarparu lluniaeth
i'r fath niferoedd o bobl a ddisgwylid, ond hefyd i baratoi llety i ddieithriaid

dros adeg yr ŵyl. Yn fuan, gwelid bob teulu ar eu heithaf yn glanhau, golchi, a gwyngalchu eu trigfannau o'r tu mewn ac allan; mewn gwirionedd, bu dyfodiad y Sasiwn i'r wlad yn foddion i roi gwedd newydd ar holl Randir Penbuallt, o eithaf Tirabad hyd Langamarch. Yn ôl tystiolaeth hen bobl dda eu gair, y rhai a gofient yr adeg yn dda, ni fu erioed o'r blaen wedd mor llewyrchus ag a roddwyd yr adeg yma ar holl anhedd-dai y gymdogaeth o'r bron. Y Sasiwn oedd pwnc mawr y dydd, a phrif fater siarad rhwng pob dau ar hyd y ffyrdd, ar y meysydd, a phob teulu ar yr aelwyd gartref hwyr a bore.

Yng Nghefngorwydd yn yr adeg yma, yr oedd dyn ieuanc o'r enw Edward Jones, wedi ymsefydlu fel siopwr, ac fel llawer wrth ddechrau eu byd, digon tyn oedd arno i gael dau ben y llinyn ynghyd; ond yn awr gwerthodd mor helaeth o'i nwyddau i'r ardalwyr, fel y daeth yn lled gysurus ar ei amgylchiadau. Gwelid rhywrai beunydd yn dwyn beichiau trymion o 'factory' Esgair-foel, er croesawu'r dieithriaid yn adeg yr ŵyl fawr oedd ar ddod! Yr oedd Jaco Lewis y teiliwr, a'i ddau fab wrthi'n ddiwyd mewn amser ac allan o amser, yn ardal Llangamarch, yn gwneud dillad newydd i'r bobl erbyn y Sasiwn. Y mae yn cael ei ddweud hyd heddiw gan hen ardalwyr Llangamarch, am Jaco Lewis, yn y misoedd prysur hyn cyn Sasiwn y Gorwydd, iddo ennill hanner can punt â'r un nodwydd!

Dywedir, a hynny ar sail dda, i amryw deuluoedd o amgylchiadau cymharol isel, fynd mor bell gyda threuliau a pharatoi erbyn y Gymdeithasfa hon yn y Gorwydd, nes iddynt fynd i sefyllfa sigledig o ran eu hamgylchiadau. A pha ryfedd, yr oedd y fath ddiddordeb yn awr yn cael ei deimlo yn yr ardal, a'r brwdfrydedd wedi codi cuwch, fel yr oedd yn fath o gystadleuaeth rhwng rhai teuluoedd a'i gilydd mewn darpariaeth.

Adroddir i Shams Cwmtylcan, hen fugail ar fynydd Epynt, un diwrnod i orwedd ar y mynydd, yn ôl hen arferiad bugeiliaid y mynyddoedd yn haf y flwyddyn, ac yn ôl yr hanes rhyfedd o'i enau ef ei hun, cafodd freuddwyd hynod – gwelai Iesu Grist yn dod yn groes i'r mynydd, aeth i'w gyfarfod, a dywedodd wrtho ei fod yn mynd i Sasiwn y Gorwydd! Adroddai'r hen fugail ei freuddwyd wrth lawer, a'r un fath air yn air wrth bawb; a gofynnodd rhywun iddo, 'Pa fath un ydoedd, Rhys Lewis?' a'i ateb yn wastad oedd,

'Dyn ifanc, glân, smart o'dd e' – tebyg i Jeffrey Davies.'

Fel yr oedd adeg yr ŵyl yn agosau, aed at y gorchwyl o adeiladu esgynlawr, yr hon a godwyd yn rhan isaf y fynwent, a safai y dorf yr ochr uchaf iddi.

Dyddiad y Gymdeithasfa ydoedd dyddiau Mawrth, Mercher a Iau, y 24, 25 a'r 26 o fis Mai, y flwyddyn 1853. Gelwid hon yn Sasiwn haf. Cynhelid y Sasiwn hon yn flynyddol yn Llangeitho hyd y flwyddyn 1851; yna yn Llanymddyfri yn 1852, a llwyddodd eglwys Cefngorwydd i'w chael yn 1853. Mae'n debyg mai hon oedd y Sasiwn haf ddiweddaf a gynhaliwyd.

Am 10 o'r gloch, pregethwyd allan ar y *stage* ac erbyn y cyfarfod hwn yr oedd cynulliad mawr wedi dod ynghyd i'r lle. Daeth y pentref bychan gwledig a di-nod hyd yn hyn, yn awr yn gyrchfan pobloedd lawer, canys dywedai fod yn y lle ar ddydd yr ŵyl, bedair mil o bobl, torf na welwyd ei bath wedi ymgynnull ynghyd yng nghof neb o'r hen bobl fwyaf oedrannus oedd yn fyw ar y pryd.

Canwyd y dôn 'Tal-y-bont'. Methodd Samuel Price, hen ddechreuwr canu y Gorwydd, â tharo'r dôn oherwydd teimladau ac ysbryd drylliog. Canwyd a dyblwyd y pennill a hynny gyda'r fath wres ac ysbryd nes y tybid y torrai llawer allan i foliannu. Yr oedd llawer o hen grefyddwyr y Gorwydd a'r cylch yn coffa am y canu rhyfedd hwn hyd eu marwolaeth. Mynnent na fu y fath ganu er pan 'gydganodd sêr y bore' gynt. Wrth weld nad oedd un argoel ar y dorf i roddi fyny canu, o'r diwedd cododd Mr Howells ar ei draed ar yr esgynlawr, a chan roddi amnaid â llaw i dewi, efe a dynnodd ei destun yn Epistol Ioan 2:20, ond ni chafodd fawr hwyl.

Hen Chwaraeon a Gwrolgampau yng Nghantref Buallt

Y mae chwarae yn nwyd naturiol mewn dyn; a chan fod gan bob cenedl ei chwaraeon, ac yn ôl hanes, nid oedd Cymru yn ôl i wledydd cyfnesol eraill mewn chwaraeon, a gwahanol wrol-gampau eraill, a'r amcan mawr mewn golwg oedd, galw allan egnïon eneidiol, a datblygu galluoedd corfforol.

Ymarferiadau corfforol, gan mwyaf, ydoedd y campau a gafodd fwyaf o fri yn y cylchoedd hyn, ond er gwarth i wlad a diwylliaeth, yr oedd y nodweddiad waedlyd yn perthyn i rai ohonynt. Cyfeirio yr wyf yn awr at arferiad arall a fu mewn cymaint bri yn ein gwlad, sef yr arferiad anwaraidd o ymladd ceiliogod.

Amcan cyntaf y campau yma oedd er mwyn difyrrwch; a'r ail amcan ydoedd ymarferiad corfforol.

Yr oedd gan ein hynafiaid yn yr oesoedd a aethant heibio, lawer o wrol-gampau er dwyn allan egnïon y corff, a gwneud yr ieuenctid yn gryf, ystwyth a heinif. Rhai o'r campau oedd er dwyn allan nerth asgwrn a gewyn. Trwy yr ymarferiadau mynych hyn y dysgid ddwyn allan rinweddau corfforol, megis ystumiau ac ysgogiadau chwimwyth, ac ystwythder corff.

TWMPATH CHWARAE
Ychydig gamrau yng nghyfeiriad y De oddi wrth Eglwys Llanafan Fawr, y mae twmpath mawr crwn, a'i gopa yn wastad, ac yn codi i uchder ychydig uwchlaw arwynebedd y tir. O'i amgylch y mae cylch yn chwech ugain llath o amgylchedd. Ar y twmpath yma cynhelid llawer o chwaraeon, ac ymarferiadau corfforol yn yr amser gynt, megis codi pwysau, taflu bar a throsol, tynnu copstol, ymaflyd codwm, ymladd ceiliogod, a champau eraill oedd mewn bri yn yr oesoedd o'r blaen. Yr oedd yn lle nodedig hefyd am ganu a dawnsio. Dygid cadeiriau i ymyl y chwaraefa, i'r telynwyr a'r crythorion i eistedd tra yn canu eu hofferynnau. Yr oedd gwyneb y tir yn cael ei gadw'n llwm, a phren pwrpasol at ei gadw'n wastad. Tra y byddai y gwahanol gampau yn mynd ymlaen, safai yr edrychwyr oll ar y cylch, ac o'r tu allan iddo.

TORRI CLEDDE ARTHUR

Y modd yr aed trwy y gamp hon oedd cydio â'r ddwy law am drawst uwch-ben, yna codi'r ddwy droed a'u gyrru rhwng y breichiau, a'r corff i'w dilyn nes y crogai o'r tu ôl; yna eu tynnu'n ôl eilwaith. Os na fedrai y cynigiwr ddod yn ôl, ni fyddai wedi torri'r cledde, a châi'r edrychwyr gryn lawer o ddifyrrwch yn aml. Ystwythder, ac nid nerth corff, oedd yn ofynnol at y gamp hon.

TYNNU COPSTOL

Eistedda y ddau ymdrechwr i lawr, a gwadnau eu traed at ei gilydd, yna cydiant mewn pren cryf, ac yn awr tyn y ddau gan geisio codi naill y llall oddi ar y llawr, a'r gwannaf a gwyd. I ragori yn y chwarae yma, y mae yn ofynnol cael crafanc gref, breichiau hirion, a gewynion cryfion. Mantais i'r ymdrechwr hefyd yw cadw ei goesau'n union ar y llawr. Mae'r arferiad hyn mewn bri yn lled gyffredin hyd heddiw. Yr oedd y chwarae yma mewn bri mawr ar ddydd Calan Mai.

TAFLU TROSOL

Rhoddir nod ar y ddaear, yna saif yr ymdrechwr â'i droed flaen wrth y 'marc', a chan gydio ynghanol bar haearn teifl ef â'i holl nerth ac egni oddi wrtho, fel y disgynno ar ei flaen draw oddi wrtho; a'r hwn a'i taflo bellaf a dry allan 'y gŵr gore'. Y mae'r chwarae yma yn gofyn nerth braich, yn ogystal â chorff, a llawer o ymarferiad a chryfder.

TAFLU PWYSAU

Un o'r cerrig pwysau a ddewisid yn fwyaf cyffredin at y gwaith hwn. Ymeflid yn y pwysau â'r dwylaw, a theflid y garreg yn ôl dros y pen, neu teflid hi ymlaen ag un law, a hynny am y pellaf.

NEIDIO

Mae'n debyg fod y gamp o neidio wedi bod ar hyd yr oesoedd yn un o hen gampau a difyrrwch gwŷr Hwnrwd Fuallt. Neidio am y pellaf, megis naid yrfa, neu 'naid ras'; neu 'naid stand'; ac hefyd 'herc a cham a naid'.

Neidio am yr uchaf h.y. neidio dros sgelfforch. Torrid dau bren colfennog o'r berth, yna torrid y ceinciau i ffwrdd tua dwy fodfedd oddi wrth gorff y pren, rhoddid hwynt ar eu blaenion yn y ddaear, a hynny at y pellter o dair i bedair troedfedd oddi wrth ei gilydd, a gwialen o'r naill i'r llall, yr hon a godid yn ôl fel y byddai'r neidwyr yn llwyddo i fyned drosti heb ei chyffwrdd, a'r hwn a neidiai uchaf, enillai'r gamp.

Gelwid y dull yma o neidio hefyd yn neidio 'jimpyn', oddi wrth y gair *jump*; a diamau mai ystyr y gair sgelfforch yw 'ysgol-fforch'.

Yr oedd yn arferiad hefyd i neidio dros afonydd, a cheid cryn ddifyrrwch yn aml pan ddigwyddai yr ymdrechwr fethu cyrraedd y geulan bellaf, a syrthio yn ôl i'r afon. Y mae cyfeiriadau aml at y gamp o neidio yng ngwaith yr Hen Feirdd, yn chwedloniaeth, ac yn niarhebion y Cymry. 'Neidiaw dwy fid a hael', neu neidio o gae i gae, a hynny dros heol a dau glawdd, a ystyrid gynt yn orchestwaith fawr.

CHWARAE COETAN

Chwarae coetan oedd hefyd yn ddifyrrwch cyffredin, ac yn un o'r chwaraeon mwyaf cymeradwy yn yr oesoedd gynt. Mae'r chwarae hwn yn aros fyth yn ei flas a'i fri yn ein gwlad, ac mor gyffredin, fel nad yw ond hollol afreidiol ceisio rhoddi disgrifiad ohono.

RHEDEG

Yr oedd rhedeg yn arferiad cystadleuol ymhlith yr hen Gymry gynt. Cyfarfyddai gwŷr gwahanol blwyfi â'u gilydd ar leoedd penodedig, ac ar ddiwrnodau neilltuol, er cystadlu â'i gilydd. Bu y ddôl wastad a orwedd o flaen y Ficerdy, Aberannell Fawr, yn llannerch enwog i gyfarfod arni yn yr oesoedd gynt; a dywed traddodiad mai yr arferiad yma a roddodd i'r llecyn hwn yr enw 'Cae'r Yrfa'.

Perthynai i'r rhedegfeydd gynt reolau manwl a theg, a gwobrwyon sylweddol; ac ystyrid rhedeg yn ymarferiad corfforol da, ac yn fanteisiol i iechyd a hoender.

YMAFLYD CODWM

Yr oedd y gamp yma yn gofyn llawer o ymarferiad, ac ystwythder, er rhagori ynddi; efallai fwy o hoender a chyflymder, nag o nerth corff. I 'ymafael', rhoddai pob un o'r ymgeiswyr ei fraich dde o dan fraich aswy y llall, gan ymaflyd yn dynn am ei fain gefn; yna, trwy gywreinrwydd, a chyfarwyddiad yn y gelfyddyd o 'dripio', neu 'glinco', sef bachu cluniau am ei gilydd, taflai un ei wrthwynebydd ar asgwrn ei gefn ar y ddaear. Y rheol oedd, ymaflid tri chodwm, a'r hwn a daflai y llall ddwywaith allan o dair, fyddai'r gŵr gorau. Weithiau, digwyddai iddi fynd yn 'gyd-godwm', hynny yw, i'r ddau godymwr ddisgyn i'r llawr yn yr ymdrech, fel nad allesid barnu pa un oedd â'r codwm, yna yr oedd yn rhaid 'cydio' eilwaith.

Yr oedd hefyd fath arall o godwm, sef 'codwm coler', neu, fel y gelwid ef gan rai, 'codwm braich'. Yn y codwm hwn, ymaflai y codymwyr yn ei gilydd o hyd braich. Yr oedd medr, cyfarwyddid, yn ogystal ag ystwythder corff, yn rhinwedd mawr gogyfer â'r math yma o godymu.

'Codwm canol', sef y math cyntaf a ddisgrifwyd, oedd mewn mwyaf o fri yng Nghantref Buallt gynt.

BŴL CEILS NEU BANDO

Dyma chwarae arall eto, a fu mewn bri mawr, ac arferiad cyson yng Nghantref Buallt yn yr oesoedd o'r blaen. Yr oedd yn chwarae peryglus, ac adroddai hen bobl am lawer a dderbyniodd niweidiau oddi wrtho, megis tynnu llygad, neu dderbyn anaf ar eu cymalau. Yr oedd y chwarae hwn, fel llawer o gampau yr oesoedd o'r blaen, yn cael ei gynnal rhwng plwyf a phlwyf ar amryw lanerchau yma a thraw yng Ngwlad Fuallt; ond y lle mwyaf poblogaidd o bob man, oedd ar ddolydd Celse, fferm ym mhlwyf Llan-fihangel Abergwesyn. Yr oedd yr ystrad, neu y gwastadedd eang yma, cyn iddo gael ei rannu yn wahanol feysydd fel y mae yn bresennol, yn cyrraedd o afon Cyffiaid i afon Camarch; ac yr oedd yn ôl traddodiad yn faes llawer camp a chwarae, a hynny ar yr un dydd ac adeg; ond y peth a roddodd fwyaf o arbenigrwydd i'r lle oedd y 'Bŵl Ceils'. Enw cyntefig y fferm hon oedd Gelli Fawr; ond y chwaraeon mynych, a'r gwrolgampau poblogaidd, ynghyd â'r cynulliadau mawrion o bobl a ymgynullai i'r lle yma gynt, a hynny ar wahanol ddyddiau gwyliau'r flwyddyn, ac am ganrifoedd o flynyddau, yn ddigon i roi yr enw 'Ceilsle' i'r llannerch eang hon, ac o dipyn i beth, aeth y fferm hefyd i gael ei galw ar yr un enw, ac felly yr adnabyddir y lle hyd heddiw. Ai tybed nad y chwarae hwn a roddodd ei enw i Ynys-y-bŵl, ym Morgannwg?

CHWARAE PÊL

Yr oedd y chwarae hwn yn hynod gymeradwy, ac mewn bri mawr a chyff-redinol yn yr oesoedd o'r blaen. Oherwydd fod tai ein gwlad mor isel eu muriau yn yr amser gynt, dywedir fod llawer iawn o chwarae yn cymeryd lle yn erbyn muriau eglwys plwyfydd ein gwlad yn yr oesoedd gynt, a hynny yn gyffredin ar y Sabbathau. Ymgasglai torfeydd i'r mynwentydd, ac ar ôl y gwasanaeth aed at y gwaith o chwarae, a hynny gydag egni am oriau lawer, ac os gwir y traddodiad, byddai'r offeiriad yn eistedd i lawr ar *tomb* gerllaw, yn 'scorio' neu gadw cyfri.

CICIO'R BÊL DDU

Dyma un o brif chwaraeon yr oesoedd o'r blaen, os yn wir, nad hwn oedd y mwyaf poblogaidd o'r holl ddifyrion. Tynnai maes y bêl ddu fwy o gynull-iadau nac, ond odid, un chwarae arall yn y wlad. Fynychaf, dau blwyf a gyfarfyddai â'i gilydd; a phrydiau eraill ddwy sir. Byddai'r tir i gydgyfarfod arno wedi ei benodi, a'r diwrnod wedi ei neilltuo, ac yn hysbys i'r holl gylchoedd. Os gwŷr Llanwrtyd a gwŷr Tirabad fyddai i gyfarfod, Banc Glancledan-fawr oedd maes y chwarae. Os Llanwrtyd ac Abergwesyn, cyfarfyddid ar Ddôl Cwmirfon, neu Ddôl Pen-y-bont Uchaf. Os gwŷr Llan-wrtyd a gwŷr Llangamarch, ar Ddôl Celdu y byddid yn cyfarfod; a Dolydd

Cwm-bryn oedd maes yr ymdrech i Lanwrtyd a Llanafan. Wedi i wahanol blwyfydd gyfarfod â'i gilydd, rhaid hefyd oedd i wŷr gorau dwy sir i dreio'i gilydd, ac ar Bont Posesiwn, ar gyffiniau y ddwy sir y cymerai yr ymdrech fawr hon le.

Pan ddeuai y diwrnod penodedig, gwelid cannoedd o bobl yn tyrru'n awyddus tua maes y chwarae, a hynny o wahanol gyfeiriadau; a chyn adeg y chwarae, byddai y maes yn orchuddiedig gan bobl, o bell ac agos, o bob gradd ac oed; llawer o fawrion a chyfoethogion y wlad ar gefnau ceffylau, yn cyniwair ôl a blaen ar hyd y maes, i ddisgwyl am yr adeg i gychwyn gwaith y dydd.

O'r diwedd, dyma ddau berson, perthynol i ddau blwyf, yn cael eu henwi i 'dynnu partners'; safant encyd o'r neilldu, a galwant nifer penodol at chwarae o'r ddau tu. Nesaf, tynnid blewyn cwta pa ochr fyddai i godi'r bêl, a'r hwn dynnai y blewyn hwyaf oedd i 'godi', neu gael y gic gyntaf arni. Yr oedd y rhai a elwid i chwarae, oll wedi diosg at waith, ac yn llewys eu crysau; ac yr oedd yn arferiad gan wŷr plwyf Llanwrtyd oll i rwymo napcynon cochion am y fraich chwith, er adnabod ei gilydd yng nghwrs y chwarae.

Yn awr cymer y chwarae le ar unwaith, a gwelid pob gewyn ar ei lawn, a phob ochr yn llawn egni am ennill y dydd, a'r clod oedd yn dilyn. Pan lwyddai un ochr i yrru'r bêl i'r gôl, clywid sŵn byddarol, a bloeddio mawr ac uchel gan y niferoedd mawrion edrychwyr oedd ar y maes yn gwylio'r olygfa! Yna, wedi seibiant byr i'r cicwyr gael ychydig ail gychwynnid y chwarae drachefn, a thrachefn, a'r ochr a enillent y nifer fwyaf o goliau, fyddent y gwŷr gorau am y dydd.

Wedi gorffen gwaith y diwrnod, yr oedd yn arferiad ymhob ardal yn yr oesoedd gynt, i amaethwyr mwyaf cefnog, a chysurus eu hamgylchiadau, i baratoi ymborth erbyn y diwrnod i'w ffrindiau, a llawer fyddai wedi dod o leoedd pellenig i edrych ar waith y dydd, ac aed â hwynt yn garedig i wahanol leoedd i gael 'tamaid yn eu penne' cyn troi adref.

 Ar y diwrnodau hyn, gwelid llawer o wragedd a merched ieuainc ar y maes yn mwynhau edrych ar eu gwŷr a'u cariadon yn cicio'r bêl, a disgwyl am y newydd da pwy a orchfygai. Weithiau, safai merched ar y gôl, a hynny o ddireidi er rhwystro'r bêl i fyned trwodd. Un diwrnod, pan oedd gwŷr sir Gaer a gwŷr sir Frycheiniog wedi cwrdd ar Bont Posesiwn, safodd merch o'r sir olaf a enwyd ar y gôl, a phan ddaeth y bêl ati, darfu iddi ei rhwystro i fyned trwy y gôl trwy ei chicio yn ôl. Yn ôl yr hanes, yr oedd yn ddiwrnod gwlyb a lleidiog, a gwisgai'r ferch 'patens' ar y pryd; a dyma fel y dywedodd 'un o fechgyn sir Gaer':

> Fe'i cicia hi eto ar wynt ac ar wlaw,
> Ond i ferched y 'patens' i gyd aros draw.

Ar y diwrnodau yma, cai rhai eu hanafu'n dost yn adeg y chwarae, rhai eu cicio nes y byddai anaf arnynt am eu hoes; eraill ysigo eu cymalau, neu dorri esgyrn. Adroddir am Forgan William, Llancharfan, Abergwesyn, ryw dro a dorrodd ei glun wrth gicio y beldroed. Pan gynigiodd ei ffrindiau ei gymeryd oddi ar y cae, gwrthododd, gan orchymyn iddynt ei osod ar y gôl, a hynny a wnaed. Yn fuan daeth y bêl ato, a rhywun gan dybied iddi fynd trwy'r gôl, a waeddodd 'Col Ho' ond yr hen wron a'i trawodd â'r droed iach, gan ateb, 'Nac oes col ohoni eto, myn d---l'!

Rees Jenkins, Pen-y-bont Uchaf, a anwyd yn y flwyddyn 1800, ac a fu farw dros ei bedwar ugain oed, a adroddai iddo ef pan yn hogyn, fod yn eistedd ar ben y clawdd cerrig rhwng Cwm Irfon a Cwm Bach, i ddisgwyl yr offeiriad o eglwys Llanwrtyd ar y Sul, rhag iddo weld rhai yn cicio'r bêldroed ar Ddôl Cwm Irfon. Yr oedd hyn, fel y gellir casglu, tua 1812.

Penodid ar ddiwrnod neillduol i ddau blwyf, neu ddwy sir i gyfarfod; ond dywedir mai dydd Nadolig oedd y dydd mwyaf nodedig yn y flwyddyn at gicio'r bêl ddu.

Dywedai'r hen bobl i un dyn ieuanc o sir Gaerfyrddin gael ei ladd ar Bont Posesiwn un diwrnod pan oedd gwŷr sir Gaer a gwŷr sir Frycheiniog yn cyfarfod, a hynny trwy i'r bêl ei daro ym mhwll ei frest, pan oedd newydd redeg yn galed. Yr oedd hyn yn gynnar yn nechrau'r bedwaredd ganrif ar bymtheg. Yr oedd Isaac Williams, Cefnuchafdre, yn ddyn ieuanc yno'n cicio ar y pryd.

Pan fyddai gwŷr Llanafan yn cicio, nodweddid hwynt gan ysbryd rhydd iawn, fel y dywedai'r hen bobl. Yr oedd gwŷr Abergwesyn yn ddynion a chwaraeai'n deg, ond yn egnïol a thaer dros ben, ac yn rhai drwg am iaith isel a rhegfeydd.

Yn ôl yr hanes a gaed o eneuau'r hen bobl, bu'r arferiad hwn yn cael ei gynnal yn lled gyson yn ein gwlad hyd tua'r flwyddyn 1830, ac efallai'n ddiweddarach.

YMLADD CEILIOGOD

O holl chwaraeon yr hen Gymry gynt, nid oedd un chwarae yn fwy poblogaidd nac mewn mwy bri nag ymladd ceiliogod. Yn yr arferiad barbaraidd hwn, byddai lluoedd mawr wedi ymgasglu o wahanol rannau o'r wlad, ac yn eu mysg y bonheddwr a'r gwreng, ac nid gormod oedd gan neb ymron o gyfoethogion y wlad i gynorthwyo yn yr oferedd iselwael; ac yn ôl un hen 'Gerdd' o eiddo Jonathan Hughes, yr oedd yr offeiriaid hefyd i'w gweled yn aml ymysg y lluaws. Dyma fel y dywed:

> Llawer gŵr dysgedig sy, wedi diosg y gŵn du
> I'r addoliad hwn a dry i blygu glin.

Yn Almanac Siôn Prys am y flwyddyn 1769, ceir 'Cerdd yn erbyn ymladd ceiliogod' o eiddo Jonathan Hughes, yn rhoddi'r disgrifiad hwn o'r arferiad yma; meddai,

> Gosod arfau dur a wneir i daro'n wych
> Ar draed ceiliogod cywion ieir er gwayw nych,
> A'i rhoi nhw i ymladd yn eu gwaed,
> Tra gallent sefyll ar eu traed.

Dywedir fod yr arferiad gwaedlyd a barbaraidd hwn, nid yn unig yn ddiddorol i'w wylio, ond hefyd yn hynod gynhyrfus, ac yn codi'r edrychwyr ysbryd cyffrous a brwd gyda'r gwaith. Efallai mai nid anniddorol fyddai dyfynnu'r llinellau disgrifiadol canlynol o eiddo'r hen fardd poblogaidd Twm o'r Nant [o *Gwrs y Byd*] i'r arferiad yma yn ei amser ef

> Ond oddiwrth eu swn ynfyd mi es i'r ystryd,
> Ac ar ochr yr heol wele fagad o bobol,
> Yn Ympirio yn barod at ymladd ceiliogod,
> Ac yn sefyll yn 'rut' wrth ochr y 'pit';
> A rhai'n dechrau dyfod i handlo'u ceiliogod,
> A'r lleill â llais uchel am 'fettio' ar y 'fattel';
> Ac yna'r gwŷr goreu yn rhes ar eu gliniau,
> A bloeddio yn llidiog, Diawl, dyna i chwi geiliog,
> A galw ar y cythrel i ganlyn pob chwedel,
> Ac ymwthio yn galed 'roedd pawb i gael gweled,
> A rhai'n lledi eu ceg, dywyd, Hold, chwareu teg;
> Ac eraill yn 'bettio', yn fawr iawn eu cyffro,
> Ac yn rhegi ei gilydd yn flinion aflonydd,
> A rhai yn lled feddw, am ymladd yn arw.

Yr oedd llawer o arian yn cael eu 'betio' gyda cheiliogod da yn fynych, ac weithiau faes neu ddarn o dir, os nid fferm gyfan, fel y dywedir. Ceir ar lawer o ffermydd yn hen Wlad Fuallt, gaeau ar ffermydd eraill, a hynny ynghanol y tir; a dyweded traddodiad mai trwy'r arferiad o ymladd ceiliogod yn yr amser gynt yr oeddynt yn cael eu colli a'u hennill!

Cyn mynd â'r ceiliogod oddi cartref i ymladdfeydd pwysig, yr oeddynt yn cael eu cadw mewn cyflwr da, ac yn y pwysau priodol at y gwaith. Rai diwrnodau cyn y frwydr, rhoddid iddynt gig eidion wedi ei rostio'n dda, ac wedi ei dorri'n fân, a'i dynnu oddi wrth ei gilydd.

Torrid eu cribau a'u tagellau fel nas gallai'r naill gael gafael yn y llall. Yr oedd y gwaith hwn yn cael ei wneuthur â gwellaif poeth, a hynny rhag i'r briw waedu! Hefyd, torrid rhannau o bluf y wegil, ac ychydig o bluf hwyaf y gynffon, rhag iddi gasglu baw. Yr oedd y ceiliogod yn aml yn cael eu harfogi, trwy osod ysbardunau dur llymion ar eu coesau. Yr oedd y rhain yn cael eu gwneuthur yn y modd mwyaf celfydd. Mesura'r hwn sydd yn fy meddiant ar fin modfedd a hanner o hyd, a thua phraffter nodwydd wlân. Ar ei fôn y mae cylch bychan i'w osod ymlaen ar ysbardun naturiol y ceiliog, ac yn y ddolen fechan gron yma y mae saith o dyllau fel crai nodwydd lin, diben y rhai ydyw at osod edefyn drwyddynt er eu sicrhau am goes y ceiliog. Y mae o wneuthuriad cywrain dros ben, ac amlwg yw ei fod yn waith llaw ddeheuig a chyfarwydd.

Yr oedd yn rheol bob amser, meddir, nad oedd i geiliog heb ysbardunau (gosod) i gael ymladd gydag un â sbardunau gosod, oherwydd yr oedd hyn yn cael ei gyfrif yn greulondeb, ac yn gam chwarae. Dywedir fod pâr o sbardunau yn costio tua chweugain. Yr oedd gan rai ysbardunau arian. Er peri i ysbardunau ceiliogod ieuanc dyfu'n gyflym a hir, cymerid llawer o drafferth drwy eu rhoddi mewn taten boeth wedi hanner ei berwi, i'r diben o'u poethi, a'u cael yn ystwyth, ac felly beri iddynt gymeryd eu tynnu allan yn feinion ac union. Er cadw pigau'r ceiliogod yn llymion, rhoddid y grawn a bwydydd eraill iddynt ar ffetanau, rhag i'r big bylu wrth godi'r ymborth oddi ar lawr caled. Ymladdai'r ceiliogod yn aml mor greulon cyn rhoddi i fyny y naill i'r llall, fel y byddai hyd yn oed y gorchfygwr yn marw ymhen ychydig amser o dan effaith y niweidiau a dderbynnid.

Y dyddiau mwyaf nodedig at gynnal yr ymladdfeydd hyn oeddynt dydd Iau y Dyrchafael, Gwener y Groglith, Llun y Pasg, dyddiau Gwyliau Mabseintiau a Ffeiriau, ac yn aml cyfarfyddid ar y Suliau hefyd.

Yr oedd yn arferiad gan y cynulliadau hyn i gydgyfarfod yn gyffredin ar leoedd neillduol, lle yr oedd 'Cylch' pwrpasol wedi ei baratoi i'r ceiliogod i fyned trwy eu hymladdfeydd. Safai y dorf o'r tu allan i'r 'Cylch' oll i wylied y ceiliogod yn myned trwy eu gwrhydri a'u hymd-rechfeydd gwaedlyd. Y mae amryw o'r 'cylchau', neu y 'bocynnau' yma i'w gweled hyd heddiw yma a thraw ar hyd a lled y wlad. Dangosir un wrth droed Carneddau, ychydig yng nghyfeiriad y Gogledd-ddwyrain o Eglwys Llanelwedd, ger tref Llanfair-ym-Muallt. Y mae'r Cylch hon yn un lled fawr, mesura [?] llath o amgylchedd. Yma yn yr amser gynt y cydgyfarfyddai gwŷr siroedd Brycheiniog a Maesyfed â'u ceiliogod.

Gwelir Cylch tra amlwg arall ar fryncyn bychan sych, ar ymyl y ffordd tua thri chan llath yng nghyfeiriad Talgarth o Lwydlo Fach – hen fagwyr a saif ar gyffiniau sir Frycheiniog a sir Gaerfyrddin. Mesurai'r 'pit' chwech a deugain o latheni ar hyd ei ymyl allanol, a'r cylch ddwy lath-ar-bymtheg a deugain o amgylchedd. Gan fod y 'pit' yma ar ben mynydd, allan o olwg y byd, a gwŷr dwy sir yn dod yma i gwrdd â'i gilydd, dywed traddodiad fod yma le hynod lygredig ac isel, a hynny ar y Suliau, Gwylmabsantau, a gwahanol ddyddiau gwyliau y flwyddyn rai oesoedd yn ôl.

Yr oedd bocynnau hefyd ger pob tref a phentref yn ein gwlad; ac yn aml ger yr eglwysi. Yr oedd gan lawer amaethwr fyddai yn hoff o ddilyn yr arferiad, gylch yn rhywle ar ei dir, os nad ger y tŷ. Gellir gweled un ar fin y ffordd ger Cefnhafdref. Mae hwn yn mesur 24 o lathenni o amgylchedd. Mae un hefyd i'w weled – ond yn lled anamlwg, ar ben Bryn Uchaf Ty'n-y-pant. Mae hwn hefyd yr un mesuriad.

Yr oedd y 'pits' hyn yn cael eu cadw'n llwm a didyfiant, a phren pwrpasol at eu gwneud yn deg a gwastad, yn neillduol felly erbyn dyddiau pwysig a phenodol. Bu'r arferiad rhyfedd hwn yn foddion i roddi enwau ar lawer o feysydd a llecynnau yma thraw yng Nghantref Buallt, ac y mae'r enwau hynny yn glynu wrthynt hyd heddiw. Ar ysgafell fechan ar ael y mynydd, ger Tribedd Gwilym, Llanwrtyd, y mae lle a elwir 'Pant Ceiliogau', lle yr oedd gynt gylch amlwg, ond a ddinistriwyd pan yn aredig y tir hwnnw tua hanner can mlynedd yn ôl.

Y mae cylch amlwg i'w weld ar Cantle bychan, rhwng dau fryncyn, ar frig llethr Cwm Castell, ar Bwlch-tua-thre, yn mesur 38 llath o amgylchedd. Yn gymaint â'i fod ar y mynydd, ac allan o olwg y wlad, diamau i'r lle hwn fod ryw adeg yn lle i gyrchu iddo ar y Sabbath, fel llawer man arall yn yr amser gynt.

(Yn yr hen amser gynt, yr oedd tafarndy o'r enw 'Seven Stars' ger Eglwys Llanfihangel Brynpabuan, lle y byddai llawer o ymgynnull i ymladd ceiliogod ar y Sabbathau, ac ar ddyddiau gwyliau'r flwyddyn. Y mae olion o'r tŷ tafarn hwn i'w weled heddiw o'r tu allan i gornel gogleddol y fynwent.)

Nid oedd ond dau berson i fyned i mewn i'r 'pit' gyda'r ceiliogod, y rhai a ddewisid gan berchnogion y ceiliogod; y ddau hyn a elwid 'handlers'.

Nid oedd y ceiliogod i ymladd ond rhyw amser penodol, y rhai a wahenid gan y ddau 'handler'; yna caent 'anadl' am ryw ysbaid o amser.

Mae Ellis Roberts y Cowper, yn un o'i gerddi yn rhoddi i ni y disgrifiad canlynol o sefyllfa foesol Cymru yn ei amser ef:

> Os caiff Duw gyfran bach o'r Suliau,
> Mae'r ddau ddydd Llun i Satan yntau;
> Wrth 'bit' ceiliogod yn cyd lugio,
> Rhai efo Thenis, rhai efo Thannau,
> Bawb yn ymgyrraedd am eu gorau.

Efallai mai'r mwyaf enwog a fu yng Nghantref Buallt fel ymladdwr ceiliogod oedd John Davies, neu Jac Brynoerfel, Llanafan Fawr. Bu ef ynglyn â'r hen arferiad trwy ei oes, ac enillodd iddo'i hun lawer o enwogrwydd fel *champion cock fighter* yn ei ddydd. Cadwai y rhyw orau o geiliogod a glywai sôn amdanynt, y rhai a ddeuai i feddiant ohonynt drwy eu pwrcasu, ac hynny'n fynych am swm mawr o arian. Prynai wyau hefyd er magu y *breed* gorau. Âi i gryn dreuliau hefyd wrth eu magu pan yn ieuanc, a'u bwydo cyn mynd â hwynt i ymladd; oherwydd prynai y 'stuff' gorau a glywai sôn amdano iddynt, a phesgai hwynt gyda'r cysondeb a'r manylwch mwyaf. Er rhwystro neb i gael *breed* ei geiliogod ef, dywedir y byddai, cyn y byddai Nans ei wraig yn mynd â'r wyau i'r siop, yn gyrru pin drwy blisg pob wy, er iddynt gymeryd gwynt, a'u distrywio rhag i neb gael un cyw ohonynt.

Talai sylw mawr i'r ceiliogod, yn enwedig ar yr adeg mynd â hwynt oddi cartref, yn arbennig tuag amser clwydo y nosau cyn mynd â hwynt i ymladd. Os y gwelai geiliog yn edrych dipyn yn llwfr, yn enwedig os digwyddai iddo agor ei big ar y glwyd, yr oedd hyn yn rhag-arwydd lled sicr na fyddai i hwnnw ennill drannoeth.

Cariai geiliogod ar ddyddiau gŵyl, ac yn aml ar y Suliau, a hynny i drefydd a phentrefydd am gryn bellter yn siroedd Brycheiniog a Maesyfed, a thrwy ei fod mor gynefin â'r arferiad, ac yn cadw ceiliogod mor dda, yr oedd yn hynod lwcus gyda'r gwaith, ac enillai dwysged o 'fets'. Yr oedd hefyd yn lled hoff o herwhela, a dywedir iddo werthu buwch i gael modd i brynu dryll. Wedi ei gael, nid hir y bu cyn cael ei ddwyn o flaen ei well yn Llanfair-ym-Muallt am botsian, a bu raid iddo werthu buwch arall er cael arian i dalu'r ddirwy.

Trwy ddilyn yr arferion segur hyn mor gyson, fel y mae yn hawdd credu, yr oedd llawer o'i amser yn mynd at hynny, a chartref yn cael ei esgeuluso. Treuliodd fywyd lled anystyriol trwy ei oes, fel llawer eraill oedd yn cydoesi ag ef yn y cyfnod hwnnw, ond yr oedd yn ddyn gonest yn ei holl ffyrdd, a pherchid ef gan bawb fel cymydog caredig a hynod ddiddrwg. Gofynnodd un plentyn iddo ryw dro, 'Jac, pa'm yr y'ch i'n mynd i ymladd ceiliogod ar ddydd Sul fel yna? Fe gewch chi fynd i uffern am hynna!' Ei ateb oedd, 'I beth yw uffern da, bachgen bach, os nad oes rhywun i fynd iddi!'

Bu byw i weled oedran teg, ac wedi cyrraedd ohono hyd henaint a llesgedd, nis gallai ymadael â'r hen arferiad a fu'n gymaint difyrrwch iddo ar hyd ei fywyd. Pan yn ei selni olaf, ymwelwyd ag ef gan y Parch. D. Williams, Troedrhiwdalar, a siaradodd ag ef yng nghylch mater mawr ei enaid, a chynghorodd ef i roi ei hun i'r Arglwydd, ei fod ef yn abl i achub ar yr unfed awr ar ddeg. Yr oedd ei chwaer, yr hen Shan Erw Neuadd, yn digwydd bod yn y tŷ ar y pryd; yr oedd o'r un anianawd ag yntau, wedi bod pan yn ieuanc yn dilyn llawer ar y Gwylmabsantau. Pan glywodd Shan yr hen Jac fel yn tyneru o dan driniaeth Mr Williams, gwaeddodd allan o'r ystafell arall, 'Jac, paid ti â bod yn gyward!' Pan oedd Mr Williams yn ymadael oddi wrth Jac, cynghorodd ef eilwaith yn daer am droi ei wyneb at yr Arglwydd, ac meddai, 'Mi weddïa i ar eich rhan heno wrth fynd i orffwys, gweddïwch chithau gyda fi, Jac bach.' 'Na, dwi ddim yn addo, wir,' oedd ateb gonest yr hen gymeriad.

Annibyniaeth Gynnar a Diwygiadau

Hyd y flwyddyn 1688, yr oedd y Bedyddwyr a'r Annibynwyr yn cyd-addoli, ac yn cydwrando â'i gilydd yn y gwahanol dai annedd; ond yn y flwyddyn a nodwyd, daeth iddynt ryddid a nawdd Deddf Goddefiad i addoli yn y lle a'r pryd y mynnent.

Yn awr, darfu i'r ddau enwad ymwahanu yn heddychol â'i gilydd, ac ymgorffori yn eglwysi mewn gwahanol leoedd. Bellach cafodd y Bedyddwyr ddrws agored yn y Pentref, amaethdy ym mhlwyf Llysdinam, lle yr oedd cyfarfodydd wedi cael eu cynnal yn flaenorol am lawer blwyddyn faith, a hynny yn adeg yr erledigaeth fwyaf creulon. Bu achos y Bedyddwyr yn gyson o lwyddiannus yn y lle hwn hyd 1760, pryd yr adeiladwyd lle addoliad mwy cyfleus ger Bontnewydd-ar-Wy, a galwyd ei enw Pentref Newydd. Ond bu cyfarfodydd yn cael eu cynnal yn achlysurol yn y Pentref am flynyddoedd yn ddiweddarach. Dywed hanes i achos crefyddol perthynol i'r Bedyddwyr gael ei gadw yn y lle hwn am 120 mlynedd.

Wedi ymraniad y ddau enwad oddi wrth ei gilydd, cododd yr Annibynwyr addoldy bychan ar dir y Cribarth, Llanafan Fawr, yr hyn a wnaed yn 1689, neu y flwyddyn ganlynol; enw y capel cyntaf hwn oedd Llwyn Llwyd. Y mae ychydig gerrig sylfaen yr hen addoldy i'w gweld hyd heddiw yng nghlawdd maes, ychydig gamrau oddi wrth y briffordd sydd yn arwain heibio. Mae'r maes hwn yn cael ei enwi yn Cae Llwyn Llwyd hyd yn bresennol.

Yn awr yr ymffurfiodd yr Annibynwyr gyntaf yn eglwys, a buont yn cydgyfarfod i addoli yn y lle hwn hyd 1714, yna adeiladwyd capel newydd ehangach, a mwy cyfleus ar fin ffordd wrth odrau Rhiwdalar, a gelwid ef Troedrhiwdalar. Ar gychwyniad yr achos Annibynnol yn y plwyf hwn, telid ymweliadau mynnych â'r praidd bychan yma gan Rees Prydderch, Ystradwallter, ger Llanymddyfri. Yr oedd ef yn un o'r pregethwyr enwocaf a mwyaf cymeradwy yn yr adeg honno. A bu gofal llawer o eglwysi rhannau dwyreiniol Sir Gaerfyrddin, ac eglwysi Sir Frycheiniog, arno ef o'r flwyddyn 1688, hyd ei farwolaeth, Ionawr 25ain, 1699. Cafodd ei eni , ac ordeiniwyd ef, a bu farw yr un dydd o'r flwyddyn, sef Ionawr 25ain. Dywed hanes traddodiadol y byddai yn pregethu mewn rhai tai annedd pan ar ei deithiau trwy Gantref Buallt; ac enwir Llwyncus, Llanlleonfel, yn un o'r cyfryw, ac yr oedd yn pregethu ac yn rhannu yr ordinhad yn y lle hwn.

David Jones, Ysw., o'r Cribarth, oedd amaethwr cefnog a bonheddwr cyfrifol, ac amryw ffermydd ym mhlwyf Llanafan yn eiddo iddo ef. Efe, fel y tybir, a roddodd dir i godi'r capel a enwyd eisioes. Yr oedd yn bregethwr poblogaidd a chymeradwy iawn. Gan nad oedd yn bregethwr teithiol fel rhai o'i gydlafurwyr yn yr oes honno, yr oedd yn wastadol ymhlith y praidd gartref, ac wrtho ef yn fwyaf y disgwyliai'r eglwys fechan yn y tymor cynnar hwnnw yn ei hanes; a bu yn ddefnyddiol ac o gynorthwy mawr iddi am flynyddoedd.

Enw ei wraig oedd Gole, a bu iddynt ddeg o blant, pump mab a phump merch. Yr oedd ef a'i deulu yn cyfaneddu y rhan olaf o'i oes yn Erw-y-ddôl, Llanafan, a gelwid ef yn yr amser hwnnw yn gyffredin, Dafydd Jones yr Erw; ac yno y bu farw ar fore dydd Sul, Mehefin y seithfed, 1727, wedi cyrraedd yr oedran teg o 85 mlwydd oed, a chladdwyd ef ym mynwent Llanafan Fawr, ger ywen yn y cwr deheuol.

Cododd yr ymneillduwyr yn Llanwrtyd a'r cylchoedd, gapel iddynt eu hunain yn y flwyddyn 1693; ond gellir casglu oddi wrth eiriad yr hen weithred sydd eto ar gael a chadw, iddo gael ei godi rai blynyddau cyn y dyddiad uchod. Nid oedd y capel cyntaf hwn ond hynod syml a diaddurn. Ei barwydydd oeddynt – polion wedi eu gyrru yn ddwfn i'r ddaear, a'u hadail, neu eu plethu â gwiail irion, a'u plastro â morter pridd, a'r drws hefyd o'r un gwneuthuriad, ac yn troi ar ei golyn. To brwyn neu wellt oedd arno, a pharth bridd; a rhedai dwy fainc gyda'r ochrau. Eisteddai y dynion hynaf a mwyaf llesg, ar y meinciau, a safai y bobl ifanc a mwyaf gwrol ar ganol y llawr. Oddi wrth yr arferiad yma y disgynnodd yr hen ddywediad hwnnw i lawr atom, 'Y gwannaf i'r mur'.

Bu'r hen fwthyn hwn yn lle addoliad i ymgynnull iddo hyd y flwyddyn 1758, pryd y llosgodd yn ulw i'r llawr. Codwyd capel newydd yr un flwyddyn, â muriau cerrig a tho llechau, ac ehangach, ar yr un llecyn.

Gelwid y tir lle yr adeiladwyd arno Closrhedynog, ac enwyd y capel newydd Gelynos, neu yn ôl hen ewyllys a welais yn dwyn y dyddiad 1765, Celynos. Bu'r eglwys hon hyd y flwyddyn 1712, heb weinidog sefydlog i'w bugeilio. Yn y cyfamser ymwelid â hi gan Mr Henry Maurice, a Mr Rees Prydderch, Ystradwallter, ger Llanymddyfri.

Bu John Jones, Cwmcamarch, Llanfihangel Abergwesyn, yn hynod ffyddlon a defnyddiol i'r eglwys hon yn y tymor bore hwn yn ei hanes. Brawd oedd ef i David Jones, o'r Cribarth, a enwyd yn barod mewn cysylltiad â Throedrhiwdalar. Yr oedd John Jones yn bregethwr cymeradwy, ac yn ŵr uchel ei amgylchiadau bydol. Yr oedd iddo ef atyniad cryf i'r eglwys hon ar y pryd. Merch iddo ef o'r enw Ruhamah, oedd gwraig Rees Lloyd, Ysw., Pen-y-bont Uchaf, Llanwrtyd, ac yr oeddynt hwy eu dau yn aelodau ffyddlon yn y Gelynos.

Symudodd Rees Lloyd a'i deulu, mewn blynyddau diweddarach, i fyw i'r
Dinas, fferm yn yr un plwyf, ac yno y buont hyd derfyn eu hoes. Buont farw
mewn oes deg. Cawn ar 'register' eglwys Llanwrtyd y cofnodion a ganlyn:
'July 5th, 1785, Rees Lloyd, Gentleman, was buried.' Efe oedd yr unig un
a gladdwyd yn y fynwent hon, yn y ddeunawfed ganrif, â 'gentleman' ar ôl
ei enw. Hefyd, a ganlyn: 'August 17th, 1785, Ruhamah Lloyd was buried.'
Gorffwys llwch y ddau ym mynwent eglwys Llanwrtyd.

> Y Llan o dan y Dinas,
> Ar lan Irfon loyw-lon las.   (Hen gwpled)

Yr oedd gan bobl oedrannus oedd yn fyw pan oeddwn i'n ifanc gyfrinion
diddorol ac annwyl i'w hadrodd am y wraig rinweddol hon – yr oedd yn
foneddiges haelionus dros ben i dlodion y cylch, ac edmygid hi gymaint fel
yr adnabyddid hi gan bawb wrth yr enw 'Madame Lloyd'. Yr oedd yn wraig
grefyddol iawn, adroddid amdani yn siarad yn uchel a chynnes iawn am
grefydd yng Nghapel y Gelynos, mewn cyfeillach grefyddol, ychydig cyn ei
marwolaeth.

Yn amser Cromwell yr oedd gŵr o'r enw Thomas ap Rhys Meredydd
Bowen yn byw ym Mwlch-y-garth, Llanfihangel; yr oedd iddo ddau fab o'r
enwau Thomas a William, ac un ferch. Un diwrnod daeth nifer o feirch-
filwyr at y lle, gollyngasant y ceffylau i'r ysgubor, ac aethant i mewn i'r tŷ i
ysbeilio eiddo'r teulu. Yn y cyfamser, rhedodd y ferch allan, a phan welodd
yr anifeiliaid yn sarnu'r ŷd, hi a aeth i'r ardd ac a ddygodd gychaid o wenyn,
a thaflodd ef i mewn i ganol y ceffylau, y rhai a ruthrasant allan, a chafodd y
milwyr gryn drafferth i'w dal ar gyttir gerllaw.

Yr oedd y tad, Thomas ap Rhys Meredydd Bowen, yn berthynas agos i
Evan Bowen a osodwyd i bregethu yn Llanafan. Bu'r mab William, o Fwlch-
y-garth, fyw nes cyrraedd oedran teg, ac yr oedd ganddo atgofion diddorol
iawn i'w hadrodd am yr amgylchiad hynod a nodwyd. Bu farw yn 1715.

Y Parch. Rice Price, offeiriad Llanlleonfel, oedd frodor o blwyf Maes-
mynys, neu Maes-yr-ynys, a briododd ferch Evan Bowen o Bencaerhelen,
Llanfihangel Brynpabuan, yn 1784. Yr oedd iddi frawd yn ficer Llanynys
ger Llanfair-ym-Muallt; ail fab o'r briodas hon oedd yr enwog Barch.
Thomas Price (Carnhuanawc), awdur enwog *Hanes Cymru*. Ganwyd ef yn
Pencaerhelen yn 1788.

Yr oedd ym meddiant Carnhuanawc gopi o Feibl William Salesbury, yr
hwn a fu yn eiddo i Evan Bowen, Llanafan Fawr, ac arno yr ysgrifen Ladin a
ganlyn:

> Exordium Evani Bowen, Llanavan-vawr, duodecimo die martig
> anno domini miless, sexcentess, quinqess, tert, captu est.

DIWYGIAD 1840

Hwn yn ddiamau oedd y mwyaf nerthol a chyffrous a welodd eglwysi Cantref Buallt erioed. Yr oedd y Diwygiad Dirwestol a fu yn y wlad, ac a wnaeth y fath waith da yn ystod y blynyddoedd blaenorol i'r adfywiad crefyddol hwn, wedi bod yn fath o rag-redegydd iddo, ac wedi arloesi'r tir yn barod, trwy dynnu cannoedd o ddynion allan o afaelion y ddiod feddwol, a'u gwneuthur yn bobl barotach i'r Arglwydd.

Yr oedd cyn y diwygiad hwn, ryw deimlad a hiraeth angerddol yn yr eglwysi yn gyffredinol am ryw fath o ymweliad oddi wrth yr Arglwydd. Yr oedd hyn i'w deimlo yn barhaus yn y cyfarfodydd gweddi, rhyw daerineb a naws yn y gweddïau, fel pe buasai hen grefyddwyr yn glaf am y tywalltiad nefol ar yr eglwysi, yn neillduol am i'r Arglwydd i achub y bobl digrefydd.

Yr oedd sôn wedi bod fod y diwygiad wedi torri allan mewn modd nerthol yn Lerpwl, yr hyn a wnâi i ysbryd llawer i gynhesu, a theimlid eu gweddïau yn awr yn fwy ffyddiog, ac yn fwy gafaelgar fyth.

Yn yr adeg yma yr oedd Mr Williams, Troedrhiwdalar, wedi cael addewid gan y Parch. William Williams, Llandeilo, i ddod i roi pregeth yn Nhroedrhiwdalar, a hynny ar noswaith yn yr wythnos, pan ar ei ddychweliad o Lerpwl, a lleoedd eraill yng Ngogledd Cymru.

Ymddengys ei fod ef wedi yfed yn helaeth o ysbryd y diwygiad ar y daith hon, a phan gyrhaeddodd Tan-yr-allt y prynhawn hwnnw, ac adrodd am yr hyn a welodd ac a glywodd ef ei hun yn Llynlleifiad a lleoedd eraill, gwresogodd ysbryd Mr Williams o'i fewn, a chrëwyd ynddo awydd angerddol am y fath ddylanwadau nefol yn yr eglwysi oedd o dan ei ofal yntau.

Cyn cychwyn o Dan-yr-allt y noson honno tua'r cyfarfod yn Nhroedrhiwdalar, cynhaliwyd cyfarfod gweddi yn y tŷ i erfyn am i'r Arglwydd dywallt o'i Ysbryd yn yr oedfa y noson honno; yna cychwynasant fel y ddau ddisgybl hynny ar y ffordd i Emaus, a'u calonnau yn llosgi o'u mewn.

Yr oedd cynulliad dda wedi dod ynghyd i'r capel y noson hon, a chafwyd oedfa hynod wlithog; ond ni thorrodd y diwygiad allan yn y cyfarfod hwn. Ond yng nghyfarfod yr eglwys y Sabathau a'r wythnosau dilynol, clywid sŵn ymrig y morwydd, a chafwyd amryw oedfaon da dros ben, ac ymunodd rhyw nifer â'r eglwys.

Yr oedd yn arferiad gan Mr Williams i fynd i bregethu yn aml i dai annedd yng nghyrrau pellaf ei weinidogaeth, yn neillduol at deuluoedd lle y byddai claf, neu rywun o henaint a misgrellni wedi ei ddal. Yn Ty'n-dŵr, anhedd-dy ychydig yng nghyfeiriad y gogledd o'r capel, yr oedd hen wraig yn byw, yr hon a fu ddeunaw mlynedd yn orweddog yn y gwely. Ei henw oedd Sally. Yr oedd Mr Williams wedi rhoi ei gyhoeddiad i bregethu gyda'r hen weddw dlawd hon ar nos Sabath, Awst 16eg. Yr oedd yr hen fwthyn wedi ei orlenwi cyn yr amser. Dechreuwyd yr oedfa gan Evan Price,

Y Cwm, brawd y Parch. Samuel Price, Llanedi. Gweddïodd yn daer a hynod o effeithiol, nes y cerddai rhyw drydan byw a dylanwad rhyfedd, drwy'r gynulleidfa; yna pregethodd Mr Williams oddi ar weddi Steffan o dan y gawod gerrig. Dangosodd Duw mewn modd amlwg ei bresenoldeb gyda'i bobl oedd wedi ymgynnull yn y lle. Cerddai rhyw deimlad dwfn, distaw, trwy galonnau pawb o'r bron; eto ni thorrodd y teimlad dros yr argae yn ystod y bregeth; ond ar y canu ar derfyn yr oedfa, disgynnodd yr Ysbryd yn angerddol ar y gynulleidfa.

David Pugh, dyn ieuanc o'r ardal, achubodd y blaen i dorri allan i foliannu, drwy weiddi mewn llais hynod gynhyrfus,

'Diolch am gael 'y nhraed i'n rhydd, o mywyd annwyl i!'

Ar hyn torrodd dyn ieuanc arall allan i foliannu mewn ysbryd tanbaid, o'r enw Solomon Davies. Yn awr aeth y tân nefol dros yr holl dŷ, nes oedd y cyfan yn un oddaeth fawr. Buwyd yma'n moliannu a llawenhau yn yr Arglwydd am oriau meithion, a Mr Williams yn cydfoliannu â hwynt hyd y diwedd, mor danllyd ei ysbryd â neb.

Aeth sôn am y cyfarfod hwn allan ar unwaith i bob cyfeiriad, fel tân trwy baith sych. Y Sul cyntaf wedi i'r Diwygiad dorri allan, yr oedd Mr Williams i bregethu am ddeg yn y bore yn Nhroedrhiwdalar. Yr oedd yr addoldy yn llawn yn hir cyn adeg dechrau, a rhai cannoedd o dan orfodaeth i sefyll allan ar yr heol a'r fynwent, oherwydd nad oedd yr adeilad yn ddigon eang i'w cynnwys. Aeth y gweinidog i fyny i'r areithfa yngŵydd torf fawr, ac yr oedd yn amlwg oddi wrth wedd eu gwynebau, fod yn eu calonnau ddisgwyliad a phryder mawr am i'r oedfa i ddechrau; ond cyn rhoi un pennill allan, agorwyd y ffenestr oedd wrth gefn y pwlpud, fel y gallasai y cannoedd pobl oedd o'r tu allan glywed yn lled hwylus. Cyn mynd braidd drwy rannau dechreuol y gwasanaeth, disgynnodd dylanwadau nerthol ar y dorf, fel y gwelodd y pregethwr nad oedd gwiw iddo dynnu ei destun, ond rhoddodd iddynt fath o anerchiad, ac fel yr oedd ei ysbryd yn codi i bwynt uchel gyda'i fater, gwaeddodd allan mewn llais cynhyrfus a gorchfygol, 'Crist neu ddamnio; Crist neu ddamnio,' a hynny nes llwyr orchfygu'r holl dorf, yn grefyddwyr a dibroffes, ac aeth yn un floedd fawr am drugaredd dros y lle o'r bron; aeth yn gyfyngder enaid ar lawer, gweddïent, wylent a cheisient am drugaredd i'w heneidiau, a pharhaodd y cyfarfod felly am oriau hirion. Gan fod yn rhaid i'r gweinidog fynd i Lanwrtyd erbyn dau o'r gloch, ymadawodd cyn cael trefn i derfynu'r oedfa, gan adael yr holl gynulleidfa yn moliannu mewn hwyl a gorfoledd mawr.

Nid oedd y tân nefol wedi disgyn eto ar eglwys y Gelynos, ac ni fu dim yn yr oedfa hon y prynhawn Sabath hwn.

Pan ar ei daith adref y noson honno, fel y nesâi at gapel Beulah, clywai sŵn canu a moliannu brwdfrydig iawn yno, ac wedi cyrraedd at yr addoldy, disgynnodd ar frys oddi ar ei geffyl, a chan ei ollwng yn rhydd i fynd lle yr elai, i mewn ag ef i ganol y dorf i uno â hwynt mor wresog ei ysbryd â neb pwy bynnag.

Lluosogodd yr eglwys hon gymaint yn adeg yr adfywiad hwn, fel y daeth gofyn am ail-adeiladu y capel, yr hyn a wnaed yn 1841, wedi ei helaethu'n fawr. Parhaodd y diwygiad hwn yn ei nerth a'i ddylanwad yn eglwys Troed-rhiwdalar a'r cylch am dymor maith, fel y bu Mr Williams am yr ysbaid o naw Sabath heb gael hamdden i bregethu, gan y torrai'r gynulleidfa allan i foliannu tra y gweddïai, neu wrth ganu yn rhan ddechreuol o'r gwasanaeth.

Weithiau byddai ganddo rywbeth neillduol a phwysig i'w ddweud, a deisyfai arnynt am ychydig osteg a threfn; ond nid gwiw oedd ceisio am y fath beth. Yn aml byddai raid iddo ymadael cyn terfynu'r oedfa, gan fod ei gyhoeddiad ef yn rhyw le arall ar adeg benodedig.

Yr oedd y cyrddau gweddi wythnosol yn lluosog iawn yn yr adeg hon, pa un bynnag ai yn y capel neu mewn tŷ annedd y byddent; a bron yn ddieithriad yr oedd yr ysbryd yn disgyn mewn modd grymus ar bob oedfa, fel yr oedd yn anhawdd ymadael nes yr elai'n hwyr iawn, yn agos i hanner nos yn aml.

Wedi torri'r cyfarfodydd hyn i fyny, ymadawent yn finteioedd i wahanol gyfeiriadau dan ganu'n gynnes ar hyd y ffyrdd, ac weithiau arhosent yn drypau ar y croesffyrdd, neu galwent mewn tai, lle y byddent eilwaith yn cynnal cyfarfod arall drachefn. Adroddir am gwmni yn mynd un noson o gyfarfod gweddi yn Nhroedrhiwdalar, a phan o dan y Wenallt, cytunasant i gael cwrdd arall yn y Tŷ-mawr, ac yno y buont hyd hanner awr wedi un o'r gloch cyn ymadael. Pan ddaethant i'r tŷ, yr oedd yr hen ŵr wedi mynd i orffwys, ond pan glywodd y canu a'r gweddïo, daeth i lawr ac a gydunodd â hwynt.

Yr oedd y gyfeillach grefyddol yn Nhroedrhiwdalar un noson yn digw-ydd bod ar yr un noswaith â Ffair Fihangel Llanfair-ym-Muallt, ac er fod hon y ffair bleser fwyaf boblogaidd yn y cwmpasoedd, eto daeth pob aelod adref ohoni'n brydlon er mynd i'r 'society', a chafwyd cyfeillach fendigedig, medd yr hanes. Yn yr adeg hon, nid oedd ond sôn am y Diwygiad ar dafodau pawb yn y teulu ac ar y meysydd ymhob rhan o'r wlad.

Adroddir eto gan hen bobl am y diwrnod medi hwnnw ar Tŷ Rosser. Yr oedd nifer o gymdogion wedi dod ynghyd at ei gilydd yn ôl arfer yr amaethwyr yn y rhan hon o'r wlad, i dorri cae o wenith; a phan oeddynt ar y talar yn awchu eu crymanau, tarawodd un o'r cwmni un o donau'r Diwygiad. Unodd un arall ag ef, ac o'r diwedd cydunodd pawb o'r bron yn y canu, cynhesodd yr ysbryd, nes aeth yn foliannu ar y maes yn y fan honno. Gwelodd perchennog y cae fod perygl iddynt dderbyn niweidiau oddi wrth yr arfau miniog oedd yn eu dwylo, a chafodd ddigon o hunan feddiant i'w tynnu o'u dwylo, a'u gosod o'r neilldu, hyd nes y cafwyd trefn i fynd ymlaen â'r gwaith.

Mewn un cyfarfod paratoad, a gynhaliwyd y Sadwrn cyn cymundeb, bedyddiodd dros drigain o bersonau o wahanol oed nad oeddynt wedi cael eu bedyddio pan yn fabanod. Safent yn rheng ar hyd rhodfa'r capel, a'r gweinidog yn cael ei ddilyn gan Mr T. Bowen, Pen-lan, un o flaenoriaid hynaf yr eglwys, yn dwyn ystên â dŵr i lenwi'r basn yn ôl fel y byddai'r angen.

Y Sabbath canlynol, derbyniwyd 123 yn aelodau yn yr eglwys, ac yr oedd ymhlith y nifer hyn dair cenhedlaeth yn cael eu derbyn yr un diwrnod. Ni wnaeth Mr Williams siarad a rhoddi deheulaw cymdeithas i bob un o'r nifer fawr hyn yn bersonol, ond gofynnodd iddynt oll ar unwaith,

'A oes arnoch chi gywilydd i arddel Iesu Grist?' mewn llais hyglyw, ac atebodd pawb ohonynt mewn un llais,

'Nagoes!' Ac meddai'r gweinidog yn ôl, 'Nid oes dim eisiau i chwi ychwaith.'

Y Sabbath bythgofiadwy hwn, yr oedd yr addoldy yn anghysurus o lawn, a llawer o gannoedd yn methu mynd i mewn, ond arhosent allan ar y fynwent ac o amgylch y capel. Yr oedd ym marn pawb, tua thair mil o bobl yn bresennol y Sul hwn. Ar y ffordd ger y capel, yr oedd cannoedd o geffylau yn rhwym wrth y perthi, ynghyd â llawer o gerbydau, a dywedir fod rhai ohonynt wedi dod tua deg milltir o ffordd.

Cafwyd cyfarfod rhyfedd yn Llawrdref Fach, pryd y disgynnodd yr Ysbryd ar y gynulleidfa mor wirioneddol ag y gwnaeth ar ddydd y Pentecost gynt. Torrodd allan yn orfoledd cyffredinol yn y lle hwn, fel yr oedd pawb o'r bron yn llawn gorfoledd. Yn ystod y cyfarfod cafwyd golygfa hynod. Yn groes i'r hen anhedd-dy, yr oedd trawst mawr, isel, fel yr oeddynt i'w gweld mewn llawer o hen dai yr oes o'r blaen, ar yr hwn yr oedd llawer o hoelion a bachau at wasanaeth y teulu i roddi pethau arnynt o law. Fel yr oedd un a adwaenid wrth yr enw Dafydd Jac Clochydd yn angerdd ei deimlad yn neidio wrth foliannu, aeth ar draws un o'r bachau oedd yn y 'beam', yr hwn a aeth drwy ei glust, nes oedd mor sicr wrth yr hen drawst yn y fan honno, fel y bu raid ei gynorthwyo i ddod yn rhydd!

Mewn cyfarfod gweddi yn y Garth Fach, cafwyd tywalltiad helaeth a grymus iawn o'r Ysbryd ar y gynulleidfa oedd yn bresennol. Yr oedd y golygfeydd yma yn hynod mewn gwirionedd. Canent, gorfoleddent, a neidient gan guro eu dwylo a gweiddi, a diolch, bob yn ail; aeth rhywun mwy afreolus na'i gilydd, meddir, ar draws y cig moch oedd yn crogi o dan y llofft, fel y tynnwyd un ystlys i lawr o dan draed, ond meddiannwyd rhywun gan fwy o bresenoldeb meddwl na'r rhan fwyaf oedd yn bresennol, a chododd yr ystlys ac a'i rhoddodd o'r neilldu. Cyfarfod a hir gofir oedd y cyfarfod rhyfedd hwn.

Cafwyd cyfarfod hynod hefyd, gwerth ei adrodd yn adeg yr adfywiad hwn, yn y Dolau Bach, anhedd-dy ar fin Nant Cerdin, ar Ffos yr hen dranes, lle y cyfaneddai hen bobl dduwiol o'r enwau Jac a Phali. Torrodd yn orfoledd mawr ar bawb o'r bron trwy'r gynulleidfa. Rhai yn bloeddio, rhai yn wylo, ac ugeiniau yn llawn o neidio, a'r stolau teirtroed o dan draed, a sholau bach wedi syrthio oddi ar warrau hen wragedd; yr oedd calonnau dewraf yn plygu, a'r calonnau caletaf yn toddi.

Yr oedd sôn am y 'moliannu mawr' yn gwneud i lawer o ddynion digrefydd na arferent fynychu un lle o addoliad yn gyson, i fynd i weld y diwygiad, a hynny o dan ddylanwad chwilfrydedd yn fynych, a chael eu dal ganddo cyn mynd adref.

Weithiau disgynnai ysbryd moliannu allan mewn modd grymus ac effeithiol yn y gyfeillach grefyddol, fel yr âi pawb o'r bron i deimladau angerddol. Adroddir am gyfeillach felly yn y Gelynos yn adeg y cyffro rhyfedd hwn. Pan oedd Mr Williams yn siarad ar ryw fater, a Duw yn arddel ei eiriau, torrodd y gynulleidfa allan mewn ysbryd brwdfrydig i orfoleddu, fel y rhwystrwyd y siaradwr i fynd ymlaen â'i fater, a chafwyd oedfa hir i'w chofio. Y noson honno gwaeddodd Daffi Ty'n-y-maes allan y pennill hwn:

O na bawn i gorff a chwbwl
Mor gyflymed ag yw'n meddwl,
Hedwn gyda'r awel hyfryd,
O'r byd hwn i dir y bywyd.

Gwaeddai y geiriau uchod mewn llais ac ysbryd mor danbaid, ac mor effeithiol, fel y mae atsain y waedd ryfedd yn aros yng nghlustiau pawb a'i clywodd hyd heddiw. Gwaeddai yr hen weinidog yntau, 'Gogoniant am grefydd', nes gorchfygu y teimladau caletaf yn y gynulleidfa.

Yn yr adeg yma, âi y ddau enwad yn y lle i gynnal cyfarfodydd gweddi at deuluoedd lle y byddai rhywun neu rywrai dibroffes, ac yn aml disgynnai cawodydd trymion o'r dylanwadau nefol ar yr oedfaon hyn; ac os llwyddid i ennill rhyw enaid at Grist, aent adref yn llawen gan ddweud, 'Yr Arglwydd a wnaeth i ni bethau mawrion.'

Yr oedd sôn am y diwygiad yn mynd o'i flaen i bob cwr o'r wlad, a rhyw naws hyfryd yng ngweddïau llawer, ac yn y canu, fel sŵn ym mrig y morwydd, yn fath o ragarwydd ei fod yn dod. Mewn cwrdd gweddi ym Moriah Abergwesyn, teimlid rhyw eneiniad, a rhyw daerineb dieithr yng ngweddïau'r brodyr; ac fel yr arosai pedwar ohonynt ar ôl yn y capel ar ôl yr oedfa yn siarad â'i gilydd am y diwygiad, cytunasant â'i gilydd i fynd i weddi, eu pedwar, i erfyn ar yr Arglwydd i dywallt ei Ysbryd ar yr ardal a'r praidd bychan a gydgyfarfyddent yn y lle. Wedi i'r pedwar weddïo, siaradent eto â'i gilydd, ond ni theimlodd un ohonynt ddim yn neillduol ar eu teimladau y tro hwnnw; yna aeth y pedwar i weddi eto, a'r tro hwn, disgynnodd rhywbeth yn amlwg arnynt oll, a 'hwy a ddechreuasant fod yn llawen'. Buont yno am amser hir yn cydganu a moliannu. Rywbryd tua hanner nos, dechreuodd eu teuluoedd anesmwytho amdanynt, ac aeth rhai mor bell â'r capel i edrych amdanynt, a chawsant hwy yn wresog yn yr ysbryd yn moliannu Duw.

Ar derfyn y diwygiad hwn, nid oedd ond tri pherson yn Abergwesyn a'r cylch nad oeddynt yn proffesu crefydd. Gwnaeth un o'r tri cymeriad hyn derfyn ar ei fywyd drwy ymgrogi. Bu'r ail farw mewn amgylchiadau difrifol o dlawd. Parhaodd y trydydd i arwain bywyd meddw ac isel, aeth ef a'i deulu i amgylchiadau drysedig, ymadawodd â'r ardal ac aeth i Forgannwg, lle y parhaodd eto yn feddwyn cyhoeddus am ryw amser. Un noswaith, cafodd weledigaeth hynod yn ei gwsg – breuddwydiodd weld ei arch ei hun yn cael ei dwyn i mewn i'w dŷ; gwelai ei enw ei hun, ei oedran, a dyddiad ei farwolaeth ar y plât! Cafodd y freuddwyd hon argraff ddofn ar ei feddwl, newidiodd ei fywyd a'i ddull o fyw bellach am y gweddill o'i oes. Ymhen rhyw amser, cafodd ei daro'n glaf, a phan ddaeth y 'date' a ddarllenodd yn ei gwsg ar y plât, bu farw! Dyna'r hanes adroddai hen bobl a'i hadwaenai'n dda.

Y mae gennym hanes am rai o offeiriaid yr eglwys sefydledig yn mynychu cyfarfodydd y capeli, ac yn aros ar ôl yn y cyfeillachau i wrando hyd y diwedd.

Pan ddeuai Eben Williams i bregethu i'r lle, yr oedd yn gyrru yr holl gynulleidfa yn un oddaeth fawr. Dywedai Evan Morris ei fod fel pe byddai yn taflu bocsiaid o fatches i'r tân.

Rhai Nodweddion Eglwysig

FFENESTRI Â CHAUADAU

Yr oedd i rai hen eglwysi ffenestri â chauadau *(shutters)* arnynt o'r tu allan; cloriau estyll oeddynt, yn crogi ar fachau. Yn yr oesoedd gynt, yr oedd yn arferiad cyffredin i chwarae pêl yn erbyn mur cornel eglwysi, a diben y *shutters* oedd cadw'r ffenestr rhag ei niweido gan y bêl. Yr oedd cloriau felly ar ffenestr cornel ddwyreiniol eglwys Llanddewi Abergwesyn, a gwelir y bachau yng nghynor yr hen ffenestr heddiw.

WEEPING CHANCEL

Wrth sefyll ar ganol llawr hen eglwys plwyf Llanwrtyd, gwelir nad yw y bwa sydd rhwng cyntedd yr eglwys a'r gangell yn sefyll yn gywir yn y canol, ond yn gogwyddo ychydig. Mae'n debyg ei bod wedi ei chodi felly i amcan neillduol, a hynny ydoedd – yn arwyddlun o'r Gwaredwr yn gogwyddo ei ben wrth farw ar y groesbren. Caed fod amryw o hen eglwysi'n gwlad a'r *arch* hon felly, a gelwir hwynt gan y Saeson yn *weeping chancel*.

PISCINA

Anaml iawn y gwelir un *piscina* mewn unrhyw eglwys, a'r hon sydd yn aros ym mur allor hen furddyn eglwys Llanddewi Abergwesyn. Mae yn hynod fychan, syml a hynafol. Llechen las, lefn, yw ei gwaelod, a llechen arw, gref, a hollol ddidriniaeth, sydd uwchben iddi, a hawdd yw gweld ei bod yn aros yn ddigyfnewid o ran ei ffurf er adeg codi'r eglwys hon. Saif yn y mur mewn uchter priodol a hwylus i'r offeiriad osod rhywbeth o law ynddi; a'i diben oedd i ddal rhai o lestri'r cymun bendigaid, cyn ac ar ôl yr ordinhad; ac hefyd i ddal yr olew i eneinio'r cleifion. Nid yw'n mesur ond un-fodfedd-ar-bymtheg o hyd, saith o led, a'r 'shelf' tua chwech modfedd. Hon yw y mwyaf syml a diaddurn a geir yn aros yng Nghantref Buallt yn bresennol.

CROG-LOFFT – ROOD-LOFT

Cyn i hen eglwys plwyf Llanwrtyd gael ei had-adeiladu, a gwneud y fath gyf-newidiadau ynddi yn y flwyddyn 1861, yr oedd yn amlwg fod iddi grog-lofft wedi bod ryw adeg yn ei hanes; canys hyd y flwyddyn a nodwyd, yr oedd hen risiau cerrig hynafol yr olwg arnynt, ym mur y wyneb, rhwng y drws a'r pwlpud; ond nid oedd neb o'r bobl fwyaf oedrannus y bûm i yn ymholi â hwynt a chanddynt gof am ddim ohoni'n aros.

HOLY WATER BASIN NEU STOUP

Ym 'mhorts' eglwys Llanafan Fawr, mae carreg wedi ei gosod yn y mur a'i phen allan, mesura ddeuddeg modfedd o led, ac wyth o ddyfnder. Mae ei cheudod yn wyth modfedd o led, a thair o ddyfnder. Yr oedd y garreg yma gynt yn y mur oddi fewn, ger y drws.

Mae yn eglwys Llanfihangel Brynpabuan un gyffelyb. Mae hon yn tu fewnol yr eglwys, ger y drws, ar y dde wrth fynd i fewn. Mae ei phadell yn grwn, yn ddeg modfedd o drawsfesur, a phedair modfedd o ddyfnder. Yn y mur uwchlaw'r *stoup* mae *figure* o wyneb dynol, yr hyn sydd yn ei gwneud yn un tra hynafol.

ESGYRNDY

Yr oedd yn arferiad i gladdu llawer o gyrff oddi fewn i furiau'r eglwysi, yn yr oesoedd a aethant heibio. Cleddid teuluoedd o dras uchel, ac hefyd bersonau o barch ac enwogrwydd yn y gangell, fel rheol, a theuluoedd o sefyllfa gyffredin yn llawr corff yr eglwys, ac yn gyffredin o dan y sêt lle yr arferent eistedd i wrando. Gan y byddai llawer o gladdu yn yr un beddau, daeth yn ofynnol i gael rhyw le arbennig i osod yr esgyrn a godid o feddau, a hyn sydd yn cyfrif fod mewn llawer iawn o'r hen eglwysi le a elwid esgyrndy, neu *charnel-house* fel y gelwir y fath le gan y Saeson. Enw arall arno yw bedrog, gair cyfystyr â beddrod. Yr oedd yr esgyrndy bob amser mewn rhyw le dirgel o'r eglwys, megis o dan y grisiau a arweiniai i lofft y grog wrth gefn y drws, neu gongl ddirgel.

Yr oedd fel rheol wedi ei wneud gryn dipyn yn is na'r llawr, ac yn dair troedfedd, mwy neu lai, o led. Mewn rhai eglwysi yr oedd clawr, neu ddrws wedi ei osod arno, ac mewn rhai eglwysi eraill yn agored. Yn yr esgyrndai yn gyffredin, yr oedd crugiau mawrion o esgyrn sychion o bob maint, ac yn eu plith amryw benglogau cyfain bob amser!

Cyn i hen eglwys plwyf Llanwrtyd gael ei had-adeiladu yn y flwyddyn 1862, yr oedd esgyrndy yn ymyl mur y wyneb, ychydig droedfeddi oddi wrth y drws. Yr oedd cof da gan hen bobl amdano, ac nid heb achos, oherwydd yn yr hen amser, pan gedwid ysgol ddyddiol gynt yn yr eglwys hon, y gosb drymaf o eiddo un hen athro am drosedd drwg iawn, oedd carcharu y troseddwr am ryw amser penodol yn yr esgyrndy!

Yn yr oesoedd tywyll a hygoelus gynt, pan oedd llawer o sôn am ysbrydion a chredu mewn bwbachod, y gwrhydri pennaf a allasai un dyn wneud er dangos ei hun yn wrol a diofn ar hyd y nos, oedd mynd wrtho'i hun i'r eglwys, a chymeryd penglog o'r esgyrndy gydag ef allan. Llawer gwaith y clywais hen bobl yr oes o'r blaen yn adrodd hanesion difyr iawn am yr arferiad hynod hwn, ond ni roddir ond un neu ddau yn unig yn yr ysgrif hon.

Rywbryd yn nechrau'r bedwerydd-ganrif-ar-bymtheg yr oedd mab i amaethwr o ardal Llanwrtyd yn crasu ŷd yn y Felin, yr hon sydd o fewn cant a hanner o gamrau i'r eglwys, ac yn ôl arferiad yr oes honno, os byddai'r gynnos yn fawr, cymerai ddiwrnod a noswaith o amser i'w chrasu. Ar achlysur o'r fath, anfonai yr hwn fyddai'n crasu wybodaeth i nifer o'i ffrindiau i ddod ato'n gwmni am y nos, a threulio noswaith ddifyr a hapus anghyffredin. Adroddid llawer o hanesion diddan, yn llawen a chysurus ger tân y cylyn (*kiln*), ac yn ystod y nos, siaredid am ganhwyllau cyrff, a chyhoeraeth, bwbachod ac ysbrydion, a llawer o hen hanes hygoelus oedd yn cael eu credu fel gwirionedd gan bob gradd yn yr oes honno. Wedi hir ymgomio hyd oriau mân y bore, a rhoddi llawer tro i'r glwyded ŷd ar yr odyn, er chwaneg o ddifyrrwch, cynigiodd un o'r cwmni ryw swm o arian i'r hwn a aethai i mewn i'r eglwys, a dod a phenglog o'r esgyrndy ganddo'n ôl; derbyniodd rhywun mwy gwrol a diofn y cynigiad. Ffwrdd ag ef. Aeth i mewn i'r eglwys drwy y *vestry*, canys lled anaml, ond ar nos Wener, y byddai Plaen Harri, yr ysgolfeistr, yn cloi drws y *vestry* wrth dorri'r ysgol y prynhawn.

Wedi cyrraedd yn araf ac ofnus at 'y twll esgyrn', a chwilio a blaen-darddach am gryn amser, llwyddodd i gael penglog allan o'r cronglwyth, a phan ar droi yn ei ôl i fynd allan, dyna lais oer a dwfn yn dweud yn ei ymyl, "Y mhen i yw hwnna!' Ar hyn taflodd y dyn ieuanc y penglog yn ôl i'r twll; ac yn ei awydd i ennill y wobr addawedig, ceisiodd fagu digon o nerf i gael penglog arall. Wedi ail chwilio, a thrin a throi ychydig ymhlith yr esgyrn, darfu iddo daro ei law eto ar benglog arall; ond dyma'r un llais eto yn dweud, 'Pen mamgu yw hwnna.' Yna gollyngodd y dyn ei afael yn yr ail benglog, gan ddweud, 'O wel, y ti a dy dylwyth sydd wedi eu claddu i gyd yma,' a ffwrdd ag ef allan.

Yn ôl yr hanes a gefais o eneuau hen bobl, yr oedd esgyrndy gynt yn eglwys Llanafan Fechan, yn llawn iawn o esgyrn o bob rhan o'r corff dynol. Adroddwyd wrthyf hefyd yr hanesyn a ganlyn, yr hwn a gymerodd le o fewn cof pobl oedrannus oedd yn fyw ddiwedd y ganrif o'r blaen.

Ryw noswaith yr oedd cwmni o bobl ifanc, diddan a llawen, yn hela dechreunos yn Llanfechan, amaethdy yn ymyl yr eglwys a nodwyd. Er mwyn tipyn o ddifyrrwch diniwed, addawyd swm o arian yn rhodd i unrhyw un o'r cwmni a aethai i'r eglwys, a dod â phenglog o'r esgyrndy yn ôl i'r tŷ. Temtiodd yr arian addawedig ryw lanc ieuanc mwy gwrol nac eraill, i geisio eu hennill. Allan ag ef, ac i'r eglwys; llwyddodd yn fuan i daro ei law ar benglog, a chyda'i fod yn cychwyn allan, clywai lais dieithr fel o fyd arall yn galw arno, 'Dere â 'mhen i'n ôl!' Ond y llanc yn ddewr a phenderfynol i ennill yr arian, a dywedodd yn hyf, 'Gad di i fi ga'l e dipyn bach, fe ddo i'n ôl ag e i ti'; yna allan ag ef, ac wedi ennill y wobr, cymerodd y pen yn ôl i'r eglwys. Yna deallodd mai llanc arall oedd wedi ei ragflaenu ef i'r eglwys, er ceisio ei ddychrynu, a'i rwystro yn ei amcan.

FFENESTR HYNAFOL
Y mae ym mur eglwys Llanfihangel Brynpabuan, ffenestr fechan bur hynafol i'w gweld. Dangosir hi yn isel ym mur gwyneb yr eglwys, yng nghyfer y gangell. Mesura chwech-modfedd-ar-hugain o uchder, a deuddeg modfedd o led. Nid yw hynafieithwyr yn cytuno yn hollol beth oedd diben y ffenestr hon; barna rhai iddi gael ei gwneud er mwyn gwahangleifion, y rhai a ysgymunid, ac na chaent gymysgu â'r gynulleidfa, ond a ddeuent at ymyl y ffenestr hon i wrando'r gwasanaeth, a rhoddid cymundeb allan trwyddi iddynt; felly gelwid hi ffenestr y gwahangleifion. Tybiai eraill iddi fod yn ffenestr trwy ba un yr oedd yn arferiad gan y myneich i ddod i wrando cyffesion. Ychydig o'r ffenestri yma sydd heddiw'n aros, ond o sylwi'n fanwl gwelir olion rhai ym mur dwyreiniol y gangell, ond wedi eu cau i fyny. Mae ffenestr felly i'w gweld ym mur gwyneb hen eglwys Llanwrtyd.

CLUSTOGAU PEN-LIN HYNAFOL
Mae'n debyg mai clustogau gwellt oedd mewn arferiad gyntaf yn yr eglwysi, a cheir dwy glustog ben-lin yn cael eu defnyddio yn awr yn eglwys Llanddewi'r Cwm ger Llanfair-ym-Muallt; un yn y pwlpud a'r llall wrth fwrdd yr allor.

Mae rhai hen bobl eto'n fyw â chof ganddynt am glustogau cyffelyb yn eglwys Llanafan Fawr flynyddoedd yn ôl. Yr oedd y math yma o glustog pen-lin yn hen eglwys plwyf Llanwrtyd ganol y ganrif o'r blaen.

CERRIG BEDYDD HYNAFOL
Yr oedd hen garreg fedydd eglwys Llanfihangel Abergwesyn yn un hynafol yn ei ffurf, a phur ddiddorol ar fwy nag un cyfrif.

Gwelir ar ei hymylon bedwar o bantiau llyfnion, un o ba rai sydd yn lled ddwfn, sef olion hogi cleddyfau, yn ôl arferiad milwyr yr oesoedd gynt o fynd â'u cleddyfau i'r eglwysi i'w gloywi, a'u hogi ar y cerrig bedydd.

Arferiad arall oedd – yng nghyfnod y bwa a saeth, âi llawer â'u saeth i'r eglwysi i'w llymu a'u gloywi trwy eu rhwbio yn y cerrig bedydd. Mae ar ymyl y garreg fedydd a nodir, ddau rigol hir, cyfochrog, y rhai yn fwy na thebyg a wnaed wrth flaenllymu saethau. Mae'r garreg yma i'w gweld yn *vestry* yr eglwys uchod yn bresennol. Gwelais rigolau cyffelyb, ond llai, yn medyddfaen eglwys Llanwrtyd; ac hefyd rigolau bychain yn ymyl bedyddfaen eglwys Llangamarch.

BEDYDDFAEN EGLWYS LLANFIHANGEL

Yn amser y werin lywodraeth, a'r adeg cynhyrfus hwnnw a fu ar grefydd, darfu i garreg fedydd Eglwys Llanfihangel Brynpabuan gael ei chymeryd allan o'r eglwys, a'i gosod yn gafn moch ar fuarth rhyw amaethdy yn rhannau gorllewinol y plwyf; ac yn yr adeg honno, torrwyd bwlch yn ei hymyl. Wedi i'r offeiriad, y Parch. William Williams, M.A., gael ei adferyd i'w fywoliaeth yn 1660, mynnodd y bedyddfaen yn ôl i'r eglwys, ac yno y mae yn gwasanaethu fel carreg fedydd hyd heddiw. Mae'r 'bwlch' yn mesur tua chwech modfedd o hyd, ond nid yw yn ddwfn.

VESTRY YR EGLWYS

Yr oedd gan agos i bob eglwys blwyfol ei *vestry*; rhan o'r eglwys oedd hon yn gyffredin, wedi ei neillduo at ddibenion arbennig, megis cadw ysgol ddyddiol, ac ynddi y cyfarfyddai y plwyfolion i ymdrin a setlo materion y plwyf; ac yr oedd yn perthyn i'r *vestry* ysgrifennydd plwyfol.

Mae amryw o hen lyfrau cyfrifon y *vestries* hyn ar gael a chadw yn eglwysi'n gwlad hyd yn bresennol; a chan fod dull yr oesoedd o'r blaen o setlo materion plwyfol mor wahanol i'r oes hon, mae llawer o'r cofnodion yn hynod ddiddorol.

Arferion y Wlad

CADW TLODION

Yn y blynyddoedd gynt, cyn bod tylotai, nac un lle o bwys i gadw tlodion y wlad, byddent yn cael eu cadw un yma ac un acw ar hyd y wlad, a thalai y plwyf am eu lle. Os byddent yn alluog i weithio ychydig, cymerai yr amaethwyr hwynt, am ychydig dâl yn wythnosol. Wrth gymeryd tlodion felly, rhaid oedd i'r amaethwyr addo ac ymrwymo eu cadw a rhoddi bwyd a dillad iddynt am flwyddyn. Wele yn canlyn gopi o dri llythyr a gymerwyd oddi ar lyfr trafodion Vestry Llanafan Fawr:

> I, Isaac Williams, Cefnhawdre, do agree with the parishioners of Llanafan Fawr, to keep and maintain Margaret Vaughan of proper clothing, and sufficient victuals for the term of one year at two shillings per week, from the date here of May 21st, 1832.
>
> by mark,
>
> X   Isaac Williams

> I, Elizabeth Joseph, do agree with the inhabitants of the parish of Llanafan Fawr, to keep Rees Prosser in sickness and in health, from this 9th day of October, 1840, to the 9th day of October 1841, and to leave him as good clothing as he is at present, dated this 9th day of Oct. 1840.
>
> Elizabeth Joseph

> I, Rees Price, of Bryngwnvel, do agree with the parishioners of Llanafan Fawr, to keep and maintain Joseph Davies of victual and clothing from the 19th day of May 1848, to the 19th day of May 1849, for the sum of five shillings per week
>
> by mark,
>
> X   Rees Price

CARDOTA

'Anghenog pob tlawd', medd hen ddywediad; yn yr oesoedd a aethant heibio, mynych y gwelid hen bobl anghenus yn cerdded y wlad gan ofyn cardod. Yr

214

hyn oedd fwyaf derbyniol gan y dosbarth yma oedd – golwyth o gig, darn o gig eidion hallt, ciltyn o gaws, phiolaid o sucan, neu bicynaid o flawd ceirch; neu unrhyw beth er cadw corff ac enaid wrth ei gilydd. Cerddai y dosbarth yma gylch eang o'r wlad, gan letya noswaith yma ac acw gyda theulu mwyaf adnabyddus iddynt, ac os yn gymeriadau gonest a gwir barchus derbynient yn helaeth o law yr hael a'r caredig. Nid oedd yn arferiad gan ein hynafiaid i bwyso na mesur rhoddion i'r tlawd. 'Nid oes ddogn ar gardawd', medd y ddihareb. Pan gâi y tlodion eu boddloni drwy dderbyn o law hael, ymadawent yn ddiolchgar, gan adael eu bendith ar y teulu yn y geiriau a ganlyn, 'Bendith Duw yn eich tŷ,' neu 'Rhad Duw ar y teulu.' Teimlad y teulu yntau fyddai, mai 'Gorau haelioni rhoddi cardod.' Fel hyn y cedwid llawer o hen bobl oedrannus ac analluog eu lluniaeth rhag dioddef eisiau na newyn.

CASGLU GLEIAD

Bu yn arferiad gynt gan rai teuluoedd o amgylchiadau isel yn y byd, i gasglu tail anifeiliaid i osod ar y tân. Ar dywydd sych yn nhymor yr haf y cesglid gwlêd, neu gleiad fel y gelwir ef gan rai.

Fel yr ymddengys, defnydd tân truenus ydoedd, ac nid oedd ond achos o brinder coed, neu gynhaeaf drwg ar y mawn, yn peri ei gasglu; ac nid oedd ond y dosbarth isaf o dlodion yn ei losgi. Yr oedd ei fwg a'i arogl yn anhyfryd i'r eithaf, ac adflas cas gan yr ymborth a gresid arno. 'Gwaethaf tân, tân gwlêd', medd dihareb. Y diweddaf a fu yn ei losgi yn y cylchoedd yma, hyd y gellais gael hanes oedd gwraig yn byw yn y Bryn, Ty'n-y-cwm, Abergwesyn tua'r flwyddyn 1821.

RHOI BUWCH AR EI LLAETH

Byddai llawer o weithwyr a dynion o amgylchiadau isel yr amser gynt, rhai a theuluoedd lluosog ganddynt, yn cael 'buwch ar ei llaeth y gauaf' gan ryw ffermwr, er cael ychydig laeth, a help i fagu eu plant. Yr oedd y gweithiwr yn prynu a chasglu digon o wair i gadw'r fuwch dros y gaeaf. Gofalai, fel rheol, i gasglu yn helaeth, oherwydd gwyddai mai o'i phen mae'r fuwch yn godro. Yr oedd y ffermwr yntau yn mynnu addewid fod y fyswynog i gael tarw pan fyddai'n wasod. Fel hyn byddai'r hen amaethwyr yn yr oesoedd o'r blaen yn garedig ac yn help i'r tlawd fyddai yn byw yn ei ymyl, i fagu a dwyn teulu lluosog i fyny. Gelwir buwch ar ei llaeth y gaeaf yn 'fuwch hur' gan rai.

FFON CWNSTABL A GEFYNNAU

Gynt, penodid ar ryw berson fel swyddog ymhob plwyf i gadw heddwch, a elwid cwnstabl. Yr oedd y ceisbwl gynt yn cael ei ethol gan y trethdalwyr yn 'meeting' y 25ain o Fawrth, yr hwn a gynhelid, fel rheol, yn *vestry* eglwys y plwyf a'i 'dyngu', neu ei awdurdodi, i'w swydd gan ryw Ynad Heddwch mwyaf cyfleus. Yr oedd y cwnstabl yn agored i'w newid a'i ail ethol yn flynyddol. Rhoddid iddo warant i'w harwyddo; hefyd, 'ffon cwnstabl', a gefynnau. Fel ffynnau cwnstabl gwledig y cyfnod hwnnw, yr oeddynt yn hwy a phraffach na ffynnau heddgeidwaid yr oes bresennol, ac nid oeddynt ychwaith mor gelfydd o ran eu gwneuthuriad. Yr oedd y gefynnau'r pryd hynny, hefyd, gryn lawer yn drymach, a mwy trwsgl na'r rhai a arferir heddiw. Ar adeg o ymryson rhwng personau, er gwastadhau y cynnwrf, codai y cwnstabl ei ffon i fyny, a dywedai â llais awdurdodol, 'Heddwch yn enw'r brenin!' Os na ufuddheid i'r gorchymyn, byddai ganddo hawl gyfreithiol i ddefnyddio'r ffon.

Yn y flwyddyn 1839, bu Robert Peel yn offeryn i basio deddf yn y Senedd i gael heddgeidwaid ym mhob tref a phentref trwy y deyrnas, o hynny allan gwnaed i ffwrdd â'r cwnstablu; ond bu llawer o blwyfi gwledig yn cadw at yr hen arferiad o ethol cwnstabl hyd mlynyddoedd cyntaf y chwedegau neu ddiweddarach.

CARIO AR YR YSGOL

Yn yr hen amser gynt, pan fyddai dyn yn dilyn rhyw arferiad atgas megis curo'i wraig, neu ei ddal mewn godineb â gwraig ei gymydog, câi ei gario ar ysgol ar hyd nos drwy y pentref, neu y lle mwyaf cyhoeddus er sarhad arno yng ngolwg y byd.

Yn Llangamarch tua'r flwyddyn 1860, y gwnaed hyn ddiwethaf yng Nghantref Buallt. Yr oedd yn byw ger y pentref hwnnw ddyn, yr hwn pan o dan effeithiau diodydd meddwol, a arferai guro ei wraig a'i lysfab bychan, a hynny'n hynod greulon a didrugaredd. O'r diwedd, penderfynodd rhai o'r ardalwyr ei gario ar ysgol. Wedi galw amryw o'r cymeriadau mwyaf direidus ynghyd, a chael *committee* neu ddau i drefnu, cyfarfyddodd mintai â'i gilydd ar noson benodedig, ac aethant at dŷ'r troseddwr, ac aethant i mewn ar unwaith yn hyf i'w dŷ, gan ei dynnu allan oddi wrth ochr ei wraig o'r gwely, a'i rwymo ar yr ysgol draed a dwylo; yna cariwyd ef ar ysgwyddau i waered i'r pentref, gan ganu pennill oedd wedi ei gyfansoddi'n bwrpasol i'r amgylchiad wrth fyned drwy'r pentref.

Wedi cyrraedd at y New Inn, gosodwyd ef i orffwys am ychydig amser ar yr *horse block*; yn awr, fel y mae'n hawdd credu, yr oedd torf lled luosog wedi ymgrynhoi at ei gilydd. Yr oedd y gŵr oedd ar yr ysgol yn tybio'i hun yn gryn dipyn o ganwr, ac yn y fan yma, ar ei gefn ar yr ysgol, gorfodwyd ef i ganu tôn. Rhoddodd rhywun y pennill hwn allan – 'Caed ffynnon o ddwfr a gwaed', ac ynghanol crechwen a difyrrwch mawr i'r dorf, y canodd y pennill drwyddo. Wedyn, ailgychwynnwyd yr orymdaith, gan gyfeirio tua'i gartref; wedi cyrraedd at y drws, efe a gafodd ollyngdod. Ei enw oedd David Davies, crydd, neu 'Deitws' fel yr adnabyddid ef gan bawb.

CATH NAW CYNFFON

Math o fflangell a wnaed gynt o gareion lledr, yw y 'gath naw-cynffon', neu gath naw llinyn. Mae 'slash' yr hon sydd yma yn droedfedd a dwy fodfedd, a'r goes yn droedfedd. Bu'r 'gath' yn cael ei defnyddio gynt er gweinyddu cosb drom ar ddrwgweuthwyr. Yr hen arferiad oedd, diosg gwisg y troseddwr hyd ei ganol, ei rwymo wrth ben ôl cart, a'i dynnu ar hyd heol tref ar ddydd ffair, gan dderbyn nifer penodol o fflangellau. Y mae hanes ar gael am un gosb felly yn cael ei gweinyddu ar un o'r enw David Howells, yn nhref Aberhonddu yn y flwyddyn 1787; ac ar wraig o'r enw Mary Havard yn yr un dref, yn 1751; ac un Rachel Richards ddioddef yr un gosb yn y flwyddyn 1756.

'Dylai gael ei chwipio wrth ben ôl cart,' oedd air a glywid o enau hen bobl, pan glywent am ddyn wedi cyflawni rhyw weithred ffiaidd ac atgas.

Tua'r flwyddyn 1908, pan oedd saer maen yn dilyn ei orchwyl gwaith ym mhlas Llwyn Madog, darfu iddo daro ar fath o fflangell bur hynod mewn hen simnai fechan yn rhyw ran o'r adeilad. Yr oedd yr olwg hynafol a llychlyd arni yn profi ei bod yn hen, ac wedi bod yn guddiedig yn y lle hwnnw am lawer o flynyddoedd. Mae ei chareiau yn naw o rif, wedi eu torri allan o ledr tew, ac yn hynod galedion. Pren yw ei choes ac wedi ei baentio'n ddu. Mae yn droedfedd union o hyd, a mesura'r careion bymtheg modfedd. Mae wedi cadw yn hynod raenus a dianaf, ac yn awr yn eiddo i'r ysgrifennydd.

PREN SHIBEDO – *GIBBET*

Nid oes gennym ar gof na hanes am ddim ond un yn cael ei 'shibedo' yng Nghantref Buallt, sef Lewis Lewis, ieuengaf, o blwyf Llanafan Fawr, yr hwn a gafodd ei ddienyddio yn Aberhonddu, fore ddydd Gwener, Awst 28ain, 1789, am lofruddio Thomas Price, Pen-y-graig, amaethwr o'r plwyf a nodwyd.

Cafodd ei ddienyddio yn nhref Aberhonddu y dydd Gwener canlynol i'r *trial*, a dygwyd y corff y noson honno yn ôl i dref Llanfair-ym-Muallt, a thrannoeth, dydd Sadwrn, crogwyd ef i fyny mewn *chains* rhwng dwy bowlen uchel, ar le amlwg ar Gomin y Garth, ym mhlwyf Llanfihangel Brynpabuan. Y dydd Sul canlynol, daeth rhai miloedd o bobl o wahanol barthau o'r wlad ynghyd i edrych ar yr olygfa ryfedd!

Yr oedd ar ei ben 'gap coch', yr hwn a guddiai ei wyneb, a rhywbryd yng nghwrs y dydd, cynigiwyd coron o arian i'r neb a ddringasai i fyny, a chodi'r 'cap' er cael gweld ei wyneb. Derbyniodd un Twm Pontarddulas yr her, a llwyddodd i ddringo at y corff, a chodi'r cap, a hynny ynghanol difyrrwch a chrechwen y dorf fawr oedd yn bresennol. Casglwyd yr arian yn symiau o ddwylaw'r dorf, a bu'r enillwr yn cael ei adwain wrth yr enw 'Twm Cap Coch' am weddill ei oes!

Y nos Sabbath hwnnw, bu'n noswaith arw anghyffredin, mellt a thara-nau a glaw trwm iawn, a bore trannoeth gwelwyd fod y ddwy golofn bren wedi eu torri gyda'r ddaear, a'r corff wedi ei gymeryd i ffwrdd, ac ni wŷr neb hyd heddiw ymha le y mae llecyn ei fedd ef. Dywedir i fonau'r ddwy bowlen fod yn weledig yn y fan a'r lle am ugeiniau o flynyddoedd. David Lewis, Coedcae, Llanfechan, llifiwr ar ystad Cilmeri wrth ei alwedigaeth, a dorrodd y coed at y gwaith o 'shibedo'. Yr oedd yn gefnder i Lewis Lewis, corff yr hwn a shibedwyd. Yr oedd y teuluoedd hyn, 'y Simins' fel yr adnabyddid hwynt, yn hynod o luosog ym mhlwyf Llanafan a'r cylchoedd yn yr adeg hon, ac yn boen ar y wlad yn gyffredinol fel lladron, lawer iawn ohonynt. I roddi i'r darllenydd ryw syniad am y tylwyth rhyfedd hwn, digon yw dweud i un David Lewis, ewythr Lewis Lewis a grogwyd, i gael ei euogfarnu am ladrata twrci yn 1786, ac a alltudwyd i Botany Bay. John Lewis, ewythr arall, a brofwyd yn euog ym mrawdlys y gwanwyn 1788, am ladrata defaid; yr oedd ar yr adeg hon, sef adeg treial Lewis Lewis, dan y ddedfryd o bedair blynedd ar ddeg o alltudiaeth. Ond yr oedd eto yn y *gaol* yn Aberhonddu heb ei symud, Margaret Lewis, gwraig David Lewis a enwyd yn barod, oedd yn cael ei threial yr un sesiwn am lofruddio *male bastard child*, oedd wedi ei gael ar ôl i'w gŵr gael ei alltudio; cafodd hithau hefyd ei halltudio i Botany Bay.

DWEUD CYFRINACH

Yr oedd hen bobl ddoeth yr oesoedd gynt yn ofalus iawn ym mha le, ac ar ba adeg i ddweud eu cyfrinach wrth ei gilydd. Ni fyddent un amser yn adrodd dim o bwys i glyw eu plant, nac ym mhresenoldeb eu gwasanaeth-ddynion; ond aent allan i hebrwng ei gilydd, a phan ar le agored, troent eu cefnau at ei gilydd, edrychent o'u hamgylch, yna adroddent eu cyfrinion y naill wrth y llall. Hen ddywediad a glywid yn aml o enau yr hen bobl gynt oedd:

Mae clustiau gan gloddiau a llygaid gan goed,
Ar ganol tir goleu y dylem ni fod.

CORN GWLAD

Yng nghyfnod y ceir llusg yr oedd y ffyrdd yn hynod gulion, ac yn gyffredin mewn cyflwr gwael a lludiog. Pan ddaeth cerbydau olwynog i arferiad gyntaf, yr oedd yr hen ffyrdd mor anhramwyadwy, fel nas gallasai dau gerbyd fynd heibio i'w gilydd mewn llawer o fannau. Yn yr amser hwnnw, yr oedd ym meddiant llawer o ffermwyr gorn a elwid 'corn gwlad', a phan yn myned i siwrne bell, megys 'i'r calch', neu 'i'r glo', gofelid am y corn i roddi rhybudd yma a thraw ar hyd y ffordd, fel y gallasai un cerbyd aros yn rhywle cyfleus, neu droi allan i gae tra y byddai y cerbyd arall yn mynd heibio. Y rheol bob amser fyddai, i'r cerbyd gwag droi allan, tra'r cerbyd llwythog yn pasio. Gwnaed defnydd mynych o'r corn gwlad gan wahanol ardalwyr i alw ar, a rhybuddio ei gilydd ar wahanol achlysuron yn y gymdogaeth.

Y mae yn fy meddiant un o'r cyrn hynafol yma, corn ych ydyw, yr hwn a fu ym meddiant yr un teulu am amryw genedlaethau, medd yr hanes a gefais i gydag ef.

TALU FOOTY

Pan fydd adeilad newydd yn y gwaith, ac o ddiddordeb i fyned i'w weld, y mae yn arferiad i hawlio rhyw swm bychan am arwain pobl ddieithr drwy y lle i'w weled, yr hyn a elwir *footy* neu 'ffwtyn'. Y tro cyntaf yn unig yr ymwelir â'r lle y disgwylir hyn fel tâl.

SYMUD TŶ

Os byddai i'r haul dywynnu ar y dodrefn ar ddydd symudiad, gellir disgwyl llwyddiant i ddilyn y teulu yn y lle newydd. Byddai yr hen bobl yn sylwi, ac yn gwneud llawer o goel ar hyn.

Pan fydd teulu parchus yn ymadael o hen le, y mae yn arferiad sydd heb lwyr ddarfod eto i'r ffrindiau a garant eu llwyddiant yn y lle newydd, i daflu hen esgidiau ar eu hôl, yn arwydd o'u dymuniadau da iddynt.

RHODDI MEDDIANT O DŶ ANNEDD

Ar 25ain o Fawrth y byddid yn rhoddi posesiwn o dŷ annedd. Rhoddai yr hen ddeiliad allwedd y tŷ i'r deiliad newydd, ac âi allan i'r buarth; yna clöai y deiliad newydd y drws, a rhoddai dro ar lawr y tŷ; a dadgloai y drws, a byddai wedi cymeryd meddiant o'i gartref newydd. Bu yr hen ddefodau hyn yn cael eu cadw yn ffurfiol ym mharthau gorllewinol Hwndrwd Fuallt hyd ganol y ganrif a aeth heibio.

IECHYD DA I'R GŴR BIA'R NENBREN

Yr oedd y nenbren a osodid yn yr hen anhedd-dai yr oesoedd a aethant heibio yn llawer cryfach a thrymach na'r rhai a osodir yn yr adeiladau a godir yn yr oes bresennol. Yr oedd y nenbren gynt yn drawst praff a hir – yn un darn cyhyd â'r adeilad, ac yn un o dderi cartrefol ein gwlad. Rhaid oedd i'r seiri coed gael cynorthwy eu cydweithwyr, y seiri meini, i gael y pren hwn i'w le ar nen y tŷ. Wedi llwyddo i'w gael i'w le priodol yr oedd yn hen gwstwm i dreulio y rhelyw o'r dydd yn wyliau. Gwnaed casgliad cyffredinol ymhlith y gweithwyr er cael ychydig gwrw, a rhoddai perchennog y tŷ newydd at y casgliad. Cyrchid y cwrw at y gwaith ac yfai pawb ar gylch, gan ddymuno 'Iechyd da i'r gŵr bia'r nenbren.'

MYND I DŶ DIEITHR

Yn ôl hen ofergoel a ffynnai yn ein gwlad gynt, yr oedd mynd i mewn i dŷ dieithr a'r droed chwith ymlaenaf, yn beth anlwcus, a gofalai llawer o'r bobl fwyaf hygoelus yr oes o'r blaen am roddi y droed dde yn gyntaf dros riniog tŷ dieithr. Efallai mai oddi wrth yr hen arferiad hyn y daeth yr hen ddywediad, 'Rhoi'r troed goreu'n mlaen.'

RHOI CROES AR Y POST

Pan dâl hen gydnabod ymweliad sydyn ac annisgwyliadwy â theulu wedi hir ddieithrwch, hen ddywediad a glywir gan un o'r teulu ydyw, 'Wel, wel, dyma ddyn dieithr; rhowch groes ar y post.' Yna tynnir flaen bys ar hyd cynnor y drws fel ag i wneud llun croes arno, yr hyn sydd arwydd fod croesaw iddo ddod i mewn i'r tŷ.

RHOI DAU GROES AR Y PENTAN

Weithiau ychwanegir, 'Rhowch groes ar y post a dau ar y pentan.' Yr oedd hyn yn arwydd fod, nid yn unig groesaw i'r cyfaill dieithr ddod i'r tŷ yn unig, ond hefyd groesaw iddo ddod at y tân, ac eistedd gyda'r teulu ar yr aelwyd. Ai nid oddi wrth yr hen ddefod yma y daeth y gair 'croesaw'?

GWNEUD CROES AR Y FYNWES

Er cadarnhau addewidion pwysig, yr oedd yr arferiad gynt i wneud cris-croes â bys ar y fynwes, a dyna'r cytundeb wedi ei selio. Gwelir oddiwrth yr hen ddefodau syml yma fod gwneud llun croes yn beth pwysig yng ngolwg ein hynafiaid.

TROI GEFN AT GEFN

Pan fyddai dau yn nyled eu gilydd, a'r ddyled yn digwydd bod tua'r un faint, yn hytrach na thalu y naill i'r llall, cytunant i droi eu cefnau at ei gilydd, a byddai hynny yn ddigon i'r ddyled o'r ddau du fod wedi ei thalu.

MYND I GYSGU I'R GWAIR

Yr oedd yn arferiad blynyddol gan lawer o hen bobl yr oes o'r blaen, ar ôl cael y cynhaeaf gwair, i fyned ddwy noswaith i gysgu i'r gwair *fresh*. Yr oedd yn gred ganddynt fod hynny cystal â myned am bythefnos i ddŵr y môr.

MYND DROS BONT A CHAMFA

Pan fydd mab a merch yn cydgerdded â'i gilydd, yr arferiad yw i'r ferch fynd dros bont-bren yn flaenaf, a'r mab dros gamfa. 'Merch dros bont a mab dros gamfa' sydd hen air.

TYNNU BLEWYN CWTA

I chwarae yr hap hwn, torrid dau frigyn, dwy gawnen, neu ddau getyn o frwynen, un ychydig yn hwy na'r llall; yna delid y ddau ddarn mewn llaw a'u pennau allan, a thynnid un ohonynt gan un arall; a'r hwn a dynnai y 'blewyn cwta', sef yr un byrraf, a gollai. Weithiau tynnid blewyn cwta er cael gweld pa un fyddai i fyned i neges, a'r 'cwta oedd i gwtio'.

Dywedir y byddai y Gwyniaid o'r Garth, pan fyddai rhai o gyfoethogion pennaf y wlad ar ymweliad â'r teulu, yn tynnu blewyn cwta am symiau mawrion o arian. Gyrrid un o'r gwasanaeth-ddynion allan i dynnu brwyn o fargod y tŷ, a byddent weithiau yn colli ac yn ennill cannoedd o bunnau trwy yr hap-chwarae hwn.

FFON DDEWINIAETH

Y dull oedd gynt gan lawer o hen bobl pan mewn penbleth meddwl i ba un o ddau le i fynd, i ddal y ffon yn syth, a'i gollwng i gwympo, a'r cyfeiriad bynnag y syrthiai, a setlai i ba le i fynd.

Bryd arall, pan fyddai un mewn trwbwl meddwl mawr pa a âi neu beidio i ryw le y diwrnod hwnnw, cymerai ei ffon, mesurai hi â bodiau ei ddwylo, gan eu newid bob yn ail, a dywedyd, 'Mi af, nid af' wrth osod y fawd ar y ffon, a'r hyn a ddywedwyd ar y mesuriad olaf benderfynai'r mater.

Yr ydym yn cael mai ar y ffon yr arferai yr Hebreaid gynt ddewino pa lwybr a gymerent. Cawn yr ymadrodd a ganlyn yn Hosea, 4:12, 'Fy mhobl a ofynnant gyngor i'w cyffion, a'u ffon a ddengys iddynt.'

NEGES Y BYS BACH

Pan fydd gan ddyn neges neilltuol, a mwy arbennig na'i gilydd, er peri iddo gadw mewn cof, y mae yn hen arferiad i glymu edefin yn dynn am fys bach y llaw hyd nes y bo'r neges wedi ei chyflawni. Gelwir neges felly yn 'neges y bys bach'.

OFFERYN YN SYRTHIO O LAW

Os digwydd i offeryn syrthio o law ei berchen pan wrth ei waith, ac i arall ei godi o'i flaen, bydd wedi colli ei hur y diwrnod hwnnw, ac nis gall ei godi oddi ar ei feistr; a gall yr hwn a gado yr offeryn hawlio ei hur.

HALF SHARE

Pan fydd dau yn cydgerdded ar ffordd neu lwybr, ac i un ganfod rhywbeth o'i flaen, ond iddo dweud 'half share', bydd yr hyn a godo yn eiddo iddo ef; ond os dywed ei gydymaith 'half share' o'i flaen, yna bydd hawl ganddo ef i hanner yr hyn a godwyd, pa beth bynnag a fyddo.

Y 'WELSH NOT'

Ychydig o bobl yr oes hon a ŵyr ddim am y 'Welsh Not', a llai fyth a'i gwelodd ef yn yr hen ysgolion dyddiol gynt. Yn ôl y disgrifiad a gefais ohono, pren bychan ysgwâr ydoedd, tua dwy fodfedd o hyd, ac ar un wyneb iddo y llythrennau 'W.N.' sef blaenolion *(initials)* y geiriau 'Welsh Not'. Torrid y llythrennau yn y pren â chyllell, ac weithiau llosgid hwynt â blaen hoel, neu ryw haearn poeth arall; ac eraill wedi eu duo ag inc. Gwnaed rhai â thyllau ynddynt, modd y gellid gyrru llinyn trwyddynt i'w gosod ynghrog am yddfau'r plant. Fel rheol, byddai amryw 'Welshnots' at wasanaeth yr ysgol. Rhoddid hwynt i'r plant cyntaf a glywid yn siarad Cymraeg, ac yn gyffredin byddai mwy o brinder 'Welshnots' nac o brinder troseddwyr.

Yn adeg torri'r ysgol ganolddydd a'r hwyr, gofynnai'r athraw, 'Who's got the Welshnot?' ond odid fawr na byddai amryw yn ddigon parod i'w henwi ar unwaith; yna gelwid hwynt ymlaen, a chaent bobo wialennod ar eu dwylo am y trosedd. Bu y 'Welshnot' mewn arferiad lled gyffredin yn yr hen ysgolion dyddiol hyd tua 1866; a bu y defnydd a wnaed ohono yn foddion da i dynnu plant gwledig i arfer â dysgu siarad yr iaith Saesneg.

BLAENFFRWYTH Y CYNHAEAF

Hyd ym mlynyddoedd cyntaf y bedwaredd ganrif ar bymtheg, yr oedd yn arferiad cyffredinol iawn gan amaethwyr ein gwlad, pan gywenid y llwyth cyntaf o'r cynhaeaf ŷd i'r ysgubor, i'w ddyrnu rhag blaen, ac aed â'r grawn i'r felin i'w falu, a'r blaenffrwyth yna o'r tymor a fwytai y teulu yn amser y cynhaeaf. Mynych y clywais adrodd am hen wr o'r enw John Morgan, oedd yn byw yn Nant-yr-hwch, Abergwesyn, yn chwarter cyntaf y ganrif a nodwyd, a gadwai yr arferiad yma yn flynyddol. Un bore, pan oedd Jack yn dod yn ôl o Felin Abergwesyn, ar gefn ceffyl a phwn o flawd dano, gwelai y bechgyn yn torri ŷd ar yr Erw gyferbyn ag ef y tu arall i'r cwm. Yna cododd ei law a gwaeddodd ar dop ei lais, 'Fe gewch frecwast nawr, fe gewch frecwast nawr, fechgyn.'

Y mae'n fwy na thebyg mai Jack Nant-yr-hwch, Abergwesyn, oedd y diweddaf yng Nghantref Buallt i gadw'r hen arferiad o fwyta ffrwyth y llwyth cyntaf yn ystod cynhaeaf ŷd.

Y mae i'r arferiad hwn ei hanes sydd yn arwain yn ôl i gyfnod y llaw felinau oedd yn malu gartref ymhob teulu gynt, a chawn y byddai'r morynion wrth falu ŷd y blaenffrwyth yn canu cerddi cyfaddas i'r gorchwyl.

YTA

Wedi i amaethwyr gwblhau dyrnu cynnwys eu hysguboriau, a'u hydlannau, a hau eu tiroedd, byddai ganddynt lawer o ŷd – yn geirch a haidd, gwenith a rhyg, at fyned i'r felin i'w malu yn fwyd haf, neu at werthu. Ar y tymor yma o'r flwyddyn, gwelid hen bobl yn mynd o amgylch i yta, sef casglu ŷd. Gwrywod a arferai yta yn ddieithriad. Wedi cerdded cylch eang o'r wlad, a llwyddo i gasglu'n llew, aed â'r gynnos fechan i'r felin, a dygid hi adref yn flawd ceirch a sycan at angen y teulu. Y mae'r ffaith y byddai rhai hen bobl oedrannus ar bwys eu ffyn, a'u cydau ar eu cefnau, ac yn derbyn cymaint â phedwar neu chwech bwshel o ŷd, yn mynd ymhell i brofi mor garedig oedd yr amaethwyr yn yr amser gynt i'r tlawd a'r anghenus fyddai'n byw yn eu hymyl. 'Melina tlawd ei gwynos' sydd hen air diarhebol, wedi disgyn i lawr i'r oes hon o'r cyfnod pan oedd yr arferiad a nodwyd yn cael ei gadw.

Dywedir mai un hen gymeriad parchus, ond tlawd, o'r enw Dafydd Prydderch, Cefn-cerdinen, ger Llanwrtyd, oedd y diweddaf a fu yn yta yn rhannau gorllewinol Cantref Buallt. Bu farw yn y flwyddyn 1850 yn yr oedran teg o 80 mlwydd oed.

CASGLU LLAFUR HAD

Mewn canlyniad i haf gwlyb a chynhaeaf drwg, a'r hadyd yn brin a drud, yr oedd rhai tyddynwyr bychain a chyfyng eu byd yn cerdded llawer i yta er ceisio cael hadyd, neu had-ŷd, i hau clytiau bychain ar eu tyddynnod.

Mae'r hen fardd Thomas ap Ieuan ap Rhys[28] yn ei 'Gân Cymortha', yn achwyn ar ei wraig am na châi lonydd ganddi heb fyned i yta, er cael hadyd i hau y 'clwtyn o wyndon gwyn' oedd wrth ddrws y tŷ, ac meddai:

> Ny chai lonydd, na nos na dydd,
> Genti onid â i'r vro i ytta.

LLOFFA

Yn ôl yr hanes a gaed gan hen bobl yr oes o'r blaen, bu llawer o loffa yn y cylchoedd yma yn yr amser gynt. Wedi i'r amaethwr gywain yr ŷd oddi ar y meysydd, rhoddai ganiatâd i'r tlawd i fyned i loffa y tywysennau a fyddai ar ôl ar y sofl. Gweddw dlawd a'i phlant amddifad, neu wraig i weithiwr o amgylchiadau isel eu byd, a welid fynychaf yn lloffa. Cymerent rwn o'r cae ymlaen, a grwn yn ôl, gan godi pob tywysen, a hynny gyda'r manyldeb mwyaf, a pharhaed i loffa felly nes cwblhau yr holl faes o dalar i dalar. Wedi casglu sypiau bychain, rhoddid hwynt at ei gilydd, a rhwymid hwynt oll yn un sypyn mawr, yr hwn a elwid 'lloffyn'.

Wedi gorffen adeg lloffa, rhaid oedd bellach i ddyrnu yr ŷd, a'r hen ddull oedd gan y tlawd i gael grawn o'r tywysennau oedd – eu rhwbio allan o'r dwylo; neu eu pwno oedd ddull arall diweddarach.

Yna taenid pilyn mawr ar y buarth, a nithid yr ŷd o flaen gwynt yr awyr, a chymerid y gynnos fechan i'r felin i'w malu. Clywais hen wraig oedrannus yn dweud mai bara a wnaed o'r gwenith lloffa oedd yr unig damaid o fara can a gawsai hi yn hyd y flwyddyn wrth gael ei magu. Mae'r arferiad o loffa wedi darfod o'r tir er 40au y ganrif o'r blaen, neu cyn hynny.

---

28 Tomas ab Ieuan ap Rhys, 1510–1560; un o feirdd poblogaidd Morgannwg.

BODDI'R CYNHAEAF
Boddi'r cynhaeaf oedd yn hen arferiad a gedwid yn flynyddol gan lawer o amaethwyr yn yr amser gynt. Wedi cael y cynhaeaf i ddiddosrwydd, mynnent wledd o fwyta ac yfed a hwyl fawr, er anghofio pob trafferth a phoen a gafwyd ynglyn â chasglu y cynhaeaf, a chredai llawer fod gwledd a thipyn o lawenydd yn help iddynt fwrw'r blino ar ôl y gwaith caled. Mae un o feirdd dechrau'r bedwaredd ganrif ar bymtheg yn cyfeirio at yr arferiad hwn fel a ganlyn:

Dewch, llenwch inni'r cwpan, ac yfwch bawb ar gylch
Hen gwrw Mawrth am unwaith, ein gofid ymaith ylch,
Un noswaith i lawenydd 'nol hir drafferthu â'r byd,
Ond ffwrdd wrachiaedd chwedlau hygoeledd isel fryd.
Mae'r gromen nawr yn ddiddos, a'n hysguboriau'n llawn,
A ffrwyth ein llafur caled mewn heddwch a fwynhawn.

BWYTA GŴYDD GYNHAEAF
Hen arferiad cyffredin gan ffermwyr yn yr amser gynt, wedi gorffen gwaith y cynhaeaf, lladdent ŵydd, a gwahoddent rai o'u cymdogion, neu ffrindiau, i ddod atynt i'w bwyta. Gelwid hon yn 'ŵydd gynhaeaf'. Os byddai rhyw ddigwyddiad annymunol wedi cymeryd lle yn ystod y cynhaeaf, megis llwyth o'r ŷd wedi dymchwel, ni fyddai gŵydd i gael ei lladd mewn canlyniad, felly byddai pawb ar eu gwyliadwriaeth rhag i un anffawd i ddigwydd, rhag i'r wledd flynyddol honno beidio cymeryd lle.

CYMERYD SNISIN – *SNUFF*
Arferiad cyffredinol iawn yn yr oes o'r blaen oedd cymeryd trewlwch, a phan estynnai un y blwch i'r llall, gan ddywedyd, 'Cymerwch binsied', y dull mwyaf boneddigaidd oedd, derbyn y *box* â'r llaw chwith, a chymeryd o'r trewlwch rhwng bys a bawd y llaw dde. Yr oedd cymeryd o'r snisin â'r llaw chwith yn dangos anwybodaeth a graddau o ddiffyg mewn iawn ymddygiad.

BLWCH MYGLYS – *TOBACCO-BOX*
Pan oeddwn i'n ifanc, yr oedd '*boxes* cyrn' yn bethau cyffredin a chymeradwy iawn gan ysmygwyr. Yr oeddynt yn cael eu gwneud o esgyrn palfaes anifeiliaid. Yr oeddynt o ffurf hirgrwn, ac o wneuthuriad celfydd a destlus. Caent eu gwneud ar oriau hamddenol, a gwerthid hwynt am swllt yn fwyaf cyffredin.

'LUCIFER MATCHES'
Pan ddaeth y 'Lucifer matches' i arferiad gyntaf, tua 1834, gwerthid hwynt mewn blychau coed, wedi eu gosod ynddynt yn unionsyth. Y mae'r blychau

yma yn mynd yn bethau prin bellach. Yr oedd y math hynafol yma o fflachod yn llawer hwy, a phraffach, na'r rhai a wneir yn ein dyddiau ni; ac yr oedd tua hanner modfedd o'u pennau wedi eu trochi mewn sylwedd ffrwydrol, ac wrth eu taro'n sydyn, cyneuent yn fflam, gan arogli'n frwmstanaidd, felly gelwid hwynt 'Lucifer matches'. Y mae dwy ohonynt yn fy meddiant.

ARWYDDION AM BEINTIAU A CHWARTIAU

Yr oedd yn hen gwstwm arferol gan rai cwmnïoedd i dalu am yr hyn a yfent mewn tafarndai, wrth ymadael. Cadwai y tafarnwr gyfrif wedi ei dorri â sialc ar gefn drws, caead y cwpwrdd neu ar astell y fantell uwch ben y tân, neu ryw le arall cyfleus ac amlwg yn y tŷ. Wele'r arwyddion – peint 'I', cwart 'V'. Tua'r flwyddyn 1840, darfu i fardd gwlad o ardal Pontrhydyfferau, a elwir Llanwrtyd yn bresennol, i gyfansoddi cân i wŷr y pentref hwnnw, ac fel hyn y dywed am dafarnwr y lle ar y pryd:

> John New Inn, fy mrawd anwylaf,
> Yn fy ewyllys mi a'i cofiaf;
> Sialco'n fforchog ar yr astell,
> Fe wnaiff hynny heb ei gymell.

PREN TALU

Dyma bren a fu mewn arferiad mawr gan hen bobl annysgedig ac anllythrennog yr oesoedd o'r blaen. Darn bychan o bren tua phedair neu bum modfedd o hyd, wedi naddu yn ddwy neu bedair ochrog, ac arno ef y byddai gweithwyr yn cadw cyfrif eu diwrnodau gwaith. Torrent rych yn groes i un wyneb iddo am ddiwrnod, a bwlch ar ei ymyl am hanner diwrnod. Yn amser talu, rhoddai y gweithiwr y pren i berchennog y gwaith, a derbyniai yntau dâl yn ol y 'diwrnodau' a'r 'hanerau' fyddai'n ddyledus iddo.

Mewn rhai parthau o'n gwlad, yr arferiad cyffredin o gadw cyfrif dyddiau oedd fel y canlyn: byddai'r meistr yn gosod dau bren yn ymyl eu gilydd, ac yn torri 'hac' yn groes i'r ddau ar unwaith; yna rhoddai un i'r gweithiwr, a chadwai'r llall ei hun. Yr oedd hyn yn cael ei wneud ar ddiwedd y dydd.

Nid gweithwyr yn unig a arferai y dull hwn o gadw cyfrif ar bren, ond byddai llawer o wragedd di-ddysg yr oesoedd a aethant heibio yn cadw cyfrif a phwysau ymenyn, a chyfrifon eraill arno. Yr oedd y dull syml hwn yn 'gwstwm gwlad' yn yr amser gynt, ac yr oedd yn ddigon cryf i sefyll cyfraith.

Yr oedd i'r pren hwn wahanol enwau mewn gwahanol rannau o Gymru, megis pren tally, cyfrifbren, a rhygnbren *(scoring stick)*. Mae'r gair rhygn, yn ddiamau, yn deillio o'r Saesneg *reckon*.

PREN MARCO NEU BREN DEGAU

Hyd yn ddiweddar flynyddoedd, gallesid gweld ar ddiwrnod cneifio ar fynyddoedd Abergwesyn, ddyn yn eistedd o'r neilldu yn rhyw le amlwg ar y ffald, a chyllell yn y naill law, a phren ysgwâr, tua throedfedd o hyd yn y llaw arall. Swydd y person yma oedd cyfri'r holl ddefaid fyddai'n cael eu cneifio a'u nodi. Wedi i'r 'pitchwr' nodi deg o ddefaid, clywid ef yn galw allan mewn llais hyglyw, 'Deg un' neu 'Deg dau'; yna torrai'r cyfrifwr X ar un wyneb i'r pren, ac / neu // ar wyneb arall i'r pren, sef deg o ddefaid, ac un neu ddau o wedder (*wether*). Os byddai'n mhlith y 'deg' o ddefaid a nodid un neu ddau o weddrod a hwrdd, geilw'r nodwr 'Deg un' neu 'Deg dau, a hwrdd'.

Weithiau, ond yn anaml, clywir 'Deg deg,' sef deg o weddrod wedi eu nodi; bydd y deg hyn i'w cyfrif yn y 'lot' trwy eu gosod gyda'r degau, ac hefyd gyda'r gweddrod. Yr arferiad wrth osod yr hyrddod i lawr yw eu marco ar dalcen y pren. Gweddrod a hyrddod mewn oed i'w gwerthu yw y rhai a nodir felly ar wahân i rif y lot oll. Cymer y gŵr â'r pren y rhif, a'r hen arferiad o gadw cyfri'r hyrddod oedd ar dalcen y pren yn wastad. Er hwylusdod i gadw cyfri'r defaid yn gywir, 'pitchir' yr ŵyn hefyd yr un modd – yn ddeg ar y tro, yna geilw'r pitchwr allan ar dop ei lais, 'Deg oen'; a gosodir yr ŵyn bob yn 'X' ar wyneb gwahanol i'r pren.

Ni osodid ond un 'lot', sef diadell un esgair, bryn, neu un mynydd ar yr un pren; pan ddeuai 'lot' newydd o ddefaid mewn i'r ffald i'w cneifio, rhaid oedd cael pren newydd hefyd.

Er mwyn manyldeb, ysgrifennid ar un sgwâr o'r 'pren marco', enw'r mynydd y byddai'r 'lot' ddefaid yn pori arno, eu rhif yn y cyfanswm ohonynt, rhifedi'r myllt (*wethers*), yr hyrddod, a'r ŵyn fyddai ymhlith y 'lot' honno; hefyd dydd o'r mis a *date* y flwyddyn.

Lle y byddo rhai miloedd o ddefaid yn cael eu cneifio, cyfrifid y swydd o gadw cyfrif yn gryn anrhydedd, a byddai torri yr hen rifnodau Rhufeinig yn eglur a threfnus ar y 'pren marco' yn waith oedd yn gofyn llawer o fanyldeb.

Mae'r hen ddull syml a ddisgrifwyd wedi ei adael ers rhai blynyddoedd bellach, a chedwir y cyfrif yn bresennol ar 'ddu a gwyn'.

PEITHYNEN

Cawn fod y gelfyddyd o dorri llythrennau ar goed yn hynafol iawn. Yr oedd y drefn hon, i naddu, yn adnabyddus i feibion ysbrydoliaeth, ac mewn arferiad ganddynt. Gweler Num. 17:1, 2, ac Esi. 37:15–20. Dengys ysgrifenwyr hynafol nad oedd y Groegiaid a'r Rhufeiniaid yn ddiethriaid i lyfrau coed. Byddai yr hen feirdd Cymreig yn torri, neu yn cerfio eu llythrennau ar goed wedi eu llyfnhau, a'r rhai hynny wedi eu cydio a'u gilydd ar ddull llidiard o dan yr enw peithynen. Darllenwn nad oedd ond 'un o gant o'r prydyddion dosbarthus nas medraint y Goelbren, a'i gwneuthur a'u dwylaw eu hunain'.

Mae yn debyg mai yr adeg orau o'r flwyddyn i dorri coed peithynen oedd Gŵyl Fair. Y modd y darllenid y goelbren oedd, cydio yng ngharn yr ebill a bys a bawd, gan ddechrau yn yr uchaf, a throi gyda'r haul. Wedi darllen un ochr, troi yr ail ochr i fyny, wedyn y trydydd, a'r pedwerydd ochr, a darllen pob un fel y'i troer at y llygad. Rhai a wnaent dyllau bychain ym monau'r ebillwydd, a'r pillwydd yr un modd, er rhoi llinyn, neu dant trwyddynt, felly gallesid eu tynnu'n nghyd, a'u clymu'n ffasgell dwt a chryno, i'w rhoi mewn cwd sidan gwyrdd, modd y gallesid eu dwyn felly mewn llaw.

Y pillwydd *(frame)*, a wnaed o las-dderi, wedi eu hollti'n bedwar, a naddu y rhisgl a'r gwynyn yn llwyr oddi ar ruddyn pob pedryfan, a'u sychu'n dda. Pob cyff yn ddau hanner, a hanerau y tyllau yn y naill hanner, ac yn yr hanner arall, fel pan osodid y ddau ynghyd, y byddai rhes o dyllau crynion ynghanol y cyff; a gwnaed y cyff arall o'r un maint a gwneuthuriad. Lled pob hanner o'r cyffion – dau hyd gronyn o haidd; a'u trwch – pedryfan modfedd.

YR EBILLWYDD

Y coed dewisedig i wneuthur yr ebillion, oeddynt – cyll a mêrhelig pedryollt. Hefyd, gwnaed ebillion o goed cerdin gan yr hen brydyddion, 'am nad oes pryfed yn eu bwyta, nac yn eu llygru.'

Hyd yr ebillwydd oedd cyfelin (hanner llath); eu lled a'u trwch yn hyd heiddyn. Y pedwar wyneb wedi eu naddu yn deg ac uniawn; a'r pedwar ymyl wedi eu rhathu'n llyfn, felly pan dorrid llythrennau ar un ochr, nad ymddangosai eu corneli ar y wyneb arall i'r pren. Yn nesaf, rhaid oedd gwneud mynyglau crynion i'r coed oll, o fewn dau hyd gronyn haidd i'w pennau. Gwnaed hyn drwch ewyn yn ddyfnach nac ochr y pren. I ddiweddu'r coed yn daclus a thelaid, rhaid oedd eto i drwsio y naill ben i bob un, fel y byddent yn esmwyth i'w troi â bys a bawd i'w darllen, ac yn ddestlus a hardd i'r llygad. Ar y pen arall, torrid eu rhif, fel y byddai'n hawdd a hwylus i osod pob ebill yn ei gyfle ei hun yn y garfan. Y gwaith hyn a wnaed mewn rhifnodau Rhufeinig, yn fanwl ac eglur yn y modd y byddent yn dlws a hardd yr olwg arnynt.

Bellach y mae'r coed yn barod i gerfio arnynt. Dechreuid llythrennu ger gwddf yr ebill, ar y tu chwith, a rhaid oedd cael cyllell finllem at y gwaith cynnil hwn. Torrid rhint y llythrennau yn 'drwch cawnen fechan, a chyfled a chawnen fain o wair'. Un linell o'r gerdd ar bob ochr i'r pren; ac felly ar y coed eraill, hyd nes torri'r cyfan fyddai mewn amcan.

Yn awr, gosodid yr ebillwydd cerfiedig yn rhill drefnus, oll yn ôl eu rhifoedd, yn y cyffion, pob ebill â'r carn at y llaw ddehau, fel y gellid â honno eu troi yn rhwydd a hylaw. Ond eraill a'u carfanent bob yn ail – un at y llaw dde, a'r llall at y chwith, a throid hwynt â'r ddwy law yn dalinedd [?].

Gosodid y garfan yn gaeedig am yddfau y nifer a fynnid o ebillion – yn ôl hyd y gerdd neu'r gywydd, a phob pren yn troi gerfydd eu mynyglau, yn rhes gyfochrog a threfnus. Er cadw'r garfan ynghaead yn dynn a diogel am yr ebillion, rhwymai'r hen feirdd hwynt ynghyd â rhubanau sidan glas, neu â thannau telyn neu grwth; eraill a'u rhwymant â mân-ewynnau llwdn hydd.

PREN CERFIEDIG

Mae y pren cywrain hwn yn dair modfedd ar ddeg o hyd, modfedd a thri chwarter o led yn ei ben uchaf, a modfedd a hanner yn ei ben isaf. Mae un ochr iddo'n grythog, ac yn llawn addurnwaith tlws a dillyn dros ben. Ar yr ochr hon iddo, y mae wedi eu cerfio â llaw crefftwr, llun calon, a ffenestri, cylchau, a chroesau, llysiau a blodau; a'r oll wedi eu hamgylchu â mân-addurniadau prydferth a hynod ddestlus. Mae y wyneb gyferbyniol arall yn wastad, ac ar yr hanner uchaf i'r ochr yma, y mae llythrennau blaenaf enw'r gwneuthurwr, ei oedran, a'r dyddiad fel hyn: 'C L A 23, 1797'. Ni welais, ac ni chlywais am ond un pren cyffelyb i'r uchod. Diau gennyf nad oeddynt yn cael eu gwneud at unrhyw wasanaeth teuluaidd, ond fel cywreinbeth yn unig.

Pren cyffelyb eto i'r hwn geisiwyd ddisgrifwyd yn barod. Mae'n bedair modfedd ar ddeg a hanner o hyd, dwy a chwarter o led yn y pen uchaf, a dwy'n y pen isaf. Mae un wyneb yn wastad, ac arni lun y goron yn gerfiedig; llun gwyneb cloc, a llythrennau Rhufeinig arno; a cherfiadau eraill. Mae ar yr wyneb gyferbyniol amryw fathau o gylchau crynion, wedi eu haddurno'n fanwl, yn y modd mwyaf telaid a phrydferth, tu fewn ac allan; ynghyd â llu o fân-waith yn y modd mwyaf cyson a thlws. Ar odre'r wyneb yma, y mae'r llythrennau 'R.M. ac I.M.'

LLWYAU COED CERFIEDIG

O'r holl ddodrefn coed bychain *(wooden ware)* a welais hyd yn hyn o waith llaw, y mwyaf cywrain a hanswm yw y llwyau coed cerfiedig. Rhy anhawdd yw rhoi disgrifiad cywir mewn geiriau o bob math o'r dodrefn bychain telaid a chywrain hyn, oblegid yr oeddynt yn amrywio'n fawr yn eu cynllun, eu trwsiad, a'i haddurnwaith. Y goes yn unig oedd y maes mwyaf neilltuol i'w addurno. Mae y rhan yma o'r llwy yn dangos ôl llaw gelfydd, chwaeth ddillyn ac amcan uchel. Ceir yn y llwyau hyn yn gyffredin, luniau calonnau, cylchau a chroesau, blodau a ffrwythau – megis pêr; hefyd, dyddiad blynyddoedd, enwau personau, a llawer o addurniadau manwl a chywrain eraill, yn arddangos llafur, hoffter ac amynedd di-ildio at y gwaith. Gan fod yr holl addurnwaith hyn yn waith llaw â chyllell yn unig, ac o naddiad dynion ifanc gwledig a diddysg yr oesoedd o'r blaen, ac wedi eu gwneuthur ar adegau hamddenol wrth olau cannwyll ar hirnos gaeaf, y mae'n syndod eu bod yn arddangos y fath fedr a chelfyddyd.

Yr oedd i rai o'r llwyau hyn ddau pen *(two bowls)*, a wnaed gan fechgyn ifeinc i'w cariadon, y rhai fyddent wedi ymrwymo i ddod yn wragedd iddynt. Yr oedd y ddau pen felly yn arwyddo – 'Yr ydym ni ein dau yn un'. Gwasanaethai llwy felly i'r ferch, yr un ag *engage ring* yn y dyddiau hyn. Mae'n debyg mai oddi wrth yr arferiad yma, ac o'r gair *spoon*, y daeth y gair 'sponer' i gael ei arfer am gariad.

Heblaw y math a nodwyd, y mae yma hefyd 'lwy fenyn' neu grafell fenyn, math ar geueg *(scoop)* yw hon, a'i gwasanaeth oedd i dorri menyn hallt o lestr. Yr oedd yn ymyl hon fylchau mân a chyson, wedi torri yn y fath fodd fel y gwnai argraff amlwg ar y menyn. Yr amcan i hyn oedd, os byddai i'r forwyn dorri o'r llestr ag unrhyw gyllell, neu lwy arall, y byddai i'r feistres ddod i wybod. Yr oedd yn hen arferiad gynt, i wneuthur llwyau â llythrennau cyntaf enwau y teulu arnynt; yna yr oedd yn rheol i bob aelod o'r teulu i fwyta â'i lwy ei hun.

Math arall eto oedd y 'llwy llaw dde'. Un fechan i'w rhoi yn llaw plentyn, oedd hon, ac wedi ei gwneuthur yn y fath fodd, fel ag i'w arfer yn llawdde. Yn yr amser gynt, nid oedd 'stafell' gwraig ifanc yn gyflawn i ddechrau ei byd, heb ddwsin o lwyau coed, a char llwyau i'w dal yn rhyw fan cyfleus yn y tŷ.

BACH CORN
Yr oedd yn arferiad gynt gan fechgyn ifainc, i wneuthur bachau pellenni o gyrn, i'w rhoi'n anrhegion i'r genethod, ac yr oedd rhai yn gywrain dros ben yn y gelfyddyd. Ni lwyddais i gael ond un o'r rhain.

Yr oedd rhai o'r hen greiriau gwerthfawr yma yn aros yn eiddo i'r un teulu am genedlaethau pan oeddynt yn eu bri a'u parch gynt. Mae hwn sydd yma yn dyddio'n ôl mor bell â 1710, yn gyfan-gorff o bres, ac mewn cadwraeth dda a dianaf. Y mae ar ei wyneb, wedi gerfio yn y modd mwyaf ciwraint, arfbais ryw deulu urddasol a phendefigaidd y bu ef yn eiddo iddo ryw adeg bell yn ôl. Islaw yr arfbais, y mae'r arwyddair Ffrangeg, 'Dieu et mon droit'. Ac hefyd y foeswers Saesneg, 'Time is swift'.

TORRI MAWNEN GARU
Yn amser caru'r nos gynt, ni chaniateid i ferch losgi ond un fawnen wrth wylad y nos gyda mab ifanc, ac ar dywydd oer yn y gaeaf, gofalai y ferch am fawnen fawr erbyn y noson benodedig i'r mab ddod at ei addewid. Ar ddiwrnod torri mawn, pan fyddai amryw bobl ieuainc ynghyd, yr oedd yn arferiad gan fechgyn ieuanc i dorri mawn mawrion, a mwy trwchus na rhai arferol, i'w rhoddi i'r merched yn 'fawn caru', a cheid cryn ddifyrrwch.

TAIR MERCH A'R CAWS
Yr oedd mab ieuanc yn caru tair merch, ond yn methu'n deg â gwneud ei

feddwl i fyny pa un ohonynt a briodai. Wrth eu gweld yn bwyta'u bwyd, sylwodd fod un yn torri crofen y caws oddi arno, y llall yn ei fwyta oll fel yr oedd, a'r drydedd yn crafu'r grofen. Wedi dwys ystyriaeth, barnodd mai un wastrafflyd oedd y gyntaf, ac mai un fudr oedd yr ail, ac mai un lân a threfnus oedd y drydedd, a daeth i'r penderfyniad mai'r olaf a gymerai'n gydmares ei fywyd.

FFLASC BOWDWR, FFLASC SHOTS

Ychydig o ddynion ifanc yr oes hon a fu erioed yn saethu â'r hen ddryll 'caps' gynt, a elwid *muzzle-loaders*, a llai fyth a ŵyr am y drafferth oedd i'w lwytho. I'r amcan o 'lodo'r' hen ddrylliau hyn, cedwid fflasc i gadw'r pylor, ac un arall i gadw'r gwnrawn; ac yr oedd y naill a'r llall i fesur yr 'ergydion' yn ogystal. Hefyd, rhaid oedd darpar pwnsh *(wadpunch)* i dorri 'wads' a blwch 'caps'. Yr oedd y rhain ar werth mewn blychau bychain 1/- neu 2/6 yr un. Yr oedd y pethau hyn oll yn anhepgorol angenrheidiol er gwneud y gwaith o lwytho'r gwn yn rhwydd a hylaw. Rhaid, hefyd, oedd cael gwialen y dryll a throellhoel *(screw)* ar ei blaen, diben yr hon oedd tynnu'r ergyd allan pan elai'n hen yn y dryll, a pheryglus i'w ollwng allan. Yr oedd hefyd declyn bychan a elwid allwedd nipl *(nipple key)* at dynnu, neu osod tiden *(nipple)* y dryll pan fyddai angen yn galw am hynny.

GWN CARREG DÂN

Pan oeddwn yn hogyn, clywais gryn lawer o sôn am y 'dryll fflinten', a rhoddai pobl oedrannus ddisgrifiad cywir iawn ohono, ac adroddent aml hanesyn diddorol am yr arf henafol yma, y rhai a glywsant gan eu teidiau, ac hefyd o eneuau hen filwyr a fu ym mrwydr Waterloo 1815; canys dyma'r gynnau a ddefnyddid gan y Saeson a'r Ffrancod yn y frwydr fawr fythgofiadwy honno. Mae'n debyg fod y math yma o ynnau yn hwy, a thrymach na drylliau yr oes hon, ac yr oeddynt oll yn sengl. Yr oedd ym môn y faril, dwll bychan yn dod allan i'r ochr dde, yr hwn pan lwythid y gŵn, fyddai'n llawn o bylor. Yn ymyl y twll hwn, yr oedd darn o ddur; ac ymhen y morthwyl *(hammer)*, garreg dân fechan deneu, o ffurf agos yn ysgwâr, yr hon ar ddisgyniad trwm a sydyn y morthwyl ar y dur, a wreichionai, ac a daniai y pylor. Ar gawod o law, rhaid oedd bod yn ofalus i gadw'r pylor yn sych, yr hyn a wnaed, fel rheol, trwy osod llaw ar fôn y faril, neu y fawd ar y pylor. Bu'r math yma o ynnau mewn arferiad cyffredinol hyd y 1800au, pryd y darfu i'r 'muzzle–loaders' gael eu dyfeisio.

CORN CEBYSTR

Corn cebystr sydd gorn bychan o gwmpas dwy fodfedd o hyd, a dau dwll crwn ynddo, a osodir ym mhenwast cebystr i'r tennyn redeg trwyddo. Y mae ef mewn arferiad gan amryw o fugeiliaid mynyddoedd Abergwesyn hyd yn bresennol.

AMGARN CORN

Yr oedd y math yma o gywreinbeth yn cael ei wneud o gorn eidion, yn fwyaf cyffredin, ac yr oedd yr amgarn corn yn ddarn o addurnwaith, ac mewn cryn fri yn yr amser a aeth heibio. 'Amgyrn o gyrn, addurn oeddynt,' medd un o'r hen feirdd. Mae'r arferiad wedi darfod yn llwyr, ac nid fawr o waith cyrn yn cael ei wneud yn y wlad.

NODWYDD GORN

Y mae'r nodwydd yma o ran ffurf yn gyffelyb i nodwydd *saddler*, ond ychydig hwy a chryfach. Yr oedd yn meddiant yn bur gyffredin yn yr amser y gwnaed llawer o waith gwlân gartref. Wedi dirwyn yr edafedd yn bellenni, rhoddid llinyn yng nghrai y nodwydd gorn, a gyrrid hi o dan gylch uchaf pob pellen, yna clymid hwynt oll ynghyd yn fwndel cryno, a chrogid hwynt wrth fach dan y llofft, yn barod ac wrth law i'w defnyddio yn ôl yr angen. Gwelais rai hen nodwyddau coed, ond y nodwydd gorn oedd y fwyaf arferol a chyfrifol.

CEFNDEDYN ANIFAIL

Yr oedd yn arferiad pur gyffredinol gan lawer o bobl yn yr amser gynt, ar amser lladd anifail, i ofalu am ddarn bychan o'i gefndedyn at hyd priodol; yna gosodid darn o bren ynddo, wedi ei naddu'r un ffurf â thrwch y gwellaif. Wedi iddo sychu felly yn foddhaol, defnyddid ef yn wain i osod gwellaif ynddo i'w gario mewn poced.

CARIO A GWEU SANAU I'W GWERTHU

Arferiad sydd wedi mynd heibio er llawer blwyddyn, a'i hanes yn agos wedi ei anghofio, yw 'cario sanau i'r gweithie'. Gwŷr o sir Aberteifi gan mwyaf oedd yr 'hoshers'. Deuent o ardaloedd Pontrhydfendigaid, Tregaron, Llanddewibrefi a lleoedd eraill. Yn gyffredin cychwynnent oddi cartref yn fore dydd Iau ac fel rheol byddai rhywun yn eu hebrwng gyda cheffyl i gario'r cwd hyd Gefn Penrhuddfa yn Llanddewi Abergwesyn. Mae lle ar y 'Cefen' a nodwyd a elwir Ffos y Cydau, lle byddai'r 'cydau' yn cael eu newid oddi ar gefnau y ceffylau a'u cymryd ar gefnau'r hosanwyr oddi yno mlaen, a'r ceffylau'n dychwelyd.

Prynhawn dydd Iau byddai'r 'hoshers' yn galw yn Doliar, Abergwesyn, ac ymgasglai llawer o fenywod yr ardal yno a'u sanau i'w gwerthu. Wedi prynu, a chael tamaid o luniaeth, ail-gychwynnent am Lanwrtyd a galwent eto yn Tŷ-croes gyda hen wraig o'r enw Citti Dafis, lle y cynhelid 'ffair sanau' hynod boblogaidd bob nos Iau, a hynny'n bur gyson yn nhymor y gaeaf.

Bore dydd Gwener gwelid yr 'hoshers', yn bur fore, gyda'u cydau mawrion, gwynion ar eu cefnau, yn tynnu fyny'n galed i fynydd Epynt. Cyrhaeddent tua nos Wener, lle gorffwysent y noson honno, a chyrhaeddent rai o drefydd poblog Morgannwg yn gynnar dydd Sadwrn, a gwnaent eu marchnad y prynhawn a'r hwyr hwnnw. Os llwyddent i werthu'n dda y prynhawn hwnnw, cychwynnent adref ddydd Llun gan gerdded yn ddiwyd a chyrraedd adref ddydd Mawrth.

Wedi i'r trên ddod i redeg trwy ein gwlad yn y flwyddyn 1868, deuai 'John Jones Abertawe' yn gyson i Lanwrtyd, Beulah a Phentref Llwyn-llwyd, a phrynai lawer o sanau ymhob lle, a hynny'n gyson am lawer o flynyddoedd.

Y mae gwragedd a merched y parth yma o'r wlad wedi bod yn enwog am hosanau da ar hyd yr oesoedd. Y mae yn fy meddiant bamphled bychan yn dwyn yr enw 'Hanes Tair Sir-ar-Ddeg Cymru', gan Dafydd Thomas; a argraffwyd yn 17[??], ac ail argraffwyd ef yn 1814; mae'n rhoi hanes gwir ddiddorol am neillduolion pob un o siroedd ein gwlad; a dyma fel y dywed am ferched Buallt:

> Gwna'r merched hyn yn gofus gyfan
> Bob gwaith hyswi i mewn ac allan;
> Gwau hosanau trwy'r holl flwyddyn,
> O Lan-fair hyd Abergwesyn.

CYRCHU YSGADAN

Drigain mlynedd yn ôl, byddai llanciau o'r ardal hon yn mynd i Dregaron tua diwedd Medi a mis Hydref i mofyn 'mwys' o ysgadenau. Yr oedd mwys yn 500, a chant o sgan yn 120. Wrth rifo yr ysgadenau, teflid ysgadenyn o'r neilltu am bob ugain, y rhai 'a roid i mewn' i'r prynwr; felly yr oedd ef yn cael deg-ugain-ar-hugain a deg ysgadenyn ar hugain. Pris mwys yr amser hwnnw oedd 12/6 i 15/- neu 2/2 i 3/- y cant.

Byddai llawer o ddynion tlodion yn cael benthyg ceffyl gan amaethwr i fyned i mofyn mwys, neu hanner mwys, a dyna oedd eu cig am y gaeaf.

Dylaswn ddweud hefyd y byddid yn halltu yr ysgadan, yna yn gyrru gwlân neu linyn trwy eu llygaid, ac yn eu codi dan y llofft i'w sychu a hynny yn sypiau mawrion. Gallesid eu gweld felly yn crogi mewn llawer o amaeth-dai a bythynnod y wlad gynt. Adroddir am blant rhai teuluoedd cyfrifol Gwlad Buallt drigain mlynedd yn ôl yn mynd i'r ysgol ddyddiol, a'u cinio oedd ysgadenyn wedi ei ddigroeni a'i osod rhwng dau fara.

CALAN MAI

Mae yr adeg yma o'r flwyddyn yn ddydd pen tymor llawer o wasanaeth-ddynion yn y parth yma o'r wlad, a byddant yn rhydd i ail gyflogi ymlaen yn yr 'hen le', neu newid. Fel y bydd yr adeg yn agosau, mae llawer o bennau teuluoedd yn tyneru at eu gweision a'u morwynion, a hynny er mwyn eu hudo i aros blwyddyn arall.

Mae'r hen bennill a ganlyn yn gosod allan deimlad aml i was neu forwyn fel y mae'r dydd i ymadael yn nesu:

> Daw C'lame, daw C'lame, a dail ar bob llwyn,
> Daw meistr a meistres i siarad yn fwyn;
> A finne yn gwrando heb ddywedyd un gair,
> Yn cofio'r hen amser fu rhyngom Ŵyl Fair.

CALAN GAEAF

Ar y tymor hwn o'r flwyddyn y bydd ffermwyr fel rheol yn cyflogi eu morwynion. Fel y bydd adeg ymadael yn nesu, clywir ambell wasanaeth-ferch na fyddo'n hoff iawn o'r hen feistres, yn adrodd neu efallai yn canu yr hen bennill a ganlyn wrthi ei hun:

> C'langaea bach a ddelo,
> C'langaea bach a ddaw,
> Y fi sy'n mynd oddi yma,
> A morwyn arall ddaw;
> Pan ddelo'r forwyn newydd
> I rodio nghylch y tŷ,
> Bydd honno ngolwg meistres
> Yn llawer gwell na mi.

BONCYFF Y GWYLIAU

Darn mawr o bren a ddygid i'r tŷ brynhawn cyn y Nadolig, oedd 'Boncyff y Gwyliau', ac yr oedd yn rhaid ei fod o dderwen. Yr oedd y 'boncyff' yma weithiau mor fawr a thrwm fel yr oedd yn angenrheidiol cael ceffyl i'w lusgo at ddrws y tŷ; yna treiglid ef i mewn, a gosodid ef yn groes wrth gefn y tân; gwnaed hyn gyda llawer o hwyl a rhwysg gan y teulu. Wedi ei gael i'w le, yr oedd yn rhaid ei gynnau â gweddill boncyff y gwyliau o'r blaen, yr hwn oedd wedi ei gadw'n ofalus ar hyd y flwyddyn i'r perwyl hwnnw.

Yn adeg y gwyliau, a thra y byddai'r boncyff yn parhau i losgi, treulid amser llawen drwy adrodd storïau, canu a gwledda, yr hyn a barhâi am ddeuddeg diwrnod a deuddeg nos, ac yr oedd y boncyff i'w gadw i losgi ddydd a nos. Os digwyddai iddo ddiffodd, yr oedd hynny yn goel sicr y byddai rhyw anffawd – cystudd trwm, neu farwolaeth yn y teulu yng nghwrs y flwyddyn ddilynol. Ar y deuddegfed noson, diffoddid y boncyff, yna rhoddi yr hyn a fyddai'n weddill ohono heibio, a chedwid ef yn ofalus hyd y gwyliau dilynol, i gynnau y boncyff arall a ddygid i'r tŷ. Yr oedd cadw'r ddefod hon yn fanwl, yng ngolwg yr oesoedd gynt, yn sicrhau diogelwch i'r tŷ rhag damweiniau trwy dân a mellt.

CERDDED Y FFIN

Yn yr amser gynt, yr oedd yn arferiad i gerdded y ffiniau rhwng dau blwyf, rhwng dwy faenol, neu ddwy sir. Penodid ar ddiwrnod at y gorchwyl, a phan ddeuai y dydd, ymgasglai torf fawr o'r ardalwyr ynghyd i'r fan a'r lle, ac ar amser penodedig; yna, chwythid y corn yn rhybudd i'r orymdaith i gychwyn.

Mewn rhai parthau o Gymru, byddai baner arbennig i'r amgylchiad, yn cael ei chodi i flaenori'r orymdaith.

Hefyd, byddai dau fab ieuanc yn cael eu penodi – un o bob sir neu blwyf, i gymeryd sylw, cadw mewn cof, a throsglwyddo yr hanes i lawr i'r genhedlaeth oedd yn dod.

Ar leoedd pan fyddai afon neu nant yn rhannu dau blwyf, cerddid min y geulan yn fanwl, gan ddweud yn barhaus, 'Hon yw'r ffin, hon yw'r ffin,' ac ar fannau lle y byddai maen, ysger o graig, neu ryw beth arall cyffelyb wedi arfer bod yn dangos y ffin, aed heibio gan ddweud, 'Dyma'r ffin, dyma'r ffin,' a hynny yn barhaus modd y clywai pawb o'r rhai oedd yn canlyn; ac yn enwedig dysgai ac y cofiai y ddau hogyn fyddai wedi eu neillduo at y gwaith.

Mewn rhai amgylchiadau mae gennym hanes am dai yn sefyll yn union ar y ffin; mewn digwyddiad fel hyn, aed dros drum y tŷ, a dygid y faner yr un modd, gan ddweud, 'Ffordd hyn mae'r ffin, ffordd hyn mae'r ffin.'

Tua'r flwyddyn 1846, bu cerdded y ffin rhwng plwyfydd Tirabad, sir Frycheiniog, a Rhandir Isaf Llanfair-bryn, sir Gaerfyrddin. Cychwynnwyd ar gydiad y ddau blwyf, ar Dre-lath, a cherddwyd hyd Frynhynog-fach, ar gwr gorllewinol plwyf Tirabad. Yr oedd amryw ugeiniau o bobl o'r ddau du i'r ffin wedi ymgynnull at eu gilydd ar yr amgylchiad. Y ddau hogyn oedd wedi eu penodi i gymeryd sylw o'r ffordd y cerddid, oeddynt John Davies, Ffosychwiaid, o Dirabad, a [?] o'r Rhandir Isaf. Erbyn y diwrnod hwn, yr oedd oen wedi ei ladd er cael gwledd ar ddiwedd y dydd. Amcan y ffêst hon oedd i argraffu ar gof y ddau grwt yr hyn a gymerodd le ar y dydd hwnnw.

Yr oedd y wledd wedi ei pharatoi yn [?], ac eisteddodd llawer o'r ardalwyr wrth y bwrdd i gydgyfranogi o'r arlwyaeth.

Tua'r flwyddyn 1850, bu 'cerdded' rhwng plwyfydd Llanwrtyd a Rhandir Uchaf Llanfair-bryn, sir Gaerfyrddin. Cychwynnwyd ar gydiad y ddau blwyf ger Brynhynog-fach, a dilynwyd y ffin hyd eithaf plwyf Llanwrtyd yng Nghwm Tywi. O gwmpas ugain oedd wedi ymgynnull y diwrnod hwn, a nifer fawr ohonynt ar geffylau.

Wedi cyrraedd hyd at Trawsnant ar fynyddoedd Tywi, cafodd pawb o'r cwmni eu gwahodd i'r tŷ, lle y buont oll yn cael lluniaeth wrth fyned heibio. Yna ailgychwyn yn galonnog drachefn. Ar leoedd garw ac anial, disgynnai y marchogwyr oddiar eu ceffylau, er cerdded min yr afon, a chymerai eraill yr anifeiliaid ar hyd y ffordd gerllaw, nes cyrraedd cwr gorllewinol plwyf Llanwrtyd. Dyma'r 'cerdded' diweddaf a gymerodd le yn rhannau gorllewinol Cantref Buallt.

Yr oedd gan yr hen bobl sydd newydd ein gadael, hanes bur ddiddorol am gerdded y ffin rhwng dwy faenor, sef Hwnrwd Fuallt a Hwnrwd Merthyr Cynog. Mae'r ffin hon yn rhedeg ar hyd cefn mynydd Epynt. Mae'r hanes a gaid o eneuau'r hen bobl am y 'cerdded' hwn yn gyffelyb i'r hyn a adroddwyd yn barod, gyda'r eithriad o un hen arferiad pur hynod oedd ganddynt yma: ar derfyn y dydd, yr arferiad gan yr ardalwyr hyn ydoedd, rhoddi dwy neu dair gwialennod drom i'r ddau hogyn er peri iddynt gadw mewn cof am yr achlysur. Mae'n debyg fod yr oruchwyliaeth hon yn hen gwstwm gwastadol ar ben y ffin hon, yn yr hen amser gynt.

EWYLLYS HYNOD
Yn ôl hanes ffeiriau Cymru yn yr oesoedd a aethant heibio, yr oeddynt yn hynod am eu hanfoesoldeb a'u hymladdfeydd, yn enwedig mewn perthynas i'r doll a godid ar wahanol nwyddau, yr oedd hon braidd bob amser yn asgwrn y gynnen. Mae'n debyg fod y Gelli, sir Frycheiniog, yn lle hynod am hyn. Yn amser Iago I, yr oedd yr hawl o godi toll yn nwylaw y prif geisbwl; a byddai'r casglwyr bob amser ar eu gorau i wasgu pob ceiniog a allent o logellau y gwerthwyr druain. Yn ôl hen hanes a ddarllenais yn ddiweddar, yr oedd mân nwyddwr o'r enw Ifan ab Dafydd, wedi myned i ffair y Gelli gyda rhyw nwyddau i'w gwerthu, ac fel y tystia yr ewyllys hynod a ganlyn, darfu iddo gael ei gamdrin yn erwin gan y casglwyr.

> Yr Ewyllys: Nid wyf yn glaf trwy ymweliad Duw, ond oherwydd y niwed a dderbyniais oddi ar ddwylaw William Smith, ceisbwl Y Gelli, a Dafydd Goch. Fy ewyllys yw, bod i Marged, fy ngwraig, a William Bevan, fy mab, a John Vaughan, Ysw., o Lan Sant Ffraid, sir Drefaldwyn, a Jeffrey Vaughan, o Greirwy, sir Faesyfed, fy ymddiried-olwyr, gynorthwyo fy ngwraig i gosbi y personau uchod am achosi fy angau. Fy ewyllys yw, bod i Marged fy ngwraig a William fy mab, ymrwymo yn y swm o £200 i John Vaughan a Jeffrey Vaughan, i'w canlyn â chyfraith, mor bell ag y byddo modd, a pheidio â gwneud un cytundeb heb gydsyniad y Vaughaniaid, na rhoddi heibio tra parhao ceiniog o fy meddianau.

TAFLU CERRIG O LAW I LAW
Yn yr hen amser gynt, cyn bod cerbydau yn gyfryngau at gludo fel sydd yn ein dyddiau ni, yn ôl hanes yr hen arferiad oedd i nifer fawr o ddynion ymgynnull ynghyd at ei gilydd, a sefyll yn rheng fawr o'r lle y byddai adeilad

i gael ei godi hyd y chwarel, yna taflu'r cerrig 'o law i law', a hynny yr holl bellter at y gwaelod.

Y mae hen draddodiad ymhlith ardalwyr Rhandir Isaf plwyf Llanfair-bryn, mae o Gastell Craig Wyddon y cafwyd cerrig at godi eglwys Llanfair-ar-y-bryn, Llanymddyfri, ac mai yn y dull a'r modd a nodwyd y cludwyd y cerrig at y gwaith, a hynny tua milltir o ffordd.

I WYBOD YR AMSER O'R DYDD

Cyn bod clociau a *watches* yn ein gwlad i ddangos yr amser, y dull oedd gan y teidiau i wybod yr adeg o'r dydd oedd sefyll yn syth, a chymeryd sylw manwl ym mha fan y byddai y cysgod yn terfynu; yna mesur ei hyd â'r traed, a deuid i wybod yn agos iawn pa adeg o'r dydd fyddai. Cawn fod yr arferiad yma yn hen iawn, a chyfeirir ato yn yr adnod honno yn Job 7:2, 'Megis y dyheua gwas am gysgod, ac y disgwyl cyflog-ddyn wobr am ei waith.' Dull arall oedd gan lawer ydoedd sylwi ar gysgod yr haul ar gornel y tŷ, neu ar gynor y drws, neu goes y ford, a deallent pan fyddai yn amser pryd bwyd yn hynod gywir felly. Sylwent hefyd pan fyddai eu cysgod a'i gyfeiriad yn union tua'r north, er deall pan fyddai yn hanner dydd.

DEIAL HAUL

Yr oedd gynt awrfynag [deial haul] ymron ymhob mynwent eglwys trwy ein gwlad ac wrth ei amser ef y dechreuid y gwasanaeth ar y Sabathau. Gosodid ef i fyny ar ben pawl, neu ar golofn o gerrig, yn ymyl drws yr eglwys, fel rheol. Y mae i'w weled ar amryw hen lyfrau cyfrifon *vestries* ein heglwysi, gofnodion o ryw symiau o arian a dalwyd am adgyweirio deialau. Ceir ar lyfr cyfrifon eglwys Maesmynys, Builth, gofnodiad am y swm o ddau swllt yn cael eu talu am atgyweirio y deial ar y fynwent honno yn y flwyddyn 1763. Gwelir rhai yn aros hyd heddiw yn amryw o fynwent eglwysi'n gwlad. Y mae un yn aros hyd yn bresennol ar dŵr eglwys Llanafan Fawr, Brycheiniog.

Yr oedd hefyd ddeial wedi ei osod i fyny mewn rhyw le amlwg a chyfleus ymhob tref, ac hefyd bob pentref o bwys yng Nghymru, ac yr oedd ef yr un wasanaeth yn ei amser â'r 'town clock' yn ein hamser ni. Yr oedd hefyd ddeial ym mynwentydd rhai capeli'n gwlad. Mae un i'w weld heddiw ym mynwent Maes-yr-onnen, Sir Faesyfed. Yr oedd deial hefyd yn eiddo i lawer o ddeuluoedd, yn enwedig gan y teuluoedd mwyaf cyfoethog ac anrhydeddus. Yn gyffredin, gosodid ef i fyny yn 'front' y palas. Y mae i'w weled felly yn bresennol yn ngwyneb Pencerrig, palasdy yn sir Faesyfed.

Clywais adrodd am ddeial oedd ryw amser maith yn ôl gan ddeulu cyfoethog oedd yn byw yn Nant-gwyllt, ger Rhaeadr Gwy, yr hwn oedd ar bawl yng ngardd y palas. Ryw noswaith, pa fodd bynnag, aeth y deial ar goll, ond fel y digwyddodd yn dra hynod, cafwyd ffon ger y pawl, yr hon a adnabyddwyd fel eiddo hen weithiwr perthynol i'r teulu. Bu'r ffon honno yn foddion i beri i'r henwr gael ei ddrwgdybio fel y lleidr, a rhoddwyd gwarant iddo ar ddrwgdybiaeth. Y lleidr yntau a aeth i ymgynghori â chyfreith, wrth yr hwn y cyfaddefodd ei euogrwydd. Gofynnodd y cyfreithiwr iddo pa fath ffon ydoedd, yntau a roddodd ddisgrifiad manwl ohoni. Yna cynghorodd y cyfreithiwr ef i wneuthur ffon arall yr un ffunud a hi, ac yn ol yr hanes, darfu iddo lwyddo yn ei amcan, fel y methodd y tystion i roddi tystiolaeth digon cryf mai ei ffon ef a gafwyd ger y pawl, a daeth y cyfreithiwr â'r lleidr yn rhydd.

Yr oedd gan rai gynt ddeial wedi ei wneuthur o garreg, a hynny mewn modd tra chywrain. Yn y flwyddyn 1907 cafwyd un felly ger Cefn Brân, plwyf Llanafan Fawr, a bernir oddi wrth ei wyneb hynafol, ei fod ef yn amryw gannoedd o oedran. Hyd tua hanner y ganrif ddiwethaf, yr oedd deial carreg wrth y Caerau, Llangamarch. Yr oedd hwn wedi ei osod i fyny ar ben y domen feddrodol fawr a hynafol sydd ger yr amaethdy hwn; ond trwy esgeulustod, y mae wedi myned ar ddifancoll ers llawer blwyddyn. Pan ddaeth cloc gyntaf yn feddiant i deulu'r Caerau, yr oedd yr hen Shôn, fel llawer o'r hen bobl gynt, yn cael ei feddiannu'n llwyr gan ragfarn cryf yn ei erbyn, a dywedai'n aml, 'Beth yw'r hen gloc yna sy gennoch chi, mae digon o waith i windo hwnna o hyd, ac y mae e'n ffasto neu'n slowo o hyd!'

Gan mlynedd yn ôl, bu *stonecutter* wrth ei alwedigaeth yn byw mewn hen fwth ar Dolgaer, ger Llangamarch; ac yn ôl yr hanes, yr oedd ganddo ddeial carreg tra chywrain o'i wneuthuriad ei hun, yr hwn oedd ganddo ar bost ger ei dŷ; a chan ei fod ar ochr y ffordd, yr oedd llawer o deithwyr a elent y ffordd honno yn troi ato er gweld yr amser. Fel hyn daeth y deial hwn mor boblogaidd, fel y daeth y lle i gael ei alw yn 'Greenwich' trwy yr holl wlad o'r bron, ac felly y gelwir yr hen furddyn hyd heddiw.

Methais â tharo ar y wybodaeth ym mha leoedd, a chan bwy yng Nghymru y buont yn cael eu gwneuthur, ond yn sicr yw eu bod yn cael eu gwerthu, a mwy na thebyg yn cael eu gwneud hefyd yn wahanol drefydd y wlad hon. Ar ddiwedd hen gerdd a argraffwyd yn y Mwythig dros Thomas Roberts o Lanllyfni, a hynny'n gynnar yn y ddeunawfed ganrif, ceir yr hysbysiad canlynol, 'Hyn yr wy'n ysbysu i chwi fod deial ar werth mewn dwy filltir i Gaernarfon, lle a elwir y Bont newydd ac arni hi wybod pa faint y mae'r haul yn i rhedeg yn y munud, a deial arall am y nos i wybod pa faint y fydd hi o'r gloch wrth y sêr a'r lleuad. Gan John Thomas y maent'.

Ar ddeialau bychain a weles, ni nodir yr amser yn fanylach na chwarter oriau; ond ar rai mawrion, dangosir yr amser mor fanwl â phob pum munud, a munudau arni. Ar rai deialau, hefyd, dangosir y pedwar pwynt *(cardinal points)*. Yn gyffredin, addurnir gwynebau y deialau mawrion gan fanerau Lloegr, a'r llun o'r unicorn, wedi eu cerfio â llaw gelfydd, un o bob tu i'r nodwydd, ac oddi tanynt yn gyffredin gwelir yr arwyddair hwnnw yn y Ffrangeg, 'Dieu et mon droit', h.y. ' God is my rights'.

Yn yr unfed ganrif ar bymtheg y dechreuwyd yr arferiad o roddi arwyddeiriau ar ddeialau, y rhai sydd mor amrywiol a phrydferth yn ogystal â diddorol. Y mae'r casgliad a ganlyn yn dangos eu natur, 'Come, light, visit me'; 'I count time, dost thou?' 'Light and shadow by turns, but always love'; 'Haste, oh haste, thou sluggard, haste, The present is already past.'

Ar bob deial ymron a ddarfu i mi weled, yr oedd arno ryw arwyddwers *(motto)* yn dweud am brysurdeb amser, neu am fyrder bywyd. Gan eu bod, fel hen eiriau o'r fath yn gyffredin, yn fyrion, pwrpasol, yn ogystal ag yn ddiddorol, rhoddir y rhai a ganlyn i mewn yma: 'Time is swift', 'Life's a bubble', 'As shadowe so man speedeth'; ac eraill a ellir eu cofnodi, y rhai a roddir megis yn eiriau yn cael eu hadrodd gan y deial ei hun, 'It's later than you think'; 'I'll only count your sunny hours'; 'Tak tint o' Time ere Time tak tint o' thee'.

Er y ddeunawfed ganrif, pan ddaeth clociau i arferiad yn ein gwlad, y mae deialyddiaeth fel gwybodaeth ymarferol, wedi ei rhifo gyda'r pethau a fu, ac offerynnau eraill mwy cyfleus wedi dyfod i arferiad yn eu lle.

Saith ugain mlynedd yn ôl, nid oedd ond pedwar cloc ym mhlwyf Llanwrtyd. Un gan Twmi Williams Esgair-foel Uchaf, yr hwn oedd rydd-ddeiliad, ac amaethwr cysurus ei fyd. 'Cloc mud' oedd hwn, h.y. nid oedd yn taro. Yr ail oedd yn Doldyner, gan Rees Price, yntau yn berchen ar ei fferm ei hun, yn ŵr parchus yn y plwyf, ac wedi bod yn y swydd o 'church warden' am rai ugeiniau o flynyddau. Y trydydd oedd yn Dol-y-coed, gan deulu cyfoethog o'r enw Jones. Y pedwerydd yn y Dinas, gan y Captain John Lloyd, bonheddwr cyfoethog, a'r hwn a fu am lawer o flynyddoedd yn Gaptain y *Manship*, llong perthynol i'r 'West Indian Company'.

Er wedi myned allan o arferiad, a hynny ers llawer blwyddyn bellach, y mae y deial yn dechrau dod i amlygrwydd yn ein gwlad eto, nid fel amser-fesurydd, mae'n wir, ond fel darn o hen gywreinbeth. Er nad yw wedi myned yn beth prin, prynid ef yn awyddus gan hynafiaethwyr a chasglwyr hen bethau, a rhoddir mwy na'i werth amdano yn fynych, ac edrychir arno fel un o hen weddillion diddorol yr oesoedd a aethant heibio. Heddiw gwelir hen ddeial wedi ei osod i fyny ger aml i balasdy, ac nid yw casglwr hen greiriau yn ystyried ei ardd yn hollol berffaith hebddo.

Dangosir heulfynag Groegaidd hynafol iawn yn y Gywreinfa Brydeinig, ac yn gerfiedig arno y darlleniad a ganlyn yn yr iaith Roeg – 'Phaedrus fab Soelus, un o'r Paconiaid, a'm gwnaeth i'. Tybir iddo unwaith fod yn dangos yr oriau ar groesheolydd Athen. Ychydig o grybwyllion a geir yng ngwaith yr hen feirdd am heulfyneig.

Fel y dywed un arwyddair a welir ar rai deialau – 'I'll only count your sunny hours', felly nid yw y deial o un gwerth ar dywydd cymylog, nac yn y nos os na fydd yr wybr yn hollol glir, a'r lleuad yn llawn; felly, 'angen yw mam dyfais', hyn yn ddiau a roddodd ddechreuad i'r dyfr-fynag, yr hwn a ddangosai'r oriau trwy rediad dŵr o lestr, a'r awrwydr, yr hwn a ddengys yr amser trwy rediad tywod.

Mae'n debyg nad oedd deialau wedi dod i arferiad mewn lleoedd megis mynwentydd, gerddi, a lleoedd eraill cyffelyb, hyd yr unfed ganrif ar bymtheg. Tua'r un cyfnod y daeth yn arferiad i osod arwyddeiriau arnynt gyntaf.

Yn China heddiw, y mae deialau mor gyffredin ag yw awrleisiau yn ein gwlad ni; ac y mae trigolion Japan yn cario deialau bychain yn eu llogellau fel y cariwn ni *watches*.

MYND GYDA'R HAUL

Yn yr hen ysgolion dyddiol gynt, pan fyddai'r dosbarth yn sefyll yn rhonc o flaen eu hathraw i fynd trwy eu gwersi, dechreuid yn y pen nesaf i'r dwyrain, gan fynd trwy y *class* o un i un nes cyrraedd y godrau yn y pen nesaf i'r gorllewin. Yr un drefn fyddai hefyd yn yr Ysgol Sul, pan yn darllen pennod bob yn ail adnod 'darllen gyda'r haul'. Ymddengys fod y drefn hon yn hen.

Cawn mai 'gyda'r haul' y byddai'r cynfeirdd gynt yn troi'r ebillwydd yn y beithynen, er darllen eu gwaith. Byddai amryw orchwylion bychain eraill ar y fferm yn cael eu gwneuthur yn ôl yr arferiad hwn, megis nyddu gwden, troi rheffyn, a chordeddu cebystrau, a rhaffau rhawn.

Y GOLLEN

Defnyddid y gollen fel pren dewinol *(divining rod)*, i chwilio allan am ddŵr er sincio pwmp.

Gwialen gollen wedi ei dirisglo a roddid i fab wedi colli ei gariad.

Y GRIAFOLEN

Yr oedd y pren criafol, neu y gerddinen, yn bren poblogaidd iawn gan ein hynafiaid. Gosodid frigau'r pren hwn mewn ffosydd lle yr arferai defaid fyned drwyddynt, a'r hen gred ydoedd y byddai iddynt gyfebru yn fwy llwyddiannus.

CADW GWALLT YN HIR

Yr oedd yn gwstwm gan ein teidiau i gadw eu gwallt yn hir. Troent ef yn ôl o war y ddau glust, a rhwyment ef â rhuban, a chwlwm dolen arno ar y wegil, gan ei adael i ddisgyn yn hir i lawr rhwng y ddwy ysgwydd. Yr oedd rhai hen wladwyr yn fyw, ac yn cadw eu gwallt felly hyd tua *fifties* y ganrif o'r blaen.

Y diweddaf a fu yn cadw gwallt hir yng nghymdogaeth Llanwrtyd oedd hen ŵr o'r enw Rhys Shencyn, Brynhynog-fach; a'r diweddaf yn Abergwesyn oedd Beni'r Teiliwr, hen ŵr tal, a dreuliodd ran fawr o'i fywyd yn y fyddin.

CERDDED YN DROEDNOETH

Yr oedd pobl yr oesoedd o'r blaen yn byw rhan fawr o'u bywyd yn droed-noeth, yn enwedig yn nhymor yr haf. Yr oedd y bugail bach yn droednoeth – goesnoeth trwy gydol yr haf wrth edrych ar ôl y gwartheg blithion. Byddai llawer o ferched a morwynion yn droednoeth drwy y dydd pan yn gweithio wrth y cynhaeaf gwair. Yn droednoeth yr âi llawer o fenywod yn y bore i'r mynydd i wlana, a'u hesgidiau a'u hosanau yn bac bychan twt ar eu cefnau; wedi'r gwlith godi, eisteddent ar gerrig, neu ar fryncyn sych, a gosodent eu sanau a'u sgidiau am eu traed, felly yr arbedent rhag gwlychu eu traed yn y gwlith y bore. Yr hen ddull arferol o gario'r sgidiau a'r sanau yn adeg cerdded yn droednoeth oedd, rhoddai y dynion y sanau yn y sgidiau, rhwyment y carïau wrth ei gilydd, a thaflent hwynt ar draws eu hysgwyddau. Rhoddai y menywod eu sgidiau a'u sanau yn eu ffedogau, a throent flaen y ffedog yn ôl gan ei gosod o dan y llinyn ar y cefn.

Yr oedd gan yr hen bobl hanes am deulu yn cerdded yn droednoeth o Esgair Las, Abergwesyn, i'r cwrdd deg fore Sabbath yn y Gelynos, Llanwrtyd, pellter o leiaf chwech milltir, a'r rhan fwyaf ohoni yn dir mynyddig, garw, a diarffordd. Wedi cyrraedd i ymyl y capel, golchent eu traed yn y ffrwd fechan a redai heibio, a gwisgent am eu traed cyn mynd i mewn i'r addoldy. Dywed traddodiad ymhellach mai rhieni y Parch. Morgan Jones, o'r Cymer, Morgannwg, oedd yr hen bobl dda ffyddlon hyn.

Hanes arall a ddywed fod y Parch. Isaac Price, gweinidog yr Annibynwyr yn Llanwrtyd a Throedrhiwdalar (1758–1805) yn cerdded yn droednoeth yn aml yn nhymor haf o'r Gelli ger Llanwrtyd i Droedrhiwdalar. Wedi mynd mor bell ag afon Dulas, eisteddai ar y geulan, golchi ei draed, a gwisgai ei sgidiau a'i sanau cyn mynd i mewn i'r capel.

MESUR TROED

Pan yn mesur troed i gael esgidiau newydd, yr arferiad yw rhoi y droed *dde* i'r crydd i'w mesur. A phan yn ffitio pâr o esgidiau newydd mewn siop, byddai'r hen bobl yn arfer y plant i dynnu yr esgid dde i ffwrdd, dyna'r hen arferiad.

FFALLACH – *PATTENS*

Gwadnau, neu fath o ail sgidiau coed, oedd y *pattens*. O tan eu gwadnau, yr oedd cylch hirgrwn o haearn, i'r amcan i gadw'r traed o'r llaid, a'r esgidiau'n lân. Yr oedd tri math ohonynt. Ni fu'r *pattens* mewn fawr arferiad wedi canol chwedegau'r ganrif ddiweddaf.

SANTWRN / [?]LANTWRN
Hyd o fewn cof gan rai pobl oedrannus sydd heddiw (1920) ar dir y byw roedd yn arferiad mynd ag esgidiau i'r efail. Y gof oedd yn gwneuthur hoelion esgidiau ei hun yr amser hwnnw, ac yr oedd ganddo haearn pwrpasol a elwid 's[?]l]antwrn' at y gorchwyl. Cadwai pob gof ddydd Sadwrn iddo'i hun at wneud hoelion a phedoli esgidiau, ac yr oedd yn ddealladwy gan yr amaethwyr i beidio mynd â cheffylau i'r efail ar y dydd hwnnw.

BUSTL MOCHYN
Arferiad arall oedd gan yr hen bobl oedd cadw bustl mochyn yn ofalus iawn. Crogent ef ar fach o dan y llofft am ysbaid o amser, a'i gynnwys hylifaidd ynddo; âi ymhen ychydig ddyddiau yn ennaint tyner. Defnyddid yr eli hwn yn achlysurol at dynnu drain o gnawd, a chyfrifid ef yn foddion diguro at y gwaith.

TORRI AELOD O'R CORPH I FFWRDD
Gynt, yr oedd hygrededd mawr yn ffynnu mewn perthynas i dorri troed, llaw neu ryw aelod arall o'r corph i ffwrdd. Ar achlysur o'r fath, cymerid gofal rhag i berchen yr aelod gael gwybod ym mha le y cleddid yr aelod, oblegid yr oedd yn gred y buasai i ysbryd y perchennog yr aelod dalu ymweliadau â'r lle y cedwid yr aelod toredig.

GWAEDU
Cyn bod meddygon mor aml a chyfleus ag ydynt yn awr yn ein gwlad, yr oedd gwaedu yn waith tra chyffredin gan yr hen bobl. Tua diwedd y gwanwyn a dechrau'r haf, mae'n debyg oedd yr adeg orau o'r flwyddyn at hyn. Rhoddid napcyn, neu ryw rwymyn arall cyffelyb, yn dynn ar fôn y fraich er rhwystro cylchrediad y gwaed, ac er i'r wythïen lanw, a chyda 'pheniff' fechan lem, finiog, gollyngid gwaed. Yn gyffredinol, tua llonaid basin a dynid. Yr oedd llawer yn credu mor gryf yn yr arferiad, fel y mynnent waedu agos bob gwyneb blwyddyn. Adwaenwn lawer o hen bobl a ddangosent amryw 'greithiau gwaedu' ar eu breichiau. Yr oedd gynt ym mhob plwyf ryw berson cynefin â'r gwaith, ac atynt y cyrchai y bobl yn achlysurol. Y rhai diweddaf a fuont wrth y gwaith hwn oeddynt: David Davies, Pen-crug yn Llanafan Fawr; Thomas Davies, Y Gledrydd, Tirabad; David Jones, Llwynbedw, Llanwrtyd. Yn Tirabad, Sam Top Glas oedd waedwr enwog iawn. Y mae'r arferiad yma wedi ei adael yn llwyr ers tua hanner can mlynedd bellach.

CLEFYD Y GALON
I wella clefyd y galon, yr oedd ganddynt garreg fechan ar ffurf ffiol, yr hon a osodid ar galon y dioddefydd; yna, gollwng plwm toddedig trwy [?] i'r dwfn

yn y garreg, a byddai i'r sŵn a gynhyrchid gan y plwm ar ei ddisgyniad i'r dwfr wellhau y clefyd. Yn ddiweddar gyrrwyd i mi garreg fechan ar ffurf llwy bren, yr hon a gafwyd yn ymyl amaethdy yn Abergwesyn, yr hon mae'n ddigon posibl a fu ryw adeg yn cael ei defnyddio at y clefyd a nodwyd.

HEN DDULL O GYFRI'R SULIAU O'R YNYD HYD Y PASG –
SEF SULIAU'R GRAWYS

> Dydd Sul Ynyd,
> Dydd Sul hefyd;
> Dydd Sul a ddaw,
> Dydd Sul gerllaw;
> Dydd Sul y Meibion,
> Dydd Sul y Gwrychon;
> Dydd Sul y Blodau,
> Pasg ar ddyddiau.

Cerddi

– Fe gasglodd Evan Jones nifer helaeth o gerddi caeth a rhydd ar bynciau sydd yn ymwneud gan fwyaf â Llanwrtyd a Llangamarch. Er mai gwerinol yw eu natur ar y cyfan, ceir ynddynt amrywiaeth fawr o destunau sy'n adlewyrchu diddordeb eang y casglwr. Mewn marwnad i'r Parchedig Thomas Sheen o blwyf y Glasgwm yn sir Faesyfed sy'n cynnwys 33 o benillion chwe llinell yr un (i'w canu, gan fod cytgan ynghlwm wrthynt), diddorol yw nodi fod yr awdur yn amddiffyn Sheen rhag ymosodiadau oddi wrth sectau crefyddol, ac yn ei fawrygu am ei ysbryd catholig, eangfrydig. Dyma enghraifft:

> Mae yma amryw sectau,
> Mae hefyd amryw ffurfiau,
> Rhai sydd mewn hwyl yn neidio,
> Yn llawen ac yn bloeddio,
> A bagad sy'n ymffrostio –
> 'Ein pobl ni sy'n llwyddo.'

Yna ceir 'Cân y Cnec' (neu 'Cân y Rhech'), sy'n cychwyn fel hyn:

> Chwi fechgyn a merched Llanwrtyd,
>   Cyd-deithiwch a deuwch mewn pryd,
> Adroddaf i'ch getyn o stori,
>   Ddigrifa a fu yn y byd.
>
> 'Roedd llencyn mewn oedran priodi,
>   Fe gnecodd wrth wasgu merch gron,
> Nes ydoedd y bobl trwy'r dyffryn,
>   Mewn ofon echrydus o'r bron.

Â'r gerdd yn ei blaen i ddisgrifio sŵn fel storm yn rhuo o ffarm i ffarm gan achosi difrod i ffermwyr a enwir gan y bardd. Yna try y storm dros yr Epynt am Ferthyr Tudful a Chaerffili nes cyrraedd Castell-nedd! Plentynnaidd? Wel, ydi, ond dengys nad y seiadol a'r teilwng yn unig a âi a bryd y casglwr.

Uchafbwynt arall yw 'Gwŷr Rhydyfere'. Mewn pedair pennill ar ddeg cyhuddir unigolion o ryw ddrwg a bygythir cosb arnynt gan Dduw am hynny. Gyda'r tafod yn y boch y traethir. Dyma enghreifftiau:

Reesie Jones o Benbont Isa',
Ffowch yn fuan tua'r noddfa,
Ni wnewch dwyll na thrais ag undyn,
Yn yr haidd, y caws, na'r menyn.

Dros y bont at Betti Eben,
Bron yn wylo – nid yn llawen,
Wrth feddwl am yr inc a'r papur,
Ac am ddydd y cyfri cywir.

Awn ymlaen ac at yr hoshier,
Sydd yn fynych maes o'i dymer,
Ac yn haeru rhai celwyddau,
Pan yn prynu a gwerthu sanau.

Mr Lias, siopwr enwog,
Mae e'n fachgen glân calonog;
Duw a'i dygo i wlad goleuni,
Erbyn dydd y manwl gyfri'.

Cerdd hir arall yw 'Ewyllys Jac Shon Gythraul i'w Fab Shoni'. Mewn siars i'w wraig, dywed wrthi am gymryd gofal o Shoni nes iddo gyrraedd un ar hugain oed, a sicrhau fod offer a feddai, ond a berthynai i eraill, yn cael eu cadw'n ddirgel. Dyfynnaf ddau bennill:

Y seld a'r dresser, a'r gwely pleser,
  Y crochan gwêr a'r gwagrau crwyn,
Y dillad gwely, y llestri lleisw
  Fo iddo gyda gwlân yr ŵyn;
Y planc a'r drybedd, y stwc a'r giler
  Y cŵn a'r cenin yn ddi-nag,
Bord y gegin a'r cafan mochyn
  Fel na fo'ch bwthyn byth yn wag.

Llwdwn swci Hughes Llwynbwci
  Dafad fawr y Gilfach-flawd
Sy'n yr halen dan y gawen –
  Byth na ddywed wrth un cnawd.
Gwell i fi, pe doent i wybod
  Fyddai marw ar wely gwellt
Nani annwyl, bydd ofalus
  Topa dyllau'r ffenest ddellt.[29]

---

29 Ceir nodyn gan 'E.J.' yn dweud 'Copiwyd o Ddydd Lyfr un o blwyfolion Llanwrtyd, 1860'.

Mewn llythyr gan un 'J.J.' cawn gyfeiriad at Alaw Goch (1809–1863), sef yr *entrepreneur* o Aberdâr a wnaeth ei ffortiwn trwy suddo pyllau glo a'u gwerthu. Roedd hefyd yn gefnogwr i eisteddfodau a chymdeithasau Cymraeg, a byddai'n barddoni ac yn llenydda ei hunan. Mae'n amlwg ei fod yn mynychu'r ffynnon yn Llanwrtyd ac mae'n danfon cerdd i gyfarch y dref a'i phobl, gan ychwanegu:

A chofiwch fi at y 'Tân Mawn'
Er maint ei fwg, sydd lesol iawn
Rowch eglur rybudd iddo'n awr,
Na fydd ei eisiau amser mawr;
Fe ddaw y rheilffordd ar fyr dro,
A daw digonedd mawr o lo;
A'r mawn gaiff lonydd yn ei nyth –
Pan ddaw tân glo, caiff orwedd byth.

Yn yr un ddogfen ceir disgrifiad dychanol o rai o'r bobl a fynychai ffynnon Llanwrtyd, a darlun reit frathog o'r gweinidogion a fyddai'n mynd yno, yn ogystal â'r merched. Ond mae'n canmol eraill mwy cymwynasgar. Yna ceir nifer o englynion i'r 'Ffynnon':

Mewn awch mawr am eu hiechyd – y cynnull
Rhai cannoedd yn unfryd;
At y ffynnon hon o hyd –
O hir gwynfan ceir gwynfyd.

Cloffion a deillion bob dydd; pob oedran
Pawb yn edrych yn ufudd;
A'r gweision yn fwynion fydd
O'u holl boenau'n well beunydd.

Dywed 'J.J.' fod gwaith awenyddol Alaw Goch yn gyfan yn ei feddiant ac mae'n cynnig eu benthyg i Evan Jones am fis neu ddau. Dywed hefyd ei fod yn gymydog i fab y bardd, sef y Barnwr Gwilym Williams (1839–1906), Miscyn, oedd yr un mor wlatgar â'i dad.

MOLIANNU'R MELINYDD

Gan faint sy o bregethwyr
Mae llawer o rwystr ym mhennau'r gwrandawyr;
Rhai a ddywed yn dduwiol, mai'r gof sydd ysbrydol
Ac eraill modd gwrol a ganmol y gwŷdd;
A rhai sy'n deisyfu y crydd i'w ceryddu,
A'r lleill yn moliannu'r melinydd.

CÂN DDIOLCH AM Y LLYFR

I Evan Jones, Ty'n-pant
Ei ddyddiau ar y ddaear
Boed ugain mlwydd a chant.
Os cyfyd pwl priodi
Ryw adeg arno ef,
Rhyw ferch o'r Methodistiaid
Yw'r orau dan y nef.

GWRAGEDD NODEDIG

Ceir gan Evan Jones ddalen yn cynnwys wyth o drioedd. Dyma dri ohonynt
sy'n cyfeirio at wragedd nodedig:

Ei gorchwyl yn gryno,
yn fedrus ei dwylo,
ac ar Dduw'n gweddïo.

Ei hymddiddan yn serchus,
ei gwisg yn weddus,
ei thŷ yn drefnus.

Yn dda i'r cymdogion,
yn drugarog wrth dlodion,
ac yn coledd estron.

HEN BENILLION CANTREF BUALLT

Casglodd Evan Jones dros 105 o'r rhain. Tra mae ychydig ohonynt yn gyff-
redin i rannau eraill o Gymru, mae'r mwyafrif yn ymwneud â Chantref
Buallt. Dyma ddetholiad byr ohonynt:

Y llong a hwylia donnau'r aig
Arweinir gyda threfn,
Ond ni cheir trefn ar dafod gwraig
Sy'n siarad yn eich cefn.

'Yfory,' medd y meddwyn,
'Mi drof oddi wrth fy mai';
Gwell i ti ddechrau heddiw,
Bydd gwaith yfory'n llai.

Pum rhinwedd y tybaco
Yw gwlychu gŵr a'i dwymo,
Ysgafnhau y pen a'r pwrs,
Ac arbed cwrs o weithio.

Bwci bal
'Nesa i'r wal;
Bwci gweddol
Yn y canol;
Gwrych y Rhibyn
'Nesa i'r erchwyn.

Y pedwar peth duon
	Sy'n blino'r plwyfolion:
Y gwaddod, a'r brain,
	Ffeiriadon, a chwain.

Ni chollais i gariad erio'd ond un,
	Mi gaf gariad newydd yn Llanfair ddydd Llun;
Os na cha' un yno, mi af yn fy mla'n,
	Mi gaf gariad yn Llandeilo'r-fân.

Mae Ffair y Bont yn nesu,
	A'r deisen wedi'i chrasu,
Caf gwrw coch o flaen y tân,
	A geneth lân i'w charu.

Mi weles deiliwr tene
	Yn rhodio pen mynydde,
A'i binshwn bach, a'i efel gnau,
	Yn tynnu llau o'i facse.

Chwi fonedd a chyffredin
	Dewch bawb i fedydd Mocyn;
Cewch weld ei bechod, druan gŵr,
	Yn mynd gyda'r dŵr tua'r felin.

Mi weles ddwy gabetshen
	Yn uwch na chlochdy Llunden;
A deunaw gŵr yn hollti'r rhain
	A phedair gaing-ar-hugain.

Mae gen i hen iâr dwrci
	A saith o gywion deni;
Pob un o'r rheiny gymaint ag ych,
	Ond celwydd gwych yw hynny.

Mi ddodais iâr i ori
　Ar ben y Fan Wen fawr,
A deg o wyau dani,
　Ond naw a ddaeth i lawr;
Pan es i'r Eglwys ar y Sul,
　Y barcud aeth â hwy;
Tra byddwy'n berchen iâr a chyw
　'Na i byth i'r Eglwys mwy.

Beth wneir â chath heb lygaid?
　Beth wneir â lloc heb ddefaid?
Beth wneir â phladur ar y rhew?
　Beth wneir â blew draenogiaid?

Holi:　　Beth wneir â hen gel truan?
　Beth wneir â merch benchwiban?
Beth wneir â thaflod heb ddim gwair?
　Beth wneir mewn ffair heb arian?

A'r ateb:　Rhoi ceirch i'r hen gel truan,
　Cynghori'r ferch benchwiban;
Llanw'r daflod oll â gwair,
　A mynd i'r ffair ag arian.

Pedwar peth sy'n hawdd eu hebgor,
　Llygoden Ffrengig yn y 'scubor,
Gwâdd mewn gardd, a chwain mewn gwely,
　A balchder mawr lle byddo tlodi.

Mae llefain mawr a gwaeddi
　Yn Ystrad-ffin eleni;
Y cerrig nadd yn toddi'n blwm
　Rhag ofan Twm Shon Catti.

Rhowch y crochan ar y tân,
　A phen y frân i ferwi;
A dau lygad y gath go'd,
　A phedair tro'd y wenci.

Y sawl a dynno nyth y dryw
　Ni chaiff iechyd yn ei fyw;

Y sawl a dynno nyth y wennol
  Ni chaiff fwyniant yn dragwyddol.

Ar ôl i mi briodi
  A rhwymo'm llaw a'i ch'lymu
A chael gwraig a lot o blant,
  Bydd arnaf chwant bod hebddi.

Dweud y gwir sydd dda bob amser
Dweud y gwir sy'n digio llawer.

Ofer ydyw saethu'r seren,
  Ofer golchi traed hwyaden,
Ofer ydyw cofio'r ddameg,
  Iro tor yr hwch â bloneg.

Yr ych brych a'r goes bren,
A'r ferch fain bais wen,
Ma-ho, dere ngwas i.

Hen widw pan brioda,
  Crintachu fydd fynycha;
Ac ni fydd terfyn ar i stŵr
  Yn canmol ei gŵr cynta!

Mi ddarllenais dd'od i'n rhywfodd,
  I'r byd hwn wyth ran ymadrodd,
Ac i'r gwragedd – mawr les iddynt –
  Fyn'd â saith o'r wyth rai rhyngddynt

Dyn a garo grwth a thelyn
  Sain cynghanedd, cân, ac englyn,
A gâr y pethau mwyaf tirion
  Sydd yn y nef ym mhlith angylion.

Os y dderwen ddeilia gynta'
  Haf a sychder a ganlyna;
Os dail yr onnen gynta' welir
  Mae haf gwlyb yn eithaf sicir.

O NODIADAU EVAN JONES –
DAFYDD AB GWILYM O FUALLT[30]

Ganwyd David Williams ym Mhen-y-banc Fach, bwthyn bychan diaddurn ar fuarth Pen-y-banc, amaethdy tua hanner milltir i gyfeiriad y gogledd o ffynhonnau iachusol Llanwrtyd. Yn ôl hen Feibl y teulu, cymerodd hyn le ar y trydydd o Fai, yn y flwyddyn 1804. Enwau ei rieni oedd David ac Anne Williams, ac ef oedd yr hynaf o bedwar o fechgyn.

Yr oedd ei dad, Daffi William Shon, yn wniedydd wrth ei alwedigaeth, ac yn enedigol o bentref Pontrhydyfferau, ond a elwir erbyn hyn wrth enw'r plwyf, Llanwrtyd.

Bu ei fam farw ar enedigaeth anamserol, mewn bwthyn bach ar fuarth Glancledan-fach, ger Llanwrtyd, yn bymtheg mlwydd ar hugain oed, pan oedd ef yn wyth mlwydd oed, a'r ieuengaf ond blwydd a hanner.

Derbyniwyd ef yn aelod yng nghapel y Gelynos gan y Parch. D. Williams, Troedrhiwdalar. Er fod ei dad gyda'r Methodistiaid yn y Bont, disgynnodd ei goelbren ef gyda'r Annibynwyr. Nid hir y bu heb dynnu sylw'r eglwys at ei ddoniau, a gwelwyd fod ynddo ddefnyddiau mwy na'r cyffredin ym mhlith ei gyfoedion.

Yn 1822, pan yn ddeunaw oed, dechreuodd bregethu. Yn y flwyddyn hon y dechreuodd dynnu sylw fel bardd. Cyhoeddodd farwnad i'r tanllyd Barch. Dafydd Parry, Llanwrtyd, yr hwn a fu farw y flwyddyn flaenorol. Ysgrifennodd ar 'Ddymchweliad yr Aifftiaid yn y Môr Coch', un o destunau Eisteddfod Aberhonddu y flwyddyn yma. Gwilym Cawrdaf a enillodd ac ni wn ym mha le y safai Ab Gwilym yn y gystadleuaeth ond gwelodd y bardd o Lanymddyfri ddigon o deilyngdod yn y gwaith i adael iddo ymddangos drwy y wasg o dan yr un amlen â'i gyfansoddiad ef. Daethant allan yn 1823, yn bamffledyn bach yn dwyn yr enw 'Awdlau a ddanfonwyd i Eisteddfod Gwent'.

Cyhoeddodd 'Englynion annerch i Ieuan Ddu o Lan Tawe', pan ar ei ymweliad â Ffynnon Llanwrtyd yn haf y flwyddyn hon. Ac fel y mae'n naturiol i gredu, ffurfiodd y ddau gyfeillgarwch gwresog â'i gilydd. Ysgrifennodd englynion hefyd i annerch 'Grisiau Cerdd Arwest' sef 'Hyfforddiadau Cymreig i ddysgu canu tonau wrth eu gweled', gan Ieuan Ddu.

Yr oedd wedi ei gynysgaeddu â'r ddawn gerddorol yn amlwg, a gwnaeth ddefnydd helaeth o'r 'Grisiau'. Bu yng nghwrs y gaeaf 1823–4 yn cydfynd â James Davies, Tŷ-gwyn, i amaethdai 'Blaen-y-plwyf' ger y 'Sugar Loaf', i gadw ysgol ganu, ac hefyd i Abergwesyn. Cynhelid yr 'ysgol' yma yn Tŷ Isa'.

---

30   Mae'n amlwg fod Evan Jones yn edmygydd mawr o'r bardd hwn. Mae'n barod iawn i ganu ei glodydd, a does dim dwywaith nad oedd yn fardd ifanc hynod o addawol ond fe'i torrwyd i lawr gan y diciáu ym mis Medi 1828 yn 24 oed. Ni fyddai Evan Jones wedi ei adnabod ond mae'n debyg fod ardal gyfan yn cofio ac yn galaru ar ei ôl. Dyfynnir yr ysgrif o *Cymru*, 3 Mai 1904. Dylid nodi fod 'ab Gwilym' yn gywir fel enw barddol y gŵr ifanc.

Yn 1823, mor bell ag y gallwn gasglu, bu am ryw dymor yn cadw ysgol ddyddiol ym Mheniel, Pant Teg, Caerfyrddin. Cawn ef yn cystadlu ar rai testunau mewn eisteddfodau a gynhaliwyd yn y dref yr haf y flwyddyn hon. Tra yn aros yma daeth i gydnabyddiaeth â'r prif-fardd Daniel Ddu o Geredigion, yr hwn a dalodd y *compliment* hwnnw iddo, trwy ddweud y cyfansoddai gymaint o farddoniaeth mewn noswaith â Goronwy Owen mewn pythefnos. Yr oedd wedi dod yn ffefryn gyda'r Parch. D. Davies, gweinidog Pant Teg a Pheniel, yr hwn a goleddai y syniadau mwyaf tyner a gobeithiol amdano; a phan ymddangosodd ei *Hymnau Newyddion o Fawl i Dduw a'r Oen* yn yr un flwyddyn, gwelwn amryw o eiddo Davies hefyd yn eu plith. Daeth amryw o'r hymnau hyn i arferiad gyda gwahanol enwadau yng ngwlad Buallt, a glynant ar gof hen bobl oedd yn fyw hyd yn ddiweddar. Cyfansoddai ei emynau yn achlysurol, yn briodol i'w rhoddi allan o flaen ac ar ddiwedd ei bregethau; yna ychwanegai bennill neu benillion atynt eilwaith fel y byddai ei awen yn cael ei chynhyrfu.[31]

Bu ei awen yn hynod gynhyrchiol yn y flwyddyn hon, canys cawn ef eto yn yr un flwyddyn yn ymgeisydd ar 'Lles Gwybodaeth' sef testun Cymdeithas y Gwyneddigion yn 1823. Nis gwn ym mhle y rhestrid y cyfansoddiad, ond anturiodd yr awdur ei osod 'ger bron y byd'. Daeth allan yn bamffledyn wythblyg o wasg William Williams, Aberhonddu, y flwyddyn ddilynol. Y mae wedi ei gyfansoddi ar y pedwar mesur ar hugain a rhestrir y gwaith yn dair rhan: gwybodaeth ddwyfol, gwybodaeth naturiol, gwybodaeth efengylaidd.[32]

Ar ei hadenydd yr ehed dynion,
I chwilio'n drwyadl, uchel iawn droion,
A lluniau y bydoedd golau, gwiwlon;
Llon, wiwder agwedd, a llanw dŵr eigion,
Holl natur, a phob purion – gelfyddyd;
Mewn nodded hyfryd, a mwyn hedd dwyfron.

Trwyddi, i'n lloni, daw lluniaeth – iachus,
Ac uchel gynhaliaeth;
Wele myrdd sydd yn cael maeth,
A bwydydd, trwy *Wybodaeth*.

---

31 Y mae E.J. yn nodi enghreifftiau o'i emynau yn y fan hon.
32 Mae syniadaeth yr awdl yn aeddfed o feddwl mai gŵr ifanc 19 mlwydd oed yw'r awdur. Y mae'n werth nodi hefyd fod 'Cofiadur Cymdeithas y Gwyneddigion' yn canmol yr awdl ac yn rhoi caniatâd iddo ei chyhoeddi. Ymhellach, y mae'n addo y bydd y Gymdeithas yn cymryd hanner cant o gopïau pan gânt eu cyhoeddi, awgrym efallai fod teimlad ymhlith rhai nad oedd yr awdl wedi cael ei theilyngdod llawn.

Gwybodaeth helaeth i filoedd, – ledo,
　　Trwy lydain deyrnasoedd;
　　A mawl Iesu'n gu, ar goedd,
　　A asier trwy'r Ynysoedd.

Ei ymgais nesaf oedd 'Goleuni', testun Cymdeithas Cadair Merthyr Tydfil, erbyn yr eisteddfod ym Mai 3, 1824 – a daeth yn ail yn y gystadleuaeth. Wedi ei ddychweliad o gadw ysgol ym Mheniel, yr oedd ar noson o'r wythnos yn pregethu mewn amaethdy ym Mhontrhydyfferau, pryd y daeth bonheddwr o'r gymdogaeth heibio, sef Mr Harris, Aber Nant Cerdin, gŵr genedigol o sir Benfro, offeiriad wedi priodi boneddiges ariannog, a rhoddi ei waith fel offeiriad i fyny, a dod i'r ardal i fwynhau bywyd amaethyddol. Neshaodd yn araf at ffenestr fechan oedd tan fargod isel yr hen fwth diaddurn i wrando ar ddoniau y gŵr ieuanc pedair ar bymtheg oed oedd wedi tynnu cymaint o sylw erbyn hyn trwy ei wlad yn gyffredinol. Arhosodd yno hyd nes terfyn y cyfarfod; yna ymgiliodd adref, tra y canai llond cegin fechan o gynulleidfa hen dôn Gymreig ar emyn o waith y pregethwr ei hun.

Y canlyniad fu i'r offeiriad geisio adeg gyfleus i siarad ag ef, a'r amcan oedd ei ddenu at yr Eglwys Sefydledig, yr hyn a lwyddodd trwy addo ei noddi i fyned i Ysgol Ystrad Meurig. Yntau yn ddyn ieuanc o amgylchiadau isel, ac yn sychedig am wybodaeth, bu yr addewidion yn ormod profedigaeth iddo eu dal, cydiodd afael yn y cyfleustra, fel pysgodyn gwancus ar doriad y wawr yn neidio at yr abwyd.

Aeth i Ystrad Meurig ym Medi, 1824 Yn ystod ei arhosiad yno, profodd ei hun yn un o'r rhai mwyaf galluog a chyflym fel dysgwr, yn neillduol yn yr ieithoedd Groeg a Lladin.

Syrthiodd mewn cariad â merch ifanc i amaethwr cyfrifol yn yr ardal, a chawn yn ei lawysgrifau y gan hon:[33]

Eliza
(*inscribed to Miss E. Thomas, Wenallt*)

Canmoled Athen yn gytûn
　　Ei harfog fun Minerfa,
A dweded Sparta byth ar led
　　"O laned oedd Helena,"
Mi ganaf finnau, harddach hi,
　　Felusair i f'Eliza.

33　Tri o'r saith pennill a ddyfynnir yn y fan hon. Cyfansoddodd y bardd fersiwn Saesneg o'r un gân, yn ogystal.

Glân rhwng drain yw lili'r glyn,
 O liw mor wyn â'r eira,
A hardd yw'r lloer rhwng sêr y nen
 Yn glaerwen pan ddisgleiria.
Ym mysg morwynion Cymru wiw
 O lwysed yw Eliza.

Bu'n hyfryd gennyf weld dy lun,
 Do ganwaith, fun addfwyna,
A'th wallt mordwyog oll yn bleth;
 Ond eto'r peth hyfrytaf
Fai gweld dan sêl mewn eglwys plwy'
 Law aswy fy Eliza.

Yn ystod ei arhosiad yn Ystrad Meurig ysgrifennai Mr Harris at gyfoeth-ogion ac eraill perthynol i'r eglwys i'w hysbysu ei fod wedi troi dyn ieuanc athrylithgar oddi wrth yr Ymneilltuwyr, ac i ofyn am eu cynorthwy at roddi addysg iddo, a derbyniai roddion haelionus oddi wrth liaws; ond defnyddiai y cyfryw at ei angenrheidiau ei hun; canys yr oedd bob amser yn llawn dyledion, fel y dywedir, gan mai gan y wraig yr oedd y meddiannau. O ganlyniad, cedwid D. Williams yn wag ei logell, ac wrth droi ymhlith ei gyd-fyfyrwyr oedd uwch eu hamgylchiadau nag ef, aeth i ddyled mewn amryw gyfeiriadau. Daeth adref ym mis Gorffennaf 1825, a thrwy nad oedd unrhyw argoelion iddo gael dychwelyd i'r coleg, na modd i dalu ei ddyledion, yntau yn sychedig am ddysgeidiaeth, ac yn ymwybodol fod ei noddwr wedi camddefnyddio arian a gyfrannwyd i'r perwyl hwnnw, a wnaeth ei hun mor eofn ar y bonheddwr a chymryd ei geffyl ffwrdd i ffair y Trallwm Coch yn sir Drefaldwyn, gyda'r bwriad i'w 'droi'n arian', a myned yn ei flaen i Ystrad Meurig. Ond rywfodd, drwgdybiwyd ef yn y ffair, a chymerwyd ef i fyny; ond trwy dystiolaethau i'w gymeriad da blaenorol, a thynerwch y bonheddwr a'i wraig ato yn yr amgylchiad, rhyddhawyd ef.

Yr hanes nesaf a gawn amdano yw yn Merthyr Tydfil. Yr hyn a barodd iddo fynd yma yn ddiau ydoedd fod ganddo amryw berthnasau yn cyfaneddu yn y lle, yn eu plith y Parch. D. Williams, y cyfieithydd, yr hwn oedd gefnder i'w dad.

Testun ariandlws Cymdeithas Cadair Merthyr Tydfil y flwyddyn hon oedd 'Y Bedd'. Ysgrifennodd ar y testun, ac yn hanes gweithrediadau yr Eisteddfod, darllenwn fod 'pedair awdl wedi eu dodi ar y bwrdd' . . . Rhoddodd y beirniad, sef Gwilym Morgannwg, y flaenoriaeth i 'Gwrgan', ac wedi ei alw ef ymlaen, gwelwyd mai Mr Thomas Lewis o Ddowlais, neu Lewis Morgannwg, feddyg, oedd y bardd llwyddiannus, a chafwyd mai D. ab Gwilym oedd mor agos i'r gorau.

Cymru Evan Jones

Cyhoeddwyd cynhyrchion tair o 'Eisteddfodau y Fottas' sef 1823–5, yn gyfrol dan olygyddiaeth T. ab Iolo, wrth yr enw *Awenyddion Morgannwg*, a chynhwysa y cyfansoddiadau gwobrwyedig yn ogystal ag amryw a ystyrid yn agos atynt o ran teilyngdod. Cyfansoddodd eto ar ddau eraill o destunau y gymdeithas hon, sef traethawd ar 'Anghymedroldeb', buddugol dydd Calan, 1827; a chwe phennill i 'Ofid', buddugol yn eu cyfarfod a gynhaliwyd ym Mai yr un flwyddyn. [Dyma'r pennill cyntaf.]

> Mi a'th adwaen, Ofid digllon,
> Mynych teimlais bwys d'ergydion,
> Plwm dy ddwrn, a dur dy ddannedd,
> Pwy all oddef dy gynddaredd?
> Garw yw'th lais ond nid diddefnydd,
> Llym, arteithiol, ond rhagorol yw dy gerydd;
> Daw rhwygiadau'th fflangell ddiriaid
> Y funud yma y gruddfana gwraidd fy enaid.

Casglodd hefyd ei weithiau ynghyd dan yr enw *Cerddi a Thraethodau ac amryw destunau moesol a diddan*. Cynhwysant, ymhlith amryw ddarnau eraill, 'Bugeilgerdd' yn dri a deugain o benillion pedair llinell; ei draethawd ar 'Anghymedroldeb', rhai cyfieithiadau; ei gerddi Saesneg – 'A Pastoral Elegy'; 'To Eliza on her Birthday'; 'Invocation to Sleep'; 'Summer Morning'; a'i ddwy gerdd 'Harddwisg Mehefin' a 'Nos Calan-gaeaf'.

Daeth adref i'r Geufron, Llanwrtyd, at ei fodryb Beti, cyfnither ei dad, lle y bu'n dihoeni'n nychlyd am fisoedd. Ymwelwyd ag ef yn ei gystudd gan y Parch D. Williams, wedi hynny o Droedrhiwdalar, a'i dystiolaeth ef ydoedd ei fod yn edifeiriol iawn am ei holl feiau.

Aeth allan ar brynhawn tyner am ychydig gamrau oddi wrth y tŷ, a dychwelodd. A bu farw yn dra sydyn. Cymerodd hyn le Medi 23, 1828, pan yn oedd bedair blwydd ar hugain oed. Claddwyd ef ym mynwent eglwys y plwyf, lle nad oes hyd yn hyn ond y twmpath gwyrddlas i ddynodi man fechan ei fedd.

SELBY PRICE

Roedd Selby yn brydydd tra enwog yn rhannau gorllewinol Gwlad Fuallt yn hanner cyntaf y bedwaredd ganrif-ar-bymtheg. Cafodd ei fagu, ac yn fwy na thebyg ei eni, yn Rhiw-ddalfa, yn Llanfihangel Abergwesyn, yn 1772. Mae'n debyg mai mab siawns oedd i un Rees Price, Llancharfan, yr ardal honno. Treuliodd Selby flynyddoedd ei ieuenctid yn gwasanaethu yma a thraw gydag amaethwyr cymoedd a mynyddoedd Irfon a Thywi. Treuliodd hefyd gryn lawer o'i fywyd gyda phorthmyn yr oes honno i yrru da a defaid yn yrroedd i wahanol rannau o Loegr. Dywedai'r hen bobl a'i cofiai'n dda ei fod

254

mor gynefin â 'hewl Lloegr' fel y medrai ddweud oddi ar ei gof pa le yr oedd pob carreg filltir o Abergwesyn i waelod Kent! Llawer hanesyn lled ddifyr adroddai yr hen bobl am Selby oherwydd yr oedd yn gymeriad hynod ysmala yn ei ffordd. Un tro, gyrrodd ei fam ef i Pen-twyn, tafarndy yn Abergwesyn i mofyn ceiniogwerth o furum iddi, gan erchi arno ddod yn ôl yn fuan, fod arni eisiau gwneud bara. Wedi cyrraedd Pen-twyn, cyfarfyddodd Selby â phorthmon, a chanddo yrr o dda ar y ffordd i Loegr, a chan fod arno eisiau gyrrwr, cytunodd â Selby yn y fan i fynd gydag ef. Ym mhen tri mis cyrhaeddodd Selby yn ôl i Abergwesyn, cofiodd yn awr am y burum, prynodd werth ceiniog gan hen wraig y gwesty ac aeth ag ef yn ôl i'w fam!

Rhyw dro, pan yn gyrru da trwy un o drefydd mawrion Lloegr, digwyddodd fod rhyw Gymro o fashwn yn dilyn ei alwedigaeth ar ben adeilad newydd ar ochr y ffordd. Adnabu Selby yn myned heibio a chyfarchodd ef fel hyn:

> Hen Selby'r pwdryn ofer
> O dere yma'n deiler.
> 'N lle dilyn da trwy drefydd pell
> Bydd hynny'n well o'r hanner.

Atebodd Selby ef fel hyn:

> Mae'n rhaid cael ffedog genfas,
> A morthwyl dur a phicas;
> Cyn'r elwy i godi nghrefft mewn niwl
> Mi fynna riwl a chwmpas.

Mae'n debyg i'r bardd pan yn ieuanc fod yn caru Marged, merch y Parch. Dafydd Parry o'r Gilfach ger Llanwrtyd ac yn ôl yr hanes yr oedd yn argoeli ennill calon y ferch, ond trodd ei rhieni yn groes i'r ferch a rhwystrwyd y garwriaeth; ac o dan yr amgylchiad dyma fel y dywedodd y bardd:

> Rwyn fodlon priodi; rwyn fodlon peidio,
> Rwyn fodlon i Pegi gael gwneud fel y mynno;
> Rwyn fodlon i wneuthur pob peth ddywedo Pegi,
> A chyn caiff neb ddigio, rwyn fodlon bod hebddi.

I ddangos mor ddoniol a pharod oedd ei anian, rhoddir y penillion yma eto a wnaeth i rhyw ferch a ddigwyddodd biso ar lawr y tŷ, a hynny mae'n debyg ar fore Sul:

> Carreg yr aelwyd a olchwyd yn lân,
> Ar ddydd Sul y bore, nes diffodd y tân;
> Y cŵn oedd yn nofiad, fe foddodd y gath,
> Nis gallsai'r hen gnawes ond un peth oedd wa'th.

Wele bennill a wnaeth i gath Rhydodyn, Llanwrthwl, wedi iddi ddigwydd dala llygoden fawr, yr hon oedd wedi dianc o'r trap:

Fe fethodd *trap* Rhydodyn,
Gan gymaint oedd y pryfyn;
Ond Titw fach, a'i llygaid llon,
A ddaliodd hon â'i hewin.

Ar ddiwrnod cneifio yn Llannerch Irfon trodd at un o'r enw Nedi Pendre, Tregaron, gan ofyn menthyg cyllell ganddo, a chafodd hi ar yr amod iddo wneud pennill am ei menthyg. Pan yn dychwelyd y gyllell, dywedodd fel hyn:

Fe ges menthyg cyllell gan Nedi Pendre.
Hi naddiff fel nedd o chwith ac o dde,
Rhaid gwasgu'n bur gethin cyn torri pen crin,
Ni waeth iddi lawer y cefen neu'r min.

Gwelir oddi wrth y pennill uchod y medrai'r prydydd wawdio, a bod yn lled gartrefol yn ei gellweirdeb, os byddai'n dewis bod felly.

Un tro digwyddodd Selby fod yn yr un man â Shon yr Hwper o Landeilo'r-fân, pan yn rhywle yn Abergwesyn yn dilyn ei alwedigaeth. Yr oedd yn nos Sadwrn a chan y bwriadai Shon aros yno dros y Sul er cwblhau ei waith yr wythnos ddilynol, ac o barch i'r Saboth drannoeth, gofynnodd i ŵr y tŷ am fenthyg ellyn fel y canlyn:

O Twmi fwyn ei dymer,
A rowch chi fenthyg raser,
I dorri blew yn nhon y cro'n,
Ar wyneb Shon yr Hooper.

Ymddengys nad oed 'Twmi' wedi ei gynysgaeddu â'r gallu i rigymu, ond am fod Selby'n bresennol, gwnaeth ef y golled i fyny'n rhwydd, ac fel hyn yr atebodd ef Shon:

Os y'ch chi Shon am shafo
Eich wyneb yma heno,
Cewch raser lan, a'i min yn lew,
Fel na fo blew'n eich blino.

Yn adeg diwygiad mawr y flwyddyn 1828, byddai gwŷr Moriah a gwŷr Pantycelyn yn cynnal cyfarfodydd gweddi undebol ar hyd tai annedd y gymdogaeth, a hynny'n aml, a cheid oedfaon hynod hwylus. Torrai llawer allan i orfoleddu ynddynt; a dywedir y byddai rhai mor frwd eu hysbrydoedd fel y byddent yn neidio wrth foliannu, nes aent ar draws y dodrefn, a thynnent lestri i syrthio dan draed, gan mor afreolus oeddynt! Yr oedd yn arferiad gan Selby i fynychu y cyfarfodydd hyn, ond nid oes hanes iddo dderbyn un argraff dda oddi wrthynt.

Wrth fyned adref o un cwrdd yn Blaen-y-cwm, trodd hen frawd lled boeth ei ysbryd ato i'w gynghori a'i gymell at grefydd; ond mae'n debyg mai fel hyn yr atebodd y bardd:

> Os cest dy argyhoeddi,
> Paid neidio a thori celfi;
> Addola Dduw, a chana'i fawl,
> Nid gwaith y diawl yw hynny.

Ryw adeg yn ei fywyd bu Selby yn cael ei flino'n fawr gan gornwydydd, mor dost, fel y bu'n rhaid gwisgo pais am amryw ddiwrnodau. Yn y cyfamser, cyfansoddodd gân o dri phennill, a phan ymwelid ag ef yn ei gystudd gan ei gyfeillion, difyrrai hwy wrth ganu 'Cân y Cornwydydd'.

Cyfansoddodd gân arall i 'Ferched yr Ysgrythurau', Yr oedd hon yn un dda a sylweddol ac yn dangos gwybodaeth eang yng ngair Duw.

Yr oedd yn ganwr da a naturiol ei lais, ac nid oedd un cynulliad o bobl yn ardal Abergwesyn yn ei amser ef yn llawn heb Selby i'w difyrru a'i benillion doniol ac ysmala, a'i ganeuon cymeradwy.

Yn nhymor olaf ei fywyd symudodd i fyw i'r Gledrydd, tŷ bychan ar fferm Llanfadog-isaf, ym mhlwyf Cwmdeuddwr; ac enillai fywoliaeth weddol iddo ef a'i wraig wrth weithio mewn chwarel ar fferm Dol-faen, ond talai ymweliadau aml â'i hen gynefin. Adroddir amdano un tro yn Llancharfan, ac wedi hir ysgwrsio gyda'r teulu, yn ôl ei arfer, a'r amser wedi rhedeg ymlaen i hwyr y nos, a chanddo lawer o dir diarffordd i gerdded, a mynydd uchel i'w groesi, ceisiodd yr hen wraig yn garedig ganddo i aros gyda'r teulu y noson honno. Cododd yntau ac aeth allan i weld pa fath noson ydoedd, a gwelodd ei bod yn bwrw eira, a golwg dipyn yn wyn arni uwchben, a phan yn dod yn ôl i'r tŷ, dywedai'n ysmala:

> Mae'n bwrw eira llydan,
> Mae'n oer i groesi'r Drygarn;
> Gwell yw i fi fod yn fy nghrys
> Wrth gefen Rhys neu Forgan.

Un diwrnod pan yn gweithio yn y chwarel gyda dyn arall, aeth y person hwnnw adref i ymofyn rhyw offeryn oedd yn eisiau arnynt ar y pryd; ac yn y cyfamser syrthiodd darn anferth o graig ar Selby fel y collodd ei fywyd yn y man. Bu ei angladd yng Nghwmdeuddwr ar y diwrnod claf o'r flwyddyn 1842 ac yntau'n 70 oed. Efe yn ddiau oedd y bardd gwlad enwocaf a fu yn Hwnrwd Fuallt mewn cof na hanes.

Ym mlynyddoedd cyntaf y bedwaredd-ganrif-ar-bymtheg yr oedd pentref Llanwrtyd a'r cylch yn ddiarhebol am ferched glân, a dywedir fod llawer iawn o dynnu ar eu hôl gan fechgyn ieuainc o bell ac agos; ac fel merched pob oes a phob gwlad, gwahaniaethent mewn prydferthwch yn ogystal ac mewn rhinweddau eraill. Dywedai un mab – Selby medd rhai – iddo fod yn caru chwech o'r rhianod prydferth hyn, a dyma fel y gesyd ef eu gwahanol nodweddion allan:

> Chwech o ferched o'r un plwy'
>   Meddent hwy wy'n garu,
> Beti felen wallt ei phen,
>   A Nansi wen lygad-ddu,
> Shân fel haul yn meddu gwres,
>   A Nel fel tes y glennydd,
> Mari'n gryf mewn gras a dawn
>   A Phegi'n llawn llawenydd.

Bu gwerthu smyglyn yn gelc-fasnach lled gyffredin yn y wlad flynydd-oedd yn ôl. Y nwyddau a werthid yn fwyaf cyffredin oedd gwirodydd poethion, trawlwch, myglys *(snuff)* a rhai pethau eraill cyffelyb.

Efallai mai hen gymeriad o'r enw Shencyn y Brandy oedd y mwyaf adnabyddus yn y cylchoedd hyn, yr hwn a gerddai rannau go helaeth o dair sir, sef Ceredigion, Maesyfed a Brycheiniog. Tua diwedd y ddeunawfed ganrif a dechrau'r bedwaredd ganrif ar bymtheg roedd ef yn dra adnabyddus; a chariai fusnes lled helaeth ymlaen mewn celc-fasnach. Yr oedd gwybodaeth Shencyn yn hynod eang yn holl helyntion yr amserau fel y cai ddrws agored, croesaw a gwynebau serchog ym mhob lle yr elai; ac wrth gwrs, werthiant ar ei nwyddau bron ym mhob tŷ.

Yr oedd Selby Price yn cydoesi â Shencyn, a gwyddai yn dda am ei fasnach eang mewn rhad nwyddau a chlywais y pennill a ganlyn gan rai o'r hen bobl yr oes a aeth heibio. Selby a'i cyfansoddodd:

> Gan Shencyn y Brandy
>   Mae cnapen o shop;
> Y ddaear yn sylfaen
>   A'r wybren yn dop;
> Ei lled sydd anferthol,
>   'N ogystal â'i hyd
> A ffyrdd i ddod iddi
>   O bob cwr o'r byd.

'Achosion Ymweliad Pobl â'r Ffynhonnau', eto gan Selby:

> Daw miloedd i'r ffynhonnau
> Bob blwyddyn ar eu hynt,
> Fel adar y tymhorau,
> Yn ôl fel byddo'r gwynt;
> Daw rhai er lloniad calon
> A rhai am awyr iach,
> Daw rhai i gael byw'n foneddion,
> Bob blwyddyn am dipyn bach.
>
> Daw rhai am gwmni dedwydd,
> Ac hefyd fe ddaw rhai
> I ddangos dillad newydd,
> Dan waeddi, 'gwelwch fi';
> Daw llawer iawn er gweled
> Pa fodd mae cwrs y byd,
> Mae llawer un yn myned
> Heb neges yn y byd.
>
> Daw'r ieuenctid i'r Ffynhonnau,
> Yn wir yn fyddin gref
> Waith dyma'r farchnad ore
> I garu dan y nef;
> I Siân rhyw deimlad hyfryd
> Yw meddwl gweled Shôn,
> Daw ambell un am iechyd
> I'r Ffynnon, waeth heb sôn.

Cymeriad Selby: cof hynod dda, a ffraethineb digyffelyb. Medrai ddywedyd pob peth yn yr ysbryd mwyaf ysmala, naturiol ac yn hollol ddidramgwydd . . . Roedd Selby yn oruchwyliwr da a medrai droi ei law at unrhyw orchwyl . . . Yr oedd yn ddyn tawel tangnefeddus, yn cashau ymrysonau . . . a'i sylw pert yn aml yn foddion i wastadhau cynnwrf . . . mab tangnefedd a heddwch ydoedd ef ar bob pryd. Nid oedd elyn i neb ac ni châi ei gashau gan unrhyw un.

TWRCI KILSBY JONES

Un tro cafodd y Parch. Kilsby Jones dwrci yn anrheg oddi wrth gyfaill, ac erbyn diwrnod ei fwyta gwahoddodd rai o'i ffrindiau i'r wledd, ac fel yr adroddir gan un o'r cwmni, yn y geiriau a ganlyn y gofynnodd Kilsby fendith ar yr arlwy y diwrnod hwnnw:

Mae gan rai fwyd heb archwaeth ato,
Gan eraill archwaeth heb ddim ohono.
Ond gennym ni mae'r ddau yn ddilyth,
Am hynny Arglwydd rho dy fendith.

Mae'r pennill uchod yn cael ei dadogi fel cyfieithiad o eiddo Kilsby o un o benillion Robert Burns.

Wedi marwolaeth Kilsby Jones cyfansoddodd rhywun y pennill a ganlyn, gan ei gynnig fel beddargraff i'w osod ar ei garreg fedd:

Yma y gorwedd Kilsby fawr,
Labwst esgyrnog tra ar y llawr;
Nid drwg na da ni wnaeth efe,
Nid yw yn uffern, nac yn y Ne',
Os ewch i 'limbo', yno y mae,
Uwchlaw gofid a phob rhyw wae
Yn gwag oferu ar hyd y stryd,
Â'i bastwn mawr, fel yn y byd.

CROESO CWM BERWYN

Mae traddodiad ym mhlith trigolion Abergwesyn am un dyn o'r ardal honno wedi bod yn rhyw ran o sir Aberteifi, a phan yn dod adref yng Nghwm Berwyn aeth yn hwyr arno, ac argoelion am noswaith wleb hefyd, a chan fod o'i flaen lawer o fynydd i'w gerdded, teimlai yn ofnus a lled ddigalon. Cyfarfyddodd ag un o drigolion y Cwm, yr hwn yn garedig a lletygar a geisiodd ganddo aros y noson honno gydag ef fel y canlyn:

Mae'n bwrw'n Nghwm Berwyn, a'r cysgod yn estyn,
Gwna heno fy mwthyn yn derfyn dy daith;
Cei fara a chawl erfin iachusol a chosyn,
A menyn o'r enwyn ar unwaith.

ARADR AT DYNNU BETYN

Adroddir am un Dafydd Maes-y-bwlch yn Rhandir Isaf oedd ag aradr bwrpasol at dynnu betyn gyda'i swch a'i hasgell lydan denau ac yn cael ei thynnu gan ddau eidion. Daliai Dafydd fod cynllun felly yn llawer mwy didraul na chadw nifer o ddynion am ddiwrnodau, ac fel y dywedai am y mater:

I handlo'r gaib fetyn, rhaid coges mewn cegin
I sgwalddyn gael enllyn, a glwthyn gael gwledd;
Ni raid i'r ddau eidion ond yfed dŵr afon,
A phori blew geirwon, a gorwedd.

LLEIDR DEFAID

Josuah Haydn, Pen-twyn, Llanwrtyd, a gâi y gair ei fod yn dwyn defaid oddi ar ei gymdogion. Yn y gwanwyn, a thymor codi ŵyn, pan gollai mamog iddo ef oen, lladratai oen oddi ar ei gymydog i'w osod dan ei ddafad ei hun. Yr oedd ganddo hefyd lawer o ŵyn swciaid, fel y dywedir, neu ŵyn llywaeth. Yr oedd yn ddywediad yn yr ardal fod gan Josy Haydn, Pen-twyn 'oen gyda phob dafad a dau gyda phob hwrdd'.

Ar ôl lladrata oen nodai ei glustiau ar ei nod ei hun ar unwaith, a phan ladratai ddafad, torrai y clustiau oddi wrth y croen. Gwerthai y croen, gwnai ganhwyllau o'r gwêr, a gwerthai hwynt, a bwytai y cig. Dyn o bryd golau ydoedd – yn bengoch, a gelwid ef 'Chandler Coch'. Clywais adrodd y pennill hwn iddo gan hen bobl yn ardal Llanwrtyd:

> Chandler Coch canhwyllau
> Yn byw ar ben y twyn,
> Yn torri clustiau'r defaid
> A nodi clustiau'r ŵyn.

Bu 'Josy Haydn' farw yn ddyn tlawd yn Neuadd y Bwlch, Ebrill 1825. Yr oedd yn disgyn o deulu 'Haydns Llwyngychwydd', a ddaethant o Loegr i'r lle hwnnw yn gynnar yn y ddeunawfed ganrif i gadw busnes *tanner*. Ef oedd yr olaf o deulu niferus.

Y CEFFYL LLUDDEDIG

Un diwrnod gwelid Shams Clee, y gŵr o Riw-talog yn mynd ar geffyl yn ymddangos yn flinedig iawn, ac fel wedi dod o bell ffordd y diwrnod hwnnw, a'r marchogwr yn ei ysbarduno ymlaen yn barhaus, yr hyn a wnaeth i Shams ddweud fel hyn:

> Mae'r ceffyl wedi blino,
> Trueni ei ysbarduno;
> Mae e'n gwingo fel y gath,
> A Jac fel gwrcath arno.

GWAWDIO CEFFYL BENTHYG

Adroddir am ryw ddyn o sir Aberteifi yn 'pasio' ar geffyl trwy Abergwesyn, ac yn Pen-twyn ar y pryd yr oedd morwyn o'r un parth o sir Aberteifi, ac yn ei adwaen yn dda, ac yn ôl yr hanes, ceffyl benthyg oedd gan y gŵr. Y ferch, yr hon oedd dipyn yn ffraeth ei thafod, a ddarfu edliw i'r dyn mai ar gefn 'ceffyl benthyg' yr ydoedd ac a wnaeth wawd a difyrrwch ohono, mae'n debyg. Y dyn dieithr yntau, yn gwybod nad oedd cymeriad rhy dda iddi hithe yn Abergwesyn, a ddywedodd fel a ganlyn yn ôl wrthi:

Taw a sôn y ferch foneddig,
Na ddywed ddim am geffyl benthyg;
Maent yn dweud ar hyd y pentre',
Y gellir cael dy fenthyg dithe.

Y DADLAU AM FEDYDD

Yn adeg y dadleuon ffôl hynny a fu gynt ar fedydd yn ein gwlad, darfu i
rywun gyfansoddi y pennill canlynol, a dywedir fod i ddyn nad oedd o
feddwl mor ddiwylliadol â phobun i'w roddi allan mewn cwrdd gweddi:

Pe bawn i ddim ond gwybod,
Fod dŵr yn golchi pechod,
Fe awn i'r afon fel 'rwyf byw
Yn rhondyn ryw ddiwrnod.

LEWSYN SIMON

Ceir cwpled fel hyn ar gof rhai o hen bobl Llanafan, y rhai a wnaed i Lewsyn
Simon, fel y dywedir:

Aed ei gorph yn fwyd i gŵn,
Aed ei enaid i annwn.

PENNILL HEB AWGRYMU TESTUN

'Twm y Cloce' oedd gymeriad adnabyddus iawn yn y rhannau yma o'r wlad.
Byddai yn dod o gwmpas y wlad yn aml, ac fel y mae ei enw yn awgrymu, ei
waith oedd glanhau clociau. Yr oedd yn hoff iawn o wneud pennill pedair
llinell ar ryw destun ysmala, ac yr oedd yn lled ddifyr. Adroddir amdano un
tro ym Mhen-y-banc, Llanwrtyd, a cheisiodd Daff, gŵr y tŷ, ganddo wneud
pennill, heb awgrymu un testun iddo, ac fel hyn y dywedodd:

Pedair elfen sydd mewn gŵr –
Daear, awyr, tân a dŵr;
Pan elo un o'r rheiny bant,
Fe dderfydd am y gŵr Penbanc.

CYFRAITH LLWYDLO FACH A SARNCYRTAU

Llwydlo Fach oedd hen dafarndy ar ochr y ffordd fawr ar fynydd Llwydlo.
Safai ar y ffin rhwng siroedd Caerfyrddin a Brycheiniog, ac yn hen hanes
yr oedd y gegin yn un sir a'r parlwr yn y sir arall. Y mae'n debyg i'r lle yma
fod yn enwog a phwysig rai canrifoedd yn ôl. Yma yr ymdrinnid â materion
cyfreithiol tair sir, sef Brycheiniog, Caerfyrddin a Cheredigion.

Ond mae'n debyg mai Llwydlo yn sir Amwythig oedd yr *headquarters*,
ac yno yr aed â'r prif achosion. 'To Ludlo for law', oedd hen air a glywyd

yn fynych yn yr amser gynt. Bu pellter y ffordd i Lwydlo a'r draul ynglyn â chyfreithia, yn ddinistr i amgylchiadau llawer o amaethwyr yn yr amser hwnnw. Dyma fel y dywed un o feirdd y cyfnod hwnnw, Huw Morus o Bontymeibion (1622–1709):

> Gwerth y ddau ychen yn Llwydlo neu Lunden,
> Am fritho[34] chwe' doler a delir.

Enw cyntefig y fferm ar ba un yr oedd Llwydlo Fach oedd Rhyd Sarne. Cafodd y rhan olaf o'r enw oddi wrth ffordd Rufeinig a red heibio, ond daeth y llys a gynhelid yn y gwesty gerllaw mor enwog a hysbys drwy'r holl wlad fel y daeth y fferm i gael ei galw yn Sarncyrte. Rhed y ffordd bresennol ar hyd gwely'r hen sarn am gryn bellter. Hyd y flwyddyn 1814, pryd y gwnaed ffordd newydd dros Ddinas-y-Bwlch y 'Sugar Loaf' hon oedd prif-ffordd Cantref Buallt.

Gyrrid miloedd o 'dda wâr' ar hyd y ffordd yma bob haf yn y blynyddoedd gynt (cyn dod y rheilffordd) y rhai a brynid yn ffeiriau sir Benfro a sir Gaerfyrddin, ac a werthid yn Lloegr. Gelwid hi gan borthmyn yn 'Ffordd Buallt i Henffordd'.

Gan fod y gwesty ar ochr y brif-ffordd, troai lawer o ddieithriaid i mewn iddo ar eu taith, am 'damaid a llymaid' i'w hatgyfnerthu ar y siwrne.

Ger cornel y gwesty, yr oedd pren cerdin yn tyfu, ac wedi ei gosod arno'n uchel ac amlwg yr oedd astell, ac arni yr argraff Lladin a ganlyn:

> Festina lente pamplisper,
> Sese, viator;
> Cor delassatum,
> Pocula plena levent.

Cynigir a ganlyn fel rhyddgyfieithiad o'r uchod:

> Brysia'n araf ar dy daith,
> Aros deithiwr ambell waith;
> Ysgafnha cwpanau llawn
> Galon sy'n lluddedig iawn.

Pan welodd rhyw brydydd gwlad Abergwesyn y geiriau Lladin uchod, fel hyn y dywedodd mewn pennill:

> Pwy oedd y ffŵl esgymun,
> Osododd ar bren cerdin,
> Ar ben Llwydlo – llwm yw'r lle,
> Mor llydain eiriau Lladin?

---

34 talfyriad o 'cyfreithio'

Gormod oedd gan wŷr Tirabad ddioddef y sarhad mai 'llwm y lle', ac atebodd bardd o'r ardal fel hyn:

> Mae Llwydlo'n llawn trwy'r flwyddyn
> O fara can ac enllyn;
> Nid oes un man o dan y sêr
> Mor llwm ag Abergwesyn.

SYLW GAN Y GOLYGYDD –

Yn *Trysorfa'r Plant*, Ionawr 1901, ceir pum pennill gan un yn dwyn y ffug-enw Bhoi Lymboug 'Ar waith Mrs Evans, Cwmirfon, yn rhoddi Beibl hardd i bulpud Llanwrtyd'. Dywed Evan Jones mai Mrs Evans, Bhoi Lymbough, Llanwrtyd oedd yr awdur, 'gwraig ddarllengar iawn. Cyfansoddodd gryn dipyn o farddoniaeth ac un gyfrol fach'. Rhoir yr ail a'r trydydd pennill yma. Y Beibl sy'n cyfarch y gweinidogion fydd yn ei ddefnyddio – ac yn ei gam-drin:

> Un ffafr a geisiaf i gennych,
>   Chwi hoff weinidogion y gair,
> Gwnewch beidio fy nharo â'ch dwylo,
>   Ysictod mawr trwof a bair;
> Mae'n ysgwyd fy holl gyfansoddiad,
>   Dirgryna pob deilen mewn braw,
> A'm rhywmau cadarnaf sy'n llaesu, –
>   O! peidiwch fy nharo â'ch llaw.

> Mae'r siopwyr, y cryddion, a'r gofaint,
>   A holl farchnatawyr y byd,
> Yn trafod eu llyfrau cyfrifon
>   Yn dyner, ofalus i gyd;
> O rhoddwch i ninnau 'run driniaeth,
>   Rhag gwneuthur fy memrwn yn sarn,
> Sy'n cadw cyfrifon y Barnwr
>   At ddiwrnod ofnadwy y farn.

Yr Hen Adeiladau

Wrth dŷ annedd y deallir trigfan, lle i gartrefu neu breswylio. Y math cyntaf o anhedd-dai y mae gennym sôn amdanynt yn y wlad hon, yn ôl hanes, oeddynt dai wedi eu codi trwy guro polion i'r ddaear ac yna eu hadail â gwiail, a'u dwbio â phridd wedi ei gymysgu nes ei wneud yn llyfn ac ystwyth, yna i ddwbio y parwydydd plethedig â'r morter pridd hwnnw. Dywed haneswyr mai oddi wrth yr arferiad o adeil parwydydd tai felly y daeth y gair 'adeilad' a arferir gennym heddiw. Yn y pedwar cornel yr oedd ffyrch, y rhai oedd wedi eu gosod yn y ddaear, ac ar y rhai hyn gosodid pedwar pren ar eu hyd o fforch i fforch, i wasanaethu fel *wall plaster*.

At yr arferiad yma o godi anhedd-dai y cyfeirir yn yr hen linellau hynny o eiddo y wadd a'r dorch:

Y Neidr –   Pe bawn i'n clywed fel y wadd,
       Ni châi un dyn fod heb ei ladd.

Y Wadd –   Pe bawn i'n gweled fel y dorch,
       Ni châi un tŷ fod wrth ben ei fforch.

Dywed hanes mai muriau o'r fath a nodwyd oedd i eglwysi cyntaf a adeiladwyd yn y wlad hon; a hawdd credu'r hanes, gan fod gennym sicrwydd fod llawer o fythod yng Nghymru ddiwedd y ddeunawfed ganrif a'u parwydydd o'r gwneuthuriad a nodwyd. Y mae gennym hanes hefyd mai adeilad felly yn union oedd y capel cyntaf a godwyd gan yr Anghydffurfwyr yn Llanwrtyd yn y flwyddyn 1693, sef hen Gapel y Gelynos.

Math arall o wneuthur muriau i dai ydoedd – o dywaid, neu dywairch. Yr oedd y tywaid yn cael eu torri yn gyffredin o'r ddaear o natur wydn – rhosdir, neu dir cyffelyb. Torrid hwynt yn gymharol denau, a gosodid hwynt yn ofalus a threfnus ar ei gilydd i ffurfio'r mur. Wedi gweithio 'cwrs' o droedfedd neu ychwaneg o uchder, gyrrid priciau coed trwyddynt yma ac acw, er cryfhau y gwaith, a hynny ymhob cwrs hyd nes y ceid y mur i uchder penodol. Yr oedd y 'gwelydd tywaid' yn cael eu gwneud o droedfedd a hanner, i ddwy droedfedd o drwch. O'r defnydd yma y gwnaed gwelydd 'tai un-nos' yn yr hen amser.

Yn amser gwneuthuriad y gledrffordd trwy y wlad hon tua 1865, gwnaed llawer o *huts* o welydd tywaid. Yr oedd y tai yma yn rhai cynnes iawn i fyw ynddynt.

Gwelydd pridd oedd yn gyffredin iawn i lawer o dai annedd hyd tua chanol y bedwerydd ganrif ar bymtheg, neu'n ddiweddarach. Gwnaed y math yma, fel y mae'u henw'n awgrymu, o bridd wedi ei gymysgu'n ofalus a thyner, a'i gymysgu'n fanwl â brwyn. Gweithid tua throedfedd, neu ychwaneg o 'gwrs' ar unwaith, yna gadewid ef am ychydig amser i sadio a chaledu, wedyn gosodid cwrs arall arno, ac felly'n olynol nes cael y mur i'r uchder gofynnol. Yr adeg orau o'r flwyddyn i weithio gwelydd pridd oedd 'pan fyddai'r wennol yn gwneud ei nyth', medd yr hen ddywediad.

Yr enw ar dŷ â gwelydd pridd yn sir Gaerfyrddin ydyw 'tŷ clom'. Ystyrid y gwelydd pridd yn well a mwy parhaus, ac hefyd yn fwy cysurus i fyw ynddynt na'r tai â gwelydd tywaid.

PEN Y TŶ

Wedi ceisio rhoddi hanes a disgrifiad fel y gellais o furiau yr hen anhedd-dai, rhaid codi bellach at ben y tŷ. Gan fod yr hen enwau Cymreig a arferid gynt agos wedi mynd yn angof ac ar goll, er mwyn eglurder, rhoddir yr enw Saesneg i ddilyn yr enw Cymraeg.

Wedi codi'r gwelydd i uchder penodol, gosodid *wallplates* ar eu hyd arnynt. Yna y cyplau. Yr oedd y rhain, yn ôl yr hen arferiad, wedi eu gosod ar 'aran', a'u sicrhau a phinolion coed arnynt. Y 'garan' yma oeddynt goed preiffion wedi eu gosod yn y ddaear, ac yn codi gyda'r muriau oddi fewn, ac weithiau *ynddynt*, a hynny yn agos i uchder y muriau, ac arnynt y gosodid y cyplau fel y nodwyd. Ar draws y tŷ, o àr i àr, gosodid trawst cryf *(beam)*, ac un arall hirach yn uwch i'r lan, ar y cyplau.

Yn uwch i fyny na'r trawst mawr, yr oedd trawst byrrach a elwid wynten *(wind beam)*.

Yr oedd y trawstiau, neu y tylathau hyn eto wedi eu sicrhau â phinolion coed. Yr oedd y trawst mawr, neu y trawst isaf, yn gyffredin ynghanol y tŷ, a thano bared *(partition)* o bolion wedi eu plethu â gwiail, a'i dwbio â morter pridd, ac yn rhannu'r tŷ yn ddwy ran, sef y gegin a'r 'pen isaf'. Yr oedd i bob tŷ ddau neu dri chwpwl, ac yn rhedeg o gwpwl i gwpwl heilasau [?], ddwy yn gyffredin. Ac ar hyd pen uchaf yr oedd nenbren, hwn oedd yn ffurfio crib y tŷ, a'r uchaf yn yr adeilad. 'Y gŵr a bia'r nenbren' sydd hen ddywediad. Ar hyd yr heilasau, gosodid cledrau i lawr ac i fyny, ac yn aml i dai bychain, fanrysg a gwiail, i wneuthur cronglwyd *(thatch bundle)* y tŷ. Yr oedd y gromen *(dome)* bob amser yn hir a serth.

O'r tu allan i'r [?], ac yn cydredeg ag ef, yr oedd y 'wawr-do' *(tilting piece* neu *barge)*, gwasanaeth hwn oedd dal y bargod allan *(jut)*.

Yr oedd y lwfer, neu y ffumer, wedi ei gwneuthur o goed, ac o ran ei ffurf yn sgwâr, wedi ei hadail â gwiail, a'i dwbio â morter pridd yn ofalus, ac am hon gosodid dau 'gap' o wellt wedi eu gwneuthur yn gelfydd – un am yr hanner isaf, ac un am yr hanner uchaf iddi, ac am y cwbl reffyn o wellt yn ofalus a thrwsiadus.

Y TO

Defnydd y to oedd brwyn a rhedyn wedi eu gosod yn fanwl bob yn ail haen – y rhedyn a'u bôn i lawr. Yr oedd yr haen gyntaf a roddid ar adeilad newydd yn cael ei roddi 'dan draed', h.y. ei osod yn gyson a chaled o dan y droed a'r benglin.

Mewn rhai rhannau o Gymru, byddid yn torri brig y gwellt i ffwrdd, a thöid tai â'r hanner isaf, neu fôn y gwellt yn unig – felly yr oedd y bôn heb ei ddyrnu, ac yn fwy parhaus. Yr oedd yn cael ei dynnu'n ofalus a manwl, a dywedir y parhâi am oes.

Yr oedd hefyd yn arferiad gan rai wrth doi tŷ yn newydd, i gymysgu 'sand' â'r brwyn a'r rhedyn. Yr oedd y tywod felly yn cadw'r to yn fwy diogel rhag dinoethi ar dywydd garw a gwyntog. Ar drum y tŷ, gosodid tywaid teneuon ar draws, a'r 'codi i fyny', neu â'r gwrthwyneb allan, ac ymhob pen iddynt ddau neu dri o briciau coed i'w dal yn ddiogel yn eu lle. Ar hyd y to eto, gosodid gwiail, dan y drum, gyda'r bargod, ac ar yr aden, a byclau amdanynt, er cadw'r to rhag ei godi i ffwrdd gan yr ystorm.

TŶ AR DÂN

Perygl mawr i dai to gwellt oedd cymeryd tân, a myned yn aberth i'r fflamau, yn enwedig yn yr haf pan fyddai'r to yn sych, byddai gwreichionen fechan yn ddigon i osod y tŷ ar dân. Y mae y Ficer Pritchard yng *Nghannwyll y Cymry* yn cyfeirio fwy nag unwaith at hyn; meddai:

> Hawdd yw diffodd y wreichionen,
> Cyn y maflo yn y nenbren.

Eto,

> Gad wreichionen fach i gynnu
> Yn dy do, hi lysg dy lety.

Yng nghyfnod y tai to gwellt, nid peth anghyffredin yn ein gwlad oedd clywed gweiddi, 'Tŷ ar dân! Tŷ ar dân!' Yna pan glywid y waedd gyffroes honno, rhedai yr holl ardalwyr i gyfeiriad y waedd, ac ymhen ychydig funudau, byddai ugeiniau wedi dod ynghyd i gynorthwyo'r teulu er diffodd y tân. Os na fyddai'r tân wedi ennill ymlaen ymhell yn y to, ceisied ei ragflaenu trwy dorri y to o'i flaen; ond os byddai wedi cymeryd gafael fawr ar y tŷ, gwnaed y gorau gellid i gario y dodrefn allan. Yr oedd gan hen bobl yr oes o'r blaen gryn lawer o hanes diddorol a rhyfedd i'w adrodd am y tai to gwellt ar dân, a'r helyntion mawr ynglyn â hynny. Dywedid fod gan rai hen bobl yn ardal Beulah Buallt gof am dŷ a elwid Ffos yr Efail ar y Fronrudd, yn llosgi i'r llawr dair gwaith!

Tua'r flwyddyn 1842, darfu i Cil y Gyrnant, hen fwthyn ar y Dinas, Llanwrtyd, i fyned yn ulw gan yr elfen ddinistriol hon, a hynny er fod llawer o'r ardalwyr wedi ymgasglu a hynny mewn ychydig amser. Yr oedd hynny tua naw o'r gloch y nos yn y gaeaf. Y noson honno roedd bonheddwr o'r enw William Williams, Glangwesyn, Abergwesyn, yn dychwelyd o Lanwrtyd, a phan welodd yr hyn oedd yn cymeryd lle, trodd ben ei geffyl i fyny, a brysiodd ymlaen at Gilygyrnant. Erbyn hyn yr oedd yr hen fwth agos oll yn un oddaeth fawr, ond mae'n debyg fod rhai rhannau o'r tu mewn nad oedd y tân eto wedi eu cyrraedd, ac o ganol y danllwyth fawr, clywid yr hen *grandfather clock* yn taro deg. Pan glywodd y bonheddwr a enwyd yr hen gloc yn taro, a hynny mor dawel a digyffro ynghanol y fflamau tân, ac ar y funud olaf cyn ei gymeryd gan yr elfen dân, dywedodd, 'Wel yn wir, dyma hen gloc duwiol.'

Weithiau, fel y mae'n hawdd i gredu, caed cryn golledion trwy ddamweiniau o'r fath a nodwyd, mewn dodrefn, anifeiliaid ac weithiau collid bywydau dynol. Tua'r flwyddyn 1870, cymerodd Clun-glas Cwm Tywi, dân, pryd y collwyd dau o fywydau, y wraig ac un mab, ac amryw anifeiliaid.

Yr oedd y simneiau yn gyffredin mor fawr, fel y gallai lladron ddod i mewn i'r tŷ trwyddynt, a hynny gyda rhwyddineb. Byddai W. Williams o'r Ddôlgoch, Cwm Tywi, yr hwn oedd ŵr cyfoethog, a llawer o arian mawr ganddo yn y tŷ bob amser, byddai ef yn cadw pladuriau â'r min i fyny, yn groes yn y simnai, er rhwystro lladron i ddod i mewn.

Ar fôn y simneiau – y dwy ochr, gosodid cerrig teneuon rai modfeddi allan ohoni i'r diben o daflu dŵr dros y to, ac a elwid y 'garreg ddiddos'. Uwchben y drum eto garreg debyg, er cadw crib y to; yr enw ar hon oedd 'y garreg bioden', am ei bod yn debyg i gynffon yr aderyn hwnnw. Yr oedd hefyd gylch o gerrig am ben y simnai yn gyffredin i'r hen dai, a elwid ar yr enw priodol, 'yr hat'.

Bychain iawn oedd ffenestri yr hen anhedd-dai gynt, yn enwedig hen fythod mwyaf syml ein gwlad. Dwy ffenestr, un yn y wyneb, a'r llall i'r cefn, ac yn wir, yr oedd llawer heb ond un i'r gegin yn unig; ond fel rheol yr oedd twll yn mur cornel y tŷ ychydig uwchlaw y scwâr, yr hwn oedd fynychaf heb ddim arno, oddigerth y rhoddid 'top' ynddo ar dywydd garw a gwyntog iawn.

Y ffenestri cyntaf y mae gennym hanes amdanynt oeddynt 'ffenestr dellt', ac nid oedd ond y math yma yn lled gyffredin hyd o fewn can mlynedd yn ôl, i amaethdai yn ogystal â bythod. Dywedir na fu ond ffenestri felly oll i'r Ddôl-goch, amaethdy yng Nghwm Tywi, tra y bu William Williams o'r lle hwnnw byw, yr hwn a fu farw yn y flwyddyn 1772. Yr oedd i ffenestri dellt amaethdai 'gloriau' – y ddau yn crogi wrth gynorau y ffenestri, nid wrth fachau heirn, ond â darnau o ledr yn gwasanaethu fel *hinges* iddynt. Diben y cloriau hyn ydoedd i'w cau y nos, ac ar dywydd gwyntog i gadw'r oerfel allan.

Mae'n debyg mai y ffenestri dellt diweddaf a arferid a fuont yn cael eu gosod ar laethdai rhai amaethdai, am eu bod yn rhoddi awyr helaeth ac iach iddynt.

Bernir nad arferir gwydr ar ffenestri amaethdai a thai cyffredin eraill yn y deyrnas hon, yn foreach nag amser Iago I; ond arferid ffenestri gwydr ar balasau, a thai y mawrion, yn llawer boreuach na'r amser a nodwyd.

TROTHWY A DRWS

Y trothwy oedd bren croes o dan y drws, ac o'r tu allan iddo yr oedd carreg fawr wastad, 'carreg y drws', fel y gelwid hon. 'Mor llyfn â charreg y drws' sydd hen ddywediad.

Nid oedd i ddrysau hen anhedd-dai yr oesoedd o'r blaen fachau *(hinges)* fel sydd i ddrysau tai yr oes hon, ond drysau yn troi ar eu colyn oeddynt, h.y. yr oedd i ddrws gorddyn bychan yn dod allan o'i waelod, ac yn y trothwy dwll i'w dderbyn, ac o'i ben uchaf yr un modd, ac felly yr agorai, ac y cauai. At y fath yma o ddrws y cyfeirir yn yr adnod honno yn llyfr y Diarhebion, 26:14, – 'Fel y drws yn troi ar ei golyn, felly y try y diog yn ei wely.'

Yn ôl hen hanes traddodiadol, y math yma o ddrws oedd i hen gapel cyntaf y Gelynos (1693), ac wedi ei adail â gwiail yn ôl dull yr oes honno; a bu'r math yma o ddrysau (rhai yn troi ar eu colyn) mewn arferiad ar rai bythod hyd hanner y ganrif o'r blaen, neu yn ddiweddarach efallai. I lawer anhedd-dai hefyd yr oedd math o ddrws bychan tua hanner uchder y 'drws mawr', a elwid 'rhagddor' neu 'rhagddrws'. Diben hwn oedd cadw y moch, dofednod, a chreaduriaid eraill y buarth allan o'r tŷ, rhag dod i gymdeithasu gyda'r teulu yn rhy aml. Yr oedd y drws bychan yma i'w weled i lawer o hen dai o fewn cof gan bobl canol oed sydd eto'n fyw. Yr oedd hwn hefyd yn ôl yr hen ddull – yn 'troi ar ei golyn', a darn o ledr yn gwasanaethu fel *hinges* i'r pen uchaf iddo.

I'r hen ddrysau gynt, yr oedd 'twll a chlicied', er eu cadw ynghau wrth y gynnor, a thrwy roddi bys i fewn drwy y 'twll', codid y glicied *(latch)* oddi ar y 'cramp', neu y gafaelfach ar y gynnor. Adroddir am un person o'r enw Dafydd Antwn o ardal Beulah (Cantref Buallt) yr hwn oedd ddyn hynod esgyrnog a chyhyrog, ac iddo ddwylo a bysedd mawrion anferth yn ôl yr hanes, ac ni fedrai agor un drws yn yr ardal oherwydd maintioli a phraffter ei fysedd, a byddai raid iddo alw 'Helo' wrth bob drws. Yna y clywid un o'r teulu yn dweud, 'O, dyna Ddafydd Antwn, cer i agor y drws iddo.'

O'r tu mewn i'r drws, a cher y gliced, yr oedd bollt i'w osod uwchben y glicied, ac felly i gadw'r tŷ yn ddiogel rhag y gelyn neu ladron.

Yr oedd i'r drws ei gynhorau *(frames)* neu y 'ddau ystlys bost', fel y gelwir hwynt yn yr Hen Destament. O gynnor i gynnor ar ben y drws, yr oedd pren croes – 'capan y drws', neu y gwarddrws *(lintel),* fel y galwai'r hen bobl ef.

TÂN

Tân ar lawr, neu dân ar yr aelwyd, oedd i'r hen anhedd-dai oll yn yr oesoedd o'r blaen. O flaen y tân yr oedd llechen fawr, os byddai modd yn y byd ei chael, yr hon a elwid 'carreg yr aelwyd'. Yr oedd yr aelwyd yn ddieithriad wedi ei 'phitshio', neu ei phafio â cherrig yn fanwl.

Llawr neu barth pridd, a medrai'r hen bobl gymysgu pridd, neu glai, a hynny mor dda, a'i osod fel yr oedd yn hynod galed a pharhaus. O'r aelwyd tua'r drws, yn gyffredin, yr oedd amryw gerrig, neu lechen, yn gydwastad â'r llawr; dyma 'garreg y barth', fel y'i gelwid:

> Yn nyddu yn nyddu,
> Ar garreg y barth.   (Ceiriog)

UCHDER

Isel iawn y codid tai yn y blynyddoedd gynt, mor isel fel nad oedd llofft i lawer ohonynt; weithiau gosodid rhyw fath o goed croesion i'w gilydd ar y 'pen isaf' i'r tŷ, i daflu rhyw bethau i fyny iddo o lawr. Ceid eraill â llofftydd iddynt, ond mor isel fel na fedrai dyn o daldra sefyll yn union ar ei draed, ond cerdded yn grymedig ar hyd y tŷ bob amser. Y mae gennyf gof da pan oeddwn i'n hogyn bychan, am ddyn oedd yn byw mewn bugeildy isel syml a diaddurn yng Nghwm Tywi yn dod i'n tŷ ni. Yr oedd yn ddyn mawr, tal, cydnerth, tua 5 ac 11 o hyd, a phan yn dod i mewn drwy'r drws, dyna ef yn plygu i ffurf dyn yn tynnu tatws, ac yn cerdded felly nes cyrraedd at y tân. Pan alwodd fy mam arno i ddod at y bwrdd i gael tamaid o fwyd, ni wnaeth ond rhyw hanner codi ar ei draed pan yn cerdded oddi wrth y tân at y bwrdd, a'r un fath y dychwelodd at y tân eilwaith.

Er nad oeddwn i ond pur ieuanc ar y pryd, tynnodd fy sylw'n fawr, a methwn â chael un esboniad ar ei ymddygiad; ond wedi iddo ymadael, cefais eglurhad llawn trwy wrando ar fy nhad a mam yn pasio *remarks* â'u gilydd amdano.

Dywedir fod amryw fythod yng Nghwm Tywi yn rhan gyntaf y bedwaredd ganrif ar bymtheg mor isel, fel pan lleddid mochyn, nad oedd un trawst ynddynt yn ddigon uchel i 'godi'r mochyn' ar ôl ei ladd, ond crogid ef wrth y pren cerddinen wrth gornel y tŷ; yna rhoddai un o'r teulu dro allan yn awr ac yn y man er cadw'r cŵn i ffwrdd oddi wrtho. Pan âi yn nos cymerwyd ef i'r tŷ, a gosodid y carcas ar y bwrdd, hyd nes y deuai y bwtchwr eilwaith i'w dorri.

LLAWR BRWYN

Yr oedd yn arferiad cyffredin yn yr hen amseroedd i daenu brwyn neu wair ar loriau tai, ac hyd yn oed ar loriau eglwysi ein gwlad. Dyma oedd yn yr adeg honno yn gwasanaethu yn lle carped. Ceir ar rai llyfrau cyfrifon *vestries* eglwysi gofnodiad am dâl o ryw swm o arian a delid am frwyn i'w taenu ar loriau eglwysi mor ddiweddar â chanol y ddeunawfed ganrif.

SAFLEOEDD

Codai ein hynafiaid eu hanhedd-dai mewn pantleoedd tawel a chysgodol, a phob amser ar fin ffrwd fechan o ddŵr, neu ger rhyw ffynnon. Nid digon ganddynt ychwaith oedd cysgod tir, ond yn aml torrent i mewn i dir llethrog, a gosodent gefn y tŷ yn erbyn y llethr, a'r 'ddaear fyw' yn aml cyfuwch â bargod y tŷ. Yr oedd bargodion tai felly mor agos i'r llawr yn aml, fel y gallasai creaduriaid ddringo i ben y tŷ, a hynny gyda rhwyddineb. Yr oedd hen dŷ amaethdy y Brynarth-coch, Llangamarch, yr hwn oedd islaw'r ffordd, a bargod ei gefn mor agos i'r ddaear fel yr oedd gŵydd un flwyddyn yn dringo ei do, wedi gwneud ei nyth ym môn y simnai, ac yno y mynnodd ddeor ei rhai bychain i'r byd.

Yr oedd llawer yn cael eu codi hefyd â'u talcen yn erbyn y ddaear, ac heb y simnai fawr uwch na'r tir. Bu hyn yn gyfle nodedig i lawer o lanciau drwg a direidus i wneud cnacian â'r teulu trwy ddal y ci, a'i daflu ef i lawr i'r simnai er brawychu'r teulu; neu ddal y ceiliogwydd ar y buarth, a'i ollwng ef drwy yr hen lwfer fawr i lawr i ddisgyn i'r crochan ar y tân.

Ond yr oedd amryw dai â'r tân yn y 'pen isaf' iddynt, a'r 'pen uchaf' yn erbyn y ddaear, a phob amser yr oedd rhai felly â thwll yn eu pen uchaf tuag uchder y tir, er cael ychydig awyr, yn ogystal â goleuni i mewn i'r llofft. Tŷ o'r fath a nodwyd oedd Pwllybwa, Llanddewi Abergwesyn.

Adroddir am deulu yn byw ym Mhen y Bryn, Llanddewi Abergwesyn, a arferent godi'r mochyn yn flynyddol wrth bren ger y tŷ, a hynny oherwydd fod yr hen fwth mor isel. Un flwyddyn, pa fodd bynnag, a'r mochyn wedi pesgi'n dda, ac yn drymach nag arfer, wedi ei grogi wrth y pren, rhoddodd y gangen ffordd! A daeth y mochyn i'r llawr yn rheng! Er fod yr hen fwthyn wedi dadfeilio ers llawer o flynyddoedd bellach, y mae'r pren sycamorwydden yn aros eto, a dangosir y graith lle yr holltodd y gangen i ffwrdd heddiw.

Ofergoelion

'MISO' GRWN

Yn yr oesoedd hygoelus a aethant heibio, pe digwyddasai i heuwr adael grwn ar gae heb ei hau mewn camsyniad, yr oedd yr hen ddywediad y byddai un o'r teulu farw yng nghwrs y flwyddyn ddilynol. Bu gweled grwn heb egin arno, a deall ei fod wedi 'yscapo' heb ei hau, yn achos o flinder mawr i lawer teulu hygoelus cyn hyn.

> Grwn heb hau yw colli'r ysgol,
> Grwn heb hau yw colli'r cwrdd;
> Grwn na cheir dim oddi wrtho,
> Pan yr awn o'r byd i ffwrdd.

Y TYLWYTH TEG

Y traddodiad cyffredin sydd gennym yn y parthau hyn am y Tylwyth Teg yw, mai rhyw fodau bychain bach ydynt, ar lun a maint babanod newydd eu geni, ond yn rhagori mewn pryd a gwedd; ac yr oedd eu gwisg yn hynod brydferth a deniadol, o liw yr awyr las. Yr oedd eu cartref mewn rhyw wlad hyfryd a ffrwythlon, yn rhywle cudd yn y ddaear, ac nad oes neb erioed ond hwynt-hwy eu hunain yn gwybod y ffordd y sydd yn mynd iddi. Deuant allan gyda'r gwyll, ar dywydd tyner, yn finteioedd aneirif i'r meysydd a'r coedydd i gynnal chwareuyddiaeth diniwed, megis canu a dawnsio, a hynny mewn nwyfaint a hoen hyd ymddangosiad y wawr; yna diflannant a dychwelant i'w bro a'u cynefin eu hunain.

Ymgasglant ynghyd at ei gilydd, ac ymffurfient yn gylchau crynion, pan yn canu a dawnsio; ac yn ôl yr hanes traddodiadol sydd wedi disgyn i lawr atom oddi wrth ein hynafiaid, olion y lleoedd y byddant yn arfer cynnal eu dawnsfeydd yw y cylchau gwyrddion a chrynion a welir ar gaeau adlodd, a thir pori yn yr hydref. Pe byddai i rywun ar ddamwain fyned heibio yn rhy agos atynt pan yn canu a dawnsio, fod yr atyniad gymaint, fel mai amhosibl fyddai iddo ddyfod oddi wrthynt, heb gael ei gipio i mewn i'w plith. Dywedir hefyd, nad oedd y rhai a dynnwyd i mewn i'w cylchau byth yn ystyried yr amser a ddarfu iddynt fod gyda hwynt, gan fod y swyn a'r digrifwch mor fawr. Yr oedd yr hen gred gynt, fod y Tylwyth Teg yn hoff o fabanod, ac yn lladrata rhai bychain prydferth iawn, ond rhaid oedd iddynt gael rhai heb eu bedyddio.

Nid digon oedd ganddynt ymgasglu ar hyd y gweirgloddiau, ac ar hyd y coedydd cysgodol, ond byddent yn talu ymweliadau mynych ag aneddau, lle y byddai teuluoedd cysurus a'r plant yn caru ei gilydd, ac yn ufudd i'w rhieni. Wedi yr elai'r teulu oll i orffwys, deuent i mewn i'r tŷ i gynnal gwleddoedd, a chyflawni digrifwch diniwed o gwmpas yr aelwyd; ac os byddai y tŷ yn daclus, a'r aelwyd yn lân, arosent yno hyd y bore; ac wrth ymadael, byddai iddynt adael rhyw drysor bychan gwerthfawr ar y pentan yn dâl am eu lle, ac yn arwydd o'u hoffter o'r teulu.

Mynych y clywid hen wragedd yr oesoedd gynt yn gorchymyn i'w merched a'u morynion i fod yn ofalus am gadw'r aelwydydd yn lân a threfnus, a'r tŷ yn daclus y nos; ac i'r plant fod yn gariadus, a pheidio dweud geiriau cas wrth ei gilydd ar ôl mynd i'w gwelyau; a hawdd yw canfod yr amcan oedd gan yr hen famau da yn yr oesoedd anwybodus gynt pan yn rhoddi y fath wersi i'w teuluoedd cyn mynd i orffwys y nos.

Yr oedd yn gred gan yr hen bobl, o leiaf yn ddywediad ganddynt, mai ysbrydion plant bychain fyddent feirw yn fabanod, oedd y Tylwyth Teg, a gelwid hwynt gan rai yn 'Fendith y Mamau'.

CYLCHAU Y TYLWYTH TEG

Ceir llawer o'r 'cylchau' hynod hyn yma a thraw ar hyd a lled y wlad. Ar gaeau adlodd a thir pori y maent amlaf i'w gweled, a hynny yn yr hydref. O'r holl gylchau a welais hyd yn hyn, y cylch mwyaf amlwg, a'r hwn sydd wedi tynnu fwyaf o sylw, yw yr hwn a ddangosir ar y Lan Felen, Blaen-y-glyn, fferm yn Llandeilo'r-fân. Pedwar ugain mlynedd yn ôl, mwy neu lai, yr oedd y cylch hwn mor amlwg, a thynnai y fath sylw, fel y deuai llawer o ddieithriaid o gryn bellter i'w weled, a dywedir fod rhai ohonynt o gryn nod ac enwogrwydd. Tua'r adeg a nodwyd, yr oedd y cylch hwn mor ddiarebol o hysbys yn ardal Blaen Llandeilo a'r cylchoedd, fel pan gyflawnai rhyw blentyn lled atgas, y gosb a fygythid arno oedd, myned ag ef a'i daflu i hen gylch y Lan Felen, gan y gwyddai holl blant yr ardal am hen draddodiad fod y Tylwyth Teg yn cipio plant bach i ffwrdd gyda hwynt. Y mae cof gan rai hen bobl sydd heddiw yn fyw, am yr arswyd a'u meddiannai pan yn blant wrth groesi y Lan Felen, na mynd i gyffiniau yr hen gylch ar hyd nos, rhag iddynt gael eu swyno a'u tynnu i mewn iddo gan y bodau bychain a dieithr.

Er fod y cylch ar y fan a nodwyd cyn cof na hanes, y mae mor amlwg heddiw fel y mae yn hollol ganfyddadwy oddi ar fryncyn arall sydd gryn bellter oddi wrtho.

Dangosir ef ar dir sydd yn llawn grugos mân; y mae yn gylch crwn fel y fodrwy, a mesura ddeg-ar-hugain o lathenni o amgylchedd. Hwn yn ddiau yw y cylch hynotaf a mwyaf poblogaidd a fu o fewn cof neb o'r hen bobl fwyaf oedrannus yn y cylchoedd hyn.

Mae cylch cyffelyb ar Gaellethr, Erwcleisiaid, yn mesur 33 o gamrau o amgylchedd. Mae yn amlwg iawn bob tymor o'r flwyddyn.

CANHWYLLAU CYRFF

Tua'r flwyddyn 1855, ac yng ngaeaf y flwyddyn honno, yr oedd dau hen ŵr parchus a gwir grefyddol yn dod adref o gwrdd gweddi wythnosol a gynhelid yn Ffos-yr-hyddod, a'u henwau James Davies, Tŷ-gwyn, a Samuel Davies, Penhernwen Fawr. Pan ger y lle olaf a nodwyd, tynnwyd eu sylw gan olau bychan, oedd fel y tybient ar faes perthynol i Penhernwen, a elwir Cae-pum-cyfer. Wrth ddal sylw manwl arno, gwelent ef yn dod allan i'r ffordd yng ngwaelod Gwaun-ysgubor, yna dilynai'r ffordd oddi yno ymlaen. Aeth Shams yn ei flaen, a phan gyrhaeddodd y Tŷ-gwyn, mynegodd i'r teulu am y golau. Aethant oll allan, ac nid hir y buont cyn ei weled eilwaith yn dod ar hyd y ffordd, yr hon oedd y pryd hwnnw yn myned trwy odrau'r tir. Daliwyd sylw arno nes aeth o'r golwg uwchben Penhenwen-fach. Ymhen rhyw amser, disgynnodd trwch mawr o eira ar y ddaear, a bu lluwchfeydd mawrion, a thywydd caled am hir amser. Yn y cyfamser, daeth cynhebrwng ar hyd y ffordd a nodwyd, a chan fod y ffordd mewn mannau yn llawn lluwch eira mawr, bu rhaid i'r angladd droi allan, a myned ar draws rhai caeau, a daeth dros Gae-pum-cyfer, a gwaelod Gwaunysgubor, ac allan i'r heol yn union yr un ffordd ag y gwelodd y ddau hen ŵr y gannwyll gorff yn dyfod! Y mae rhai o deulu y Tŷ-gwyn eto ar dir y byw, ac yn tystiolaethu i wiredd yr hanes hwn.

David Williams, Ty'n-y-bwlch, saer maen wrth ei alwedigaeth fydol, oedd yn dod adref oddi wrth ei waith un noson, a phan oedd ger y tŷ, gwelai olau bychan, gwanaidd, ac isel, yn dod o gyfeiriad y tŷ, ac yn mynd ymlaen nes oedd ar ganol Pant-y-bwlch Uchaf, yna trodd yn sydyn, ac aeth dros ganol Pant-y-bwlch Isaf, ac allan i'r heol yng ngwaelod y cae. Yr oedd baban bychan i'r teulu yn wael ar y pryd, yr hwn a fu farw yn ychydig wythnosau oed. Yn ôl hen arferiad yr oesoedd gynt – ac nid yw wedi llwyr ddarfod yn y cylchoedd hyn eto, yr oedd yr arch bychan yn cael ei gario rhwng dau mewn dwylo. Wedi cychwyn o'r tŷ aed mor bell â chanol y cae a enwyd, daeth cafod drom o wlaw, a chan ei bod yn fwy cysgodol ar hyd y ffordd, trowyd i lawr i fyned i'r heol.

Un noson, yr oedd Rees, mab Morgan Williams, Tir Ithel, ger Llanwrtyd, yn sefyll ger y tŷ, a gwelai olau yn dod i lawr heibio Dôl-y-coed; weithiau collai ei olwg yn llwyr arno, yna gwelai ef fel y tybiai, yn nes i lawr; ac felly weithiau yn ei weld, ac weithiau ddim yn ei weld. Ymhen rhyw ysbaid o amser, fel yr oedd amryw blant bychain o bentref Llanwrtyd yn dod adref o ysgol ddyddiol o eglwys y plwyf, a phan ger y llidiard ar ben uchaf y Ddôl-las, syrthiodd merch fechan i John a Tabitha Davies, o'r pentref, i'r afon, a bu foddi! Cafwyd corff y fechan rhwng Dôl-y-coed a'r pentref.

Clywais adrodd gan ŵr a fu yn byw yn Ty'n-y-llan, anhedd-dai ger Eglwys Llanlleonfel, iddynt yn gynnar yn y nos un noson, i weled golau gwanaidd yn dod mewn i'r tŷ, ac yn sefyll ar y bwrdd mawr yn y gegin! Yn fuan wedi hyn, bu baban newydd-anedig i deulu yn yr ardal farw, ac yn yr amser gynt, yr arferiad cyffredin oedd i gladdu rhai bychain felly yn ddirgel, a hynny heb wasanaeth claddu o un math, yn hwyr y dydd, ar ôl machludiad haul. Ac un hwyr, daeth tad y baban, a dau neu dri o berthnasau a chyfeillion gydag ef, â choffin bychan i'r tŷ, a gosodwyd ef ar y bwrdd, tra y byddent yn mynd i dorri y bedd bychan yn y fynwent.

Y mae yn hen ddywediad fod pob dyn yn cario ei gannwyll gorff ei hun tua'r fynwent. Pa beth bynnag am gywirdeb y dywediad, rhoddaf yma un hanesyn a glywais yn cael ei adrodd fel gwirionedd. Cyn ei bod wedi mynd yn hollol dywyll un noson, pan ddaeth gwas Glandulas, Tirabad, i'r tŷ, dywedodd iddo weled yr hen William, 'Spite Inn', yn myned â channwyll yn ei law i'r eglwys. Yr oedd y teulu yn amheus iawn o gywirdeb yr hyn a ddywedai, ond taerai ei fod ef yn berffaith sicr iddo ei weled yn mynd ar hyd y llwybr a arweinia yn groes i'r waun tua'r fynwent, ac iddo fyned i mewn i'r eglwys, a channwyll olau yn ei law!

Ymhen mis yn agos i'r diwrnod, yr oedd angladd William Price yn dod i'r eglwys a enwyd! Ceir cofnodion o'i gladdedigaeth ar 'Register' Tirabad, Gorffennaf 24ain, 1844, yn 82 mlwydd oed.

Dywedir y medrai hen bobl yr oesoedd o'r blaen, y rhai a arferent weled canhwyllau cyrff yn aml yn eu hoes, medrent ddywedyd pa oed, a pha un ai corff gwryw neu fenyw a ddilynai'r golau; ac hefyd pa mor fuan y deuai y ffordd honno. Os golau bychan, gwanaidd a fyddai, baban fyddai i ddyfod ar ei ôl. Os golau gwyn, clir a welid, disgwylid angladd merch neu wraig; a channwyll goch, gref a ragflaenai farwolaeth gwryw. Pan welid golau'n gynnar yn y nos, disgwylid angladd yn fuan:

Goleu dechreunos,
Corff yn agos.

Pan welid golau'n hwyr y nos, ni ddisgwylid am angladd neb yn fuan ar ei hôl. Y mae yn hen ddywediad hefyd fod yn rhaid i ddyn gael ei eni ar adeg neillduol o'r dydd, sef yn y gwyll cyn y gall weled cannwyll corff.

Dywediad arall a glywais lawer gwaith oedd, pan fyddai mwy nag un person yn cyfarfod cannwyll, ac un yn methu ei gweld, ond i'r hwn a'i gwelai i gydio yn llaw y llall, byddai iddo yntau ei gweled hefyd.

Y TOILI

Yr hyn a olygir wrth y gair 'toili' yng Nghantref Buallt ydyw, drychiolaeth, neu ysbryd angladd, yr hyn a gymer le o flaen marwolaeth, ac a welir yn mynd o'r tŷ tua'r fynwent. Dywedir fod rhai personau yn cael gweledigaeth mor eglur ar y ddrychiolaeth rhyfedd hyn, fel y gwelent yr holl dynion, yr arch ar yr elor, y pedwar dyn oddi tani, y bobl ar geffylau, a'r cerbydau, oll yn cydsymud yn union fel y cynhebrwng wirioneddol!

Dywed rhai hefyd eu bod yn alluog i adnabod rhai personau mewn toilioedd. Y mae yn cael ei adrodd am rai toilioedd wedi eu gweled yn cychwyn oddi wrth dai, ac eraill wedi eu gweled yn myned at eglwysi, a hynny liw dydd golau, o leiaf tuag adeg machludiad haul, ond fynychaf cyfarfyddir â thoilioedd ar y ffyrdd yn y nos.

Mae'n debyg nad yw pawb yn cael un math o weledigaeth, ond yn unig clywir sŵn cerddediad, a sŵn carnau ceffylau, a cherbydau yn symud. Edrydd rhai eraill a ddarfu gyfarfod â thoili ar y ffordd, eu bod megis pe byddent yng nghanol torf o ddynion, a'u bod yn teimlo yn dryblus ynddynt, ac yn gorfod ymwthio trwyddynt, a hynny nes yr âi y doili heibio.

Bellach, rhoddaf ychydig nifer o hanesion toilioedd yn y cylch hwn, ac o fewn cof, y rhai a gefais gan bersonau sydd eto'n fyw, ac yn cael eu cyfrif yn ddynion geirwyr a gonest gan bawb a'u hadwaenant.

Mr Thomas Jenkins, Prysel-fawr, Llangamarch, a ddywed ei fod ef un diwrnod ar gae ger y tŷ, a thynnwyd ei sylw at doili yn mynd oddi wrth Bryn-moel, ac yn mynd ar hyd y llwybr dros y Banc ger y tŷ. Yr oedd hyn tuag adeg machlud haul. Yr oedd yr olygfa mor eglur, meddai, fel y sylwodd fod dau wryw a ffrocseni gwynion amdanynt; ac yn dilyn ar ôl, gwelai ddwy fenyw yn cydgerdded yn araf. Yn fuan bu farw'r hen wraig – Hannah, yr hon a fu farw tua'r flwyddyn 1864. Yr oedd Mr Jenkins yn yr angladd, a sylwodd fod dau ddyn yn gwisgo ffrocseni yn yr angladd y diwrnod hwnnw, un o ba rai oedd yr hen Domi Ffosyrhyddod; nid yw ar hyn o bryd yn gallu galw i gof pwy oedd y llall. Sylwodd hefyd fod dwy wraig yn dilyn ar ôl yr angladd, sef mam ysgrifennydd hyn o hanes, yr hon oedd wedi cael yr awel wen[35] yn ei phenglin ychydig cyn hynny, ac wedi effeithio cymaint arni fel y bu cloffni amlwg arni byth wedyn. Y wraig arall oedd ei chymdoges Mrs Jones, Penhernwen Fach, wedi hynny Mrs Davies, ei chwaer-yng-nghyfraith, a ddarfu aros ar ôl gyda mam yn gwmni ar hyd y ffordd. Y mae Mr T. Jenkins eto'n fyw, yn trigo o hyd yn yr un lle, ac yn flaenor parchus a defnyddiol yn Llanwrtyd gyda'r enwad y Bedyddwyr.

Mrs Jones, Ffos-y-ffynnon, ger Llanwrtyd, a ddywedodd ei bod hi'n mynd adref o Lanwrtyd yn lled hwyr yn y nos un tro, a phan ar y ffordd

---

35   Math o glefyd twymynnol sy'n achosi i'r croen lidio.

rhwng Tan-y-coed a Nant-y-rhos, clywai sŵn llawer o ddynion yn cerdded ar y ffordd o'i blaen, ac yn nesu i'w chyfarfod, ac yn fuan teimlai ei hun yn eu canol, a chan ei bod fel yn cael ei thryblu yn barhaus fel nas gallai fyned yn ei blaen, trodd oddi ar yr heol a phwysodd ar y clawdd yr ochr uchaf, ac yno yr arhosodd nes y darfu i sŵn pawb fyned heibio. Heb fod yn faith daeth angladd Mrs Williams, Glancledan-fach y ffordd honno; yr oedd hyn ym mis Tachwedd 1886.

Un noswaith, yr oedd hen wraig yn mynd adref o Lanwrtyd, a phan ar y ffordd rhwng yr eglwys a'r Dinas, cyfarfu â thoili o flaen angladd John Jones, ieu, Trawsnant, yr hwn a fu farw Gorffennaf 1af, 1860, ac a gladdwyd ym mynwent Eglwys Llanwrtyd, yn 24 oed. Gwelodd y dynion, yr elor, a'r coffyn arni, a llawer o ddynion ar geffylau.

David Price, Berth-ddu, Llanwrtyd, wedi cyrraedd ohono ei bedwar ugain oed, a adroddai amdano ef un noson pan yn ieuanc yn myned adref o Lanwrtyd, a phan ar y ffordd ger y llidiard sydd yn mynd tua'r Henfron, gwelai'r ffordd yn dywyllwch o'i flaen, a chlywai sŵn cerdded yn dod i'w gyfarfod; yna trodd ar y chwith i'r bwlch sydd yn arwain i gae'r Henfron, a phwysai ar y llidiard, a gwelai angladd yn ei chrynswth yn mynd heibio, a thra yn croesi i edrych ar yr olygfa yn mynd oddi wrtho i waered tua'r nant islaw, clywai gric neu ddau, fel pe buasai'r coffyn yn symud ar yr elor! Yn fuan daeth angladd Poli Ffosgoi, hen wraig oedrannus, yr hon oedd weddw William Shon, yr hwn a fu yn offeryn i gychwyn yr achos Methodistaidd yn Llanwrtyd.

Adroddir am un dyn a welodd doili mor amlwg, fel yr adnabu bawb oedd ynddi. Wedi cyrraedd i'r tŷ, mynegodd i'r teulu yr hyn a welodd, ac enwau yr holl bobl a adnabyddodd. Yr oedd yr hen ŵr yn wael ar y pryd, a phan ddarfu iddo glywed yr hyn a welodd y gwas, gofynnodd, 'A welaist ti fi yno?' 'Naddo,' oedd ateb y gwas. 'Mae'n debyg fy mod i yno,' meddai'r hen ŵr! Yn fuan bu farw yr hen ŵr, a gwelodd y dyn ieuanc mai cynhebrwng ei feistr oedd wedi gyfarfod ar y ffordd!

Y mae yn hen ddywediad, pan gyferfydd person â thoili, os na fydd ef yn ei gweled mor blaen ag y dymunai, ond iddo orwedd ar ei gefn wrth ochr y ffordd, ac edrych ar y toili rhyngddo a'r goleufer, y bydd iddo adnabod pawb felly.

ADERYN CORFF

Y mae 'aderyn corff' bob amser yn flaen-gennad angau, canys daw yn y nos at dŷ, gan guro ei edyn yn erbyn ffenestr ystafell lle y byddo marwolaeth un o'r teulu i gymryd lle. Clywyd ef weithiau â llais oer dieithr yn dywedyd yn blaen, 'dere-whip, dere-whip,' a hynny amryw weithiau; ac yna ymadael gan adael pawb o'r teulu wedi eu llenwi a difrifoldeb a sobrwydd mawr.

CYHOERATH

Rhyw sŵn, neu leisiau dieithr a dychrynllyd o flaen angladd yw cyhoerath, neu gyhirath; ac yn ôl hen ddywediad, o flaen marwolaeth dynion anystyriol ac annuwiol y mae i'w glywed. Weithiau bydd y sŵn yn debyg i ochain, neu gwynfan uchel ac ofnadwy. Llawer gwaith y clywais fy nhad yn adrodd amdano ef pan yn fachgen ieuanc, a dau o fechgyn Pen-y-bont Uchaf, yn mynd adref o Lanwrtyd yn lled hwyr un noson, a phan ar y ffordd ger y Carnau Bach, tynnwyd ei sylw gan sŵn rhyfedd yn dod lawr o gyfeiriad y Wern-goch; safodd y tri i wrando arno, a chlywent ef yn dod lawr tua chyfeiriad Ty'n-y-gro a'r Felin.

Yn ôl yr hyn a ddywedai ef, yr oedd yn debyg i sŵn tua dwsin o gathod yn ymladd ei gilydd. Weithiau yr oedd y sŵn yn gwanhau ychydig, ond eilwaith yn cryfhau a chlywid ef yn fwy eglur a dychrynllyd. Felly y parhaodd nes iddynt ei glywed yn mynd i mewn i'r eglwys. Cafodd y tri dyn ieuanc, er eu bod yn rhai hynod wrol, y fath fraw y noson honno, fel nas gallasent ddilyn y ffordd heibio i'r eglwys adref, ond aethant i fyny'r ochr arall i'r cwm, ac heibio Gellifelen, Llwyngychwydd, a'r Alltwineu; a bu rhaid i'r ddau fab o Ben-y-bont hebrwng fy nhad yn agos at dŷ Pyllbo, gan yr ofn oedd wedi eu meddiannu.

Yn lled fuan wedi hyn, bu farw'r hen Jac y Wern-goch, neu'r Hen Jac Grwca, fel yr adnabyddid ef orau, yr hwn oedd gymeriad hynod anystyriol ac un o'r cymeriadau mwyaf annuwiol yng nghylchoedd Llanwrtyd, yn ôl yr hanes a glywais amdano. Bûm yn siarad â hen ŵr a'i hadwaenai yn dda, ac a fu yn ei weled un prynhawn Sul pan oedd ar ei wely angau, ac o fewn ychydig oriau i farw. Yr oedd ar y pryd yn lled ddryslyd yn ei synhwyrau, ac fel llawer pan ar fin marw, am gael codi'n barhaus, a'i symud i rywle. 'Pam ddiawl na cha i godi o'r fan hyn,' meddai, 'yn enw Duw, cerwch â fi i rywle oddi yma; Rhys, bachgen diawl, dere â'm ffon i fi,' meddai, ac ymadroddion eraill cyffelyb yn barhaus. Bore trannoeth yr oedd wedi cael ei symud i roddi cyfrif gerbron ei Farnwr cyfiawn am ei holl eiriau.

JAC Y LANTERN

Math o olau nwyol yn ymddangos yn y nos ar dywydd distaw a thyner ydyw Jac y Lantern, neu Dân Ellyll, fel y gelwir weithiau. Gwelir ef yn ymsymud yn araf ac isel ar hyd gwaunydd a rhosydd damp lle y mae llawer o dir mawn. Weithiau cyfyd oddi ar y ddaear i ychydig uchter, yn fath o olau gwynlas, gan beri ofn a braw mawr i'r hen bobl anwybodus ac ofergoelus gynt! Mae'n debyg fod llawer mwy o'r golau hyn i'w weled gynt, pan oedd tymhorau y gwanwyn a'r haf yn boethach, a'r ddaear yn gynhesach nag ydyw yn yr oesoedd diweddaf hyn. Llawer gwaith y clywais adrodd gan hen bobl oedrannus oedd yn fyw pan oeddwn i'n ieuanc, i Jac a'i lantern un noson gyfarfod â'r Parch.

Isaac Price, gweinidog yr Annibynwyr, Llanwrtyd, a hynny ar y llwybr rhwng Tŷ-gwyn a Thŷ'n-y-bwlch. Safai'r golau o'i flaen, medd yr hanes, a'r hen weinidog duwiol a fagodd ddigon o wroldeb o'r diwedd i'w yrru oddi ar y llwybr yn y geiriau hynny, 'Dos o'r tu ôl i fi, Satan!' Yna y golau a aeth ac a giliodd oddi wrtho. Cadwodd yr hen batriarch ei olwg arno nes ei weld yn diflannu ar lan afon fechan Camddwr, ar Ddôl Isaf Tŷ-coch.

Y mae yn hysbys ddigon, pan ddisgynnai haen o eira ar y ddaear, nad oes un llecyn y todda'n gynt, ac yr ymedy'r eira ag ef, na Phant-y-brwyn, a hynny oherwydd damprwydd y tir isel a gwaundirog y lle. Hyn medd hen ddywediad gwerinol a fu yn achlysur i'r hen dybiaeth mai ym Mhant-y-brwyn y mae genau y pwll diwaelod! Yng ngwanwyn y flwyddyn, pan fydd eira a lluwchfeydd lawer yn gorchuddio mynddoedd blaen Irfon a Chamarch, bydd Pant-y-brwyn yn dadlaeth yn hyfryd o dan dywyniadau haul y dydd; yna clywir yn aml y pryd hwnnw o eneuau rhai o hen ardalwyr y mynyddau, 'Wel, wel, ni saif dim eira gyda chi tua genau uffern yco!' Gan i'r Parch. Isaac Price farw yn y flwyddyn 1805, a'i fod rai blynyddau cyn hynny yn lled ffaeledig oherwydd ergyd o'r parlys, rhaid fod yr amgylchiad a nodwyd wedi digwydd er diwedd y ddeunawfed ganrif.

CŴN BENDITH Y MAMAU

Clywais fy hen ffrind, ein cymydog diddan David Williams o'r Wern, Llangamarch, yn adrodd yr hanesyn a ganlyn amryw weithiau. Pan oedd ef yn 'gnepyn o grwt', ys dywedai, yr oedd ei dad, Morgan Williams, Tir Ithel, ac yntau yn atgyweirio rhywbeth ar hen eglwys y plwyf Llanwrtyd. Yr oedd ynghanol y gaeaf, a'r dydd yn fyr. Yn hwyr y dydd, a'r gwaith wedi ei gwblhau, darfu i'r tad godi'r ysgol ar ei ysgwydd i fyned â hi yn ôl i'r Dinas, amaethdy yn ymyl, 'canys menthyg oedd', a dywedodd wrtho ef, y crwt, 'Aros di man yma, gwas, fe ddo i'n ôl yn union nawr.' Aeth yntau i mewn i'r 'porch', ac eisteddodd yn dawel a diofn ar y fainc gerrig sydd eto i'w gweld yn y lle. Wedi cyrraedd y Dinas bu ei dad yn siarad ychydig â theulu'r lle, a thra yr oedd yntau yn eistedd yn y 'porch' yn disgwyl am ei dad yn ôl, a hi wedi tywyllu yn awr, clywai ryw sŵn gwanaidd a dieithr yn dod i mewn i'r fynwent trwy'r llidiard, ac yn dod i fyny ar hyd y llwybr oedd yn arwain i'r eglwys; ac yntau yn awr heb un lle i gilio; safodd yn llonydd yn y fan lle yr oedd, ac aeth y lleisiau bychain heibio i'w draed, ac i mewn dan y drws i'r eglwys! Yn awr cafodd ddigon o ryddid i ddianc, a rhedodd i gwrdd â'i dad, yr hwn oedd yn dod yn ymyl. Yn ei fraw mawr, adroddodd y cwbl a glywodd wrtho yn y fan; yntau a ddywedodd mai Cŵn Bendith y Mamau oeddynt! Yn ôl ei dystiolaeth fanwl ef amdanynt, yr oedd eu sŵn, neu eu lleisiau yr un ffunud a lleisiau cŵn bychain pan fydd yr ast wedi codi wrthynt ar y gwâl, meddai. Ni ddarfu iddo weld dim, ond yn unig glywed y sŵn yn dod yn isel gyda'r llawr, ac yn ei basio felly i mewn i'r eglwys. Mor bell ag y gall wneud allan, yr hyn tua'r flwydyn 1840.

Yn fuan, daeth angladd plentyn i'r eglwys. Dywed traddodiad mai o flaen marwolaeth maban y mae Cŵn Bendith y Mamau.

Y GOBLYN

Rhoddir y gair 'goblyn' yn bennawd yma, am mai dyma'r gair a arferir yn y cylchoedd hyn; ond y gair Cymraeg ar y bod dychmygol hwn yw gŵyll, a chawn mai dyna a ddefnyddir amdano yn y cyfieithiad Cymraeg o'r ysg-rythurau,'Yr ŵyll a orffwys yno, ac a gaiff orffwys dra ynddi.' (Es. 34: 14), tra y mae'r gair Hebraeg 'lilith' yn golygu rhyw aderyn nos – dylluan rudd, neu aderyn y corff. Diamau iddo gael ei gyfieithu i'r gair Cymraeg a nodwyd, am fod yr ŵyll yn cael cymaint o le yn llenyddiaeth werinol Cymru yn y cyfnod tywyll y cyfieithwyd y Beibl i'r iaith Gymraeg, ac felly o fewn cyrraedd meddwl ac amgyffredion y werin bobl oedd mor anwybodus a hygoelus ar y pryd.

Yn y gwahanol gyfieithiadau Saesneg o'r Beibl, gelwir ef *night monster*, a *screech owl*; ond yn ôl iaith llên gwerin Cantref Buallt, rhyw fod bychan ar ffurf a maintioli plentyn yw'r 'goblyn', a'i arferion yw marchogaeth ceffylau ar hyd y nos, yn neillduol ceffylau ieuainc gwylltion.

Hen ŵr oedrannus a adnabyddid wrth yr enw Rhys Troed-y-rhiw, ger Maesygwaelod, Llanwrtyd, a adroddai iddo ef pan yn was bach yn Tŷ-gwyn, Llangamarch, ac un noswaith yn yr haf pan oedd yn sefyll ar y buarth, iddo glywed un o'r ceffylau yn carlamu'n enbyd ar gae gerllaw. Brysiodd i weld beth oedd yn bod, a gwelai y gaseg yn cael ei gyrru gyda'r perthi o amgylch y cae, a rhyw ledrith bychan bach ar ffurf plentyn yn eistedd ar ei gwar, ac a ddiflannodd yn fuan fel y nesaodd ef ymlaen. Yr oedd y gaseg yn chwys oll drosti, ac yn crynu drwyddi gan ofn! Drannoeth, sylwodd fod 'gwarthol y goblyn' yn ei mwng; canys mae'n debyg mai ar war ceffyl yr eistedd y goblyn bob amser, a chordedda rannau o'r mwng yn 'warthol' iddo'i hun.

Nid digon gan y goblyn yw marchogaeth ceffylau ar hyd y meysydd yn ystod yr haf yn unig, ond â yn hyf i mewn atynt i'r ystablau yn nhymor gaeaf hefyd, a mwynha ei hun yn peri iddynt 'gampro a dawnsio' drwy'r nos. Mewn lle o'r enw Cwm-dylan, yr hwn bellach sydd wedi ei adael at Penrhiw-goch, Llangamarch, yr oedd ym mlynyddoedd diweddaf y ddeunawfed ganrif, deulu'n byw ac yn cadw ychydig anifeiliaid. Dywed hen draddodiad sydd eto'n fyw ymhlith yr ardalwyr, y byddent yn fynych yn cael y ceffylau yn y boreau yn chwys diferol drostynt, yn disgwyl yn wag a blinedig, ac wedi colli amryw bedolau!

Yr unig ffordd er diogelu ceffylau yn yr ystabl rhag y goblyn yw gosod cangen hir o bren cerddinen yn ei blodau i fyny gyda chynnor y drws, a changen o fedwen yr ochr arall, a blaen y ddwy gangen i ddod at ei gilydd fel ag i ffurfio'n *arch* uwchben y drws. Hefyd, croes fechan o frigau'r coed a nodwyd wedi eu gosod dan yr *arch*.

Pan welir 'gwarthol y goblyn' ym mwng y ceffyl, ofer yw ceisio ei ddadglymu â llaw, gan y dywedir na allodd neb erioed ddatod gwarthol y goblyn. Yr unig ffordd yw ei losgi allan â haearn poeth, yr hyn sydd hefyd yn atal y goblyn i farchogaeth yr anifail hwnnw eilwaith. 'Neu glog yr wyll gul egr oedd.' – Huw Morus

Fel yr oedd y bonheddwr David Jones, Llwynderw, Abergwesyn, a'i wraig un diwrnod yn dychwelyd o'r cwrdd yn Llanwrtyd, a phan yn rhywle yng Nghwm Irfon, clywsant ganu a moliannu uwch eu pennau yn yr awyr, yr hyn a ddilynwyd gan ddiwygiad mawr ar grefydd yn lled fuan. Gan mai yn y flwyddyn 1796 y daeth y teulu parchus yma o'r Fanog i Lwynderw, ac i Mr D. Jones farw yn 1810, rhaid mai o flaen yr adfywiadau a gafwyd yn 1804 neu 1808 oedd hyn.

Dywedai'r hen bobl, hefyd, i 'ganu yn yr awyr', fel y galwent ef, gymeryd lle o flaen diwygiad mawr a rhyfedd hwnnw a fu yn y flwyddyn 1840. Clywyd hwn yn blaen iawn yn ardal Llechweddol, Llanwrtyd. Yr oedd y lleisiau i'w clywed mor eglur, fel y gellid clywed un llais mawr yn gryfach na'r lleill; ac yn adeg yr adfywiad yn yr ardal a nodwyd, yr oedd un dyn o'r enw David Davies, Llawrdref Fach, neu 'Dafydd Jac y Clochydd', yn hynod gynnes ei ysbryd gyda'r diwygiad, ac iddo lais mawr, cryf, ac amlwg, fel y clywid ef yn moliannu yn blaen ynghanol torf fawr. Sylwai yr Hen Williams, gweinidog Llanwrtyd a Throedrhiwdalar, ei fod i'w glywed yn moliannu fel dafad Seisnig yn brefu ynghanol defaid mynyddig.

Clywodd amryw 'ganu yn yr awyr' hefyd, o flaen y diwygiad a fu yn 1859–60. Yr oedd i'w glywed o flaen rhai oedfaon, fel y dywedir. Un noswaith fel yr oedd hen ŵr o'r enw Isaac Powell, Tir Ithel, ger Llanwrtyd, yn myned tuag adref, a phan ar y llwybr ger y tŷ, clywai ganu a moliannu amlwg yn dod i waered ar hyd y ffordd o Gwm Irfon, safodd i wrando, a chlywodd ef yn dod lawr heibio'r ffynnon a Dôl-y-coed, tua'r pentref.

Yn fuan wedyn, torrodd y diwygiad allan gyntaf mewn cwrdd gweddi wythnosol yn yr Alltwineu, a daeth mintai o bobl i lawr o'r cyfarfod dan ganu a moliannu yr holl ffordd tua'r pentref.

Clywodd Ivy'r Caerau, Tirabad, sŵn canu a moliannu yn yr awyr uwchben yr ardal honno cyn i'r diwygiad dorri allan, yr hyn a gymerodd le yn Nant-tyrnor ar noson yn yr wythnos, pryd y cafwyd cyfarfod rhyfedd i'w gofio. Y noson hon, syrthiodd Mari merch Glandulas mewn llewyg, a hynny ar ganol moliannu, a bu raid ei chario adref, a hynny mewn gwely pluf.

Thomas Jones, o'r Bylchau, oedd un prynhawn ar ben y Garth, a thynnwyd ei sylw gan ganu yn yr awyr. Yr oedd pan glywodd ef gyntaf, uwchben Tirabad, ond nesaodd yn araf fel y daeth uwchben ardal Llechweddol, yn ôl ei dystiolaeth ef, ni chlywodd 'y fath ganu rhyfedd erioed'! Yr oedd hyn ychydig amser cyn i'r diwygiad dorri allan yn ardal Llechweddol.

Dywedai William Price, Berth-ddu, iddo yntau glywed canu amlwg iawn o flaen yr un diwygiad. Yr oedd y canu hwn, fel y gallasai feddwl, uwchben Clun-cae. Enwir amryw bersonau eraill a glywsant ganu o flaen y diwygiad hwn.

Mr Rees Davies, Cwm-pen-llydan, hen ŵr sydd bellach wedi pasio ei bedwar ugain oed, a blaenor gyda'r Methodistiaid yn Llanwrtyd, a ddywed ei fod ef un noson yn adeg diwygiad y flwyddyn 1905, yn dod i'r gyfeillach yn Llanwrtyd, a phan ger Tyllosg, tybiai ei fod yn clywed canu'n rhywle, safodd, yna deallodd mai uwch ei ben yr oedd. Parhaodd y 'canu' yn barhaus nes oedd ef ger Pen-y-wern, a bu'n sefyll amryw weithiau ar hyd y ffordd i'w wrando. Bu Mr Davies yn sôn am y canu hwn yn gyfeillach y noson honno, a hynny gyda theimladau cynnes iawn.

Yn adeg yr adfywiad a nodwyd, yr oedd dau o blant William Morgan a'i wraig, Esgair Ddafydd, Llanwrtyd, yn gorwedd yn wael iawn eu hiechyd. Un noson, tra yr oedd y fam allan ger y tŷ, clywai sŵn canu hynod yn yr awyr, aeth i'r tŷ a gwnaeth y peth yn hysbys i'r gŵr a'r plant; y rhai a aethant allan i wrando. Clywodd y plant y moliannu, ond ni chlywodd y gŵr ef o gwbl er gwrando'n astud.

Yr oedd un o'r merched, yr hon oedd forwyn yn Erwbeili, fferm gerllaw, yn hynod frwd ei hysbryd gyda'r diwygiad, ac yn cymeryd rhan amlwg iawn yn y cyfarfodydd, a hynny'n gyson iawn. Clywyd y canu hwn tua saith o'r gloch yn yr hwyr, ar ail wythnos yn Ionawr 1905.

CANU O FLAEN ANGLADDAU

Susanah Price, gweddw oedrannus, a'i merch o'r un enw, a fuont yn byw am lawer o flynyddoedd yn y Tŷ Cwrdd, y Gelynos, Llanwrtyd. Clywais y ddwy yn cydadrodd iddynt lawer gwaith yn ystod y blynyddau y buont yn byw ger yr Hen Gapel, glywed trwst cerddediad dynion, yn dod i mewn i'r fynwent, a sŵn carnau ceffylau yn dod i mewn i'r ystabl, yr hon oedd oddi tanynt. Clywsant hefyd ganu yn y capel, ac ar y fynwent lawer o weithiau, meddent, ac ni amheuodd neb yr hyn a ddywedent erioed.

Hen wraig yn byw yn Ty'n-y-llan, Abergwesyn, a ddywedai iddi glywed canu ar y fynwent ger y tŷ, weithiau cyn nos, ychydig wedi machlud haul, bryd arall yn gynnar yn y nos. Dywedai'r hen wraig ei bod mor ddiofn ohono, fel yr âi weithiau i'r drws i wrando arno!

Ar y 16eg o Chwefror, 1897, yr oedd William Arthur, gwas yr Henfron,

Llanwrtyd, wedi codi rhwng tri a phedwar o'r gloch y bore, er paratoi y ceffylau i fynd i ffair Llanymddyfri y diwrnod hwnnw, a phan ar y buarth, tynnwyd ei sylw gan sŵn canu yng nghyfeiriad yr ysgoldy, neu Nant-y-rhos; wrth iddo sefyll i wrando, clywai ef mor eglur, fel yr adnabu'r dôn a genid, – 'Llydaw' oedd, a chlywai y rhan ddiweddaf yn cael ei hail-ganu, ond ni ddeallai'r gair.

Bu Mrs Williams, Nant-y-rhos, farw Chwefror 27ain, a chanwyd y dôn a enwyd cyn cychwyn oddi wrth y drws. Fe welir oddi wrth y *dates* uchod mai pythefnos oedd y canu a glywyd cyn claddedigaeth Mrs Williams. Yr oedd yn wraig dyner, garedig, a duwiol yng ngolwg pawb.

Clywyd canu hefyd o flaen marwolaeth Miss Owen, Belle Vue, Llanwrtyd. Dyma fel yr edrydd Miss Kate Jones, Tŷ'r Capel, yr hanes. Yr oedd hi yn forwyn yn y gwesty a nodwyd, ac iddi un prynhawn tuag amser machlud haul, glywed canu o flaen y gwesty. Yr oedd mor blaen fel y clywodd y claf ef o'r gwely! Deallodd Kate y pennill a genid – 'O Dduw rho im dy hedd' ydoedd, ni ddeallodd Miss Owen y gair. Wedi'r canu, clywodd Kate sŵn traed yn mynd oddi wrth y tŷ.

Adroddwyd wrthyf hefyd gan hen wraig yn bedwar ugain oed, a'i henw Mrs James, Pen-dref, Llanwrtyd, ei bod un noswaith yn methu cysgu'n dda, ac iddi godi ac edrych allan drwy'r ffenestr fath noswaith oedd, a chlywai ganu yng nghyfeiriad Irvon Terrace, y pentref. Wrth wrando, darfu iddi ddeall yr emyn yn blaen ddigon:

> Rwyf yn caru'r pererinion,
>   Ar y creigiau serth y sydd,
> Ar eu traed, ac ar eu dwylaw
>   'N ceisio dringo'i fyny fry;
> Ar fy neulin,
>   Minnau ddof i ben y bryn.

Yn fuan bu farw hen wraig dlawd o'r enw Jane Jones, oedd yn byw yn seler No. 3 y stryd a enwyd, a chanwyd y pennill uchod ger y drws wedi codi maes. Yr oedd hyn yn Ionawr 1880. Yr oedd yn 88 oed, yn hen wraig grefyddol iawn.

Yr un hen wraig a adroddodd ei bod yn eistedd wrth erchwyn gwely hen ŵr o'r enw Thomas Thomas, Tir Ithel, pan fu ef farw, a'r funud yr oedd yr 'anadl olaf' yn myned allan ohono, iddi glywed canu yn yr ystafell gyda hi. 'O! yr oedd e'n ganu hyfryd!' meddai, ac ychwanegai, 'Dyna'r canu mwya hyfryd a glywais i erioed, na chynt na chwedyn!' Bu Thomas Thomas farw Chwefror 3ydd, 1864, yn 86 mlwydd oed.

Pan oedd Mr John Jones, Cefnserwydd, Llangamarch, yn wael iawn, ac o fewn ychydig ddiwrnodau i'w farwolaeth, clywodd ei wraig Mrs Jones, a'i morwyn Jane Davies, ganu ar y ffald ger y drws, a hynny yn gynnar yn y prynhawn cyn machlud haul.

Y Parch. Evan Edwards, gweinidog y Bedyddwyr, Pantycelyn, Abergwesyn, a ddywed iddo ef glywed canu ger drws y tŷ ychydig cyn i blentyn iddynt hwy farw. Galwodd sylw'r teulu ato, ond ni chlywai un ohonynt ond ef yn unig, y canu!

Yn yr amser gynt, ac hyd o fewn cof gan bobl canol oed sydd eto'n fyw, yr oedd yn arferiad ar ddydd angladd i ganu emyn wrth fyned trwy bentref, heibio i gapel ar ochr y ffordd, ac weithiau pan yn mynd heibio i dŷ fferm lle y byddai teulu cyfrifol, ac yn perthyn i'r eglwys lle y byddai yr ymadawedig yn aelod ohoni. Y mae gennym hanes wedi ei gael am amryw wedi clywed canu ar yr heol o flaen rhai angladdau, ond bodloner ar un yn unig yma.

Un noswaith yr oedd dau ddyn ieuanc o'r enwau Thomas Powell, mab Maes-y-llech; a David Arthur, gwas Llwyncus, ger Beulah, yn mynd yn ôl o garu o'r Caerau, a hynny rhwng un a dau o'r gloch yn y bore, pan ar gae Pen-y-bont, ar y Caerau, tynnwyd eu sylw gan ganu ar y ffordd islaw iddynt. Safodd y ddau i wrando, yr oedd yn dod yn nes atynt, ac aeth heibio ar hyd y ffordd islaw iddynt. Weithiau byddai y canu yn darfod am ennyd; yna dechreuid tôn arall. Canwyd dwy neu dair tôn. Yr oedd y canu mor eglur fel yr adnabyddent y tonau a'r emynau a genid. Yn fuan wedyn clywyd am farwolaeth sydyn ac annisgwyliadwy y cerddor ieuanc poblogaidd, Mr Daniel Buallt Jones, yr hwn oedd organydd ac arweinydd y canu yng nghapel yr Annibynwyr, a dygwyd ei weddillion marwol yn ôl i fynwent Beulah, hen gladdfa teulu Llwyncus. Ddydd ei angladd, wedi cyrraedd gyferbyn â Llwyncus, rhoddwyd emyn allan ar y ffordd, a chanwyd y tonau a ddarfu i Tom a John glywed y bore hwnnw.

Llawer gwaith erioed y clywais fy mamgu Tŷ-gwyn yn adrodd iddi, pan yn ferch ieuanc ym Mhen-y-twyn, Abergwesyn, glywed sŵn gweithio yn chwarel Rhiw-y-garreg-lwyd; weithiau pan fyddai amryw o'r teulu wrth y cynhaeaf gwair ar hyd y gweirgloddiau, neu ryw oruchwyliaethau eraill ar hyd y meysydd.

Clywais fy nhad, hefyd, yn adrodd lawer o weithiau yn ystod ei fywyd, amdano ef yn dod adref un noson pan yn fachgen ieuainc cyn priodi, a phan ger hen ysgubor Pyllbo, clywai sŵn mashwn yn gweithio ar yr hen adeilad; safodd yn syn, a galwodd, 'Tomos, Tomos,' ddwywaith, gan gredu fod Tomos y mashiwn yno'n gweithio, oherwydd yr oedd disgwyliad amdano y dyddiau hynny. Wedi galw felly ddwy waith, a neb yn ateb, cafodd ei feddiannu â braw mawr, a rhedodd tua'r tŷ, yr hwn oedd tuag ergyd carreg oddi wrth yr ysgubor y pryd hwnnw. Drannoeth, meddai, daeth Tomos y masiwn yno i adgyweirio yr hen adeilad.

William Jones, y Decle, wedi hynny Pen-y-banc, Llanafan Fawr, oedd saer wrth ei alwedigaeth fydol, ac yn weithiwr parchus ar ystad Llwyn Madog. Efe yn ei ddydd a'i dymor, fyddai yn gwneuthur y nifer luosocaf o eirch i'r rhai a fyddent feirw yn y plwyf a nodwyd; ac yr oedd yn beth tra cyffredin, medd teulu Pen-y-banc, iddynt glywed sŵn gweithio yn y nos cyn y deuai y newydd yno am farwolaeth rhywun o'r ardal. Gan fod y shop waith ynglyn â'r amaethdy, a'r teulu mor gynefin â sŵn y gwaith o wneud coffyn, yr oedd yn ddigon hawdd a naturiol iddynt ddal ar y sŵn yn oriau prudd y nos!

Mynych y clywais adrodd gan rai o hen ardalwyr Llanwrtyd am hen saer a fu gynt yn byw ym Melin y lle hwnnw, a gelwid ef Billy'r Felin gan ei hen gydnabod. Gan ei fod ef yn gymeriad parchus, ac yn grefftwr da, fel y clywais, efe fyddai yn gwneuthur eirch i'r rhai a fyddent feirw am gylch eang iawn. Yr oedd ei siop waith ef yng nghefn y tŷ, ac nid oedd ond y mur rhyngddi a'r ystafell wely, a dywedid y byddai Pegi ei wraig yn clywed sŵn coffyn yn cael ei wneuthur weithiau ychydig nosweithiau cyn marwolaeth un o'r ardalwyr. Un noson wedi i'r teulu fyned i orffwys, a'r hen saer wedi syrthio i gwsg tawel, clywai yr hen wraig hithe sŵn gweithio, a hynny gyda dyfalwch yn y Shop! Rhoddodd gwff â'i phenelin i'w gŵr, medd yr hanes, gan alw, 'Billy, Billy, dyna chi'n gwneud coffyn i rywun heno eto!' Yntau, yn groes i'w ddeffroi o'i gwsg mor fuan, a ddywedodd yn sarrug, 'Pam na baset ti yn y ngadael i i fynd ymlaen ag e, Pegi fach.'

Os bydd teulu, neu berson, yn cael eu blino gan sŵn gweithio, ac os bydd yn gwybod ysbryd pwy fydd, dywedir ond gwneud yn hysbys iddo, na fydd iddo gael ei glywed mwy; a dyna'r unig ffordd i roddi terfyn arno mae'n debyg.

sŵn gweithio y 'railway'
Yr oedd llawer o ddynion yn fyw hyd yn ddiweddar, ac a gyfrifid yn rhai gwirioneddol a chywir eu geiriau, a ddywedent iddynt 'glywed â'u clustiau eu hunain' sŵn gweithio y gledrffordd bresennol, a hynny cyn dechrau ar y gwaith. Weithiau 'liw dydd golau glân' ys dywedent.

Rhai teuluoedd oeddynt yn ymyl y 'Railroad', a ddywedasant wrthyf iddynt glywed twrf cerbydau mor blaen a chryf, fel yr oedd y sŵn yn peri iddynt redeg allan er gweled beth oedd yn bod!

sŵn y trên
Ceir yn un o lythyrau y diweddar Barch. D. Williams, Troedrhiwdalar, at gyfaill o weinidog, fod rhai yng Nghantref Buallt wedi clywed sŵn y trên ar hyd dyffryn yr Irfon, a hynny rai blynyddau cyn ei ddyfodiad trwy'r wlad!

Adroddir hefyd am un Tomas y Llifiwr, Tŷ Isaf, ger Troedrhiwdalar, un prynhawn pan yn dychwelyd oddi wrth ei orchwyl gwaith, a phan ar yr heol ar Gomin y Decle, clywai swn y trên yn pasio rhwng Cefn-y-bedd a'r Garth. Yr oedd Thomas wedi bod amryw weithiau pan oedd yn ieuanc, yn gyrru da i Loegr, ac yn hollol gydnabyddus â swn y trên, fel y dywedir.

Ar brynhawn hafaidd a thawel yn yr haf, yr oedd John Williams, Llwyn Neuadd, a Rees Price, Ty'n-y-maes, Llanwrtyd, yn sefyll ar fuarth y lle olaf a enwyd, ac yn ymgomio â'u gilydd fel y byddai yn arferiad mynych ganddynt wneud, a chlywent swn dieithr iawn islaw iddynt; wedi gwrando ychydig, daethant i'r un farn ill dau mai swn y trên ydoedd. Daeth o gyfeiriad yr orsaf bresennol, ac aeth yn ei flaen i fyny tua'r tynnel, meddent!

Y mae dynion heddiw'n fyw ac iach, ac a gyfrifir yn eirwir, a ddywedent iddynt glywed llais person yn siarad, llefain, neu alw, a hynny cyn i ryw amgylchiad gymeryd lle. Rhoddir yma ychydig nifer o lawer a glywais o bryd i bryd yn enghreifftiau.

Pan oedd rhai o deulu Llwyn-y-brain, Llangamarch, yn dilyn rhyw orchwyl ar y fferm, darfu iddynt glywed llais dieithr yng nghyfeiriad yr afon Camarch rhyngddynt a Llwyn Cadwgan. Ymhen rhyw ysbaid o amser wedyn, bu dyn foddi yn yr afon gerllaw, a phan ddaeth ei wraig ac eraill i'r fan a'r lle, a gweled corff ei gŵr, rhoddodd y fath grochfloedd ofnadwy, fel y deallwyd yn y fan beth a glywyd yn flaenorol. Adroddwyd yr hanes uchod wrthyf gan un a glywodd y llais, sef Rees Price, Bwlch-mawr, blaenor gyda'r Bedyddwyr.

Clywais hanes cyffelyb hefyd gan Mr John Davies, Bron-y-ffynnon, Llangamarch; a'r un hanes gan Mr Rees Davies, Cwm-pen-llydan, Llanwrtyd; dau hynafgwr, dau frawd, a dau ddiacon gyda'r Methodistiaid – mae'r olaf eto'n fyw, ac wedi pasio ei bedwar ugain oed. Dyma'r hanes fel yr adroddodd y naill a'r llall wrthyf:

Pan oeddem gartref yn Glandulas, Tirabad, bu farw ein tad, ac un prynhawn ychydig cyn ei farwolaeth, yr oeddem yn eistedd wrth y tân, yr oedd yn dechrau hwyrhau, pryd y clywem lais dieithr iawn fel yn torri allan i lefain, gan ddywedyd, 'O-o-o' gyda ni yn y gegin; ni ddywedodd neb ddim wrth y llall am y peth ar y pryd, ond yn unig edrych ar ein gilydd. Yn fuan, gwaelodd yr hen ŵr, a gyrrwyd i ymofyn meddyg, yr hwn pan ddaeth a welodd ei fod ar fin marw, ac wedi dod i lawr i'r gegin, gofynnodd yr hen wraig beth oedd yn feddwl amdano; a dywedodd y meddyg nad oedd ganddo ddim lles i'w wneud, ei fod yn marw; ar hyn torrodd y wraig allan i lefain mewn llais torcalonnus, a chredai'r teulu oll mai dyma'r llais a glywyd.

Hen wraig o'r enw Mrs Rachel Williams, yr hon sydd yn byw mewn tŷ yn ymyl Salim, capel y Bedyddwyr, ger Llangamarch, a edrydd iddi un noson ar ôl mynd i'w gwely, i glywed llais Mr Humphreys, y gweinidog, yn siarad ar y fynwent gerllaw. Pan ddarfu iddi ei glywed gyntaf, cododd ar ei heistedd yn y gwely, a bu am rai munudau yn gwrando ar y llais, ond ni ddeallai y geiriau, medd hi. Ymhen tua phythefnos o amser ar ôl hyn, daeth corff plentyn i'w merch, Mrs Jenkins, o Lundain, i'w gladdu yn y fynwent honno; a myn yr hen wraig mai llais Mr Humphreys ddydd yr angladd honno a glywodd y noson cynt.

Rhoddaf eto un hanesyn hynod a dieithr am ysbryd dyn byw, yr hwn mi a gredaf sydd wirionedd bob gair. Yn y flwyddyn 1874, gwasanaethai merch o'r enw Jane Lewis yng Nghefn-yr-esgair, fferm ym mhlwyf Llanwrtyd, yr hon a dynnwyd dros y ffordd gan fab fferm o'r gymdogaeth, yr hwn nad oedd yn ffyddlon iddi, gan nad oedd bodlonrwydd o du ei rieni. Rhoddodd y ferch enedigaeth i faban, yr hwn a fu farw. Effeithiodd yr amgylchiadau hyn yn drwm ar feddwl y ferch, fel y drysodd yn ei synhwyrau, a gyrrwyd hi at ei brawd, Rees Lewis i'r Cil-du, fferm tua hanner y ffordd rhwng Llanwrtyd a Llangamarch, ac yno y cafodd ymgeledd gyda'i brawd a'i chwaer-yng-nghyfraith; ond yn raddol parhau i wanhau a drysu o ran ei synhwyrau, fel yr ofnid y byddai raid ei danfon i'r gwallgofdy.

Un diwrnod fel yr oedd Morgan Price, Pantcoutyn, yn plygu perthi ar ochr y ffordd, ar Gefn Llanddewi, gwelai Jane yn dod i fyny ar hyd y ffordd, adnabyddai hi yn dda fel hen forwyn Cefn-yr-esgair; a phan y daeth gyferbyn ag ef, cyfarchodd hi trwy ofyn sut yr oedd, ond ni atebodd ef, a sylwodd fod rhyw olwg hynod a dieithr iawn arni! Yr un prynhawn, a thua'r un adeg o'r dydd, fel y roedd Isaac Price, Glancledan-fawr, yn mynd ar gefn caseg waith a swch aradr tua'r efail i Gefngorwydd, a phan ar ganol Rhos y Gelli, gwelai Jane yn dod o gyfeiriad y Gelli; yr oedd yn dod ar ei hunion i'w gyfarfod; adwaenai hi yn dda, a chan ei fod wedi clywed sôn ei bod ar gael ei chymeryd i'r gwallgofdy, synodd ei gweled yn fawr iawn; brysiodd ymlaen i'w chyfarfod, a phan oedd hi yn dod allan o'r cae i'r Rhos, yr oedd o fewn ychydig gamrau iddi, a phan oedd ar fedr dweud rhywbeth wrthi, cododd ei golwg i fyny arno ef ar gefn y gaseg – yr oedd ei hedrychiad mor gyffrous a dieithr, fel y daeth y fath fraw arno na allai yngan gair wrthi!

Cyn iddo fynd nepell, edrychodd yn ôl dros ei ysgwydd, a gwelai hi'n tynnu ymlaen ar ei hunion ar draws y Rhos tua chyfeiriad Sarncyrtau. Drannoeth clywodd fod Jane Cil-du wedi marw, a hynny tua'r un munudau ag y darfu iddo ef ei gweled y dydd o'r blaen! Clywodd hefyd fod Morgan Price, Pantcoutyn, wedi ei gweled yn dod ar hyd y ffordd o gyfeiriad y Gorwydd, yr un prynhawn!

Yn fuan ar ôl hyn, daeth sôn a siarad trwy'r ardal fod rhyw gyfnewidiad rhyfedd yng ngolwg ac ysbryd Peter Lloyd, Sarncyrtau, ac nad oedd yr un dyn yng ngolwg neb ag o'r blaen. Mae ef yn fyw yn bresennol, ond dywedir na fyn siarad gair â neb am yr hyn a gymerodd le y prynhawn hwnnw!

Mae I. Price, Glancledan ar dir y byw hefyd, yn ddyn gwirioneddol, ac yn cofio'r dydd hwnnw o hyd.

Mr Daniel Jones, Dolaeron, ger Beulah, a adroddodd wrthyf, ei fod ef un noson yn mynd adref o Beulah, pan yn fachgen ieuanc yn Brynmoelddu. Pan ar y ffordd ger Perth-y-ci, gwelai olau o'i flaen, a chan y tybiai mai gwraig o Lanafan oedd yn arfer mynd i olchi i Ben-y-bont Dolaeron, oedd yn mynd adref, a chanddi lantern y noson honno, oherwydd ei bod yn noson dywyll, efe a frysiodd ymlaen i'w dal. Pan o fewn ychydig gamrau i'r golau, clywai sŵn dynion ar eu traed o'i amgylch, ond ni welai neb, a dywedodd 'Good night', ond ni chafodd un atebiad! Parhâi sŵn cerddediad o'i amgylch yn amlwg iawn, a chlywai sŵn tebyg i ddafnau breision o law trwm yn disgyn ar ymbarelas; a chyn iddo ddal y golau, daeth y fan iddo droi oddi ar y ffordd tua Brynmoelddu. Wedi iddo fyned dros yr adwy i'r waun, darfyddodd sŵn y cerdded, ond gwelai'r golau yn mynd i fyny'r tyle. Yn fuan bu farw yr hen Evan Perth-y-ci; a dydd ei angladd, wedi i'r gynhebrwng fyned allan i'r ffordd, aeth i lawio'n drwm iawn; yr oedd Mr Jones yn yr angladd, a phan ar y fan a'r lle y clywodd ef sŵn cerddediad torf o ddynion y noson gynt, clywai y dafnau glaw yn disgyn ar yr ymbarelas yn union yr un fath ddydd y gynhebrwng! Mae Mr Jones eto'n fyw, ac o'i enau ef ei hun y cefais yr hanes hwn.

GWRTHOD GWNEUD CANHWYLLAU
Ni wnâi hen wragedd yr oes a aeth heibio ganhwyllau ar ddydd Iau, gan ei fod yn hen hygoeledd os y gwnaed hwynt ar y diwrnod hwnnw o'r wythnos, y byddai i un neu rai ohonynt i oleuo ar gorff yn y tŷ cyn y llosgid hwynt oll!

TWYMO DŴR LLESTRI
Os bydd i'r ferch esgeuluso y dŵr llestri ar y tân fel ag i'w adael i ferwi, mae hynny yn rhagarwydd na bydd i'w chariad i ddod i dalu ymweliad â hi y noson honno.

LLAITHFAEN
Ceir hen draddodiad diddorol am y garreg hynod hon, ac yr oedd llawer o hygoeledd ynglyn â hi gynt; ac fel hyn y clywais hen bobl yr oes o'r blaen yn adrodd yr hanes. Yr oedd dyn wedi ei gnoi gan gi cynddeiriog, yr hwn a aeth yn gynddeiriog hefyd, a phan o dan effaith y wŷn, efe a grwydrodd ymhell, ond pan ar Fynydd Mallan, ym mhlwyf Caio, sir Gaerfyrddin, teimlai yn lluddedig, gorweddodd a chysgodd; yna efe a freuddwydiodd fod carreg o dan ei ben, pe y bwytasai ychydig ohoni, y buasai'n foddion gwellhad iddo. Cafodd y freuddwyd y fath argraff arno, fel y penderfynodd roddi prawf ar

y garreg, a chafodd ymwared llwyr o'r gynddaredd. Aed â'r garreg i waered i Lan-crwys, pentref ger Caio; ac aeth sôn am dani hyd ymhell. Yn y pentref hwnnw, medd hanes traddodiadol, cafodd ei thorri, a'i rhannu, a cheir mân ddarnau ohoni heddiw – bron ymhob parth o'n gwlad. Carreg dyner, laith, lliw'r hufen ydyw; a'r defnydd wnaed ohoni gynt oedd: pan ddigwyddai i ddyn gael ei gnoi gan gi cynddeiriog, rhedai yn ddiymdroi at ryw berson a fyddai â llaithfaen yn eiddo iddo, canys rhaid oedd i'r dioddefydd ei gael cyn cysgu na chymeryd ymborth. Y modd y cymrwyd y llaithfaen oedd – crafu digon o'r garreg yn lluwch mân i guddio chwech cheiniog, yr hyn a gymerwyd mewn llond 'wine-glass' o laeth newydd ei odro. Nid oedd tâl mewn arian, nac unrhyw gydnabyddiaeth arall i'w dderbyn am y llaithfaen, onide ni fyddai dim rhinwedd ynddo.

Yr oedd hen hygoeledd yn ffynnu am y garreg hon slawer dydd, sef ei bod yn gyffelyb i'r blawd yn y celwrn gynt – nad oedd yn treulio wrth ei chrafu, nac yn darfod wrth ei defnyddio. Oddi ar y gred honno yn ddiau, y deilliodd yr hen ddywediad a glywid pan fyddai rhywbeth yn parhau yn hir, 'Y mae ef fel y llaithfaen, nid oes darfod iddo.'

DEWINIAETH YR ALLWEDD

Hen ofergoel gyffredin gan bobl ieuanc yr oesoedd a aeth heibio, er cael gwybod pwy eu darpar wŷr, oedd gosod allwedd yn y Beibl, ac mae'n debyg mai yn y modd yma y gwnaed: gosod y rhan sydd yn myned i'r clo o'r allwedd ar y 16eg adnod o'r bennod gyntaf yn Llyfr Ruth, lle y mae y geiriau hynny i'w cael, '. . . dy Dduw di fydd fy Nuw i, a'th bobl di fydd yn bobl i mi'; yna rhwymid y Beibl â chordyn yn dynn, fel na symudai yr allwedd oddi ar y geiriau a nodwyd, ac na chwympai y Beibl pan yn crogi wrth yr allwedd. Yn nesaf, gosodai y ferch fys y fodrwy o dan ran o ddolen yr allwedd, a'r mab ei fys cyntaf o dan y rhan arall o'r ddolen . . . [36]

---

[36]   Nid yw E.J. yn gorffen y nodyn!

Doethineb Llafar

Doethineb Llafar oedd y teitl a roddodd Evan Jones i'r unig lyfr a gyhoeddodd, a hynny dan nawdd yr Ysgol Wyliau Gymraeg a gynhelid yn Llanwrtyd yn flynyddol rhwng 1918 a 1933 – c eithrio pedair ohonynt.

Mae'n werth dyfynnu Evan Jones ei hun yn y rhagair i *Doethineb Llafar*, mewn llythyr yn trosglwyddo'r casgliad at wasanaeth pwyllgor yr Ysgol:

> Teimlwn hoffter mawr o lên gwerin a chofiwn ddywediadau diarhebol yn rhwydd a naturiol yn lled ieuanc. Darfu i mi drysori cryn lawer yn fy nghof yn gynnar yn fy mywyd . . . Mewn tymor diweddarach daeth awydd ynof i ysgrifennu yr hen ddiarhebion, fel y byddant ar gael a chadw gennyf, yn enwedig rhai nad oeddynt mewn casgliadau yn barod, – o leiaf mewn un llyfr oedd gennyf wrth law . . . Bu eu casglu yn llafur cariad i mi am lawer blwyddyn ac yn foddion i lawer ohonynt lynu yn fy nghof.

Ymhlith papurau Evan Jones y mae tua ugain tudalen o ddiarhebion a dywediadau amrywiol wedi eu casglu yn nhrefn yr wyddor ac mae'n amlwg mai'r rhain oedd sylfaen ei gyfrol ddiweddarach, ond ei fod wedi hepgor rhai ohonynt yn y cyhoeddiad. Dyma ychydig enghreifftiau:

Rhoi allwedd tŷ'r ieir i'r llwynog.

Dal cannwyll i ddall.

Mor frau â charth pabwyr.

Ofer disgwyl wrth gwrs natur,

Gosyn glân o gawslest(r) budr.

Mynd â'r gogr i'r afon.

Bwrw gwyddif ar ôl yr hwyaid.

Pan welir gwreichion yn tasgu ymhell o'r tân, y mae geiriau geirwon i gymeryd lle rhwng rhai o'r teulu, neu arian oddi wrth ryw estron pell i ddyfod i'r tŷ. Yr hen ddywediad yw: 'Geiriau croesion' neu 'Arian Saeson'.

Cyngor i ddewis fferm:

> Pan fyddot yn myned i edrych am le,
> Cais wegil Gorllewin, a gwyneb y De;
> A hwnnw yn sefyll ar ochr rhyw gnwc,
> Ei drwy y byd yma a mawr fydd dy lwc.

Is-deitl *Doethineb Llafar* yw 'fel y clybuwyd yng Nghantref Buallt'. Y mae'n wir fod naws leol i lawer o'r dywediadau a gofnodir ond mae nifer ohonynt yn hysbys ar draws Cymru. Dosrennir y llyfryn yn benodau byrion yn dwyn y teitlau: Llên y Corff, y Wisg a'r Ymborth; Anifeiliaid; Adar, Pryfed, Trychfilod, Ymlusgiaid a Physgod; Coed a Llysiau, Blodau a Ffrwythau; Arfau, Offer, Llestri a Dodrefn; Y Tywydd; Y Flwyddyn a'i Thymhorau. Ceir yn y gyfrol oddeutu pedwar cant o ddiarhebion, gwirebau ac ati a chynhwysir yma ddetholiad ohonynt.

LLÊN Y CORFF &C.

Gorau arf, dwrn moel.

Bwrw â'th unllaw, cynnull â'th ddwylaw.

Eli calon cwrw da.

Agor dy lygad cyn agor dy geg.

Ni chêl grudd gystudd y galon.

Rhaid cael genau glân i oganu.

Tafod a draetha, tafod a ddengys.

Hir ei dafod, byr ei wybod.
Gwaeth' twymyn – twymyn tafod.

Gwin coch, mêr coch a mwg ydynt dri gelyn i'r golwg.

Utgorn angau yw peswch sych.

Nid y crydd sy'n gwybod lle mae'r esgid yn gwasgu.

A fo â chrys gwellt gocheled y tân.

Pan ofynnid barn yr hen bobl ar fater pwysig, neu geisio ganddynt am rywbeth a fyddai yn gofyn pwyll ac ystyriaeth cyn ei gyflawni, yr ateb a geid yn fynych fyddai: 'Mi fynnaf gyngor y gobennydd yn gyntaf.' Yna, wedi iddynt gael noswaith o amser i ystyried, odid na cheid eu barn a hynny mewn modd pwyllog a doeth.

Bara haidd a maidd glas
Am wneud y gwas yn egwan.

Amheuthun pob dieithr fwyd.

O lymaid i lymaid fe dderfydd y cawl.

'Caws y gwcw' y galwai'r hen bobl y caws a wnaed yn gynnar – cyn darfyddai'r gwcw ganu.

Llaeth gafr, menyn buwch, caws dafad.

Cynnig mêl i berchen gwenyn.

A ddygo wy a ddwg yr iâr.

Cornel cosyn a chanol cusan.

Does dim magu'n llwyr nes magu'r ŵyr.

Colli dannedd sugno:
Pan fydd y plant wedi cyrraedd oedran colli eu dannedd sugno, a hynny yn saith mlwydd oed, byddant yn awyddus iawn gael rhai gwynion, glân a lluniaidd yn eu lle, a dyma'r unig ffordd a'r modd i'w cael: Wedi colli'r dant dalier ef rhwng bys a bawd, ac adrodder y geirau hyn – 'Dant gwyn i fi, dant du i'r ci.' Os dant o'r ên uchaf fydd, gadawer iddo ddisgyn i'r ddaear; ond os un o'r dannedd isaf tafler ef i fyny fel y disgynno dros y pen ac ar y ddaear o'r tu ôl.

Weithiau bydd y claf yn teimlo'n newynog iawn am ymborth, a theimla fel y gall fwyta pryd o fwyd. Dywedai'r hen bobl fod yr awydd hwn am fwyta yn rhagarwydd o farwolaeth buan, a gelwid ef 'gwanc yr angau'. Yng Ngogledd Cymru gelwir 'rhaib yr angau'.

ANIFEILIAID

Ni ddaw march o'r lle soddo,
Nes dêl chwech neu saith i'w lusgo.

Ni châr buwch hesb lo.

O'i phen mae buwch yn godro.

Gwell asyn a'm dygo
Na cheffyl am taflo.

Poeni'r oen am feiau'r ddafad.

Ni ŵyr yr hwch lawn wich yr hwch wag.

Mae'r hwch fud yn bwyta'r soeg i gyd.

Tair oes cae crin yw oes ci,
Tair oes ci yw oes ceffyl,
Tair oes ceffyl yw oes dyn,
Tair oes dyn yw oes carw,
Tair oes carw yw oes cigfran,
Tair oes cigfran yw oes derwen,
Tair oes derwen yw oes grwn.

ADAR, PYSGOD &C.

Geiriau galw: Yr ieir – Jico Jico neu Jicw Jicw
                  Y twrcis – Ben-ben
                  Y gwyddau – Gos-gos
                  Yr hwyaid – Bil-bil

Geiriau erlid: Yr ieir – Hishw
                  Y twrcis – Hish ben
                  Y gwyddau – Hei lag
                  Yr hwyaid – Hishw bil

Y gamp gennym ni yn blant oedd dywedyd y ddwy linell a ganlyn am y mwyaf cyflym ac am y mwyaf o weithiau:

Y boda llwyd cwta
'N pigo pybyr o'r cwpa'.

Y mae hen ddywediad y byddai'r eos yn arfer canu yn y parthau hyn hyd amser yr Hen Ficer o Lanymddyfri. Ond rhyw dro, pan oedd ef yn pregethu, a thorfeydd mawrion wedi ymgynnull i'w wrando, digwyddodd i'r eos ganu o hyd clyw ar yr un adeg, ac yn ôl yr hen ddywediad, gwrandawai y bobl ar yr eos, ac nid ar ei genadwri ef. Ffromodd y pregethwr gymaint fel y gweddïodd am i'r Arglwydd ei halltudio o'r wlad, ac ni chanodd yn y parthau hyn byth wedyn.

Y Ffeirad Du: dyna'r enw gwerinol a glywais gynt ar bryfedyn bychan. Yr arferiad gennym, pan welem ef, oedd ei ddal rhwng bys a bawd, a'i wasgu'n dyner gan adrodd:

Ffeirad du o pera wa'd,
On'te mi ladda' dy fam a dy dad.

Yna ei ollwng yn rhydd; a byddai'r pryfedyn bychan wedi poeri dafn o waed rhwng ein bysedd.

Y llyffant du. Arferai fy rhieni fy nysgu pan oeddwn yn hogyn i beidio â gwneuthur unrhyw niwed i'r llyffant du, na chyffwrdd ag ef, onide fe ddeuai y noson honno i rifo fy nannedd pan fyddwn yn cysgu.

Yr hen arferiad gynt ynglŷn â'r fuwch goch gwta oedd ei dal ar y llaw ac adrodd:

> Buwch goch gwta
> Prun ai glaw neu hindda?
> Os mai glaw, cwymp i'r baw,
> Os mai hindda, hedfan draw.

> Budrchwilen yn y dŵr.
> Ni laddiff ŵr na'i gynnyg;
> Ond budrchwilen ar dir sych,
> Fe laddiff ych pasgedig.

COED A LLYSIAU, BLODAU A FFRWYTHAU

Fel y mae'n gyffredin yn y rhan yma o'r wlad, gwelir coed a'u gogwydd oddi wrth y môr, ac fel rheol, y mae mwy a phraffach canghennau ar yr ochr ddwyreiniol iddynt hefyd, yr hyn a wnâi i'r hen bobl ddywedyd bod y coed yn dyfod o'r môr.

Mae deilen at bob dolur.

Hen arferiad gan ferched ieuainc yw chwilio ymhlith dail yr onnen am ddalen gynifer; wedi ei chael, rhoddant hi yn eu mynwes, a hynny er rhagwybod pwy fydd cymar eu bywyd; oherwydd y mab ieuanc cyntaf a gyfarfyddir, hwnnw, neu arall o'r un enw ag ef fydd y gŵr.

Ni bu wenith heb ei fasgl.

Tri pheth a gynnydd ar law –
Gwlydd ac ysgall ac ysgaw.

Pedwar petha gynydda ar wres –
Rhedyn a gwenyn, gwenith a mes.

ARFAU AC OFFER

Aerwy cyn buwch.

Arf gwaith, arf gloyw.

Rhaid i'r sawl a gano'r gloch oddef ei sŵn.

Nid â morthwyl pren y mae gyrrru hoel.

Gwlybaniaeth yn yr og, chwyn yn y cryman.

A ddygo bedol, a ddwg yr ebol.

Y TYWYDD

Mae moroedd a mynddau,
A mil o hen gymylau,
Yn dangos y tywydd yn llawer gwell
Na llonaid cell o lyfrau.

Barrug cyn nos, glaw cyn dydd.

Cochni fyny [h.y. yn y Gorllewin]
Teg yfory.
Cochni lawr [h.y. yn y Dwyrain]
Glaw mawr.

Fe olcha'r dŵr tra rhedo.

Gwrtaith mynyddoedd yw eira'r gwanwyn.

Glaw tinwyn Abertawe,
Tra paro'r dydd, fe bariff ynte.

Gwynt oer i rewi,
Gwynt oerach i feirioli.

Gwynt y Dwyrain
Gelyn milain.

Nid yw'n oer heb wynt.

Niwl yr afonydd, hinon; niwl y bryniau, glaw.

Y FLWYDDYN A'I THYMHORAU

Ionor wnaiff y drwg, ond Mai gaiff y bai.

Os yn Chwefror tyf y pawr,
Trwy'r flwyddyn wedyn thyf e' fawr.

Os ym Mawrth y tyf y ddôl,
Gwelir llawnder ar ei ôl.

Mis Mai oer a wna'n ddinag
Sgubor lawn a mynwent wag.

Daw Awst, daw nos.

Hanner Medi'n sych a wna
Seler lawn o gwrw da.

Tachwedd a'i darth a'i niwl o hyd
Sy'n gwneud i ni anniddan fyd.

Os cân yr adar cyn Gŵyl Fair,[37] byddant yn wylo cyn gŵyl Ddewi.

Awr deiliwr: yr awr pan fydd yn rhy dywyll i'r teiliwr weithio, ac yn rhy
gynnar i gynneu cannwyll.

Nid da rhodio yn y gwawl
Lle dalio'r diawl y gannwyll.

MISOEDD Y FLWYDDYN

Y flwyddyn sydd yn dechrau
Fis Ionawr – gwair i'r ych;
Mis Chwefror, Mawrth ac Ebrill
I ddal y brithyll brych;
Mis Mai, Mehefin hefyd,
Gorffennaf gydag Awst,
Mis Medi, Hydref, Tachwedd,
A Rhagfyr – cig ar drawst.

HEN ENWAU AR FISOEDD Y FLWYDDYN

Ionawr – mis marw
Chwefror – mis bach neu mis yr ŵyn
Mawrth – hirlwm
Ebrill – mis y wennol
Mai – mis y gog
Mehefin – mis y blodau
Gorffennaf – mis y gwair
Awst – mis y gwenith, neu fis yr ŷd
Medi – mis yr aeron
Hydref – mis y mêl, neu mis y gwin
Tachwedd – mis y niwl
Rhagfyr – y mis du.

---

37 Gŵyl Fair: 2 Chwefror.

NIFER O DDYDDIAU YN Y MISOEDD

Trideg o ddyddiau sy'n Ebrill yn rhodd,
Mehefin a Medi a Thachwedd 'run modd;
Wyth a dau ddeg sydd yn Chwefror ei hun,
Ac yn y lleill oll mae tri deg ac un;
Ond yn y Naid Flwyddyn, bob pryd y daw,
Bydd dyddiau mis Chwefror yn ddau ddeg a naw.

ESTYNIAD Y DYDD

Tri cham ceiliog Nadolig,
Awr fawr Galan,
Dwy Ŵyl Elian,
Tair awr fawr hen Ŵyl Fair,
A gwir yw'r gair;
Dros ben cyfri,
Hen Ŵyl Ddewi.

AMRYWIAETH

Gorau cymydog, clawdd.

Y gŵr yw'r tân, y wraig yw'r carth, a diafol yw'r fegin.

Amser a â heibio
Wrth chwarae ac wrth weithio.

Yr hwn a ddywed y peth a fynno
A gaiff glywed peth na hoffo.

Mae y tad yn rhagori
Ar ddau gant o ysgolfeistri.

Geirfa Gryno

amner – pwrs elusen
andros, yr – diafol, y
aneirydd – lluosog anner, treisiad
arfofyn – arfogi, paratoi

bangor – gwrych plethedig
bap – bwyd meddal, soeglyd a wneir o flawd
betyn – tyweirch a geibir â haearn gwthio
    neu aradr frest i'w llosgi neu eu
    gwasgaru fel gwrtaith
bishlath – gwter garthu
blith – llestri blawd, llaeth neu enllyn
blotta – cardota blawd
broes – gwialen bigfain o bren neu haearn
brycheuo – glanhau gwlân
bul – yr eisin sy'n amgáu hadau'r llin
byddag – cwlwm rhedeg, *slip knot*

cag – cacen, teisen
cail – corlan
canto – creu rhimyn
carth – pabwyryn
caul – rhan o stumog anifail
cebystr – penffrwyn
cefndedyn – perfeddlen; rhan o liengig
cloren – bôn cynffon
cnec – rhech
cogail/cogel – ffon gron braff oddeutu
    troedfedd o hyd y troellid y llin neu'r
    gwlân amdano i'w nyddu â llaw
copstol – darn o haearn ym mlaen aradr
cwircyn – patrwm wedi ei frodio ar ffêr
    neu ochr hosan
cylyn – o'r Saesneg *kiln*
cyhudo – gwneud yn gyfartal
cyhoerath / cyhyraeth – rhagarwydd
    marwolaeth
cynnor – ystlysbost drws; cynheilydd
cynnos – swm o ŷd a ddygid i'r felin
    i'w falu
cywarch – *hemp*

chwimpyn – ergyd, eiliad (?)

defin – dewin
dife – difai

ebillwydd – ffrâm bren i ddal llythrennau
eisin – plisg allanol caled y grawn ŷd a
    dynnir ymaith drwy grasu a silio

ffasgell – bwndel
fforddiol – cyfrwys, slic

gawen – brwyn neu wellt
garrau – clun, morddwyd;
    ar ei arrau – yn ei gwrcwd
giler – math o lestr crwn, bas
ginio – tynnu gwlân o'r bôn
gogr – rhidell
gorwlad – gwlad gyffiniol neu estron
gwagrau – gograu, rhidyllau
gwarllaes – pin sy'n cadw'r bwa wrth
    iau anifail
gwasod – gofyn tarw
gwden – rhaff o wiail; torch; dolen
gweddau – tresi
gwerthyd – echel
gweri – cysgodi rhag haul
gweryd – pridd, tywarchen
gwisg – pilen denau sy'n amwisgo ebol
    yn y groth
gwr (cwr?) – rhan neu bwynt a fo'n
    meinhau neu'n terfynu mewn pwynt
gwŷr o wisgi oed – gwŷr ifanc, heini?
gwynning – yr haen feddal rhwng rhisgyl
    a rhuddin; *sap-wood, alburnum*

hela – casglu
hiledd – had
hodyn – tywysen newydd
horswn – cnaf neu fab putain

298

hysif – cas neu fath o bwrs i gadw
  nodwyddau, edau, ac ati
hyswiaeth – codi aelwyd

iad – corun

lwrd – llwch

lleisw – dŵr golch neu biso
lletwad – llwy ddofn, hirgoes

palfaes – padell yr ysgwydd
peithynen – ffon y cerfid llythrennau
  arni
penwast cebystr – rheffyn penffrwyn
pincas – clustog fechan i ddal hoelion
  wrth bedoli gwartheg
pinolion – pinnau pren
pinwent – y llwyth cyntaf o rawn a
  ddygid yn flynyddol i'r felin
pwythion – ad-daliadau o anrhegion
  priodas
pylor – powdwr gwn

pheri – fferu, caledu

madalch – corc
merhelyg – gwiail helyg
mwydion – rhan feddal o dorth
mwys – pum cant ysgadenyn. Gyda'r
  ychwanegiad o un am bob ugain
  byddai'r cyfanswm yn 525.
mynyglau – gyddfau

nedd – bwyell naddu

rhefus – tew, praff
rhill – cyfres
rhint – rhigol
rhondyn – lwmp mawr
rhuddfa – tir noethlwm neu dir wedi ei
  gochi gan waed
rhyfder – praffter
rhynion – grawn, yn enwedig ceirch, wedi
  eu plisgio ond heb eu malu'n llwyr
rhysod (neu rhesod) – marwydos neu gols

sedrenod – amrywiad llafar o seldremau,
  ŷd yn fwndeli
scer (sger) – lle creigiog neu garegog;
  carreg frig

sidell – rhod
silio, shelio – diblisgio
spleiden – anner, treisiad
sucan – blawd ceirch wedi ei drwytho
  mewn dŵr, llymru
sug – sudd, hylif

taradr – erfyn ac iddo flaen ar ffurf sgriw
tanfa – twmpath
ta(e)nfa – gwasgaredig
tasgell – bwndel
topstan – carreg i bwyso gwlân; un pwys
  ar ddeg
treinsiwrn – plât neu ddysgl (bren) ar
  gyfer bwyd, *trencher*
twysg – pellen, megis o wlân

ysgaden – penwaig

Mynegai Cryno

i'r prif destunau'n unig

~ DIOLCHIADAU ~

Diolch i Meinwen Ruddock ac i Lowri Jenkins, archifwyr yn
Sain Ffagan: Amgueddfa Werin Cymru, am lungopïo'r deunydd
gwreiddiol, ac i Richard Edwards am ddanfon lluniau priodol.
Diolch hefyd i Wasg Gomer am eu gwaith trylwyr arferol ac yn
arbennig i Dylan Williams am ei gynhorthwy hael gyda'r detholiad
terfynol, ac i Gyngor Llyfrau Cymru am ei gyfarwyddyd.